처칠의 검은개
카프카의 쥐

처칠의 검은 개
카프카의 쥐

우울증은 어떻게 빛나는 성취가 되었나

앤서니 스토 지음 | 김영선 옮김

Churchill's Black Dog, Kafka's Mice,
and Other Phenomena of the Human Mind
Anthony Storr

글항아리

일러두기

— 본문에서 아래 첨자로 부연 설명한 것은 옮긴이 주다.

갈망하는 상상력

프로이트는 심리가 건강하다는 것을 사랑하고 일할 수 있는 상태로 정의했다. 이 책에 실린 대다수의 글은 전자(사랑)보다는 후자(일)의 활동과 더 많은 관련이 있다. 나는 오랫동안 창의적 상상력의 심리학에 관심을 가져왔다. 사람들이 예술에서건 과학에서건 독창적인 창안에 많은 시간과 에너지를 쏟게 만드는 것은 내면의 어떤 동력일까? 성공이 마침내 명성과 돈이라는 관습적인 보상을 가져다줄지는 모르지만, 많은 예술가와 과학자가 몇 년에 걸쳐 아무런 보상 없이 고투를 벌인다. 어떤 이들은 죽은 뒤에야 인정을 받기도 한다. 예를 들어 그레고어 멘델의 실험은 유전학의 토대를 놓았다. 하지만 멘델의 연구는 그가 죽은 지 16년이 지나서야 가치를 널리 인정받았다. 창의적인 작업은 세속적인 성공과는 무관한 욕구로 고무되는 것임에 틀림없다.

프로이트는 창의적인 활동이 불만에서 비롯된다고 생각했다.

행복한 사람은 공상에 빠지지 않고 불만스런 사람만이 그런다고 단언할 수 있다. 공상의 원동력은 실현되지 못한 소망이고, 모든 공상은 소망의 실현, 불만스런 현실의 교정이다.(표준판, 9:146)

프로이트는 공상을 꿈, 놀이와 더불어 착각을 일으키는 환영, 현실도피적인 소망 실현으로 처리해버리는 경향이 있었다. 나는 이런 관점이 크게 잘못되었다고 본다. 이에 대해서는 '정신분석과 창의성'에서 자세히 다룬다. 대단히 창의적인 인류의 성취가 게으른 백일몽과 동일시되어서는 안 된다. 또 프로이트가 주장한 것처럼 예술가의 창의성과 과학자의 창의성이 완전히 다른 것도 아니다. '왜 정신분석은 과학이 아닌가'에서 이 전제를 검토한다.

하지만 어떤 의미에서 상상력이 불만으로부터 나온다는 프로이트의 말은 옳다. 결코 만족하지 않고 항상 더 나은 것을 추구하는 것이 인간의 운명이지 않을까? 이 "갈망하는 상상력"(영국 시인이자 평론가로 흔히 존슨 박사라 불리는 새뮤얼 존슨의 표현이다)은 더 많은 음식이나 돈에 대한 세속적인 욕구부터 지상에서든 천상에서든 온 인류가 화합하는 유토피아적 전망까지, 온갖 수준에서 작동한다. 이런 갈망은 확실히 인간종의 우위성을 설명해준다. 곤충처럼 거의 완벽하게 환경에 적응하도록 미리 프로그램되었다면, 인간은 더 나은 것을 바라는 욕구도 그것을 상상할 능력도 없이 판에 박힌 삶을 살 것이다. 하지만 인간은 지극히 유연하다. 하나의 특정한 환경에 특별히 적응하지 않기에 많은 것에 적응할 수 있다. 내장된 답을 조금밖에 가지고 있지 않으므로, 학습하고 발명하고 새로운 것을 흡수하고 상징을 만들어낼 수 있다. 마지막 능력을 '상징의 심리학'에서 검토한다. 인간의 창의적인 적응성은 역설적이게도 애초에 적응성이 부족한 데서 비롯된다.

게다가 남성과 여성의 수명은 번식이 주요 관심사인 삶의 시기 훨씬 너머까지 길어지고 있다. '성인 발달의 양상'은 중년기와 그 후에 일어나는 변화를 분석하고, 우리가 가장 소중히 여기는 일부 예술작품이 중년을 지난 이들에 의해 창작되었다는 사실을 보여준다.

창의적 상상력은 프로이트가 생각한 것처럼 현실로부터의 도피가 아니라 원예부터 시까지, 스포츠부터 작곡까지 온갖 다양한 표현을 찾아내는 인간 본성의 필수 불가결한 부분이다. 우리는 결코 만족하지 않고 항상 더 나은 것을 위해 노력해야 한다.

불만이 상상력을 자극한다면, 가장 창의적인 사람들은 가장 불만스런 사람들이라고 생각할지 모른다. 이는 복잡한 문제를 지나치게 단순화하는 관점이기는 해도 어느 정도 사실이다. 불만은 신경증과 다르다. 내적 불화는 특정한 사람들로 하여금 경이로운 결과를 성취하게 만들고 흔히 이런 성취에 의해 완화된다. 신경증에 걸리는 건 자신의 갈등을 표현하거나 해결하는 방법을 찾지 못한 사람들이다. 창의성과 정신병의 관계는 '진정한 천재는 광기에 사로잡히지 않는다'에서 살펴본다.

처칠, 카프카, 뉴턴에 관한 글에서 보듯, 이들은 기질이 다르고 창의성을 보인 분야도 완전히 다르지만, 모두가 강박증에 쫓긴 사람들이었다. 하지만 살아가는 동안 대체로 창의적인 재능이 그들을 파탄으로부터 지켜주었다. 중년에 정신병의 위협을 받았다고 인정한 카를 구스타프 융도 마찬가지다.

윌리엄 골딩의 소설을 읽는 사람이라면, 그가 인간 본성의 어두운 심연에 사로잡혀 있다는 점을 놓칠 리 없다. 하지만 나의 무지함과 더불어 그와 나의 우정이 더 이상의 고찰을 가로막는다. C. P. 스노에 관한 글에서도 마찬가지다. 그 글은 그의 소설이나 인격에 대한 상세한 탐구라기보다는 따뜻하고 너그러운 친구에 대한 찬사다.

창의성의 반대는 파괴성이다. 그래서 '왜 인간은 폭력적이 되는가'라는 글을 포함시켰다. 최악의 폭력 행위인 살인이 대개 간단히 가정범죄로 불리곤 한다. 이에 대한 생각은 '오셀로와 성적 질투심의 심리학'에서 좀더 상세히 살펴본다.

마지막 '열린사회에서 정신의학의 책무'는 이 책의 다른 글들과 일관성이 없어 보일지 모른다. 정신과 의사로 일하는 동안, 나는 사회 문제에 거의 관여하지 않았다. 하지만 죄수 심문에 의사, 특히 정신과 의사를 동원한다는 사실이 나의 분노를 불러일으켰다. 이렇게 히포크라테스 선서를 위반하는 것에 항의해 나는 한 주간지에 처음으로 글을 기고했다. 특히 북아일랜드에서 억류자를 굴복시키는 수단으로 감각 차단을 이용하는 것에 우려를 표했다. 이런 남용은 창의성의 도착倒錯이라 할 만하다. 이것이 이 글을 다른 글들과 미약하게나마 연결 짓는다. 북아일랜드의 심문자들은 실험실의 뇌기능 연구를 가져다가 고문이라 해도 좋을 만큼 극심한 정신적 고통을 일으켜 정보를 얻어내는 수법으로 탈바꿈시켰다. 나는 그 잔인함뿐 아니라 과학 연구의 악용에 경악하는 바다.

| 차례 |

×

<u>1</u>

처칠의 검은 개

×

×

결코 만난 적 없는, 개인의 성격을 연구하는 일을 자청한 정신과 의사는 위험 가득한 일에 휘말리게 마련이다. 정신과 의사는 직업생활에서 성격을 평가하는 더할 나위 없는 기회를 갖는다. 그래서 대부분의 사람보다 각 개인을 깊숙이 그리고 긴밀히 안다고 주장할 만하다. 하지만 이미 죽은 사람을 검토할 때는 진찰실에서만 얻을 수 있는 저 특별한 통찰력을 상실하고서, 역사가와 마찬가지로 문서 증거에 의지하는 수밖에 없다. 환자의 분석 치료에서, 정신과 의사는 환자의 반응에 의해, 그리고 자신에 대한 이해가 높아진 결과 환자에게 일어나는 변화에 의해, 자기가 내놓은 가설의 타당성을 확인할 수 있다. 정신과 의사는 환자의 행동이나 성격의 해석에서 틀리거나 미숙할 수도 있다. 하지만 긴 분석 과정이 이어지면서 오류가 차츰 줄어 분석 과정의 양쪽 당사자가 진실을 알게 될 것이다. 이렇게 거듭되는 평가와 재평가의 과정 없이 위인의 전기 연구를 시도하는 정신과 의사는 이론을 무분별하게 갖다붙이기 쉽고, 그 결과 많은 이른바 정신분석적 전기들이 부적절한 전기이자 부적절한 정신분석이 되었다. 미국 28대 대통령인 우드로 윌슨에 대한 프로이트와 윌리엄 불릿의 참담한 연구서가 좋은 예다.프로이트가 미국 외교관인 불릿의 아내를 치료하면서 둘은 친분을 쌓고 우드로 윌슨의 전기를 함께 썼다. 프로이트는 우드로 윌슨을 만난 적도, 그의 일기를 읽은 적도 없으면서 아버지와 패배감에 대한 그의 강박관념을 자신 있게 이야기하는데, 이에 대해 상상의 나래를 과도하게 펼쳤다는 비판이 있다.

이 장에서 나는 처칠에 대해 한 가지 가설을 제시하는데, 사실들이 이를 확인해주리라 생각한다. 하지만 이 까다로운 분야는 오류 가능성이 매우 크기 때문에, 내가 하는 이야기는 잠정적인 것으로 여겨져야 한다. 처칠 자신이 특히 『나의 청춘 시절My Early Life』에서 많은 자전적 정보를 자세히 제공해주긴 하지만, 정신과 의사에게 그다지 도움이 되는 종류의 내용은 아니다. 처칠은 다른 사람들의 심리만큼이나 자신의 복잡한 심리에 대해 거의 관심을 기울이지 않았기 때문이다. 그렇기에 그는 누구보다 먼저 이 글이 쓸데없고 무례하다며 물리쳐버렸을 것이다. 더욱이 찰스 퍼시 스노영국의 소설가이자 물리학자, 정치가로 『두 문화와 과학혁명』에서 과학주의를 제창해 세계적인 논쟁을 불러일으켰다가 『인간의 다양성Variety of Men』에서 말했다시피, 처칠의 성격은 "대부분의 통찰이 이상하리만치 꿰뚫을 수 없는 것이었다".[1] 그의 행동, 말, 경력에 대한 기록은 거듭되어서 풍성하다. 하지만 그의 내면생활을 드러내는 기록은 극히 드물다. 작가이자 화가인 처칠은 예술가로서 평가될 수 있지만, 많은 예술가와 마찬가지로 자신의 동기에 대해 성찰하거나 관심을 갖지는 않았다. 사실, 만약 그랬다면 처칠은 자신이 이룬 것을 성취할 수 없었을 것이다. 자기성찰은 자기불신의 공범이자 행동의 적이니 말이다.

윈스턴 처칠은 여전히 우상화되고 있다. 1940년에 처칠이 한 연설을 기억하고, 내가 그렇듯이 나치의 압제에서 벗어난 건 그의 용기 덕분이라고 믿는 서구인들뿐만이 아니라, 처칠을 하나의 상징, 즉 용기의 화신으로 여기는 전 세계 사람들에 의해서 말이다. 하지만 처칠도 우리 모두에게 속한 것과 같은 욕구, 본능, 희망, 두려움을 가진 인간이었다. 위인 또한 인간이라는 점에 주목한다고 해서, 다른 사람들과 마찬가지로 결함과 결점을 가졌다는 사실을 지적한다고 해서 그에게 해를 끼치는 것은 아니다. 귀족 신분과 사회적 지위에도 불구하고, 처칠은 약점을 가지고 태어났다. 처칠의 모든 경력은 그 약점을 극복하기 위한 노력이었으나 이를 완전히 물리칠 수는 없었다. 이 약점이 없었다면 처칠은 좀 더 행복하고, 좀 더 평범하고, 좀 더 안정되고, 좀 더 부족한 사람이 되었을 것이다. 하지만 안정되고 침착한 사람이었다면, 처칠은 영국 국민을 고무시킬 수 없었을 것이다. 1940년 영국이 온갖 역경에 처했을 때프랑스가 나치에 항복하고 유럽에서 벌어지고 있는 전쟁에 미국이 관여할 기미는 없었으며 소련은 독일과 이미 불가침 조약을 맺고 있었기에 당시 영국의 상황은 암담했다, 냉철한 판단력을 가진 지도자들이 '우리는 끝났다'고 결론지은 것은 당연한 일이었다. 정치 지도자들은 위장에 능숙하다. 선거 패배가 임박하거나 자신이 옹호하는 정책이 소용없는 것으로 드러날 때도, 최후의 순간까지 지지자들에게 계속 희망의 메시지를 날릴 것이다. 1940년에는 어떤 정치 지도자라도 마음속은 절망으로 가득 차 있지만 용기 있는 말로써 영국을 결집시키고자 했을지 모른다. 하지만 자기 안의 절망을 알고 직시하는 사람만이 그런 순간에 설득력을 지닐 수 있다. 속수무책인 상황에서 한 가닥 희망을 본다는 게 어떤 것인지 아는 사람만이, 적에 둘러싸여 포위되었을 때 용기가 이성을 넘어서서 공격심이 가장 맹렬히 불타는 사람만이 1940년의 위태로운 여름에 저항의 언어에 감정적 현실성을 부여해 우리를 결집시키고 지탱시킬 수 있었다. 처칠이 그런 사람이었다. 그리고 처칠이 다른 사람들에게 절망은 극복 가능하다고 말할 수 있었던 것은 그 자신 평생 절망과 싸움을 벌여온 까닭이다.

선조인 제1대 말버러 공18세기 인물로 영국 역사상 가장 뛰어난 장군의 한 명이다과 마찬가지로, 윈스턴 처칠은 장기적으로 재발하는 우울증 발작에 시달렸다. 그래서 이 중요한 사실을 고려하지 않는 한, 그의 성격을 이해하기란 불가능하다. 그는 우울증에다 '검은 개Black Dog, 처칠이 붙인 이 별명이 오늘날에는 우울증을 의미하는 일반명사로 쓰이게 되었다'라는 이름을 붙였다. 우울증에 별명을 붙였다는 사실은 그것이 매우 친숙한 반려였음을 말해준다. 처칠은 대부분의 삶 동안 우울증을 극복하는 데 성공했다. 하지만 나이를 먹어 결국 대뇌동맥이 좁아지면서 저항력은 약화되었다. 오래 끈 마지막 5년은 몹시도 우울해서 모런 경(맥 모런은 처칠의 주치의였다)조차 이 기간에 대해서는 입을 다물었다. 처칠이 아흔 살까지 살아야 했던 것은 잔인한 운명이었다. 이전에는 그가 통제해서 대체로 굴복시켰던 '검은 개'가 결국에는 그의 투지를 압도해버렸기 때문이다.

물론 재발성 우울증에 시달린 위인이 처칠만은 아니다. 괴테도 비슷한 기질을 지녔고 슈만, 후고 볼프, 루터, 톨스토이와 그외 많은 인물도 그랬다. 대단한 성취와 우울 기질의 관계는 세밀히 규정되어야 하지만, 어떤 성격에서는 우울증이 박차와 같은 역할을 한다는 데 의심의 여지가 없다. 우울증에 압도되면 침울하고 무기력한 상태로 되돌아가는데, 그게 굉장히 심하면 꼼짝 못하게 될 수도 있다. 이런 불행한 상태를 피하는 것이 가장 중요하다. 그래서 우울증 환자는 우울증이 지나치게 심각해지기 전에 반복적으로 자신을 움직이게 만든다. 쉬거나 긴장을 푸는 것을 거부함으로써 대부분의 사람이 이룰 수 있는 것보다 더 많은 것을 성취한다. 단지 그들은 멈출 수가 없기 때문이다. 뛰어난 업적을 이룬 사람 가운데 얼마나 많은 이가 우울증 성향을 지녔는지는 알 수 없는데, 보통 잘 감추기 때문일 것이다. 일부 사람은 그렇게 하고, 처칠이 그중 한 명이었다는 데는 의심의 여지가 없다.

재발성 우울증에 시달리는 성향이 어느 정도로 유전의 산물인지, 어느 정도로 어린 시절 환경의 결과인지에 대해서는 여전히 논란이 있다. 유전학이 현재보다 한층 더 발전할 때까지는, 이 문제에 대한 완전한 답을 얻기 힘들 것이다. 처칠의 경우는 두 요인이 모두 영향을 미쳤다고 추정하는 게 안전하다. 처칠의 가장 유명한 선조 가운데 적어도 2명이 격심한 감정의 동요에 시달렸다는 사실이 알려져 있기 때문이다. 게다가 처칠가 사람들 가운데 그들만이 이런 고통을 겪은 게 아님을 말해주는 증거가 있다. 제1대 말버러 공에 대해 쓴 A. L. 로즈(영국의 작가이자 역사가)는 이렇게 말한다.

말버러는 프랑스적인 의미에서 분별력이 있었는데, 외부로부터 오는 온갖 인상을 매우 예민하게 인식했다. 그는 기복이 심한 기질로 곡예를 부렸다. 우울증에 빠졌다가도 급작스러운 행동을 했고, 온갖 방해를 하면서 그를 괴롭히는 두통을 참고 견뎌야 했으며, 늘 자제심을 발휘해야 해서 그것이 제2의 천성이 되어버렸다. 그것은 그 대가를 요구했다.[2]

1705년 말버러 공은 이렇게 썼다. "지난 열흘간 내가 겪었던 숱한 낙담으로 인해 너무 힘들어서, 2주간만 더 괴롭힌다면 날 끝장내리라는 생각이 든다. 요컨대 사는 게 지긋지긋하다."[3] 이런 권태는 그의 편지에 반복하여 등장하는 주제다. "지독하게 기운이 없소" "내 사랑, 날 가엾게 여겨 사랑해주오."[4] 많은 사람이 스트레스를 받으면 이렇게 쓸 거라고 주장할지 모른다. 하지만 영국의 가장 유명한 군사령관인 말버러 공이 낙관과 우울 사이를 오락가락했다고 말하는 역사가가 로즈만이 아니다. 윈스턴 처칠 자신은 이렇게 말했다. "그는 때로는 지나치게 대담하고 때로는 지나치게 신중했다. 하지만 그 둘은 별개의 심리 상태였는

데, 그는 한 심리 상태가 아주 분명한 단계에서 다른 심리 상태로 바뀌었다."[5]

처칠가의 선조 가운데 동일한 기질을 보인 다른 사람은 윈스턴의 아버지인 랜돌프 경이었다. A. L. 로즈는 이렇게 쓰고 있다.

상황을 아주 빠르고 날카롭게 판단하는 사람이었지만, 그의 판단은 실로 신뢰할 수가 없었다. 그는 아집이 있고 충동적이며 무엇보다 참을성이 없었다. 그가 참을성을 가지기만 했다면 다른 모든 것이 조화를 이뤘을 것이다. 하지만 그는 예술가 기질의 결점을 지니고 있었는데, 오늘날의 심리학 용어로 진단하자면 조울병이다. 엄청나게 기분이 좋고 정력이 솟구치다가도 우울감과 좌절감으로 곤두박질치는 것이다. 특히 예술 분야에서 창의력을 보이는 사람은 모두, 거의 뚜렷한 정도로 이런 변화를 보인다. 그리고 그의 아들이 또 그랬던 것처럼, 우리는 이런 강한 예술가적 기질을 그의 후손에게서 분명히 보게 된다.[6]

창의적인 사람은 모두 조울병이 있다는 로즈의 생각은 잘못되었다. 그런 이들 가운데 일부는 매우 다른 기질을 보여준다. 하지만 처칠가에 대한 진단은 분명히 옳다.

이와 관련해서 이 가문의 또 다른 사람, 즉 제1대 말버러 공의 아버지인 윈스턴 처칠을 언급할 만하다. 열렬한 왕정주의자였던 그는 왕의 군대가 내전1642~1651년 찰스 1세를 지지하는 왕당파와 의회의 주권을 지지하는 의회파가 각각 군대를 조직해 싸운 것으로 청교도혁명의 발단이 되었다에서 패한 후 이스트데번의 대저택으로 물러났다. 이곳에서 그는 역사서인 『디비 브리타니치: 역대 영국 왕의 생애에 관한 논평 Divi Brittanici Being a Remark upon the Lives of all the Kings of this Isle』을 쓰는 데 몰두했다. 그의 기질에 대해 자세히 알 수는 없지만, A. L. 로즈는 다음과 같이 표현한다. "침울한 분노에 잠긴 그는 적어도 패배하고 눈 밖에 난 지성인들이 얻는 위안을 얻었다. 즉 독서와 글쓰기 말이다. (…) 그의 정신은 패배하지 않았으니, 그의 글에서 꺼지지 않는 열정으로 타오른다."[7] 후대의 좀더 유명한 윈스턴은 공직에서 물러나자 동일한 방법을 취했다. 이런 기질을 가진 사람들이 중요한 자리를 맡지도 유지하지도 못하면 우울증에 압도될 위험성이 큰데, 창의적인 활동이 우울증을 효과적으로 막아준다는 사실에 우리는 고마워해야 할지 모른다.

브렌던 브래컨처칠의 정치적 동지로 전시戰時 정부에서 첩보부 장관을 지냈다은 이전 7명의 말버러 공 가운데 5명이 우울증에 시달렸다고 말한다.[8] 하지만 그가 이 정보의 출처라고 주장하는 로즈의 책에서도 이를 확인하기는 어렵다. 그렇기는 해도 순환성 기질(조울병 기질), 다시 말해 다소 극단적으로 기분이 달라지는 성향이 처칠가의 유전이었다는 점은 거의 의심하기 힘들어 보인다.

처칠의 유전 문제에 대한 이야기를 마무리하기에 앞서, 그의 신체적 자질을 잠깐 살펴볼 필요가 있다. 확실하지는 않지만, 아마도 체격과 성격은 긴밀히 연관되고 몸의 구조와 형태는 환경보다는 유전의 영향을 반영한다. 한 사람의 기질은 대체로 양육되고 교육받은 방식에 영향을 받는다. 신체적 자질은 어느 정도는 바꿀 수 있지만 유전적으로 주어지는 것일 가능성이 더 크다.

처칠이 엄청난 정력을 가졌음은 분명하다. 그는 아흔 살까지 살았다. 여든 살에 한 차례의 심장 발작, 세 차례의 폐렴, 두 차례의 뇌졸중, 두 차례의 수술을 이겨냈다. 처칠은 늘 마음껏 먹고, 마시고, 담배를 피웠는데, 그 정도가 엄청났다. 일흔 살이 될 때까지는 거의 피로를 호소하는 법이 없었다. 하지만 이 특출한 체질은 통상적인 종류의 타고난 강인한 신체에 기반을 둔 게 아니었다. 사실 그는 신체적으로 상당한 약점을 가지고 태어났다. 모런 경은 이렇게 쓰고 있다. "학교에서 괴롭힘을 당하고 두들겨 맞는 이 예민한 소년이 커서 키가 작고, 야위며, 팔다리 근육은 발달하지 못하고, 손은 여자처럼 희고 섬세한 사람이 되리란 걸 알 수 있었다. 그는 가슴에 털이 없었고, 혀짤배기소리를 하며 살짝 말을 더듬었다."9

윈스턴 처칠 자신은 1893년 샌드허스트 육군사관학교에서 쓴 한 편지에서 이렇게 주장했다. "전 아주 허약한 몸을 타고나서 하루의 피로를 거의 견딜 수 없습니다. 하지만 여기에 있는 동안 더 강해질 거라고 생각합니다."10 그의 키는 169센티미터, 가슴 둘레는 79센티미터 정도밖에 되지 않았다. 이는 샌드허스트 육군사관학교 기준에 한참 못 미쳤다. 1903년 처칠을 만난 시인 윌프레드 스코언 블런트는 그를 "살짝 깍두기머리형에 그리 눈에 띄지 않는 외모를 가진 친구"로 묘사했다.[11] 처칠이 끊임없이, 때로는 무모하게 보여준 신체적 용기는 타고난 우월한 체격이 아니라 키와 근육이 못 미치지만 강해야 한다는 투지에 기반한 것이었다. 젊은 시절 물리적으로 위험한 일을 찾아서 하고 프랑스에서 1944년 6월 미군과 영국군이 아이젠하워 장군의 지휘로 프랑스 중부 해안 노르망디에 상륙했을 때 무모하게 자신을 위험에 노출한 점은, 비록 그의 행동이 다른 사람들을 위험에 빠뜨리기는 했으나, 그의 용기가 그 스스로 당연시한 게 아니라 스스로 증명해야 했던 것, 그리고 자신의 용기에 대한 내심의 의심을 보상하려는 것이었음을 여실히 말해준다.

두려움에 면역된 사람은 없다. 하지만 특히 강한 체격을 타고난 사람들은 보통 우리 대부분보다 신체적 위험에 덜 불안해한다. 처칠은 비상하리만치 용감했다. 하지만 그의 용기는 타고난 우월한 신체적 자질에 기반을 둔 용기보다 더 놀랍고 존경할 만한 것이었다. 그는 두 번째로 다닌 사립 초등학교에서 자기한테 크리켓 공을 던지는 다른 소년들에게 겁을 먹고 나무 뒤로 피한 일을 결코 잊지 않았다. 이것은 수치스러운 기억이어서, 처칠은 아주 어려서부터 가능한 한 강한 사람이 되기로 결심했다. 열여덟 살 때는 쫓아오는 사촌과 형제에게 붙잡히지 않으려고 다리에서 뛰어내리는 바람에 거의 죽을 뻔했다. 9미터 높이에서 떨어져 신장이 파열돼 사흘 동안 깨어나지 못했고 거의 두 달 동안 꼼짝달싹하지 못했다. 처칠의 신체적 용기가 대단했다는 점은 의심할 여지가 없다. 하지만 데모스테네스의 웅변술이 언어장애를 극복하려는 의지의 결과였다고 하는 만큼이나, 그것은 애초의 신체적 약점을 이기려는 그의 투지 덕분이었다.

체형과 성격의 관계를 파악하려는 많은 시도가 있었는데, 그 가운데 윌리엄 허버트 셸던이 가장 상세하고 가장 성공적이다.[12] 셸던은 사람의 신체 구조에서 세 가지 주요 구성 요소를 식별할 수 있다고 주장하면서 거기에 내배엽형, 중배엽형, 외배엽형이라는 다소 어색한 이름을 붙였다. 또 대개 체형과 밀접한 관련이 있는 20가지 기본 특징으로 각각 이뤄진 세 가지 기질 구분 기준을 만들었다. 세 가지 주요 기질은 내장긴장형, 신체긴장형, 대뇌긴장형으로 알려져 있다.

처칠을 보면, 체형이 두드러지게 내배엽형이었다는 점이 분명하다. 큰 머리, 복부에 비해 작은 흉부, 몸의 둥근 윤곽, 작은 손발이 모두 내배엽형의 특징이다. 매끄럽고 부드러운 피부도 마찬가지였다. 그는 피부가 몹시 민감해서 항상 특별히 구한 비단 속옷을 입었다. 이런 체형을 가진 사람은 대개 내장긴장형 기질, 곧 현실적이고, 느긋하고, 신중하고, 예측 가능한 인물로 예상된다. 처칠은 실제로 20가지 내장긴장형 특징 가운데 11가지에서 높은 점수를 받고 있다. 하지만 신체긴장형, 즉 건장하고 탄탄한 중배엽형 체형과 관련 있는 기질에서도 거의 똑같이 높은 점수를 받고 있다. 셸던에 따르면, 체형에 맞는 기질과 아주 다른 기질을 가진 사람은 자신의 정서 성향과 불화하기 때문에 특히 심리 갈등을 겪는다.

처칠은 기본 체형에서 예상되는 것보다 훨씬 더 공격적이고 지배적인 사람이다. 위험, 즉 신체적 모험에 대한 애호, 정력과 자기주장은 처칠 같은 내배엽형 체형의 인물이 아니라 근육질이 다분한 중배엽형에서 예상되는 특징이다.

다시 말해, 처칠은 두드러질 정도로 스스로 내적 성향을 거스른 사람이다. 그는 선천적으로 강하지도 특별히 용감하지도 않았지만, 기질적인 신체 자질을 넘어 자신을 강하고 용감하게 만들었다. 인간 윈스턴 처칠을 검토할수록 그의 공격성, 용기, 지배력이 유전에 뿌리를 둔 게 아니라 의식적인 결단과 강철 같은 의지의 산물이었다고 결론 내리지 않을 수 없다. 처칠은 주치의에게 "원하면 난 아주 사나워 보일 수 있다네"라고 말했다.[13] 하지만 가장 인기 있는 그의 사진들에서 보이는 반항적인 불도그 같은 표정은 전쟁 전 얼굴에서는 눈에 띄지 않고, 모런이 암시한 대로, 거울 앞에서 연설문을 읊으며 그 표정을 취해보고는 그때부터 적절한 공석에서 사용했을 가능성이 크다.

유전되는 신체적·심리적 특성의 문제에서 넘어가 처칠의 성격을 형성한 환경의 영향을 검토하기에 앞서, 유형 분류 체계를 하나 더 훑어볼 만하다. 스위스의 정신과 의사인 C. G. 융은 '외향성'과 '내향성'이라는 용어를 심리학에 도입했다. 대부분의 사람은 이 두 용어가 무엇을 의미하는지 대략 안다. 외향적인 사람의 주된 지향은 외부세계의 사건과 지형에 가 있다. 대개 외향적인 사람은 자기 영혼의 후미진 곳에 그다지 관심이 없고 추상적인 관념, 사상, 또는 미묘한 철학에도 별 관심이 없다. 외향적인 사람의 주된 관심은 생각이 아니라 행동에 있다. 어려움에 처하면 내면생활을 분석해서 고통의 원인을 밝히기보다는 어떤 일을 함으로써 자기한테서 다른 데로 주의를 돌리려 한다. 처칠은 분명 대단히 외향적이었다. 그는 철학에 거의 관심을 보이지 않았고 종교에는 전혀 관심이 없었을뿐더러 심리학은 무의미하다고 여겼다.

융이 한층 더 세분화한 사고, 감정, 감각, 직관 개념은 널리 받아들여지지 않는다. 하지만 융이 『심리 유형Psychologische Typen』에서 서술하는 외향적 직관형인 사람들의 특징이 처칠에게 아주 정확하게 들어맞으니, 이 책을 다시 한번 들여다봐야 한다. 융은 이렇게 쓰고 있다.

직관이 우세하면 언제나 오해의 여지가 없는 특정한 심리가 나타난다. (…) 일반적으로 직관적인 사람은 현실의 가치를 인정하는 이들 사이에서는 찾아볼 수 없지만, 그는 가능성이 있는 곳에는 항상 존재한다. 그는 미래의 약속을 배태한 싹에 예민한 코를 가지고 있다. (…) 신념의 필수 구성 요소인 사고와 감정은 그에게 결정적인 무게를 갖지 못하는 하위 기능이다. 그래서 그것들은 직관의 지배력에 지속적으로 저항할 힘이 부족하다.14

그래서 융에 따르면, 직관적인 사람은 판단력이 부족하고, 또 "이웃의 안녕에 대한 배려심이 약"하다. 직관적인 사람은 "종종 무정하고 부도덕한 모험가로 여겨"지는데, 이 말은 흔히 젊은 시절의 처칠에게 적용된다. 하지만 "동포들에게 용기를 불어넣는 능력 또는 새로운 것에 대한 열정에 불을 지피는 그의 능력은 비할 데가 없다".[15]

C. P. 스노는 처칠에 관한 대단히 흥미로운 글에서 그의 판단력 부족을 언급한다. 실은 그것이 "심각한 결함"이었다고 그는 말한다. 스노는 계속해서 이렇게 말한다.

판단력은 좋은 것이지만 꼭 비범한 것이라고 할 순 없다. 깊은 통찰력이 훨씬 더 비범하다. 처칠은 자기 외에 어느 누구에게도 빚지지 않으면서 외부 영향과 무관하게 자기 본성 안에서 캐내는, 번쩍이는 통찰력을 지녔다. 때로 그것은 판단력보다 더 나은 안내자였다. 그가 집권했을 때 최고의 위기 속에서, 비록 그것이 필요하지는 않았으나 판단력 자체가 약점의 근원이 될 수도 있었던 때가 있었다.

히틀러가 정권을 장악하자 처칠은 판단력이 아니라 자신의 깊은 통찰을 사용했다. 이것은 절체절명의 위기였고 손쉬운 우회로는 없었다. 저것(통찰력)이 우리가 필요로 했던 것은 바로 저것이었다. 우리 역사상 유례가 없는 경우였다. 국가주의자 지도자가 지배권을 잡아야만 했다. 많은 좌익이 영국이 위태로운 상황에 처

해 있음을 알 수 있었지만, 영국민을 어떻게 사로잡아 결속시켜야
할지는 몰랐다.[16]

C. P. 스노가 말하는 통찰력은 동시에 직관이라 불러 마땅할
것이다. 직관은 많은 면에서 신뢰할 수 없는 안내자다. 게다가 처
칠의 어떤 직관은 심히 잘못된 것이었다. 제1차 세계대전 당시
처칠이 구상한 주요 전략인 갈리폴리 상륙작전제1차 세계대전 당시 영
국 해군성 장관이던 처칠은 연합군 함대가 다르다넬스 해협을 통해 갈리폴리반도에 상륙
해서 독일과 동맹을 맺고 있던 오스만 제국을 통과해 러시아와 연락을 취하는 작전안을 주
도하고 관철시켰으나 결국 패했고, 이 일로 해군성 장관직에서 물러나야 했다은 실패
했다. 하지만 비록 당시 적절히 활용되지는 못했으나 탱크 개발
이라는 발상은 분명 성공적이었다. 처칠이 1917년에 이미 탱크
를 위한 상륙선을 만들 계획과, 1944년 프랑스 침공에서 사용되
는 운반 가능한 항만 시설과 매우 비슷한 것을 만들 계획도 세
웠다는 사실을 언급해둘 만하다. 그의 직관은 적어도 잘못된 경
우만큼이나 옳은 경우도 많았다. 더욱이 처칠보다 더 나은 판단
력을 지녔던 다른 사람들은 중요한 점을 보지 못한 반면, 히틀러
의 위협과 이후 러시아가 유럽을 지배할 위험성을 예측한 그의
직관은 옳았다. 융이 말하는 외향적 직관형의 많은 부분이 처칠
에게 적용된다. 융이 지적한 대로, 이 유형은 판단력이 부족하다.
처칠은 한 번에 오랫동안 생각할 수가 없었다. 기막힌 발상을 갖
고 있었지만, 거의 판단을 할 수 없어 다른 사람들이 연이어 내

놓는 주장을 따라가지 못했다. 모든 의견은 종이 반 장에 써서 내놓아야 한다는 그의 유명한 요구가 이 점을 분명하게 보여준다. 앨런 브룩(제2차 세계대전 당시 영국의 육군참모총장)은 전쟁 동안 쓴 일기에서 처칠에 대해 이렇게 적었다. "계획된 전략은 그의 효과적인 패가 아니었다. 그는 직관과 충동에 따라 일하는 것을 선호했다. (…) 그는 자신이 지지하는 방책이 가져올 모든 영향을 잘 살피지 못했다. 사실은 곧잘 살피기를 거부했다."17 처칠이 많은 면에서 감정 결핍을 보였다는 점 또한 사실이다. 그는 다른 사람의 감정에 대해 거의 공감하지 못했다. 처칠은 따로따로 세 차례에 걸쳐 앨런 브룩에게 연합군 최고사령관 자리를 약속했다. 하지만 한 미국인에게 유럽 침공의 지휘를 맡기는 것으로 결정 났을 때, 처칠은 앨런 브룩이 느낀 씁쓸한 실망감에 대해 거의 공감을 보이지 않았다. "이것이 내게 무엇을 의미하는지 그는 결코 알지 못했다. 그는 동정의 뜻을 표하지도, 자신이 마음을 바꿔야 했던 데 대한 유감을 표하지도 않았고, 마치 그다지 중요하지 않은 듯이 그 문제를 처리했다."18 융이 쓴 대로 "다른 사람들의 안녕에 대한 배려심이 약하다".19

처칠이 내무부 장관으로 있을 때, 그리고 훗날 수상으로서 전쟁 총력전을 지휘할 때, 그와 함께 일한 사람은 모두가 그의 대단히 풍부한 새로운 발상, 지칠 줄 모르고 쏟아져 나오는 발명에 경의를 표했다. 또 그와 함께 일한 사람 모두가 처칠에게는 그를 학대할 정도의 아주 혹독한 자제심이 필요했고, 만약 그의 많은 발상이 실행되었다면 피해가 극심했으리라는 데 동의했다.

융의 용어로, 처칠은 외향적 직관형이다. 셸던의 분류에 따르면 대체로 내배엽형인데, 부수적으로 강한 중배엽형 요소를 지니고 있었다. 전형적인 기술적 정신의학descriptive psychiatry, 기술적 정신의학이 정신장애의 기질적 측면의 탐구와 병적 현상의 객관적 기술을 토대로 한 접근에 주력하는 반면 역동적 정신의학dynamic psychiatry은 인간의 성장 과정에서 발생하는 각종 심리적, 사회적, 문화적 상호 연관성과 인격의 형성 과정에 미치는 여러 요인의 영향과 정신장애와의 관계를 살핀다의 관점에서, 처칠은 뚜렷한 우울 성향을 지닌 순환성 기질이었다. 이런 기술적 분류는 용어가 지나치게 많기는 해도 성격에 접근하는 방법으로서 여전히 중요하다. 하지만 한 사람의 역동적인 내면생활에 대해서는 거의 드러내 보여주지 않는다. 따라서 처칠의 심리 구조를 살펴보려면 어쩔 수 없이 가능한 한에서 추측에 근거해 시도해보는 수밖에 없다.

처칠의 '검은 개'를 좀더 살펴보는 데서 시작해보자. 처칠의 심리에서 우울증이 중요하다는 사실을 대부분의 사람보다 더 잘 인식했던 모런 경은 자신의 책에서 이를 처음 언급한다.

1944년 8월 14일

오늘 수상은 사색에 잠긴 분위기였다.

"젊었을 때" 하고 그는 곰곰이 생각했다. "2, 3년 동안 영상에서 빛이 희미해졌다네. 난 내 일을 했어. 하원의사당에 앉아 있었지만 시커먼 우울증이 내게 내려앉았지. 클레미한테 그 이야기를 하는 게 도움이 되더군. 난 급행열차가 지나가는 동안 승강장 언저리에 서 있는 걸 좋아하지 않는다네. 제대로 뒤쪽에 서는 걸 좋아하지. 가능하면 나하고 기차 사이에 기둥을 두고서 말이야. 난 뱃전에 서서 물속을 들여다보는 것도 좋아하지 않아. 한순간의 행동이 모든 걸 끝장내버릴 테니. 몇 번 자포자기해서 주저앉았지. 그러면서도 그런 순간에 세상을 떠나고 싶은 마음은 전혀 없었네. 불안에 대해 좀 아나, 찰스? 불안한 일을 여섯 가지 써보는 게 도움이 된다네. 그 가운데 두 가지는 사라지고, 두 가지에 대해서는 내가 할 수 있는 일이 없으니 불안해하는 게 소용없지. 그리고 아마도 두 가지는 해결을 볼 수 있을 것이네. 한 미국인이 신경에 관해 쓴 책인 『운명의 철학The Philosophy of Fate』을 읽었는데, 대단히 흥미롭더군."

나는 이렇게 말했다. "자네의 병(우울증 말이다)은 조상한테서 물려받은 것이네. 자네는 평생 그 병과 싸워왔어. 자네가 병원에 가는 걸 싫어하는 이유는 그래서야. 자넨 항상 우울한 것은 뭐든 피해버리지."

내가 너무 잘 안다는 듯이 윈스턴은 날 뚫어져라 쳐다봤다.[20]

모런 경은 이 책 뒤에서 죽어가는 브렌던 브래컨식도암으로 사망했다과 나눈 대화를 인용한다.

"자네와 난 윈스턴이 방종하다고 생각하지. 윈스턴은 그 무엇도 자제하지 않지만, 꼬마였을 때 강인하고 거친 사람이 되려고 의도적으로 자기 천성을 바꾸기 시작했어."

"그건 쉽지 않은 일이야. 알다시피 찰스, 윈스턴은 항상 '절망에 싸인 사람'이었잖아. 다르다넬스 원정갈리폴리 상륙작전 이후에 윈스턴의 초상화를 그린 오펜은 그의 얼굴에 어린 고통에 대해 말하곤 했지. 그 친구는 윈스턴이 불행한 사람이라고 했어. 윈스턴은 당시 더 이상 공직에 나가지 못할 거라고 아주 확신했네. 살아갈 이유가 아무것도 남아 있지 않은 듯했지. 그게 그를 아주 슬프게 만들었어. 제2차 세계대전이 일어나기 전 야인으로 지내던 시기에 윈스턴은 '난 끝났어'라는 말을 반복했어. 하루에 두 번은 그랬다니까. 모든 사람이 그를 과격한 인물로 여기는 듯했으니, 자기가 공직으로 돌아가지 못할 거라고 확신했지. 그리고 그는 정부 서류 이송함을 무척 그리워했어. 윈스턴은 일로 바쁘지 않으면 항상 불행해졌지. 자넨 그가 사임한 뒤 어땠는지 알잖아. 글쎄, 나한테 매일 죽고 싶다고 했다니까."[21]

많은 우울증 환자가 멈출 수 없어서 휴식하거나 긴장 푸는 걸 거부한다. 사정상 부득이 그렇게 할 수밖에 없게 되면, 검은 구름이 그들 위로 내려앉는다. 1915년 5월 해군성을 떠났을 때, 삼십대에 공직에서 물러났을 때, 1945년 선거에서 패했을 때, 그리고 마지막에 사임한 뒤 윈스턴이 그랬다. 그는 더 이상 나랏일로 분주하지 않을 때 덮쳐오는 우울증에 대처해 다양한 수단을 고

안해냈다. 여기에는 그림 그리기, 글쓰기, 벽돌 쌓기처칠은 벽돌 쌓기
를 즐겨서 특히 딸들 방의 벽돌을 직접 쌓았다고 한다가 포함되었다. 하지만 이
가운데 어느 것도 완전히 성공하지는 못했다. 그 이유를 이해하
려면, 정신분석 이론이라는 탁하고 위험한 수역水域으로 들어가
봐야 한다.

정신분석학이 주로 환경, 특히 아주 어렸을 적의 환경이 성인
의 성격에 미치는 영향에 관심을 갖는다는 점은 널리 알려져 있
다. 정신분석학의 관점이 우리가 지금까지 처칠을 정신의학적으
로 검토하면서 적용한 유형 또는 체형 접근법과 양립할 수 있
다는 점은 일반적으로 덜 알려져 있다. 두 관점은 모순되기보다
는 보완적이다. 유전자가 우울 성향을 갖게 할지는 모르지만, 그
가 실제로 우울증을 앓을지 앓지 않을지는 가족 내 초기 경험
에 달려 있을 가능성이 크다. 정신분석학은 모든 개인이 비슷하
게 태어나서 환경의 영향에 대해 정확히 동일한 방식으로 반응
한다고 생각하지 않는다. 두 개인은 서로 다르기에, 이상적인 양
육을 위한 청사진은 없다. 하지만 정신분석학은 사람들이 앓는
정신장애가 그들이 양육되는 전반적인 정서 분위기와 관련 있으
며, 성인기의 신경증과 정신병은 검토 대상인 특정 개인의 욕구
를, 그런 욕구가 다른 무엇보다 중요한 시기에 환경이 충족시켜
주지 못했다는 관점에서 설명할 수 있다고 생각한다.

우울증에 시달리는 성인에게 두드러지는 한 가지 성격은 자
존감을 유지하기 위해 외부 원천에 의존한다는 것이다. 물론 우

리 모두는 어느 정도 외부에 의존한다. 완전히 정상적인 사람이 갑자기 가족, 직장, 사회로부터 유리되어 불확실하고 두려운 상황에 놓인다면 심한 우울증에 빠질 것이다. 러시아 비밀경찰은 이 점을 잘 알았다. 그들이 한밤중에 아무런 경고 없이 혐의자를 체포해 혼자 가두고 외부와 전혀 연락하지 못하게 하거나 그가 앞으로 어떻게 될지 전혀 알려주지 않은 것은 이런 이유에서였다. 이렇게 몇 주 동안 혼자 가둬놓기만 해도 대부분의 사람은 깊은 실의의 상태, 즉 희망과 자존심이 사라진 무표정한 무감각 상태에 빠진다. 자기 자신의 가치에 대한 감각을 유지하려면, 우리 모두 외부세계로부터의 지지가 필요하다.

그렇지만 우리 대부분은 깊은 우울증에 빠지는 일 없이 존재의 한 영역에서의 실망을 견딜 수가 있다. 다른 영역이 손상되지 않고 유지된다면 말이다. 정상적인 사람들은 애통해하거나 실망을 경험하긴 하지만, 자존감의 내적 원천을 가지고 있으므로, 불운에 맞닥뜨려 우울해지거나 또는 오래도록 계속 심하게 우울해하지는 않고, 자기에게 남아 있는 것에서 쉽사리 위안을 얻는다.

이렇게 정상적인 사람들에 비해, 우울증 환자들은 훨씬 더 취약하다. 외부세계의 어느 하나가 잘못되면 절망에 빠지기 쉽다. 사람들이 위로하려 해도 그런 노력을 헛된 것으로 물리칠 가능성이 크다. 실망, 거부, 사별은 모두 우울증 환자 내면의 방아쇠를 당겨 완전한 절망 상태라는 반응을 점화시킬 수 있다. 그런 사람들은 곤경에 처했을 때 의지하거나 또는 다른 사람들의 보살핌으로 쉽사리 회복할 수 있는, 자존감의 내적 원천을 가지고 있지 않기 때문이다. 어떤 사람이 마음 깊이 자신이 대체로 형편 없거나 사랑스럽지 않다고 느낀다면, 외부세계에서의 실제적인 거부는 이런 우울한 믿음이 표면에 떠오르게 될 것이다. 그리고 사람들이 호의를 베풀어 아무리 안심시켜줘도 당분간은 그에게 그의 진정한 가치를 납득시키지 못할 것이다.

정신분석학은 이런 취약성이 어린 시절 아이와 부모 사이의 관계가 실패한 결과라고 생각한다. 보통 아이는 모유로 사랑을 흡수한다. 부모가 원하고, 사랑하고, 함께 놀아주고, 안아주는 아이는 자신이 소중하다는 강렬한 느낌을 자기 내면에 통합할 것이다. 그래서 어린 시절의 불가피한 좌절과 실망을 극복할 것이다. 일시적으로야 슬픔을 느끼겠지만, 세계가 대체로 행복한 곳이며 그 안의 어느 곳에서는 자신이 총애를 받고 있다고 확신할 것이다. 그리고 이런 경향은 일반적으로 평생토록 지속될 것이다.

반면 부모가 원치 않거나 거부하거나 또는 못마땅해하는 아이는 그런 확신을 얻지 못할 것이다. 그런 아이가 성공을 거두고 행복한 시기를 경험할 수도 있지만, 이것이 그에게 자신이 사랑스럽다고 납득시키지도, 삶이 가치 있는 것임을 마침내 증명하지도 않을 것이다. 권력을 추구하고 여자를 정복하고 부를 얻는 데 전 생애를 바칠지 모르지만, 결국 그는 절망감과 허무감에 맞닥뜨릴 것이다. 자기 안에 자신이 한 사람으로서 소중하다는 인식을 갖고 있지 않기 때문이다. 아무리 외적으로 성공하더라도 궁극적으로는 이를 보상할 수가 없다.

몇 년 전 생일에, 아버지가 평생 이룬 모든 것에 대해 다이애나 언니가 경이로워하며 감탄하자 이에 대한 아버지의 답변은 이랬다. "난 많은 걸 이뤘지만 결국엔 아무것도 이루지 못 했단다." 우리는 라디오를 들으며 언제나 아버지에게 아낌없이 쏟아지는 신문의 찬사를 읽고 있었다. "어떻게 그렇게 말할 수 있죠?" 언니가 되물었다. 아버지는 침묵을 지켰다. "아버지가 쓴 책들이 있잖아요." 내가 말했다. "아버지 그림들도요." 다이애나가 말을 이었다. "아, 그래요, 맞아요, 저것들도 있죠." "그리고 무엇보다, 우리가 있잖아요." 우리는 계속해서 말했다. "때로는 큰 위안이 되지 않는다는 거 알아요. 그리고 살아 있는 걸 고마워하는 다른 아이들도 있어요." 아버지는 우리에게 미소로 답했다.[22]

세라 처칠은 『태피스트리의 실 한 가닥A Thread in the Tapestry』이라는 책에서 위와 같이 아버지를 묘사하기 시작한다. 이는 분명 세라 처칠의 통찰을 보여준다. 윈스턴 처칠이 찬사, 포상, 명예에도 불구하고 여전히 존재 깊숙한 곳에 공허감을 지녔고 그것을 완전히 메울 만한 성취나 명예는 없다는 사실을, 상태가 좋지 못했던 처칠의 말년에 세라와 다른 가족은 알아차렸음에 틀림없다.

이 구절을, 처칠 자신이 노년이 아니라 이제 막 성인이 되었을 때 쓴 구절과 비교해보면 흥미롭다. 윈스턴 처칠의 유일한 소설 『새브롤라Savrola』는 세 번째 저서로 출간되었지만, 실제로는 그가 처음 쓰기 시작한 책이었다. 1897년에 반쯤 완성됐으나, 『말라칸드 야전군 이야기Story of the Malakand Field Force』말라칸드는 지금의 인도와 파키스탄의 산악 국경지대로, 그곳의 파슈툰족과 싸우는 인도 주둔 영국군 및 동맹군에 장교 겸 기자로 종군한 윈스턴 처칠의 야전 기록이다와 『강의 전쟁The River War』1898년 9월 2일 옴두르만 전투에 제21 창기병대 소속으로 돌격전에 참가한 처칠이 런던의 『모닝포스트』에 기고한 기사를 보완해 출간했다이 끼어드는 바람에 1900년까지 출간되지 않았다. 웅변가이자 혁명가인 새브롤라는 흔히 말하듯이 처칠 자신의 자화상이다. 우리는 기번, 매콜리(영국의 역사가이자 정치가인 토머스 배빙턴 매콜리), 플라톤, 생시몽으로 둘러싸인 서재에서 새브롤라를 소개받는다.

탁자 위에는 서류와 개봉하지 않은 전보가 놓여 있었지만 새브롤라는 피곤했다. 그것들은 아침까지 미룰 수 있거나 아니면 어쨌든 미뤄야 한다. 그는 의자에 털썩 주저앉았다. 그랬다, 기나긴 하루였고, 우울한 날이었다. 그는 서른둘밖에 되지 않은 젊은 사람이었지만, 벌써 일과 근심이 초래하는 영향을 체감했다. 신경이 과민한 그의 기질은 최근에 지나온 생생한 장면들에 흥분되지 않을 수 없었다. 게다가 억압된 감정은 마음속 불길을 뜨겁게 만들 뿐이었다. 그럴 가치가 있을까? 투쟁, 노동, 끊임없이 쇄도하는 일,

삶을 편안하거나 즐겁게 만드는 아주 많은 것을 희생하는 건 무얼 위해서지? 인민을 위하여! 그것이 그의 노력의 이유라기보다는 목적임을, 그 스스로 숨길 수 없었다. 야망이 원동력이었고 그것에 저항하기에 그는 무기력했다.[23]

'그럴 가치가 있을까?' 우울증에 시달리는 사람들은 살면서 이 질문을 거듭 반복한다. 『새브롤라』 끝부분에서 이 질문이 되풀이된다. 혁명은 성공했으나 "권태, 투쟁에 대한 혐오, 평화에 대한 갈망이 그의 마음에 가득했다. 그가 오랫동안 애써온 목표가 이제 거의 이뤄졌는데 그것은 거의 가치가 없어 보였다……".[24] 새브롤라는 추방당하는 신세가 되고, 자신이 해방시킨, 지금은 포화로 일부 파괴된 도시를 뒤돌아본다.

불타는 다른 집들의 연기가 서서히 피어올라 위쪽에 걸린 검은 구름과 합쳐졌다. 검은 구름을 배경으로 폭발하는 포탄이 노란색 섬광과 더불어 흰 연기를 드러냈다.
"그게", 오래도록 응시한 뒤 새브롤라가 말했다. "내가 평생 동안 한 일이야."[25]

훨씬 더 흥미로운 것은 "사람들과 그들이 하는 일에 염증을 느낀" 새브롤라가 "그 신비로움 때문에 별을 보"려고 천문대로 올라가는 구절이다. 그는 목성의 아름다움을 생각한다.

또 다른 세계, 더 아름다운 세계, 무한한 가능성의 세계가 그의 상상력을 사로잡았다. 그는 목성의 미래를, 냉각 과정이 진행되어 그 표면에서 생명이 살 수 있게 되기 전에 흘러간 불가해한 기간을, 무자비하고 멈출 수 없는, 더디고 꾸준한 진화의 흐름을 생각했다. 그것은 그들을, 배아세계의 아직 태어나지 않은 주민들을 얼마나 멀리 데려갈까? 어쩌면 중요한 본질을 모호하게 왜곡하기만 할지도 모르고, 어쩌면 그가 꿈꿀 수 있는 것보다 더 멀리 데려갈지도 모른다. 온갖 문제가 해결되고 모든 장애가 극복돼서 생명이 완전한 발전을 이룰 것이다. 그리고 이 공상은 시공을 뛰어넘어 이야기를 훨씬 더 먼 시기로 데려갔다. 냉각 과정은 계속될 것이고, 생명의 완전한 발전은 죽음으로 끝날 것이며, 전 태양계, 온 우주 자체가 언젠가 차가워져 다 타버린 불꽃처럼 생명이 없을 것이다.

그것은 서글픈 결론이었다. 그는 천문대의 문을 잠그고 계단을 내려왔다, 그의 꿈이 그의 생각을 반박하길 바라며.26

우울 기질의 특징인 근원적인 절망을 이보다 더 잘 보여줄 수는 없을 것 같다. 새브롤라는 성공을 거두기는 했지만 자신이 성취한 것의 가치에 대해 여전히 확신이 없는 상태다. 어느 먼 미래에 "완전한 발전"을 이루는 생명에 대한 공상은 우주가 마침내 냉각되어 죽은 듯이 정지하리라는 믿음에 의해 자동으로 무효화된다. 죽기 몇 년 전, 딸에게 "난 많은 걸 이뤘지만 결국에는 아무것도 이루지 못했단다"라고 말한 처칠은 이미 성년기 초반에 분명했던 감정 양상을 아주 일관되게 보여주고 있다.

처칠의 우울 성향은 어린 시절의 무엇에서 유래했을까? 어떤 답이든 어쩔 수 없이 부분적으로는 짐작해보는 것 외에 달리 도리가 없다. 하지만 고려해야 할 분명한 요인들이 드러나기 마련인데, 그 가운데 부모의 방치가 가장 두드러진다.

윈스턴 처칠은 예정일보다 두 달 먼저 태어난 조산아였다. 조산이 이후의 정서 발달에 부정적인 영향을 미치는지는 확실히 말할 수 없다. 하지만 아기를 보살피고 다루는 방식이 그의 신체와 정신 발달 속도에 영향을 미치며 아주 어린 아이도 환경에 민감하다는 사실은 잘 알려져 있다. 조산아는 예기치 못한 상황이고, 따라서 다소 당황스러웠을 법하다. 아기에게 입힐 옷이 없었기 때문에, 윈스턴 처칠의 출생에 대한 대비가 불충분했음을 우리는 알고 있다. 어쨌든 첫아이는 경험이 부족한 어머니에게 얼마간 불안감을 주는 경향이 있다. 아기 처칠은 어떻게 다뤄졌을까? 우리가 아는 사실이라곤 당시 관습에 따라 어머니의 젖을 못 먹고 유모에게 넘겨졌다는 것인데, 이 유모에 대해서는 알려진 게 아무것도 없다.

어머니인 랜돌프 부인은 윈스턴이 태어났을 때 겨우 스무 살이었다. 뛰어나게 아름다운 여성으로, 당시 사교생활에 푹 빠져서 젖먹이 아들에게 큰 관심을 가질 수가 없었다. 정치에 깊이 관여했던 랜돌프 경이 아들이자 상속자에게 극히 적은 관심 이상을 가지리라 기대하긴 힘들었는데, 그는 이런 예상을 충분히 충족시켰다. 사실 처칠은 매우 중요한 유아기에 부모 중 어느 한쪽으로부터도 애정 또는 지지를 거의 받지 못했다. 그를 정서적 결핍에서 구한 사람은 물론 1875년 윈스턴 처칠이 태어나고 몇 달 안 돼서 고용된 유모 에버리스트 부인이었다. 그녀는 처칠이 스무 살 되던 해에 죽었는데 그때까지 여전히 그의 주요한 지지자이자 친구였다. 에버리스트 부인의 사진은 처칠이 죽는 날까지 그의 방에 걸려 있었다. 에버리스트 부인은 『새브롤라』에서 가정부로서 불멸하게 된다. 윈스턴 처칠의 아들인 랜돌프 처칠이 아버지의 전기에서 동일한 인용문을 들고 있지만, 여기에 다시 인용할 만하다. 사랑에 대한 윈스턴 처칠의 태도를 보여주기 때문이다.

그의 생각은 쟁반을 든 늙은 여인의 등장으로 중단되었다. 그는 피곤했지만, 품위 있는 삶을 지켜야 했다. 그는 일어나 내실로 가서 옷을 갈아입고 몸단장을 했다. 그가 돌아왔을 때 식탁이 놓여 있었다. 그는 수프를 부탁했지만 가정부는 신경 써서 더 정성 들인 식사를 차려놓았다. 그녀는 시중을 들면서 동시에 그에게 질문을 퍼부어대고, 불안해하면서도 즐겁게 그의 식욕을 지켜봤다. 그녀는 그가 태어날 때부터 지칠 줄 모르는 헌신과 관심으로 그를 돌봤다. 이런 여성들의 사랑은 이상한 것이다. 어쩌면 그것은 세상에서 유일하게 사심이 없는 애정이다. 어머니는 자기 아이를 사랑하고, 그것은 모성의 본능이다. 젊은이는 연인을 사랑하는데, 그 또한 설명될 수 있다. 개는 주인을 사랑하고 주인은 개에게 먹이를 준다. 남자는 친구를 사랑하고 친구는 아마도 의심스러운 순간에조차 그를 변함없이 지지해준다. 이 모두에는 이유가 있지만, 보살피는 아기에 대한 유모의 사랑은 전적으로 비이성적으로 보인다. 그것은 인간 본성이 단순한 공리주의를 능가한다는 생각과 인간의 운명은 고귀하다는 생각을 연관시켜도 설명되지 않는 몇 안 되는 증명 가운데 하나다.[27]

처칠의 '사심이 없는 애정'이라는 생각은 언급할 만하다. 유모가 돌보는 아기를 사랑하리라는 것은 분명 그가 암시하는 만큼 놀라운 일이 아니기 때문이다. 유모는 자기 아이와 남편이 없는 여성이다. 그녀가 자신이 보살피는 아이에게 헌신하고, 다른 배출구가 없는 애정과 사랑을 온통 쏟으리라는 것보다 더 자연스러운 일이 무엇일까? 앞서 인용한 구절에서 처칠은 사랑받는다는 사실에 대해 놀라움을 보인다. 마치 자신이 그럴 자격이 있다고는 생각지 않았다는 듯이. 대개 어린아이는 부모한테서 사랑을 받고, 그에 대해 의문을 제기하지도 의심하지도 않는다. 그리고 일반적으로 사랑에 대한 기대를 유모, 친척, 그 외 가족 구성원에게로 확대할 것이다. 그는 자라면서 기대한 대로 모든 사람이 자신을 사랑하지는 않는다는 사실을 알게 될 것이고, 이는 놀랍고도 실망스러운 일일 것이다. 하지만 그의 놀라움을 자아내는 것은 분명 부모 외의 다른 사람들이 자신을 사랑한다는 사실보다 어떤 이들은 자신을 사랑하지 않는다는 사실일 것이다.

행복한 아이들은 왜 자기 어머니나 다른 사람들이 자신을 사랑하는지 묻지 않고, 기정 사실로서 받아들인다. 일찍이 마땅히 받아야 할 사랑을 받지 못한 사람들은 누군가가 자신을 좋아하리라는 사실에 놀라워하고, 운이 더 좋은 아이들이 당연한 것으로 여기는 사랑에 대해 그 이유를 찾고자 한다. 우울증에 시달리는 사람들은 항상 왜 누군가가 자신을 사랑하는지 스스로 물을 것이다. 그들은 보통 자신이 존경, 경외, 또는 찬사를 받을 자격이 있다고는 생각하지만, 사랑에 대해서는 지나친 기대라고 여긴다. 많은 우울증 환자가 자신이 무언가를 성취해야만, 또는 보상받을 자격이 있다고 여겨질 정도로 다른 사람에게 많은 것을 줘야만 사랑받을 수 있다고 생각한다. 누군가가 다름 아닌 바로 그 자신 때문에 그에게 사랑을 줄 수도 있다는 생각이, 우울 기질을 가진 사람에게는 이질적이다. 처칠이 에버리스트 부인의 사심 없는 사랑에 놀라움을 보일 때, 분명 그의 정서 성향에서 예상되는 바가 드러나고 있다. 즉 그가 부모한테서 전면적이고 비이성적인 수용을 경험하지 못했다는 점 말이다. 우리 모두는 이런 수용을 필요로 하고 대부분의 어머니는 원하는 아기에게 그것을 준다. 그리고 비록 에버리스트 부인의 애정이 아쉬움을 어느 정도 보상해주긴 했지만 부모의 사랑을 대신할 수는 없었다.

현재 처칠의 아주 어린 시절에 대해 만족할 만큼 많은 정보를 얻을 순 없지만, 그의 부모가 소홀했다는 점만큼은 확실하다. 랜돌프 처칠은 전기에서 이렇게 말한다.

후기 빅토리아 시대와 에드워드 7세 시대의 기준에서 판단해도, 그에 대한 부모의 관심 부족과 방치는 놀라운 정도였다. 그가 다양한 학교에서 몹시 애처롭게 어머니에게 보낸 편지들은 어머니가 안 되면 에버리스트 부인과 남동생 잭이 편지를 써주고 찾아와달라고 요청하고 있다. 랜돌프 경(처칠의 아버지)은 정치에 온 정신이 팔린 바쁜 정치인이었다. 랜돌프 부인은 소용돌이치는 사교계에 휘말려 아들의 이름이 전 세계에 알려지기 시작할 때까지 그에게 관심을 거의 갖지 않았던 듯하다. 랜돌프 부인이 아들에게 편지쓰는 일을 얼마나 등한시했는지는 뒤에 그가 3년 동안 인도에서 중위로 있을 때, 그리고 그의 아버지와 에버리스트 부인이 사망했을 때 알게 될 것이다. 그보다 다섯 살 어린 동생 잭은 만족스러운 편지 상대가 될 수 없었고, 그래서 윈스턴은 유난히 외롭고 버림받았다고 느꼈다.[28]

윈스턴 처칠이 부모의 방치로 자존감의 내적 원천을 박탈당했다고 추정할 만할 것이다. 행복한 사람은 대부분 이 내적 원천에 의지하고, 그것은 그들이 인간 존재에게 불가피한 실망과 좌절을 헤쳐나가도록 도와준다. 부모의 애정이 부족했으나, 처칠은 어떤 방법으로 이 초기의 결핍을 보상하고 자존감을 유지하려 애썼을까?

처칠이 애정 부족에 대응해서 가장 먼저 가장 분명하게 발전시킨 성격 특성은 야망이었다. 그가 새브롤라에 대해 쓴 대로 "야망이 원동력이었고, 그가 그것에 저항하기에는 무기력했다". 게다가 1899년 인도에서 어머니에게 보낸 편지에 처칠은 이렇게 쓰고 있다. "만일 제가 성공하지 못하면 얼마나 끔찍할까요. 전 야망 외에 달리 매달릴 게 없기 때문에 그렇게 되면 가슴이 찢어질 겁니다……."29 윈스턴 처칠보다 더 많은 사랑과 인정을 받은 아이들은 야망 말고도 매달릴 만한 다른 것이 있다. 물론 야망은 서구 문명의 경쟁적인 풍토에서 자란 젊은이한테서 예상되는 지극히 '정상적인' 특성이다. 하지만 처칠의 야망은 확실히 과도했고, 그래서 젊었을 적의 평판은 좋지 않았다. 찰스 딜크 경은 로즈버리(1894~1895년에 수상을 지낸 영국의 정치인이자 저술가)가 일찍이 자신이 만난 이들 가운데 가장 야심찬 사람이라고 썼지만 나중에 "나는 이후에 윈스턴 처칠을 알게 되었다"30라고 씀으로써 이 견해를 수정했다고 전해진다. 처칠의 경우에서처럼, 야망이 강박적인 욕구일 때, 그것은 어린 시절의 박탈이 가져온 직접적인 결과다. 자신의 가치에 대해 내적으로 확신하지 못하면, 아이는 외적 성취로 얻는 인정과 찬사를 추구하게 될 것이다. 재정에서든 정치에서든 예술에서든 젊어서 거두는 성공, 심지어는 성공을 거두리라는 희망조차 이런 장애를 겪기 쉬운 사람들의 우울증을 저지하는 데 특히 효과적일 수 있다. 나이가 들수록 희망이 사그라드는 것은 불가피한 일이고, 이것이 중년에 심한 우울증이 도지는 일이 더 흔해지는 원인이다. 아주 유능한 사람들은 항상 야망에 차 있다고 주장할 수 있을지 모른다. 재능 있는 사람이 자기 능력을 발휘할 기회를 찾아 이런 야망이 인정받기를 원하는 것은 충분히 자연스러운 일이기 때문이다. 존 리스 경(처음에는 상업적인 회사였던 BBC를 공영제로 전환시켜 오늘날과 같은 공익 방송 개념을 확립했다)의 말대로 "한껏 발휘하는" 것은 그 자체가 즐거움이다.[31] 하지만 처칠의 야망이 지닌 보상적 성질은 어렵잖게 알아차릴 수 있다. 그가 바이얼릿 보넘 카터(영국 정치가이자 일기작가) 부인에게 "우리는 모두 벌레입니다. 하지만 전 제가 반딧불이라고 믿습니다"라고 한 유명한 발언도 자기 비하와 우월감을 한 문구에서 결합하고 있다는 점에서 흥미로운 사실을 드러낸다.

처칠의 여러 성격 특성 가운데 과도한 야망은 한 사람이 실제로 가진 재능과 결함에 대한 냉철한 평가를 기반으로 한 것이 아니다. 여기에는 항상 현실의 성취와 무관한 공상의 요소가 있다. 처칠의 경우에 그랬듯이, 이것은 신이 아니라면 적어도 운명에 의해, 특별한 목적을 위해 준비된 사람이라는 신념의 형태를 취할 수 있다. 처칠의 심리에서 가장 두드러지는 한 가지 특징은 이런 신념이 그의 대부분 생애 동안 지속되었고, 예순다섯 살이 되어 마침내 공상이 현실로 나타났다는 것이다. 처칠이 모런에게 말한 대로 "이건 우연일 수 없고 계획된 것임에 틀림없네. 나는 이 일을 위해 예비됐어."[33] 만약 1939년에 죽었다면, 처칠은 실패자로 여겨졌을 것이다. "윈스턴이 진실성을 발견한 내면의 가공세계"[34]에 대해 쓴 모런은 확실히 옳았다. 영국이 1940년 존속할 수 있었던 것은 아마도 이 내면의 가공세계 덕분이었다. 처칠이 영국을 지탱시킨 영감은 판단에 근거한 게 아니라 사실에 기반을 둔 현실과는 무관한 비이성적 신념에 근거한 것이다. 자신이 영웅적 사명을 가졌다고 확신한 사람, 그 반대를 나타내는 온갖 증거에도 불구하고 승리를 거둘 수 있으리라고 믿은 사람, 그리고 자신을 한 국가의 운명과 동일시할 수 있었던 사람만이 자신의 영감을 다른 사람들에게 전할 수 있었다. 그 기적은 위대한 배우가 성취한 것과 여러 공통점을 지녔다. 그는 그의 예술로 우리를 고양시키고 그의 열정이 보통 사람의 감정을 넘어선다고 납득시킨다. 우리는 처칠의 가공세계를 상세히 알 수 없고 결코 알 수 없을 것이다. 하지만 그것이 있었고 그가 거기서 영웅 역할을 했다는 사실은 부정할 수 없다. 핵무기가 발명되기 이전의 많은 남학생은 오늘날에는 거의 불가능한 무훈을 세우는 꿈을 꾸었다. 훌륭한 지휘관이 되는 것, 엄청난 역경에 맞서 전투에서 군대를 이끄는 것, 영웅적으로 최후의 저항을 하는 것, 빅토리아십자훈장을 받는 것이 과거 많은 세대를 고무시킨 야망이다. 처칠은 그런 꿈이 여전히 현실로 옮겨질 수 있는 시대에 태어났고, 군인생활 초기에 그것을 실현하고자 했다. 하지만 많은 군인과 달리, 처칠은 환상을 깨뜨리지 않았다. 나이가 들어서도, 제2

전선제2차 세계대전 당시 1944년 이전까지만 해도 홀로 대규모 지상군을 동원해 독일과 전면전을 벌이던 소련은 미국과 영국에 제2전선의 구축을 강력히 요구했고 마침내 미군과 영국군이 1944년 6월 아이젠하워 장군의 지휘로 프랑스 중부 해안 노르망디에 상륙함으로써 제2전선이 구축되었다이 착수된 후 프랑스에 갔을 때 처칠이 작정하고 자신을 위험에 노출시키는 것을 저지하기는 어려웠다. 남학생의 몽상은 계속되었다. 그리고 그가 위험을 찾아 나선 것은 젊은 시절 확실히 영향을 미쳤던 신체적 용기를 증명하려는 욕구 때문만은 아니었다. 그것은 또한 자신이 보호받으리라는, 운명의 사나이에게는 아무 일도 일어나지 않으리라는 확신에 따른 것이었다. 처칠은 이런 믿음을 고든 장군애로호 사건 당시 용맹으로 이름을 떨쳤고 태평천국의 난 진압에 공헌했다과 공유했는데, 고든 장군도 비슷하게 평생 동안 의도적으로 자신을 죽음에 노출시켰고 위험성을 완전히 묵살함으로써 다른 사람들을 고무시켰다.

‘특별’함에 대한 확신은 정신분석학 용어로 ‘유아적 전능성’을 반영한다. 정신분석학은 유아가 자신이 태어난 세계에서 자기가 갖는 현실적인 위상에 대해 제대로 된 인식을 갖고 있지 않다고 상정하는데, 이는 타당하다. 인간의 유아는 현저히 무기력한 상태에서 삶을 시작해 그를 보호하려면 지속적인 보살핌과 관심이 필요하다. 바로 이런 무기력함이 그가 강하다는 환상을 만들어낸다. 아기의 욕구는 긴급한 것이기 때문이다. 아기는 먹이고, 씻기고, 옷을 입히고, 다치지 않도록 보호해줘야 하며, 대체로 이들 욕구는 다수의 자발적 노예에 의해 서둘러 충족된다. 아이는 자라면서 차츰 자신의 욕구가 항상 우선하지는 않고 때로는 다른 사람들의 욕구가 우선되어야 한다는 사실을 깨달을 것이다. 이는 다른 아이들이 있는 가족에서 특히 그렇다. 형제자매와의 거칠고 어지러운 경쟁 속에서 내가 우주의 중심이 아니라는 엄혹한 교훈을 빠르게 깨닫는다. 외동만은 이 초기 정서 발달 단계에서 벗어나지 못하기도 한다. 그런데 윈스턴 처칠은 외동이 아니었는데도 1880년에 태어난 동생 잭과의 나이 차이가 커서 초기 5년이라는 매우 중대한 시기에 독점적인 위치를 유지했다. 역설적이게도 외동아이뿐 아니라 박탈을 겪은 아이도 전능감을 유지한다. 태어난 후 첫 시기 동안 전면적인 보살핌이나 완전한 수용에 대한 욕구가 충족되지 못하면 아이에게 아쉬움과 갈망을 남긴다. 그래서 이후의 삶에서 자신의 가장 사소한 변덕도 즉시 시중 들어주는 상태를 만들려 애쓰고, 이것이 항상 가능하지 않다는 사실에 화를 낼 수도 있다.

처칠에게, 이런 성격은 분명했다. 한번은 병을 앓는 동안 두 명의 간호사를 요구했다. 그의 아내는 모런 경에게 이렇게 말했다. "윈스턴은 파샤오스만튀르크의 고급 관료에게 주어지던 명예적인 칭호예요. 집에 들어올 때 손뼉을 쳐서 하인을 부를 수 없으면 월터를 큰 소리로 불러요. 그럴 수만 있었다면 그이는 남은 생애 동안 간호사들을 뒀을 거예요. 자기 방에 두 명, 복도에 두 명 두길 원했죠. 찰스, 그이는 월터가 양말을 신겨주는 동안 간호사 중 한 명이 자기를 위해 뭔가를 하고 있을 때만큼 행복해한 적이 없어요."[35]

처칠은 오만하고 안달을 부리고 다른 사람들에 대한 배려가 부족해 함께 살기에는 지극히 힘든 인물이었음에 틀림없다. 하지만 그의 너그러움이 이런 특징을 누그러뜨렸다. 이렇게 자기중심적인 사람이 어떻게 시중드는 사람들로 하여금 그렇게 헌신할 마음을 먹게 만들었을까? 처칠은 그 사람들의 당장의 욕구에 대해 좀체 배려하지 않았고, 그들은 처칠의 독특한 일정표에 맞추기 위해 밤늦도록 깨어 있으면서 곧잘 그의 만만찮은 성미에 노출되었는데도 말이다. 이는 쉽게 답할 수 있는 문제가 아니다. 하지만 대개 다른 사람들의 많은 관심을 요구하고 필요로 하는 이들이 일종의 어린아이 같은 무기력함을 드러내 보인다는 것은 사실이다. 이런 무기력함은 시중드는 사람들이 힘들지 모르지만 적절한 반응을 불러일으킨다. 처칠의 아내는 그가 지하철을 탄 때는 총파업 동안이 유일했다고 밝혔다. "어디로 나갈지 몰라 다람쥐 쳇바퀴 돌듯 해서 결국은 구조해줘야 했다."36 어린아이가 그러하듯, 전능함과 무기력함은 밀접한 관련이 있었다. 공인으로서 훌륭한 많은 인물이, 만약 스스로 식사를 마련하거나 스스로 양말을 꿰매거나 심지어 스스로 편지를 써야 한다면, 어쩔 줄 몰라 할 것이다.

처칠이 귀족이라는 사실이 상당한 도움이 되었음에 틀림없다. 부모는 그를 방치했지만 그를 돌볼 에버리스트 부인이 있었다. 게다가 이 부인의 뒤를 이어 아내, 종자, 주치의, 그 외 셀 수 없이 많은 간병인과 하인이 처칠을 보살폈다. 귀족과 중상류층 사람들이 생활, 음식, 옷, 여행 등 일상의 세세한 부분에서 하인이나 다른 이들의 보살핌을 받는 걸 당연시하던 시절을 기억하는 나이 든 이들과, 이후 스스로 생활을 꾸려나가는 데 적응한 이들은 하인들의 존재가 우리의 자존감에 도움이 되었던 것을 어렵잖게 떠올릴 수 있다. 처칠은 젊은 시절에는 부유하지 않았다. 글을 써서 생계를 꾸려야 했다. 하지만 보통 사람들의 삶에 대해서는 아무것도 몰랐고, 그가 속한 계급의 다른 구성원들과 마찬가지로 자신이 보통 사람들보다 훨씬 더 윗길이라는 생각을 갖고 성장했다. 이런 생각은 처칠 같은 많은 사람에게 유용했다. 영국 상류사회는 아이들을 하인에게 맡겨 보살피게 하는 것으로 악명이 높았다. 게다가 남자아이라면 말도 안 되게 어린 나이에 기숙학교로 보냈다. 특권 계급에의 소속감이 어린 시절의 거부당하는 느낌을 일부 덜어준다. 물론 처칠가는 특권 계급 내에서도 특별히 구별되었다. 어린 윈스턴 처칠은 외롭고 사랑받지 못한다고 느꼈을지 모르지만, 오래지 않아 자신이 또 다른, 덜 개인적인 의미에서 '특별하'다는 점을 의식하게 되었다. 그는 그의 뒤에 유명한 조상들이 줄줄이 늘어선 명문가의 자손이었던 것이다. 처칠이 아버지와 제1대 말버러 공작의 전기를 쓰기로 한 사실은 이것이 그에게 얼마나 중요했는지를 보여준다.

부모가 정서적 욕구를 충족시켜주지 못하거나 부분적으로밖에 충족시켜주지 못하면, 아이는 대개 이런 불만에 대해 적대감으로 반응한다. 가장 '까다롭고' 행실이 나쁜 아이들은 사랑받지 못한 아이들로서, 모든 권위를 적대적으로 대하는 경향이 있다. 윈스턴 처칠도 예외가 아니었다. 하지만 가장 반항적이고 고집스러운 아이도 상상 속에 자신이 갖고 싶은 부모의 모습을 보유하고 있다. 거부하고 방치하고 잔인한 권위의 부정적인 이미지가 변함없이 사랑해주고 다정하며 이해해주는 이상화된 부모의 긍정적인 이미지에 의해 균형을 이룬다. 그리고 아이가 현실의 부모를 잘 알지 못하거나 친밀한 접촉이 덜할수록 이 이중의 이미지는 더 지속될 것이다. 현실의 부모는 때로는 사랑해주고 때로는 짜증을 내고 때로는 이해해주고 때로는 둔감한, 실재하는 인물이다. 보통의 친밀한 가족 안에서 자란 아이는 곧 '좋은' 이미지와 '나쁜' 이미지를 합쳐서 자기 마음속과 마찬가지로 다른 사람들의 마음속에 사랑과 증오, 선함과 악함이 떼려야 뗄수 없게 섞여 있다는 사실을 깨닫는다. 실제로 방치하거나 학대하는 부모를 둔, 비행을 저지르고 정서가 불안한 아이들이 그럼에도 이 '나쁜' 부모가 실은 '좋은' 부모라고 주장하며 부모의 잘못에 대해 자기 자신을 비난하는 경우를 정신과 의사들은 흔히 본다. 이런 부모의 이상화는 방어와 보호 기능을 한다. 약하고 무방비한 어린아이는 자기를 사랑하고 부양하고 이끌어줄 어른이 없다는 생각이 견딜 수 없는 것임을 안다. 그리고 만약 그런 어른이 없으면, 그런 어른을 만들어낸다.

윈스턴 처칠은 이런 이상화를 아주 분명하게 보여주었다. 그는 어머니에 대해 이렇게 썼다. "어머니는 날 위해 저녁별처럼 빛을 비춰주었다. 나는 멀리서이기는 하지만 어머니를 몹시 사랑했다."[37] 스물세 살의 청년인 처칠이 어머니가 재정적으로 무책임하다는 사실을 알고서 어머니의 사치에 대해 편지를 쓰지 않을 수 없게 되면서, 어머니에 대한 이런 낭만적인 생각은 좀더 현실적인 판단으로 바뀌었다. 하지만 어린 시절에 형성된 이미지가 그렇게 쉽게 떨쳐지지는 않는다. 게다가 적어도 젊은 시절의 처칠은 여성에 대한 낭만적인 관점을 간직하고 있었는데, 이는 아름다운 어머니를 이상화한 데서 유래한 것이었다. 바이얼럿 보넘 카터는 여기에 주목한다.

이 친한 친구들에는 여성이 포함되어 있지 않았다. 여성은 처칠의 인생에서 독특한 위치를 차지하고 있었다. 여성에 대한 그의 접근법은 본질적으로 낭만이었다. 그는 아름다움, 화려함, 빛에 대해 예민한 감수성을 지녔고, 이런 자질을 소유한 사람들은 분석의 대상이 아니었다. 그들이 소유한 모든 기본적인 미덕은 당연한 것으로 여겨졌다. 내가 언젠가 여성에 대한 그의 접근법이 '순수'하다고 했을 때 그가 불쾌하게 여긴 일을 기억한다. 그는 이 말을 자기한테 사용했을 때 욕으로 여겨 모욕감을 느꼈다. 하지만 처칠이 그 말을 내게 썼다면, 그는 분명 칭찬으로 썼을 것이다.[38]

다른 많은 낭만주의자와 마찬가지로, 결혼하기 전 적어도 3명의 여성과 연애를 하기는 했으나, 젊었을 적 처칠은 여성에게 접근하는 데 다소 서툴렀다. 말년에 그는 여성에게 거의 신경을 쓰지 않았고, 실로 여성들과 거의 이야기를 하지 않았다. 하지만 여성에 대한 낭만적인 관점은 엘리자베스 2세 여왕이라는 인물에 달라붙어 지속되었다. 처칠은 여왕의 사진을 바라보며 이렇게 말했다고 전해진다. "아름답고 영감을 불러일으켜. 세상의 온 영화인이 세계를 샅샅이 뒤져도 그 역에 어울리는 사람을 찾을 순 없을걸."[39] 교양 있는 사람들 사이에서 군주제 원리의 인기가 수그러들고 있었지만, 그에게 왕정은 결코 매력을 잃지 않았다. 처칠은 영국 내전 시기에 그의 선조와 마찬가지로 평생 열렬한 왕정주의자였다. 자신이 여왕의 종이라고 말했을 때, 처칠은 의심할 여지 없이 그렇다고 느꼈다. 군주제에 대한 처칠의 이상화는 영국 외에 다른 나라들의 왕과 여왕에까지 확대되는데, 이는 그가 자기 부모를 인간으로 보지 않은 것처럼 왕족도 육신을 가진 인간으로 보지 않았음을 의미했다. 그것은 처칠이 다른 많은 영국인과 공유하는 한 가지 특징이었다.

아버지에 대한 윈스턴 처칠의 이상화는 훨씬 더 두드러졌다. 어린 소년이 아주 아름답고 우아한 젊은 어머니를 상상 속 공주로 본 것은 놀라운 일이 아니다. 하지만 처칠의 아버지는 주목할 만한 유명 인사이자 매우 재능 있는 인물이기는 해도 시종일관 어린 아들에 대해 탐탁잖아하거나 또는 무관심해서, 아버지에 대한 처칠의 영웅 숭배는 앞서 말한 심리 기제의 관점에서만 설명될 수 있을 뿐이다. 바이얼럿 보넘 카터는 이렇게 쓰고 있다.

"그 이미지는 대좌臺座 위에 손상되지 않은 채로 영광스럽게 남아 있었다. 그는 끝까지 미지의 아버지의 제단에 참배했다."[40] 그리고 아버지는 처칠에게 여전히 전혀 알 수 없는 사람이었는데, 그와 친밀히 이야기를 나눈 적이 없었을뿐더러 나무랄 때 외에는 아들에게 편지를 쓰지 않았다. 처칠이 스무 살 때 아버지 랜돌프 경이 전신마비로 사망한 후, 그는 아버지의 연설문 대부분을 외웠으며, 1906년에는 아버지에 대한 두 권짜리 전기를 출간했다. 효성이 이보다 더할 수는 없었다. 하지만 이는 처칠이 그 삶을 공유했던 실제 아버지가 아니라 어떤 이미지에 대한 헌신이었다.

부모가 정서적 욕구를 충분히 충족시켜주지 못하는 아이들은 그 결핍에 대해, 한편으로는 이상화로, 다른 한편으로는 적대감으로 반응한다. 윈스턴 처칠의 완고함, 권위에 대한 적의, 제멋대로인 성격은 아주 일찍부터 나타났다. 처칠은 여덟 번째 생일을 맞기 전 기숙학교로 보내졌고, 가장 이른 시기의 성적표를 볼 때 부모에 대해 느꼈음에 틀림없는 적대감의 화살이 학교 당국으로 향한 게 분명하다. 하지만 그것은 부모에 대한 이상화로 인해 드러나지 않았다. 처칠은 지각을 반복했다. "지각. 20번. 매우 수치스러움." 가장 이른 시기의 성적표에서는 "형편없는 개구쟁이"라는 평을 받다가 나중에는 "골칫거리에" "불량하고" "경솔하며" "모두에게 지속적으로 문제를 일으키고" "아주 버릇없다"[41]고 지적받는다. 처칠은 1882년 11월부터 1884년 여름까지 이 학교에

다녔는데, 자신이 이 학교를 얼마나 증오하는지에 대해 썼다. 처칠은 심한 매질을 당했던 터라 퇴학당했을 가능성이 높다. 이 학교 교장은 자신이 돌보는 어린 소년들의 바지를 벗겨 자작나무로 엉덩이를 20대씩 매질하는 사디스트적인 성직자였다. 게다가 교장은 분명 이런 방식으로 권위를 행사하는 걸 즐겼다. 하지만 심한 처벌이 윈스턴 처칠에게 겁을 주지는 못했고, 아마도 권위에 대한 과민증을 강화하는 결과를 낳았던 듯하다.

학교에서 쓴 초기의 편지들에서 처칠이 불평하지 않고 스스로 행복하다고 전하는 점은 흥미롭다. 하지만 나중에 처칠이 인정했듯이 이것은 사실과는 정반대였다. 기숙학교에서 지내는 불행한 어린 소년들은 흔히 부모한테 이런 사실을 감춘다. 실로 세상이 어떤 곳인지 모르는 그들은 학대와 공감적 이해의 결여가 많은 소년에게 예정된 것이며, 만일 그들이 행복하지 않다면 그건 나약함의 징후이자 자기 잘못이라고 생각할 수 있다. 이는 우울 성향을 가진 사람들이 특히 그렇다. 그들이 부모와 다른 권위에 대해 느끼는 적대감이 쉽사리 자신에게로 향하기 때문이다. 그래서 그들은 자신이 행복하다고 알린다. 그렇게 되어야 한다고 생각하고서 진실을 아는 데 관심이 없는, 둔감한 부모를 쉽사리 속이기 때문이다.

실제로 우울증과 적대감 사이에는 프로이트가 해명하기까지는 알지 못했던 밀접한 관계가 있다. 나중에 우울증에 시달리는, 정서적 박탈을 겪은 아이는 자신의 적대감을 처리하는 데 큰 어려움을 겪는다. 그는 자신에게 박탈을 겪게 한 사람들에게 분개하지만, 이 적의를 드러낼 수가 없다. 그는 자신이 분개하는 바로 그 사람들을 필요로 하고, 적대감을 드러내면 결과적으로 그가 정말 필요로 하는 인정과 애정을 더욱 박탈당하기 때문이다. 우울한 시기에는 이 적대감이 그 자신에게서 등을 돌려 내면으로 향하게 된다. 그 결과 우울증 환자들은 자신을 과소평가하거나 심지어 쓸모없다고 단언한다. "나는 많은 것을 이뤘지만 결국에는 아무것도 이루지 못했단다."

바로 이런 적대감을 처리하는 데서 어려움을 겪기 때문에, 우울증 환자들은 외부세계에서 적을 찾아낸다. 정당하게 분노를 퍼부을 수 있는 적을 찾는 게 큰 위로가 된다. 윈스턴 처칠은 전쟁광이라는 비난을 곧잘 받았지만 사실 그렇지는 않았다. 하지만 적과의 싸움이 처칠에게 감정적으로 강한 소구력을 가졌고, 마침내 그가 완전한 악이라고 생각한 적과 맞닥뜨렸을 때 그에게 엄청난 활력을 제공한 것은 해방감이었다는 사실을 의심할 순 없다. 히틀러가 그런 적이었다. 그래서 처칠이 히틀러를 파멸시키는 데 전적으로 매달렸을 때보다 더 행복한 적은 없었을 가능성이 크다. 이것은 드디어 자신의 엄청난 공격성을 대거 사용할 기회였기 때문이다. 여기 자비를 베풀 필요가 없는 최고의 악마가 주재하는 가공할 폭압이 있었고, 그는 결백한 양심으로 그 것을 공격할 수 있었다. 끊임없이 사악한 적과 싸울 수 있다면, 모든 우울증 환자가 우울증에 시달리지 않을 것이다. 하지만 일상에 존재하는 적대자는 충분히 사악하지 않아서, 우울증 환자들은 자신의 적대감에 대해 양심의 가책에 시달린다.

처칠이 많은 적에게 보여준 관대함과 아량이 이런 기초 위에 놓여 있다고 말한다 해서 그를 매도하는 것은 아니다. 처칠과 같은 어린 시절을 겪은 사람들은 모욕당하고 상처받는다는 게 어떤 것인지를 안다. 그리고 내면에 적대감을 품고 있기는 하지만, 자신을 약자와 동일시하는 수용력을 가지고 있다. 히틀러가 살아남았다면, 처칠이 그에게 증오심만 느꼈을 것 같지는 않다. 처칠은 자신이 물리친 적들에게 이상한 연민을 드러냈다. 앨프리드 더글러스(영국의 작가이자 시인으로서 오스카 와일드와의 동성애 관계로 더 유명했다)를 명예훼손죄로 고소했을 때 처칠이 소송에서 이기고서 마냥 의기양양해하지만은 않았다고 브렌던 브래컨은 전한다. 사실 처칠은 우울해 보였는데, 이는 자신이 물리친 적이 감옥으로 보내진다는 생각을 견딜 수 없었기 때문이다.[42] 영국의 적에 맞서 전투에 참가하는 걸 좋아하긴 했지만 다른 한편 그들에 대해 연민을 느낀 것도 분명했으니, 스물세 살의 처칠은 키치너가 옴두르만에서 "부상자들을 잔혹하게 살육"했다고 비판하고 지면으로 마흐디의 무덤을 훼손한 데 대해 그를 공격하는 일을 주저하지 않았다1898년 아프리카 동부 수단의 옴두르만에서 키치너 장군이 이끄는, 최신 무기로 무장한 2만5000 병력의 영국군은 이슬람 신비주의자 마흐디를 계승한 칼리파 압둘라히가 이끄는 5만 병력의 군대와 전투를 벌여 물리쳤다. 영국군의 인명 손실은 48명에 불과하지만 칼리파군은 1만여 명이 사망해 전투라기보다는 '살육'에 가까

였던 것으로 전해진다.[43]

이렇듯 공격성과 연민이 번갈아 찾아드는 것은 처칠과 같은 성격 구조를 가진 이들의 특징이다. 영국 제국에서 처칠보다 더 자부심을 가질 수 있는 사람은 아무도 없었다. 그런데도 스물일곱 살의 처칠은 "무기, 세수稅收, 영토를 늘리는 것 외에는 아무 생각이 없는 우리의 걷잡을 수 없는 제국주의자들"에 대해 글을 쓰고 있었다.[44] 이런 비판을 촉발한 것은 그가 읽은 시봄 라운트리(영국의 사회 문제 연구가로 빈곤의 원인을 해명했고 노동자가 생애에 걸쳐 겪는 빈곤의 순환을 지적했다)의 책 『빈곤Poverty』이었다. 처칠은 이 책을 읽고서 제국주의자 정치가들이 도외시하는 배를 곯는 노동계급에 대한 연민에 사로잡혔다. 처칠은 대단히 공격적이고 많은 면에서 몰이해성을 보여줬지만 냉혹함과는 거리가 멀었다. 상상력을 발휘해 다른 사람들의 고통에 공감할 수 있을 때면, 그는 진정으로 걱정했다. 처칠이 자신과 깊이 동일시할 수 있었던 죄수의 경우 특히 그랬다. 처칠은 내무부 장관 시절 '정치'범, 즉 당시의 여성 참정권 운동가들에 대한 처우를 개선하고, 안 그러면 벌금 미납으로 감옥에 갇혀야 했을 이들에게 '납부할 시간'을 주도록 개혁했으며, 감옥으로 보내지는 젊은 범죄자 수를 줄이는 정책을 도입한 것으로 유명했다. 또 수감자들을 위한 강연과 음악회 도입을 옹호하고, 그들에게 도서를 제공하라고 주장했다.

죄수에 대한 처칠의 연민 어린 관심은 부분적으로 이미 이야기한, 자신을 약자와 동일시하는 그의 전반적인 능력에서 비롯되었다. 그것은 또한 그의 개인 경험에서 비롯되는 좀더 특별한 뿌리를 갖고 있었다. 보어 전쟁^{영국의 지배를 거부하는 네덜란드계 백인인 보어인들이 세운 트란스발 공화국과 영국이 벌인 전쟁} 동안 처칠은 보어인들에게 붙잡혀 전쟁포로로 투옥되었다. 11월 15일에 포로로 잡혀 12월 12일에 탈출했으니 투옥 시기는 아주 짧았지만, 이 경험은 그에게 뿌리 깊은 인상을 남겼다. 『나의 청춘 시절』에서 처칠은 자신의 투옥에 대해 이렇게 쓰고 있다.

전쟁포로! 그것은 가장 운 좋은 죄수이긴 하지만, 그럼에도 우울한 상태다. 내가 내 적의 지배 아래에 놓이는 것이다. 목숨을 그의 인정에 빚지고, 매일의 빵은 그의 연민에 빚진다. 그의 명령에 복종하고, 그가 말하는 곳으로 가고, 명령받는 곳에 머물고, 그의 기분이 풀리기를 기다리고, 인내해야 한다. 그동안 전쟁은 계속되고, 엄청난 사건들이 진행되어, 행동하고 모험할 좋은 기회들이 사라지고 있다. 또 하루하루는 아주 길다. 시간은 마비된 지네처럼 기어간다. 나를 즐겁게 하는 것은 아무것도 없다. 책을 읽기는 어렵고 글쓰기는 불가능하다. 새벽부터 잠잘 때까지 삶이 길고 지루하다.
더욱이 감옥의 전체 분위기는 가장 편안하고 가장 상태가 좋은 감옥조차 끔찍하다. 이런 비참함 속에서 동료들은 사소한 것을 놓고 싸우고 서로 어울리는 데서 거의 즐거움을 얻지 못한다. 만약 예전에 감금 상태에 놓여본 적이 없다면, 그래서 포로가 된다는 게 어떤 것인지 몰랐다면, 철책과 철사가 둘러쳐지고 무장병들이 감시하며 복잡하게 뒤얽힌 규정과 제한이 거미줄처럼 쳐져 있는 좁은 공간에 갇혀 있다는 사실에 끊임없는 굴욕감을 느낀다. 나는 확실히 감금되어 있는 매순간을 증오했다. 인생을 통틀어 그 어떤 다른 시기를 증오했던 것보다 더…… 그 시절을 뒤돌아보면서, 나는 항상 죄수와 포로에게 가장 강렬한 연민을 느낀다. 특히 교양 있는 사람이 현대의 교도소에 수년 동안 갇혀 있는 것이 무엇을 의미할지 상상하기는 쉽지 않다. 매일이 그 전날과 똑같은, 헛된 삶의 메마른 재를 남기는, 앞으로 펼쳐지는 기나긴 속박의 세월……

죄수의 마음에는 쉽사리 암울한 기분이 스친다.[45]

모든 사람이 투옥에 대해 이렇게 반응하는 것은 아니다. 어떤 사람들은 골치 아픈 세상으로부터의 피난처로 여기고 적극적으로 감옥에 가려들기도 한다. 또 어떤 이들은 책을 읽거나 고독한 반성 속에 대체로 만족스럽게 시간을 보낸다. 처칠이 말한 고통을 가장 많이 겪는 사람들은 우울증에 걸리기 쉬운 이들이다. 그들을 지탱하는 외부로부터의 자극과 그들이 타고난 성향에 대응하는 방어 수단인 모험과 흥분의 기회를 박탈당하면, 그들이 무엇보다 두려워하는 저런 상태로 되돌아가기 때문이다.

처칠은 짬이 없이 바쁘거나 잠을 자거나 발언을 하지 않는 한, 행복하지 않았다. 그는 수다를 떨지 않았다. 처칠이 편안하게 쉬는 것을 상상하기란 불가능한 일이다. 그는 끊임없이 움직여야 했다. 그렇지 않으면 바이얼릿 보넘 카터가 그의 기분을 묘사한 대로 "조바심치고 좌절하는 음울한 순간들"로 되돌아갔다.46 처칠은 일찍이 1895년에 올더숏(영국 잉글랜드 남부의 도시로 영국군 훈련 기지가 있다)에서 어머니에게 다음과 같이 편지를 썼다.

제가 정신적 침체 상태에 들어가리라는 걸 알아요. 그러면 편지 쓰는 것조차 애써서 해야 하는 일이 되고 월간지 외에는 읽는 게 불가능해져요. 이건 물론 군인 정신에는 아주 부합합니다. 군인 정신이란 실로 훈련과 일과가 만들어낸 정신력의 결과거든요. 모든 혹은 거의 모든 군인이 그런 정신 상태에 빠져 있습니다. 저는 그 가운데 많은 것을 거의 외우고 있는 아버지의 연설문을 읽고 또 읽어 이 절망의 늪에서 일어서려고 합니다. 하지만 실로 다른 어떤 진지한 저작도 읽을 기운을 차릴 수가 없어요.47

군대의 훈련과 일과는 감옥과 다르지 않게 처칠을 속박하는 효력을 지녔다. 그 결과 자신이 우울해졌다는 인식이 처칠로 하여금 무훈보다는 정치적 명예를 추구하기로 결정하게 하는 원인이 되었는지 모른다.

처칠이 철도 승강장 끄트머리 근처에 서는 걸 싫어했다는 사실은 이미 언급했다. 그는 또 클래리지스(런던에 있는 오성급 호텔)에 머무는 동안 발코니 근처에서 잠자는 게 싫었다고 모런에게 털어놓았다. "이 세상을 하직하고 싶지 않았거든." 처칠은 싱긋 웃으며 말했다. "하지만 생각, 극단적인 생각이 떠올랐다네."[48] 또 비행기 여행에 대해 불안해했고, 존슨 박사의 바다여행에 관한 말을 인용하는 걸 좋아했다. "배를 타는 것은 물에 빠져죽을 가능성과 더불어 감옥에 갇히는 것이다." 우울 기질에 매우 특징적인 죽음에 대한 근원적인 집착을 쉽게 알아차릴 수 있다. 젊은 시절 처칠은 아버지가 그랬던 것처럼 자신이 젊어서 죽으리라 확신했다. 이는 부분적으로 그가 자신을 이상화된 아버지와 동일시한 데 기인했다고 볼 수 있다. 하지만 시간이 짧다는 확신과 인간 삶의 덧없음에 대한 이른 인식은 전형적이다. 그가 병원에 가기 싫어한 것은 이런 범주의 집착에 속하며, 초기에 보인 건강염려증 경향 역시 그렇다. 루시 매스터먼(영국 자유당 정치인이자 시인이자 일기작가)은 1910년 처칠에 대해 이렇게 전한다. "그는 자기가 하늘 아래 온갖 죽을병에 걸렸다고 생각해서 멀건 수프로 식사를 하고 죽음에 대해 생각하는 경향이 매우 강했다." 더들리 파운드(제2차 세계대전 당시 영국의 해군참모총장을 지냈다) 제독이 죽자 처칠은 이렇게 말했다. "죽음은 하느님이 우리에게 줄 수 있는 가장 큰 선물이지."[49] 처칠이 자살 충동을 느꼈다고 주장하는 게 아니다. 그 점에 관해서는 아무런 증거가 없다. 하지만 처칠이 죽음에 매료되어 있었을 가능성은 커 보인다. 이에 맞서 그는 자신을 지켜야 했다. 자신을 우울증으로부터 지키기 위해 한시도 가만있지 못하는 사람들은 일반적으로 완전한 평화와 휴식에 대한 은밀한 갈망을 지니고 있다. 그리고 "가장 지친 강도 굽이굽이 흘러 바다에 안착"^{영국 시인 앨저넌 스윈번의 시 「페르세포네의 정원」의 한 구절}하는 페르세포네의 정원은 마음을 끄는 특별한 힘을 갖고 있어서, 그에 맞서 싸워야 한다.

처음에 처칠은 비타협적인 반항으로 권위에 대응했다. 이런 반항은 그의 적대감을 쏟아내는 방법일 뿐 아니라 자기주장의 수단이기도 했다. 아마 그것은 그 시기에 자신이 신체적으로 약하다고 느꼈고 역사 외에 다른 교과목에서는 탁월성을 보여주지 못했던 소년이 이용할 수 있는 유일한 자기주장의 방법이었을 것이다. 하지만 곧 자존감을 지키는, 더 적절히 말하자면 자존감을 높이는 또 다른 수단들이 나타났다. 여전히 대부분 교과목에서 성적이 제대로 나오진 않았지만, 다시 말해 분명 그의 지능에 비해 훨씬 뒤처졌지만, 처칠은 자신이 언어에 재능이 있음을 알아차렸다. 그 재능은 그의 주요 자산이 되었고, 평생토록 큰 도움이 되었다.

언어 사용이 자기표현의 주 매체가 되기 전, 처칠은 열한 살때 첼로를 배우고 싶은 욕구를 보였다. 이 욕구가 허용되었더라면, 음악이 그에게 중요해졌을 가능성이 높다. 많은 음악가가 알고 있듯이, 음의 세계는 무한한 위안의 원천일 수 있고, 악기를 연주하는 능력은 자기표현의 수단이자 자존감의 원천일 수 있기 때문이다. 하지만 처칠이 초기에 보인 음악에 대한 관심은 격

려받지 못한 채 곧 사그라들었다. 처칠의 음악 취미는 설리번과

뮤직홀 영국 작곡가인 아서 설리번은 극작가인 윌리엄 길버트와 짝을 이뤄 품격 있는 오페라에 대중적인 코미디를 결합한 코믹 오페라를 만들었다. 이들은 처음에는 음식과 공연이 함께 어우러졌으나 점차 공연이 대규모화되면서 공연에 비중을 두어 발전한 뮤직홀에서 주로 공연되었다 노래 수준에 머물렀다.

언어와 그것의 사용에 대한 처칠의 태도는 심리학적으로 흥미롭다. 처음 바이얼릿 보넘 카터를 만났을 때, 처칠은 그녀에게 언어가 그 의미로부터 완전히 독립된 마술성과 음악성을 지녔다고 생각하는지 물었다. 처칠에게는 의심할 여지 없이 그랬다. 언어의 마술은 그의 내면에 있는 가공세계의 일부가 되었다. 사르트르는 자서전에서 이와 비슷한 과정에 대해 말했다.

조건부 플라톤주의자인 나는 지식에서 그것의 대상으로 옮겨갔다. 나는 관념(이데아)이 사물보다 더 실재적인 줄 알았다. 관념이 먼저 나에게 몸을 맡겼기 때문이고, 사물처럼 그렇게 했기 때문이다. 나는 책 속에서 우주를 만났다. 그것은 동화되고, 분류되고, 꼬리표가 붙고, 세심히 고찰되었으나, 여전히 인상적이었다. 그리고 나는 책을 통한 내 혼란스런 경험을 실제 사건의 위험한 진행과 혼동했다. 그래서 나의 관념론을 원상태로 되돌리는 데 30년이 걸렸다.

처칠은 평생 달변으로 발상을 쏟아냈다. 얀 스뮈츠 1939~1948년

남아프리카 공화국의 수상을 지낸 인물로, 보어 전쟁에서 뛰어난 게릴라 지도자로 활약했으나 훗날 영국에 대항해 싸우기보다는 협력하는 편이 이득이라고 믿었다는 처칠에 대해 이렇게 말했다. "그게 윈스턴이 없어서는 안 되는 이유다. 그는 아이디어를 갖고 있었다." 처칠은 정말 창의적인 상상력을 지녔고, 그것을 웅변적으로, 다시 말해 화려한 어법으로 표현했다. 이것이 곧 냉정하고 흔히 완고한 현실의 사실을 앞질렀다. 그런 까닭에 항상 그는 보좌관, 즉 내무부 장관이었을 때는 공무원, 총리였을 때는 참모총장(그 가운데서도 특히 앨런 브룩)의 제지를 받아야 했다.

처음에 처칠은 기번의 문체에 끌려 노골적으로 그를 흉내 냈고, 매콜리에게도 많은 빚을 졌다. 이 작가들이 처칠의 관심을 끌었던 것은 놀라운 일이 아니다. 두 사람 가운데 기번이 좀더 재치 있고 좀더 현실적이며 좀더 균형 잡혀 있다. 아름답게 구성된 기번의 문장은 음악을 아는 사람에게 강한 호소력을 갖는다. 주목할 만한 사실은 기번이 문학적 재능을 남용해서 역사를 왜곡하거나 자신의 선입관을 발전시키지 않았다는 점이다. 그가 그리스도교에 대해 보인 편협성은 예외일 수 있다. 기번의 『로마 제국 쇠망사』는 오랜 세월 동안 계속 권위를 누린 저작이었다. 매콜리에 대해서는 그렇게 말할 수 없다. 그는 언어의 마술을 이용해서 흔히 아주 주관적인 생각을 독자들에게 납득시키려고 했다.

처칠은 상상력이 자신을 그릇된 판단으로 오도할 수 있음을 알았으나 항상 현실로 되돌아올 수 있었다. 비록 그러기 위해 논쟁하는 데 많은 시간이 걸리기는 해도 말이다. 처칠은 군사전략에 대해 상당히 잘 알았지만 낭만적 상상의 간섭을 쉽사리 받았는데, 그것은 일어날 수 있는 일에 대한 올바른 판단을 흔히 묵살하게 했다. 게다가 자신의 발상을 참으로 감명 깊은 언어로 표현할 수 있었기에, 그것에 대해 훨씬 더 확신했음에 틀림없다. 처칠은 실로 스스로 생명을 가질 수 있는 언어의 마술로 다른 사람들만이 아니라 자기 자신 또한 고무시킬 수 있었다.

예술가와 철학자는, 인간 존재의 실망스럽고 엄연한 실상의 대용물일 수 있을 뿐 아니라 흔히 그러한 세계를 만들어낸다. 귀족 정치가 가문에서 태어나지 않았다면, 처칠은 다른 종류의 작가가 되었을지 모른다. 다른 인간에 대해서는 거의 관심이 없고 인간 심리에 대한 이해는 무시해도 좋을 정도였기에, 처칠이 인물을 그리는 소설가가 되었을 것 같지는 않다. 하지만 모험 이야기는 잘 쓸 수 있었을 텐데, 『나의 청춘 시절』이 그랬다. 이것은 사실 자서전이지만 곳곳에서 추리소설의 속도감과 긴박감을 보여준다. 하지만 처칠의 상상력은 무훈과 정치권력이라는 꿈에 사로잡혀 있었다. 그래서 처칠이 문학가로 평가될 수 있긴 하지만, 그의 창의력은 상상력 넘치는 사회 개혁 제도, 탱크 같은 군비의 발명, 갈리폴리 상륙작전(이 작전의 실패로 처칠은 희생양이 되었다) 같은 전략 구상으로도 나타났다.

연설가 처칠도 기본적으로 여전히 문학적이었다. 그는 자신에 대해 이렇게 말했다. "나는 연설가가 아니다. 연설가는 즉흥적이다."[51] 젊은 시절 처칠의 첫째 야심은 구어의 대가가 되는 것이었으나, 그는 이 야심을 완전히 실현하지는 못했다. 일부 구절, 특히 1940년 연설들의 구절은 불멸이 되었지만, 처칠의 재능은 연설보다는 문학에 있었다. 처칠은 연설문을 세심히 썼고 많은 경우 암기했으며, 젊은 시절에는 연설을 하기 전 극도로 초조해했다. 그는 로이드조지 같은 훌륭한 연설가가 가졌던 대중 친화력이 부족했다. 처칠이 연설을 준비하는 데 부지런을 떤 것은 타고난 약점을 극복하려는, 그래서 타고난 자질 때문이 아니라 그럼에도 불구하고 성공하려는 놀라운 투지를 보여주는 또 다른 예다.

가장 성공한 현대 작가의 한 사람인 조르주 심농은 이렇게 말한다. "글쓰기는 직업이 아니라 불행한 소명이다."[52] 모든 예술가가 우울 기질을 가진 것은 아니지만, 그들은 '검은 개'를 물리치기 위해 늘 자신의 기량을 이용하고, 흔히 새로운 작품을 완성하자마자 우울한 시기를 겪는다. 다시 시작할 수 있기 전, 이 휴지休止 기간에 그들은 흔히 자신이 끝났으며 또 다른 독창적인 생각을 할 수 없으리라고 믿는다. 하지만 이윽고, 대개는 창작욕을 회복한다. 처칠은 일을 쉬지 않을 수 없을 때 언제나 덮쳐오는 우울증에 맞서는 방어책으로 글쓰기를 이용했을 가능성이 크다. 처칠의 그림을 고려할 때, 이런 심리 기제는 명백하다. 처칠은 마흔 살이 되어서야 그림을 그리기 시작했다. 이 새로운 시도에 착수한 것은 좌절의 시기였다. 처칠이 주도하여 1915년 그가 해군성에서 사임하게 만든 다르다넬스 원정이 실패한 후 그의 우울증이 격심해졌다고 몇몇 목격자는 증언했다. 바이얼릿 보넘 카터는 다음과 같이 전한다. "그는 나를 자기 방으로 데려가더니, (나는 그를 볼 수 없었던 까닭에) 아마도 절망한 듯 말없이 의자에 앉았다. 그는 반항심이나 심지어 분노도 남아 있지 않은 듯했다. 그는 피셔<sup>당시 해군사령관이던 피셔 제독은 이 원정에 반대해 상관인 처칠과 끊임없이 반목하다가 전투 중에 사임하고 결국 처칠도 해군성 장관직에서 사임하게 된다를 욕하지도 않고 간단히 말했다. '난 끝났어.'"⁵³ 처칠 자신은 이 시기에 대해 이렇게 썼다.

나는 전혀 원치 않는 여가 시간을 오래도록 가졌고 그 시간에 끔찍하게 전개된 그 전쟁에 대해 심사숙고했다. 내 존재의 모든 정신력이 행동으로 격앙된 순간에, 나는 잔인하게도 앞자리에 앉혀진 채 그 비극의 구경꾼으로 남아 있어야 했다. 회화의 뮤즈가 자비심에서, 그리고 기사도 정신에서(어쨌든 그녀는 나와 아무런 관계가 없었기에) 날 구하러 온 것은 그때였다. 그녀는 이렇게 말했다. "이 장난감들이 네게 도움이 될까? 어떤 사람들은 그것으로 즐거운 시간을 갖거든."⁵⁴

그때부터 그림은 윈스턴 처칠에게, 힘든 시기에 항상 되돌아갈 수 있고 변함없이 흥미를 끌어 끊임없는 모험을 제공하는 훌륭한 방편이 되었다.

정신분석학은 오래전부터 공격성과 우울증의 관계, 그리고 우울증을 앓는 사람이 공격충동을 처리하는 데 어려움을 겪는다는 사실을 인식하고 있었다. 창작활동은 흔히 공격적인 요소를 포함하지만, 이를 파악하기는 언제나 쉽지 않다. 우리는 평소 그림을 그리거나 교향곡을 작곡하는 걸 공격적인 행위로 생각하지도 않는다. 내 주장이 설득력 없다고 보는 사람들은 처칠이 『취미로서의 그림 그리기Painting as a Pastime』에서 자신이 캔버스에 접근하는 방법에 대해 이야기한 것을 참조해야 한다.

나는 매우 신중하게 아주 작은 붓으로 약간의 파란색 물감을 팔레트에서 혼합했다. 그런 다음 무진장 조심스럽게 모욕을 당한 새하얀 보호막 위에 대략 콩만 한 크기의 자국을 냈다. 그것은 도전, 고의적인 도전이었으나 억제되고, 머뭇거리고, 실로 강직증적이어서 대응할 만한 게 아니었다. 그 순간 요란하게 다가오는 자동차 소리가 진입로에서 들렸다. 이 전차(자동차를 익살스럽게 이르는 말)로부터 다름 아닌 존 레이버리(아일랜드 출신의 초상화가) 경의 탁월한 재능을 지닌 아내가 가볍게 재빨리 걸어나왔다. "그림이라니! 하지만 뭘 망설이고 있는 거죠? 붓을 쥐보세요, 큰 걸로요." 테레빈유에 철버덕 담가, 파란색과 흰색 물감을 찍어 팔레트에서 정신없이 휘둘러댄다(팔레트는 더 이상 깨끗하지 않다). 그런 다음 붓을 몇 번 크고 거칠게 놀려 완전히 위축된 캔버스에 파란색을 휘두른다. 반격할 수 없다는 것을 누구나 알 수 있었다. 액운이 그

경쾌한 폭력에 복수하지 않았다. 캔버스가 내 앞에서 무력하게 미소 짓는다. 마법이 풀렸다. 창백한 억압이 멀리 밀려났다. 나는 가장 큰 붓을 쥐고서 광포하게 나의 희생자에게 덤벼들었다. 나는 이후 캔버스에 대해 어떤 경외감도 느끼지 않았다.[55]

처칠은 뒤에서 그림 그리기를 전쟁에서 싸우는 것에 비유한다. 실로, 이 작은 책은 일찍이 처칠이 자신에 대해 쓴, 가장 흥미로운 사실을 드러내는 저서 가운데 하나다.

처칠이 다소 거창하고 아주 화려한 언어를 특히 좋아한 것은 자신이 쉽게 빠져드는 우울감을 덜기 위해 낭만적 상상이 필요했다는 사실과 관련 있었다. 그가 그림을 그릴 때 선택하는 색도 정확히 이와 비슷하다.

나는 밝은 색을 좋아한다고 말하지 않을 수 없다. (…) 색에 대해 공정한 체할 수가 없다. 나는 화려한 색에 기뻐하고 진실로 초라한 갈색은 유감스러워한다. 천국에 가면 나는 첫 몇백만 년의 상당 부분을 그림을 그려 그 대상의 진상을 규명하며 보낼 작정이다. 하지만 그때 나는 이 세상에서 얻는 것보다 훨씬 더 화사한 팔레트를 요구할 것이다. 그 팔레트에서는 주황색과 주홍색이 가장 어둡고 가장 따분한 색일 거라고, 그리고 그 색상들 이상으로 천상의 눈을 즐겁게 할 온갖 멋진 새로운 색이 있을 거라고 생각한다.[56]

정신분석 용어로, 이는 '조증적 방어'다. 우울증 환자의 침울하고 어두운 세계에 대응하는 것은 끊임없는 흥분과 행동의 영역이다. 거기서 색은 더 풍부하고 더 밝으며, 용기 있는 행위가 영웅에 의해 완수되고, 생각은 미소 넘치고 형용어구로 장식되며 감미로운 표현으로 반짝이는 언어로써 표명된다. 처칠은 그림 그리기에 관한 책에서 자기 내면의 가공세계를 즐거이 엿보게 해준다. 그 세계에서는 온갖 가능성이 마음을 기쁘게 해주지만 그 세계는 현실에서 거리가 먼 만큼 의기소침한 데다 절망적인 지옥이며 이 지옥의 인간은 자신이 쓸모없고 "끝났다"고 느낀다.

이런 조증의 세계에 대한 처칠의 욕구는 친구를 선택하는 데도 똑같이 반영된다. 그는 빅토리아십자훈장 보유자라면 인격에 개의치 않고 곧장 매력을 느꼈다. 그들은 그의 내면세계에 있는 인물들과 부합하는 실제 살아 있는 영웅이기 때문이었다. 버컨헤드 경과 비버브룩 경버컨헤드는 영국 보수당 정치가이자 법률가이며 비버브룩은 캐나다 태생의 영국 신문 발행인이자 정치가로, 둘 다 윈스턴 처칠과 오래도록 정치적 동지뿐 아니라 개인적인 친구로 지냈다 같은 패기만만하고 정력적인 모험가들 역시 그랬다. 처칠은 사람 보는 눈이 부족했다. 냉철하고 변함없으며 신뢰할 수 있는 사람들은 그의 관심을 끌지 못했다. 처칠이 원한 건 자신을 자극하고 즐겁게 해주며 각성시켜줄 이들이었다. 처칠이 자신을 면담하러 온 차분하고 뛰어난 많은 의사를 대단찮게 여기고 거의 돌팔이 같은 의사들, 다시 말해 과학적 신중함이 억제하지 못하는 언변을 가진 사람들에게 쉽사리 홀 딱 넘어갔다고 모런 경은 말한다. 화려한 외향성의 사람들은 진 을 빼놓긴 해도 삶의 질을 높여주고, 삶에 열정과 활력을 불어넣 어준다. 버컨헤드 같은 사람은 처칠이 자기 성격의 조증적인 면 을 발견하고 지속시키는 데 도움을 주었다.

앞서 우리는 처칠과 같은 유형의 심리 구조를 가진 이들은 자 신이 우주의 중심이 아니라는 사실을 받아들이기 어려워한다는 사실에 주목했다. 처음에는 부모, 뒤에는 다른 사람들과의 친밀 한 관계가 부족하기 때문에, 그들은 자기중심적인 성향을 유지 한다. 즉 자기도취적이다. 모든 아기는 대개 유아독존의 상태로 세상에 나와 좀더 성숙한 정서 상태로 발전한다. 그래서 다른 사 람들이 욕구와 필요를 가지고 있다는 사실을 인식할 뿐 아니라, 자신과 다른 사람 모두가 동시에 충족해서 만족할 수 있는 방식 으로 양쪽의 욕구와 필요가 상호작용한다는 사실을 대부분 인 식한다. 어렸을 때 박탈을 겪은 아이는 이런 개념을 형성할 수가 없다. 그 결과 자신은 다른 사람들에게 과도한 요구를 하면서도 자신이 그들에게 많은 것을 줄 수 있다고는 거의 생각하지 못한 다. 처칠은 패배한 적에게 관대했지만, 다른 사람들의 욕구에 대 해 극히 까다로우면서 몰이해했다. 그의 주요한 사랑의 대상은 자신이었는데, 자아가 어린 시절에 만족하지 못한 까닭이었다.

정신분석학자들은 이런 성격을 '구강기' 성격이라고 한다. 아 기의 최초 욕구가 충족되는 것은 입을 통해서이기 때문이다. 이것이 충족되지 못하면 말 그대로 그리고 은유적으로 구강기의 성격 특성이 지속된다. 가장 이른 시기의 한 성적표에서 처칠이 탐욕스럽다는 평을 받은 것은 흥미롭다. 게다가 설탕을 훔치다가 두들겨 맞았다고도 기록되어 있다. 평생 동안 처칠은 자주 무언가를 먹어야 했다. 꼭 중독된 건 아니지만 술에 의존했고 담배를 몹시 피워댔다. 또 인정받기를 갈망했다. 만약 처칠이 쓰고 있는 원고를 보여준다면 그가 원하는 건 일말의 비판도 없는 완전한 칭찬이라는 점을 절친한 친구들은 알았다. 자기 생각이나 창작물에 대해 감히 부정적인 논평을 한 친구들에게는 대놓고 "자네는 내 편이 아니군" 하고 비난했다. 아이 때 받아보지 못한 완전하고 무비판적인 수용이 여전히 필요했던 처칠 입장에서는 세계가 여전히 흑과 백으로 나뉘어 있었고, 그래서 우정과 의견 차이는 양립할 수 없는 것으로 여겨졌다. 이런 성격 때문에 처칠은 친구들과의 관계에 대해서도 무비판적이었다. 그는 대단히 충실했다. 브렌던 브래컨은 이렇게 말했다. "그는 친구를 위해 어떤 시련도 감수하곤 했다."[57] 그리고 처칠은 자기 친구들도 그러기를 기대했다. 그는 여전히 명성을, 과도한 칭찬을, 성공을, 권력을 갈망했다. 그리고 이 모두를 얻을 수 있는 만큼 얻었지만, 그가 그것들을 자기 것으로 받아들이지 못하고 여전히 불만족스러워했음을 그의 말년은 보여주었다.

브렌던 브래컨은 처칠에게 "안테나가 없었다"고, 즉 그가 다른 사람들에 대해 둔감했다고 자주 말한다. 처칠이 사회적 행사에 온 다른 사람들을 자신도 모르게 방치하거나 무시하는 바람에 그들을 성나게 했음을 보여주는 몇 가지 일화가 있다. 이렇게 주위 상황에 영향을 받지 않는 것은 어린아이처럼 자기도취적인 인물의 특징이다. 이런 사람은 다른 이들이 그 아이가 원하는 것을 제공해주는 경우 말고는 그들을 거의 고려하지 않는 사적인 세계에 살고 있다. 우리는 어린아이들이 '이기적'이리라고, 다른 사람들의 기분은 거의 배려하지 않고 자신의 만족에 열중하리라고 생각한다. 처칠은 성인기에 이런 특징을 견지했고, 그것은 어린 시절의 박탈과 직접 연관이 있었다. '이기적인' 사람들은 충분히 가져본 적이 없는 사람들이기 때문이다. 자신의 정서적 욕구가 충족된 아이만이 나중에 자신이 받은 만큼 줄 수 있다. 처칠은 스스로 "나는 자기수양보다는 자기표현에 더 많은 시간을 들였다"고 말했는데, 이는 꽤 정확했다. 자기중심적인 특성이 덜했다면, 처칠은 그렇게 많은 걸 성취하지 못했을 것이다. 자기수양을 더 많이 했다면, 그렇게 영감이 넘치지는 못했을 것이다.

처칠은 자신을 따라다니는, 모런 경의 말대로 하자면, 평생 싸우고 있던 우울증의 재발을 방지하기 위해 사용한 수단에 대해 자세하게 이야기했다. 아마도 처칠이 가진 심리의 가장 두드러지는 특징은 그가 우울증에 맞서 이용한 방어 수단이 전반적으로 굉장히 성공적이었다는 점이다. 젊었을 때 오랫동안 우울증을 앓기는 했지만, 이 장애에 다양한 방법으로 대처해 결과적으로 만년까지 대체로 절망의 늪에서 벗어나 그에 압도되지 않을 수 있었던 것 같다. 처칠이 정치적 야인으로 보낸 시기에 그와 가까이 지냈던 사람들은 달리 전할지 모른다. 그가 이 시기에 술을 더 과하게 마신 징후들이 있다. 하지만 현재 접근할 수 있는 문서 증거로 볼 때, 처칠은 자신의 기질에 대처하는 데 놀라울 정도로 성공하고 있다. 실제로, 비교적 가까이 지낸 일부 사람은 처칠이 쉽게 우울증에 빠진다는 사실을 알아차리지 못했을 가능성이 상당히 크다.

이 장 첫 부분에서, 대단한 성과와 우울 기질 사이의 관계에 대해 지금보다 좀더 주목해볼 만하다고 나는 말했다. 정신의학 임상에서 대단한 능력과 활력을 가진 사람들을 발견하는 건 드문 일이 아니다. 그들은 일반적인 유형의 성공보다 훨씬 더 많은 것을 성취하고, 동시대인들은 일반적으로 그들이 꼭 행복하지는 않으나 적어도 어떤 종류의 신경장애는 없다고 생각한다. 그런 사람들은 겉으로 보기에는 평균적인 사람들보다 더 자신감에 차 있는 것 같다. 그들은 흔히 자신을 위해 일하는 이들에게 영감을 불어넣고, 일에 대해 엄청난 욕구를 드러내 모범을 보이며, 지칠 줄 모르는 활력을 가진 것 같다. 그들을 뒤따르는 사람들은 그런 지도자를 초인으로 여기고서 그를 추동하는 것이 무엇인지 끊임없이 궁금해하며 그 정력을 부러워할 뿐이다. 하지만 스스로 감히 권력의 회랑을 따라가는 사람은 대단히 야심찬 이들이 흔히 매우 취약하고, 만약 운명이 그를 저버린다면 그 거물은 파멸할 것이며, 권력을 추구하는 사람들은 애석하게도 대개 사적이고 정서적인 관계가 부족하다는 사실을 안다. 야망 자체는 단지 자기 능력을 펼칠 적절한 기회를 찾고자 하는 욕구를 반영하는 성격 특성일 수 있다. 또 그것은 그 인물이 점점 더 많은 것을 성취하도록 추동하지만 아무리 큰 성취를 이뤄도 결코 만족과 평화를 가져다주지 않는 악령의 힘일 수도 있다. 자기 자신과 다른 사람들에게 자신이 고통스러워하고 있다는 사실을 놀라울 정도로 성공적으로 감출 수가 있다. 그래서 흔히 진료실에서나 진상이 드러날 뿐이다. 앨런 브룩은 전쟁과, 자신이 진 엄청난 책임에 지쳐서 짐을 내려놓고 은퇴해 가정의 행복과 조류 관찰에 만족했다. 반면 처음 뇌졸중을 일으킨 후인 1949년에 이미 일부 의사는 처칠이 더 이상 고위직을 맡아서는 안 된다고 생각했지만, 그는 권력을 포기하는 일을 극도로 꺼렸다. 두 사람 가운데 어느 쪽이 더 행복하고 균형 잡힌 사람인지에 대해서는 의심의 여지가 없다. 하지만 그 자신이 먼저 인정한 대로, 앨런 브룩은 처칠이 그랬던 것처럼 영국민을 고무시킬 수 없었다.

처칠의 긴 생애의 끝자락은 우울하게 읽힌다. 그가 노년이 되도록 살아남은 것은 실로 비극이었다. 모런은 1955년 4월 처칠이 퇴임한 후 "윈스턴은 자기 삶에 남겨진 것에 대한 혐오감을 감추려는 노력을 거의 하지 않았다"고 전하며 이렇게 덧붙인다. "역사가는 이것이 그의 줏대가 약하다는 사실을 드러낸다고 결론지을지 모른다." 그렇게 결론짓는 역사가는 의학에 대한 무지를 드러낼 뿐이다. 처칠이 심하게 앓은 뇌동맥경화증은 모런 경이 말한 것처럼 의지를 약화시키기만 한 것이 아니기 때문이다. 그것은 또한 한 사람이 자신의 기질성 장애에 대처하던 방어 기제를 불가능하게 만든다. 대부분의 사람들이 노년이 되면 어느 정도 희화된다. 의심이 많은 사람은 피해망상적이 되고, 편협한 사람들은 좀더 성마르게 되며, 우울증이 있는 사람들은 절망의 늪에서 스스로 분발하는 능력이 떨어진다. 모런은 처칠이 죽기 5년 전 시점에서 이야기를 끝낸다. 왜냐하면 "처칠이 사임 후에 빠져든 무감각하고 무관심한 상태를 고통스레 상세히 다루는 일은 생략하는 게 적절하다고 생각"한 까닭이다. 나는 의사로서 그가 그렇게 한 게 옳았다고 생각한다. 처칠이 독서를 포기하고, 좀체 말을 하지 않는 채, 불 앞에 장시간 앉아 있으면서 우울성 혼미 상태에 이르렀음에 틀림없다고 그는 전한다. 모런이 처칠의 최후에 대해 의학적으로 그리고 정신의학적으로 상세히 이야기했다면, 어쨌든 그가 받았던 것보다 훨씬 더 많은 비판을 의학 동료들로부터 받았을 것이다. 하지만 혈액 공급 기능이 손상되어 뇌가 더 이상 효율적으로 작동할 수 없는 노인을 마침내 '검은 개'가 압도했다는 사실은, 젊은 시절 그가 자신이 가진 장애와 벌인 싸움에 대한 우리의 존경심을 드높일 뿐이다. 처칠은 기질의 하중, 그것도 실로 대단히 과중한 하중을 버티고 있었기 때문이다.

이 시점에서 정신분석의 이해가 부족하다는 점이 드러난다. 비록 나는 이 장에서 도달한 결론이 옳음을 증거가 입증해준다고 믿지만, 여전히 처칠의 놀라운 용기를 어떻게 설명해야 할지 난감하기 때문이다. 사는 동안, 처칠은 많은 좌절을 겪었다. 그 실망감은 '검은 개'로 인해 고통을 겪지 않는 사람도 적개심을 품게 하고 좌절시켰을지 모른다. 하지만 끈덕진 투지, 회복력, 용기가 처칠이 노년까지 자기 안의 적을 극복할 수 있게 해주었다. 그가 몹시도 사랑한 조국 영국의 적들을 물리친 것처럼 말이다.

모런의 말처럼 처칠은 자신이 진실성을 발견한 자기 '내면의 가공세계'에 대해 종종 언급했다. 인생의 한 시기에 처칠은 운이 좋았다. 1940년에는 처칠의 내면에 있는 가공세계가 어느 정도 외부 현실의 실제와 일치했는데, 그것은 매우 드문 일이었다. 이는 한 남성의 욕망의 대상이 그가 마음에 품고 있던 여성 이미지와 잠시 정확히 일치하게 되는 열렬한 사랑의 그것과 다르지 않은 경험이다. 1940년 처칠은 항상 꿈꿔오던 영웅이 되었다. 그의 인생에서 가장 좋았던 때다. 저 암울한 시기에, 영국이 필요로 한 것은 상황 판단이 빠르고 차분하며 균형 잡힌 지도자가 아니었다. 영국은 예언자, 영웅 같은 선지자, 모두가 패한 것처럼 보일 때 승리를 꿈꿀 수 있는 사람이 필요했다. 윈스턴 처칠이 그런 사람이었고, 영감을 불어넣는 그의 자질은 그의 참된 존재가 살고 있던 낭만적 공상세계에 그 동력을 빚지고 있었다.

×

카프카의 정체성

× ×

나는 문학 연구자보다는 정신과 의사의 관점에서 카프카 연구에 접근한다는 말로 이 글을 시작해야 한다. 카프카는 훌륭한 작가이면서 또 고지식하게 정직했기 때문에, 독특한 방식으로 심리 경험의 한 영역을 조명해줄 수 있다. 그것은 특정한 정신질환 환자한테서 드물지 않게 관찰되는 심리 경험이지만 보통 사람의 그것과는 거리가 멀다.

나는 이 장에 '카프카의 정체성'이라는 제목을 붙였다. 내가 말하는 '정체성'이란 무엇을 의미할까? 찰스 라이크로프트는 『정신분석 비평 사전A Critical Dictionary of Psychoanalysis』에서 정체성을 "다른 모든 사람과 구별할 수 있는 독립체로서의 지속적인 존재감"으로 정의한다.[1] 이 주제에 관해 가장 광범위하게 글을 쓴 정신과 의사인 에릭 에릭슨은 "동일성과 지속성을 활성화하는 주관의 의식"이라고 말한다. (말이 나온 김에 언급하자면 미켈란젤로의 「다비드」가 에릭슨의 책 『정체성Identity』의 영국판 표지를 장식하고 있다. 왜 저 이미지가 정체성 개념과 연관되는지는 나중에 다시 이야기한다.) 에릭슨은 윌리엄 제임스미국의 심리학자이자 철학자로 '의식의 흐름'이라는 용어를 처음 사용했고 빌헬름 분트와 함께 근대 심리학의 창시자로 일컬어진다가 아내에게 쓴 편지 글을 인용하면서 시작한다. "한 사람의 성격은 자신이 가장 깊숙이 그리고 격렬히 활성화되며 살아 있다고 느끼는 정신적 또는 도덕적 태도에서 알 수 있소. 그런 순간에 내면의 목소리가 들려온다오, '이게 진짜 나야'라는."[2] 다음과 같은 글을 쓸 때, 융은 확실히 동일한 현상을 언급하고 있다.

> 인격은 생명체가 타고난 독특성이 최고로 실현된 것이다. 그것은 삶 앞에서 자신을 내던지는 대단히 용기 있는 행위, 그 개인을 구성하는 모든 것에 대한 완전한 확언, 자기결정을 위해 가능한 가장 큰 자유와 결부되는 보편적 존재 조건에의 가장 성공적인 적응이다.[3]

윌리엄 제임스는 '성격', 융은 '인격'이라는 말을 쓰지만, 이들과 에릭 에릭슨은 동일한 경험, 다시 말해 애매함이나 가식 없이 확실하고 완전한 자기 모습 그대로의 경험에 대해 언급하고 있으며, 이런 경험이 충족감을 주고 삶의 질을 높인다고 단언하고 있다.

이들의 말은 카프카의 초기 소설을 모은 『어느 투쟁의 기록』에 실린 「기도자와의 대화」 두 가지 판본 가운데 하나에서 기도자가 하는 말과 대조를 이룬다. "내 마음속에서 내가 살아 있다고 확신한 때가 없습니다. 그러니까, 한때 실재했고 지금은 어느덧 지나가고 있다고 항상 느껴지는, 나를 둘러싸고 있는 것들을 나는 일시적으로 인식할 뿐입니다."[4] 이 젊은 기도자는 자기 존재의 정당성을 거의 확신하지 못해 교회에서 괴상한 행동으로 주의를 끌어야 한다. 이 이야기의 한 판본에서 그는 이렇게 말한다. "사람들이 날 보게 만드는 게 내 인생의 목표입니다."[5] 다른 판본에서는 "짧은 순간 동안 사람들의 시선을 나 자신에게 고정시키고 싶은 욕구"를 언급한다.[6] 마치 응시가 잠깐 동안은 자기 존재가 실재함을 확신시켜준다는 듯.

카프카는 소설을 썼지만, 이들 구절은 확실히 그 자신의 경험과 관련 있다고 나는 생각한다. 그리고 카프카 평전에서 이 이야기 속 인물들이 "명백한 자기투사"라고 한 로널드 헤이먼(카프카, 라이너 베르너 파스빈더 등의 평전으로 유명한 영국 비평가)의 말에 동의한다.

언뜻 보기에 어느 누구와도 다른, 아주 독특한 카프카 같은 작가가 자기 정체성에 대해 의심을 품었다는 건 자기모순처럼 여겨질지 모른다. 실제로 글을 쓰고 있을 때, 그리고 자신이 쓴 글을 읽고 또 읽을 때, 자신에 대한 카프카의 의심이 줄어들거나 사라졌으리라고 나는 생각한다. 하지만 글을 쓰는 책상에서 멀어지면, 다시 말해 다른 사람들 속에 있을 때는, 저 의심이 끊임없이 되살아났다. 분명 많은 지인이 카프카를 아주 좋아했고, 구스타프 야노우흐체코 작가로 카프카와의 개인적인 친분을 바탕으로 『카프카와의 대화』를 썼다 같은 사람들은 영웅처럼 숭배했다. 카프카는 아는 사람들과는 때로 활발하고 재미있는 친구가 될 수 있었다. 하지만 가장 가까운 친구인 막스 브로트와도 정말로 자신을 드러내는 대화는 오래 나눌 수 없었다고 카프카 자신이 말한 사실을 기억해야 한다.

카프카는 낯선 사람들과는 항상 불편해했다. 펠리체 바우어가프카와 두 번에 걸쳐 약혼했으나 결국에는 결혼하지 못한다에게 보낸 1913년 6월자 편지에서 카프카는 이렇게 쓰고 있다. "하지만 익숙하지 않은 장소에, 수많은 낯선 사람 또는 낯설다고 느끼는 사람들 사이에 있으면 방 전체가 내 가슴을 짓눌러 꼼짝할 수가 없습니다. 내 전인격이 거의 그들을 짜증나게 하는 것 같아 모든 게 가망 없어집니다."8

카프카가 이런 느낌에 대해 말한 유일한 작가는 아니다. 존 키츠는 1818년 10월 리처드 우드하우스에게 보낸 편지에서 이렇게 쓰고 있다. "시인은 존재하는 것 가운데 가장 비시적인 존재이네. 그는 정체성을 갖지 않기 때문이지." 키츠는 계속해서 이렇게 쓴다. "설사 내 뇌가 창작물에 대해 골똘히 생각하고 있지 않더라도 사람들과 한방에 있으면 내가 나 자신으로 돌아올 수가 없고 방 안 모든 사람의 정체성이 날 짓눌러 아주 짧은 시간 안에 나는 소멸하고 말지. 어른들만이 아니라 아이들이 있는 방에서도 마찬가지일 걸세."9

대부분의 사람에게 상호작용은 반복적이면서 필수적인 정체성의 확인이다. 실로 어떤 종류든 다른 사람들과의 상호작용 없이 '정체성'이라는 말은 의미를 갖지 못한다. 정체성은 차이에 의존하고 차이는 적어도 대비될 수 있는 다른 사람들의 존재를 요구하기 때문이다. 어떤 사물의 크기가 다른 사물에 대한 언급없이 결정될 수 없듯이, 한 사람의 특성은 다른 사람들의 특성과 비교하지 않고는 설명될 수 없다. 우리는 고립된 상태에서 '친절'하거나 '똑똑'하거나 '비꼬기 좋아하'거나 '겸손'할 수가 없다. 사고와 언어의 본성상, 서술적 진술은 반드시 그 반대를 함축하기 때문이다.

정체성이 차이를 내포하므로, 정체성 확인에는 약간의 자존감이 필요하다는 결론이 나온다. 만약 다른 사람들 앞에서 자기 입장을 고수하려면, 그는 자신이 가치 있는 사람이라는 의식을 지니고 있어야 한다. 자신의 가치에 대한 이런 의식이 없는 사람들을 우리는 알고 있다. 그들은 자기 의견을 내세우지 않고 항상 다른 사람들의 의견에 열렬히 동의한다. 우리는 당연히 이런 이들을 '별 볼일 없는 사람nonentity 여기에는 '실재하지 않는 사람'이라는 뜻도 있다이라고 한다. 그의 진정한 정체성이 드러나지 않기 때문이다. 이들은 마치 자신이 살아 있을 권리를 갖고 있지 않다고 생각하듯 끊임없이 자기 존재에 대해 변명을 해댈 법한 사람들이다. 이런 사람들은 흔히 간헐적으로 또는 항상 우울해한다. 때로는 너무 열심히 애를 써서 따르고자 하는 상대에 대한 공격성이 폭발해 자신을 주장할 수도 있다. 하지만 그런 폭발이 끝난 후에는 다른 사람들에 대한 습관적인 과잉적응으로 되돌아간다.

정체성 확인 또는 심지어 정체성 보존에 훨씬 더 큰 어려움을 겪는 또 다른 사람들이 있다. 그들은 다른 사람들과의 상호작용을, 삶의 질을 높이는 자아 확인을 위한 기회로서 환영하기보다는 사람들을 위협으로서, 언제라도 자신을 공격해 파괴할지 모르는 잠재적인 적으로서 대한다. 로널드 데이비드 랭(영국의 정신과 의사, 임상 관찰을 바탕으로 한 조현병 연구에 큰 기여를 했다)은 집단 분석을 하는 동안 두 환자 사이에 벌어진 논쟁에 대해 이야기한다. "갑자기 그 주인공들 가운데 한 명이 논쟁을 끊고 말했다. '난 계속할 수 없어요. 당신은 날 이기는 데서 즐거움을 얻으려고 논쟁하고 있어요. 잘해야 논쟁에서 이기는 거죠. 그리고 최악이라 해봤자 논쟁에서 지는 거고. 난 내 존재를 지키려고 논쟁하고 있다고요.'" 랭은 이렇게 말한다. "한 인간으로서 다른 인간들과 관계를 맺을 수 있으려면 자신의 자주적인 정체성에 대한 확고한 의식이 필요하다. 그렇지 않으면, 어떤 관계라도 그 개인에게 정체성 상실이라는 위협을 가한다."[10]

한 사람의 자주적인 정체성에 대한 확고한 의식은 무엇에 의존할까? 우선, 개인이 자기 몸과 갖는 관계의 문제가 있다. 아마도 처음에 갓난아이는 자신이 어디서 시작되고 어디서 끝나는지 거의 모르는 것 같다. 아홉 달 동안 다른 누군가의 몸 안에 통합되어 있으면서, 자신의 팔다리가 자기한테 속하고 피부는 자신과 나머지 세계 사이의 경계를 이루는 일종의 봉투임을 알게 되려면 시간이 필요하다. 아마도 그는 유아용 침대의 측면, 엄마의 몸 등 외부세계의 대상들과 부딪치면서 이를 알게 될 것이다. 프로이트가 왜 초기의 자아를 신체적 자아라고 했는지 쉽게 이해할 수 있다.[11] 대부분의 사람에게 '나'임, 즉 정체성은 몸에 뿌리를 두고 있다. 물론 시간이 흐르면서 다른 많은 것을 포함하게 되기는 하지만 말이다. 분명 이것이 출판사에서 에릭슨의 책 『정체성』 표지에 미켈란젤로의 「다비드」를 넣은 이유다. 「다비드」는 아름다운 남성의 몸에 바치는 찬가다. 신체적 존재에 뿌리를 두지 않은 다비드의 정체성은 생각할 수가 없다. 하지만 모든 사람이 이렇게 생각하지는 않는다. 어떤 사람들은 몸이 진정한 자아의 부속물, 그리고 자신과 연결되어 있지만 동일시되지는 않는 거의 외부세계의 대상이라고 생각한다. 이런 사람들은 자기 몸을 무척 싫어하거나 경멸한다.

카프카에게는 확실히 그랬다. 우리는 『아버지께 드리는 편지』에서 카프카가 자기 몸을 혐오스럽게 여겼다는 사실을, 자기 몸을 탐탁잖아하며 아버지의 몸과 비교했다는 사실을 알고 있다.

예를 들어 저는 우리가 자주 같은 탈의장에서 함께 옷을 벗었던 일을 기억합니다. 저는 깡마르고, 허약하고, 가냘픈데, 아버지는 강하고, 키가 크고, 넓적했지요. 탈의장 안에서조차 저 자신이 형편없는 놈이라 느꼈고, 더욱이 아버지 눈만이 아니라 온 세상 사람들의 눈에도, 제게는 아버지가 모든 것의 척도였기 때문입니다.[1]

스물여덟 살이던 1911년 8월 15일이 되어서야 카프카는 일기에 이렇게 기록할 수 있었다. "막 지나간 시간, 내가 한마디도 쓰지 않은 시간은 내게 매우 중요했다. 나는 프라하, 쾨니히스알레,

체르노시츠의 수영장에서 내 몸에 대해 수치스러워하는 걸 그만두었기 때문이다."13 하지만 같은 해 말 카프카는 이전의 태도로 되돌아간다. "내 발전의 주요 장애물은 나의 신체 조건임에 틀림없다. 이런 몸으로는 아무것도 이룰 수가 없다. 나는 끊임없이 주저하는 데 익숙해져야 할 것이다."14

카프카는 자기 몸이 마치 자신과는 완전히 분리되어 있는 외부세계의 대상인 듯 쓰고 있다. 물론 모든 인간은 이런 유의 일시적인 거리두기를 할 수 있고, 특히 지식인들이 그렇다. 사실 개념적 사고는 이런 정도의 추상 작용을 요구한다. 하지만 열심인 학자들도 대개 한동안 집중해서 연구를 한 뒤에는 책에서 손을 떼고 감각적인 삶으로, 몸과 일체화된 상태로 되돌아온다. 카프카나 그와 비슷한 다른 사람들은 늘 자기 몸과 이보다 더 소원해 보인다. 카프카의 경우에서 이런 소외는 이후의 건강 악화와 무관했다. 카프카가 1924년 후두결핵과 폐결핵으로 사망하기는 했으나 처음 객혈한 것은 1917년 8월이 되어서였다. 이 병이 언제 카프카의 전반적인 건강과 활력을 해칠 정도로 깊어졌는지는 확실히 알 수 없지만, 젊은 시절에는 그렇지 않은 것이 분명하다. 평생 자기 몸의 건강을 걱정하고 온갖 심신의 증상에 시달렸으나, 카프카는 수영을 하고 노를 저을 수 있었으며 이십대에는 시골로 장기 도보여행을 갈 수 있었다. 그의 신체적 열등감은 어린 시절부터 시작되었으며 현실에 근거하지 않고 정서적으로 결정되었다. 다섯 살 무렵 찍은 유명한 사진 속 카프카는 비쩍 마르고 겁먹은 부랑아처럼 보인다. 열한 살 때 찍은 사진 속 카프카는 마땅히 외모에 자부심을 가질 만한 잘생긴 소년이다. 이전 이미지가 그의 마음에 뚜렷이 남아 이후의 발달에도 바뀌지 않고 지속되었음이 분명하다. 초기에 쓴 미완성 유고인 『시골에서의 결혼 준비』에 좋은 예가 있는데, 그것은 카프카가 자기 몸과 분리되는 경험에 익숙했음을 보여준다. 라반은 약혼녀를 만나러 시골로 갈지 말지 망설이고 있다.

> 게다가 위험한 사안에서 내가 아이 때 항상 하던 방식대로 할 수 없을까? 내가 직접 시골로 갈 필요도 없다, 그건 필요치가 않다. 내 몸에 옷을 입혀 보내겠다. 내 몸이 비틀거리며 내 방 문을 나서더라도, 그 비틀거림은 두려움이 아니라 내 몸의 비존재를 드러내는 것일 터이다. 또 계단에서 발을 헛디디더라도, 흐느끼며 시골로 가더라도, 거기서 눈물을 흘리며 만찬을 먹더라도, 흥분의 징후가 아니다. 나 자신은 그동안에 황갈색 담요를 포근히 덮고서 좀체 환기하지 않는 방으로 솔솔 부는 산들바람을 맞으며 내 침대에 누워 있을 것이기 때문이다.[15]

라반의 몸과 그가 자신이라고 느끼는 것 사이의 분리가 더 이상 완벽할 순 없을 것이다. 흥미롭게도, 이후 라반은 침대에 누운 채 자신이 큰 딱정벌레로 변하는 것을 상상함으로써 『변신』을 예고한다.

우리는 모두 우리를 돌볼 의무가 있는 사람들에게 완전히 의지하여 내맡겨진 무기력한 갓난아이로 세상에 나온다. 어떤 사람들(그 가운데 한 명이 카프카다)은 이 무기력한 단계에서 성장하지 못한다. 몸으로부터 소외된 사람들은 몸의 잠재력을 자각하지 못한다. 만일 자신의 능력에 대해 현실적인 생각을 가졌다면 자립할 수 있는 어른이 되고도, 그들 내면의 무기력한 자아상은 지속된다.

멜러니 클라인은 갓난아이가 초기의 무기력함 때문에, 좌절에 대해 마치 그것이 학대인 듯 반응하여 자신이 의존하는 힘 있는 사람들이 자신을 죽일까봐 두려워한다고 주장한다. 클라인의 설명에 따르면 갓난아이, 특히 방치된 갓난아이는 심히 파괴적인 충동을 품고 있고, 그것을 자신을 돌보는 사람들 탓으로 돌리는, 다시 말해 그들에게 투사하는 경향이 있다. 이후의 삶에서 어떤 고통이건 그것은 쉽사리 이런 초기 감정을 되살리고, 그래서 자아에 대한 공격으로 여겨진다. 언뜻 보기에는 그럴 법하지 않은 이 설명이 확실히 옳음을 카프카의 자기반성이 증명해준다. 카프카는 막스 브로트에게 보낸 편지에서 이렇게 썼다.

만약에 예를 들어(이건 순전히 한 가지 예이네) 내 배가 아프면, 그건 더 이상 사실상 내 배가 아니라 근본적으로 갑자기 곤봉으로 나를 후려칠 생각을 한 낯선 사람과 구별하기 어려운 어떤 것이지. 하지만 그건 모든 게 그렇다네. 난 그저 나를 관통한 많은 대못에 지나지 않아. 만약 내가 나 자신을 보호하고 힘을 쓰려 하면, 그 대못들은 더 깊숙이 박힐 뿐이라네.[16]

모든 갓난아이가 멜러니 클라인이 주장하는 학대 공포증을 겪는지는 확실치 않고, 어쨌든 증명할 수가 없다. 비록 그렇다 하더라도, 대다수의 갓난아이는 이 "편집-분열적" 단계를 지나 다른 사람들을 신뢰할 수 있는 단계로 나아간다. 이 단계에서는 애정 어린 보살핌을 받으리라는 기대가 무기력함에 따르는 불안보다 더 우세하다. 카프카 같은 소수의 사람들은 그렇지가 않다. 이것이 갓난아이에게 실제로 제공되는 보살핌의 질에 어느 정도로 달려 있는지, 그리고 어느 정도로 유전된 성향의 차이에서 오는 결과인지 말하기는 불가능하다. 하지만 카프카의 유아기 환경이 다소 불운했다는 점은 분명한 사실이다. 카프카가 태어나자마자 그의 어머니는 그의 아버지가 운영하는 가게에 다시 불려 나가 일을 했고, 처음 그를 맡은 유모는 1, 2년 만에 교체되었다. 카프카 자신의 말에 따르면, 그는 어머니를 충분히 보지 못했다고 생각했고, 어머니의 부재를 받아들일 수 없었다. 1911년 10월 24일자 일기에서 카프카는 어려서 아팠을 때 어머니가 일을 마치고 돌아와 자신을 돌보곤 했으며 이 일이 위로가 되었다고 떠올린다. 그러면서 병석에 누워야 할 만큼 아파서 그런 경험을 다시 하게 되기를 바란다.[17] 유아기의 카프카는 당시 기준으로 봐도 드물게 좀체 부모를 만날 수가 없었다. 게다가 다섯 차례의 이

사로 인해 어린 시절은 불안정했다. 한 번은 두 살이 되기 전, 또한 번은 그로부터 7개월 후였고, 막 네 살이 될 참인 1877년에세 번째 이사를 했다. 1888년과 1889년에 두 번의 이사가 더 있었다. 카프카를 불안하게 만든 또 다른 요인은 동생들의 죽음이었다. 카프카가 두 살이던 1885년에 태어난 동생은 두 해도 못 돼서 홍역으로 죽었다. 1887년에 태어난 둘째 동생은 6개월밖에 살지 못했다. 이 요인만으로 카프카의 끊임없는 존재 불안을 설명하기는 불충분하지만, 부분적인 원인이 되었을 것이다. 확실해 보이는 것은 카프카가 다른 사람과 사건들에 휘둘린다는 느낌, 자기 의지를 발휘해 세상 사람들에게 영향력을 미칠 수 있는 사람이라기보다는 피해자라는 의식을 성인기까지 가지고 있었다는 점이다. 내가 보기에는 이것이 카프카가 쓴 거의 모든 소설을 관통하는 한 가지 주제인 듯싶은데, 아마도 『소송』에서 그 절정에 이르는 듯하다.

한번은 이와 비슷한 느낌을 아주 생생하게 보여주는 환자를 본 적이 있다. 그는 그 끝이 모두 원의 중심을 가리키는 화살로 둘러싸인 원을 그렸다. 그 자신이 원이고, 화살은 현실이 그에게 가하는 적대적인 침해를 나타냈는데, 그는 자신이 이런 침해에 대해 무방비 상태라고 느꼈다.

초기에 어머니의 보살핌이 부족했다는 사실을 입증할 수 있는 또 다른 환자는 자신이 다른 사람들 손에 무기력하게 내맡겨지는 상황을 여전히 두려워했다. 예를 들어 그는 외과 수술을 받아야 한다는 생각에 두려움을 느끼고 그런 시련을 감수하느니 죽는 게 더 나을 거라고 말했다.

우리는 수천 명의 사람이 실제로 악의에 찬 학대자들의 손아귀 안에 놓인 세상에 살고 있다. 카프카가 선견지명이 있어 밀레나 카프카는 펠리체 바우어와 헤어진 후, 밀레나와 편지를 주고받다가 연인관계로 발전했다와 그의 세 누이가 죽은 끔찍한 강제수용소를 예견했다고 흔히 말한다. 나는 이 말을 믿지 않는다. 카프카가 다른 어느 누구도 필적할 수 없을 만큼 잘할 수 있었던 것은 우리 모두의 마음속 후미진 곳에 도사리고 있지만, 우리가 '정신병 환자'라고 꼬리표를 붙인 사람들에게서나 분명하게 드러나는 공포를 명확히 표현하는 것이었다.

무시되거나 하찮은 존재로 대우받는 것에 대한 공포는 손상 또는 절멸에 대한 공포를 동반한다. 스위프트는 거인국 브로브딩내그의 거인들 손안에 놓인 걸리버에 대해 쓰면서 이렇게 밝힌다. "내 보모가 날 데리고 시녀들을 찾아갔을 때 그들 사이에 있으면서 가장 불안했던 건 그들이 무람없이 나를 하찮은 동물처럼 취급하는 것이었다."[18]

한 인간으로서 자신의 정당성을 납득하려면, 그가 실로 거기에 존재하는 사람, 즉 중요한 사람으로 다뤄져야 한다. 카프카는 『아버지께 드리는 편지』에서 "자주 나를 압도하는" 이 "무가치하다는 느낌"에 대해 쓰고 있는데,[19] 그것은 주로 아버지의 영향에서 비롯된다고 말한다. 카프카는 밤에 훌쩍거리며 물을 달라고 했을 때 아버지가 자신을 집어들어 발코니 바깥에 내놓은 일을 특히 두려움에 떨며 떠올린다. "여러 해가 지나고도 저는 거인이자 최종 권위자인 아버지가 밤에 아무런 이유도 없이 와서 저를 침대에서 끄집어내 발코니pavlatche로 데리고 나가는, 그러니까 저는 아버지께 무가치할 뿐이라는 몹시 괴로운 상상에 시달렸습니다."[20] 카프카에게, 이 사건은 큰 의미가 있었던 것 같다. 이는 프루스트가 일곱 살 때 겪은 경험과 비교할 수 있을지도 모른다. 프루스트는 어머니가 언젠가 만찬 손님을 접대하느라 평상시 잘 자라며 해주는 입맞춤을 하지 않은 일을 잊지 못했다. 정평난 프루스트 전기를 쓴 조지 페인터는 이 일이 프루스트의 생애에서 가장 중요한 사건이라고 말한다. "그것이 그에게 사랑은 불행한 결말을 맞이하기 마련이며 행복은 없다"고 말해준 까닭이다.[21]

이 두 사건이 중요한 것은 물론 실제 일어난 일 그 자체 때문이 아니라 이 뛰어난 작가들의 삶을 축약적으로 보여주기 때문이다. 프루스트의 세계관Weltanschauung은 사랑의 불가능성이 지배하고, 카프카의 세계관은 무기력감이 지배한다.

마치 존재하지 않는 듯, 보잘것없다는 듯 다뤄지는 것은 권력이 다른 사람의 손안에 있기 때문에 무슨 일이 일어날지 예측할 수 없는 세계에 산다는 것이다. 갓난아이는 자신을 돌보는 사람들에게 완전히 의존하지만 자신의 욕구를 알릴 수단들을 갖추고 있다. 욕구가 합리적이고 사려 깊은 방식으로 충족된다면, 그는 자라서 세계가 합리적이며 사려 깊은 곳이라고 이해할 가능성이 크다. 그래서 갓난아이를 배고플 때 먹이고, 피곤할 때 재우고, 생기가 넘칠 때 놀아주고, 젖거나 더러울 때 씻어준다면, 외부세계에서 일어나는 일과 자신의 기분이 굳게 연관되어 있는 듯 보일 것이다. 하지만 갓난아이의 기분이 존중되지 않는다고 생각해보라. 즉 그의 항변과 상관없이 어른이 생각날 때 먹이고, 잠자고 싶어질 때까지 깨어 있고, 놀고 싶을 때 누워 잠자야 하고, 어른의 변덕에 따라 차에 태워져 돌아다닌다고 생각해보라. 이런 아이에게 세계는 불가해하고 예측 불가능한 것이 되리라. 실제로 일어나는 일이 자신의 기분과 무관하기 때문에, 그에게 세계는 자신이 영향력을 미칠 수 없는 변덕스러운 거인들이 지배하는 듯 보일 것이다. 더욱이 아이의 내면세계와 외부세계 사이의 이런 어긋남은 심화되는 공상에의 집착과 절망감으로 이어질 수밖에 없다. 만약 세계를 이해할 수도, 세계로부터 욕구를 충족시킬 수도 없다면, 우리는 틀림없이 우리 자신 안으로 들이몰릴 수밖에 없다.

권위의 변덕스러움과 예측 불가능성이 『소송』과 『성』의 중심 주제다. 『소송』에서는 요제프 카가 공장주와 부지점장이 공장주의 사업 계획에 대해 상담하는 것을 듣고 있을 때, 심지어 거인들이 잠깐 등장하기도 한다. "그러고 나서 두 사람이 그의 책상에 기대선 채로 공장주가 자기 사업 계획에 대해 부지점장의 승인을 얻으려고 할 때, 카에게는 마치 엄청나게 큰 두 거인이 그의 머리 위에서 자신을 놓고 흥정하는 듯이 보였다."[22] 이는 분명 아이 눈으로 본 관점이다. 여기서 우리는 대부분 마치 우리에게는 결정권이 없다는 듯, 우리가 거의 존재하지 않는 듯, 우리를 어떻게 할지, 어쩌면 어느 학교로 보낼지 상담하는 부모 또는 다른 어른들을 떠올릴 수 있지 않을까?

나는 카프카의 아버지가 그를 대하는 태도에서 그가 권위를 보는 방식이 완전히 설명된다고 믿는다거나 말하는 게 아니다. 카프카 자신이 그렇게 생각했다는 것도 아니다. 하지만 『아버지께 드리는 편지』는 예민한 감수성을 부적절하게 다루면 손상시킬 수 있음을 분명하게 보여준다. 헤르만 카프카는 독단적이고 건장한 위세 좋은 인물로, 자기 생각에 동의하지 않는 걸 참지 못하고 걸핏하면 화를 벌컥 내 아들을 두려움에 떨게 했던 것 같다. 게다가 그는 모순적이었다. 식탁 예절을 차릴 것을 요구했지만 끊임없이 스스로 자신의 명령을 위반했다. 그 자신이 특정한 주제에 대해 확고한 견해를 갖고 있지 않을지라도 누군가가 그렇게 한 건 잘못이라고 자신 있게 주장하곤 했다. 헤르만 카프카는 상당수 사람이 그러하듯 다른 사람들을 깎아내려야만 자신의 자존심을 지킬 수가 있었던 것 같다. 그것은 예민하고 자기 자신을 옹호하지 못하는 사람들을 무너뜨리는 효과적인 방법이다. 카프카는 이렇게 썼다.

예를 들어 아버지께서는 체코인, 그다음에는 독일인, 또 그다음에는 유대인을, 더욱이 선별적으로만이 아니라 모든 면에서 헐뜯을 수 있었습니다. 그리고 마침내 아버지 자신 외에는 아무도 남아 있지 않았습니다. 제게 아버지는 모든 독재자가 갖는 불가사의한 특성을 띠고 있었습니다. 독재자들의 권한은 그들 개인에 근거하지, 그들의 사상에 근거하지 않습니다.[23]

이후의 한 구절에서 카프카는 이렇게 쓰고 있다.

그래서 세계는 저에게 세 부분으로 나뉘어 있습니다. 하나는 노예인 제가 오로지 저를 위해 만들어지고, 그 이유를 알 수 없으며, 완전히 지킬 수 없는 법의 지배를 받는 세계입니다. 그다음 아버지가 살고 있는, 저의 세계로부터 무한히 멀리 떨어진 두 번째 세계는 지배, 명령 하달, 불복종에 대한 짜증과 관련 있지요. 마지막으로 다른 모든 사람이 행복하게 살면서 명령과 복종에서 자유로운 세 번째 세계가 있습니다. 저는 끊임없이 불명예스러웠습니다. 아버지의 명령에 복종해도 그 명령은 결국 저에게만 적용되었기에 불명예였고, 반항해도 아버지에게 도전하는 것은 주제넘을 수 있기에 또한 불명예였으며, 아버지는 예를 들어 아버지의 강인함이나 식욕이나 솜씨를 제게 으레 기대하지만 저는 그걸 갖고 있지 못하기에 복종할 수 없었는데 이것은 물론 무엇보다 더 큰 불명예였습니다.[24]

따라서 이 삼중의 속박 속에서는 아이가 무얼 하든 항상 잘 못이었다. 카프카가 아버지에게 다음과 같이 쓴 것은 놀라운 일이 아니다. "저는 아버지와 관련해서는 자신감을 잃는 대신 무한한 죄책감을 얻었습니다."[25]

카프카가 자신이 노예로서 자기만을 위해 존재하는 법의 지배를 받으며 살았다고 아버지에게 항의한 것은 『소송』의 끝에서 두 번째 장에 나오는 성직자가 요제프 카에게 들려주는 「법 앞에서」라는 우화에서 표현된다. 한 시골 사람이 항상 열려 있는 문을 통해 법에 접근하려고 하지만 문지기가 지키고 있으면서 들어가지 못하게 하는 걸 기억할 것이다. 오랜 세월 성가시게 조르며 기다린 끝에 시골 사람은 죽을 때가 가까워져 있다. 그는 이렇게 투덜거린다. "'모든 사람이 법에 도달하려고 애쓰지요. (…) 그런데 어째서 이 오랜 세월 나 외에는 아무도 들어가게 해 달라고 간청하지 않는 겁니까?' 문지기가 (…) 그의 귀에 대고 소리를 지른다. '다른 사람은 아무도 여기에 들어오도록 허락받지 못할 걸세. 왜냐하면 이 문은 자네만을 위해 만들어졌으니까. 이제 난 문을 닫을 거네.'"[26]

영원히 '법'에 접근할 수 없는 것처럼, '법들'은 알려질 수 없다. 카프카는 단편적인 짧막한 글들 가운데 하나인 「우리 법들의 문제」에서 이렇게 쓰고 있다. "우리의 법들은 일반적으로 알려지지 않고 우리를 지배하는 소수 귀족에 의해 비밀로 유지된다."[27] 그는 계속해서 법체계가 실은 존재하지 않고 "귀족들이 하는 것이면 무엇이든 법"[28]일 가능성이 있다고 추측한다. 이는 카프카가 아버지를 폭군으로 보는 것과 마찬가지다. 이성이 아니라 그 개인에 근거한 이 폭군의 지배는 피할 수가 없다.

『소송』은 또 카프카가 "무한한 죄책감"이라고 한 것을 분명하게 보여준다. 이 소설에서 카는 아무런 잘못도 없이 체포된다. 그의 죄는 당연시된다. 그를 체포한 감시인들 가운데 한 명이 말한 대로, 그의 체포를 명령한 고위 당국은 그 이유에 대해 잘 안다. "당국은 (…) 주민들 속에서 죄를 찾아다니는 게 아니라 법이 명하면 그 죄에 이끌려 감시인을 보내는 게 틀림없어. 그게 법이네. 거기에 어떻게 착오가 있을 수 있겠나?"[29]

카는 결국 척살로 처형당하지만 그의 범죄는 명시되지 않는다. 자세한 설명은 필요치 않다. 한 구절에서 카는 이렇게 말한다. "그것은 헤아릴 수 없이 미묘한 문제다. 거기서 법정은 잊힌다. 그리고 결국, 아무것도 없는 데서 거대한 구조의 죄가 불려나올 것이다."[30]

카의 죄책감이 실존적인 것임이 분명하다고 생각한다. 어쨌든 자신이 살아 있는 게 죄라고 생각하기에 죄명은 필요치 않다. 그것은 자신이 항상 잘못이라고 생각하는 아이들이 드물지 않게 발전시키는 감정이다. 죄가 무한하다면, 아이가 하는 모든 게 잘못이라면, 그래서 무엇이 옳은지 알 길이 없다면, 그는 스스로 독립된 정체성을 가진 진정한 개인으로서 자신감을 발달시킬 수 없다. 앞서 R. D. 랭의 환자 사례를 인용했다. 그는 다름 아닌 자기 존재가 위협받는다고 느꼈기 때문에 논쟁에서 물러나야 했다. 만약 한 사람이 항상 자기가 잘못했다고 느낀다면, 자기 의견을 조심스럽게 내놓아 자신의 독립된 존재를 주장하려 할 때 그 의견을 짓밟는 사람은 그 독립된 존재를 위협하는 것이다. 어린 시절 카프카와 비슷한 경험을 한 이들이 다른 사람들과의 관계가 자신을 위협할 수 없는 고립된 상아탑으로 물러나는 경향을 보이는 것은 놀라운 일이 아니다.

카의 죄가 바로 그의 존재 자체라는 점은 다음 구절에서 확인된다. 카프카는 카가 항변서를 작성해서 법정에 제출해 자신의 주장을 옹호할 수 없다고 말한다.

이 항변서를 작성하는 게 전적으로 불가능함을 쉽사리 납득하는 데는 소심하고 두려움이 많은 천성이 필요치 않았다. 변호사에게나 영향을 줄 수 있을 뿐인 게으름이나 추정적 살의 때문이 아니라 그로부터 발생할 수 있는 다른 기소들은 말할 것도 없고 알 수 없는 기소를 당하기 때문에, 그의 전 생애를 가장 사소한 행동과 우연이 온갖 각도에서 분명하게 진술되고 검토되기에 이를 것이다.[31]

이는 카프카가 실로 러시아와 중국 심문자들이 자백을 받고 싶을 때 사용하는 심문법을 예고하는 것 같다. 한 사람이 체포될 때, 영장이 발부되어 읽히겠지만 죄수의 이른바 죄는 명시되지 않는다. 일정 기간 그를 완전히 격리시킨 후에 심문이 시작된다. 심문자는 죄수가 틀림없이 죄를 지었다고 추정하고 마치 그의 모든 죄를 당국이 알고 있는 것처럼 행동한다. 죄수는 깨끗이 자백하지 않는 한, 희망이 없다는 말을 듣는다. 그의 과거 삶 전체가 검토되고, 많은 경우 죄수는 상세한 자술서를 쓰도록 요구받으며, 그것을 반복해서 수정해야 할 것이다. 대부분의 사람은 자기 삶에 있었던 과거의 사건들과 관련해서 어느 정도 죄책감을 갖고 있다. 특히 신앙심이 깊은 사람들은 흔히 깊은 죄의식을 가지고 있다. 공산주의자인 심문자가 이를 이용해 실제 또는 상상의 범죄를, 그 죄수가 자백할 준비가 된 이른바 "반인민적 범죄"와 연결시키는 것은 어렵지 않다.

공산주의 국가에서와 마찬가지로, 카프카의 세계에는 현실적으로 무죄 선고의 가능성이 없다. 『소송』에서 카는 화가인 티토렐리에게 도움을 구한다. 그가 초상화를 그려준 판사에게 접근할 수 있기 때문이다. 티토렐리는 그에게 처지를 말해준다. 비록 카가 무죄를 선고받아 법정에서 자유로이 걸어나가도록 허용된다 하더라도 그는

　(…) 표면상으로 또는 좀더 정확히 말해, 일시적으로 자유로울 뿐이네. 나와 친분이 있는 최하급 판사들은 최종적인 무죄 선고를 내릴 권한이 없기 때문이지. 그 권한은 최고 재판소에 있네. 그곳은 자네가, 내가, 그리고 우리 모두가 접근하기 아주 어려워. 우리

는 거기에 어떤 가능성들이 있는지 모르는 데다 알고 싶어하지도 않는다고 말할 수 있네.[32]

그래서 기소가 일시적으로 중지될지는 모르지만 카는 언제라도 기소될 수 있을 것이다.

대부분의 사람에게 성적 행동은 자아 확인의 중요한 수단이다. 성관계가 종의 번식을 위해 자연에 의해 설계된 것이므로 비인격적인 것이라고 주장할 수는 있지만, 대다수의 사람은 성관계를 그런 식으로 경험하지 않는다. 많은 사람이 사랑하는 이와 결합하면서 일시적인 정체성의 상실을 느낀다는 사실이 성관계에서 그들 자신의 신체적·정신적 본성의 정수가 드러나는 이전의 경험 또는 동시적 경험을 부인하는 것도 아니다. 하지만 이런 식으로 한 인간으로서 자신의 정체성을 확인하는 것이 적어도 처음에는 카프카에게 금지되었다. 카프카는 스무 번째 생일을 맞이한 직후 여점원과 첫 성경험을 했다. 17년 뒤 밀레나에게 쓴 편지에서 카프카는 이렇게 회상했다.

(…) 여관에서 일면식도 없는 그 여자는 (언급할 가치가 없는) 약간의 역겨운 몸짓을 하고 사소한 정도의 음란한 말을 했지만 그 기억이 남아 있었습니다. 저는 그 순간에 제가 그걸 잊지 않으리라는 걸 알았고, 동시에 이 역겨움과 음란함이 겉으로는 필연적이지 않으나, 은밀히 모든 것과 아주 필연적으로 연결되어 있으며, 이

역겨움과 음란함(그 여자의 약간의 몸짓, 사소한 말에는 역겨움과 음란한 기미가 살짝 있을 뿐이었습니다)이 무시무시한 힘으로 저를 이 여관으로 끌어당겼다는 사실을, 그게 아니었다면 제가 남은 온 힘을 다해 피했으리라는 사실을 알았거나 알았다고 생각했습니다.[33]

막스 브로트는 이렇게 전한다. "말년에 그는 시간 낭비를 피했고, 성애적 삶을 가장 진지한 각도에서만 바라봐서, 음담패설을 하거나 또는 그의 면전에서 그런 이야기를 하는 걸 듣고 서 있지도 않았다. 바꿔 말하면, 그가 음담패설에 대해 항의하는 일은 없었는데, 그냥 누군가가 그의 면전에서 음담패설을 하는 일이 없었을 것이다."[34]

생애 마지막 해에 카프카는 도라 디만트의 집에 들어가 살 수 있었고, 그래서 그가 육체적 친밀감이라는 보상을 일부 누릴 수 있게 됐기를 바라는 사람도 있다. 하지만 카프카는 도라 디만트와의 사실상 동거에 대해 "나폴레옹의 러시아 원정 같은 역사상 대사건하고나 비교될 수 있을 무분별한 행동"이라고 말한다.[35]

카프카의 삶을 잘 아는 모든 사람이 알다시피 그는 이따금 실제 성관계를 가졌고, 막스 브로트에 따르면 그가 모르고 있었던 아들을 두었다. 하지만 밀레나와의 관계에 이르기까지 그리고 그 관계를 포함해서, 카프카는 성관계와 자기 자신을 "더럽다"고 생각했다. 마르트 로베르(프랑스 평론가이자 번역가)는 『프란츠 카프카의 고독Franz Kafka's Loneliness』에서 여성에 대한 카프카의 주저를 일반적인 오이디푸스 콤플렉스의 관점에서 해석한다.36 로베르는 카프카에게 모든 여성은 어머니이고 따라서 성관계는 근친상간이기 때문에 그가 감히 결혼할 수 없었다고 생각한다. 이는 피상적인 해석으로, 카프카나 그와 비슷한 다른 사람들이 실로 직면해 있는 끔찍한 딜레마를 올바로 이해하지 못하고 있다. 마지막 도라 디만트와의 관계 전에, 카프카가 가장 중요한 관계를 맺은 이는 펠리체 바우어와 밀레나 예센스카였다. 카프카는 이들과의 관계를 거의 전적으로 편지로 유지하고자 했다. 펠리체와 관계를 유지하는 5년 동안 두 사람은 대개 불과 한두 시간 동안 아홉 차례나 열 차례밖에 만나지 않았다. 밀레나와도 좀더 짧은 시간 동안이지만 동일한 양상이 반복되었다. 카프카는 정신분열적 딜레마, 다시 말해 실제적인 근접성에 대한 극단적인 공포가 무효화시키는 필사적인 사랑에의 욕구를 완벽하게 보여준다.

카프카는 펠리체에게 보내는 편지에서 끊임없이 자신을 학대하며, 자기가 사랑에 빠지는 건 불가능하리라고, 자기는 전혀 생활을 해나갈 수 없고, 가망이 없는 사람이라고 말한다. 밀레나에게 보낸 편지에서 이런 형태의 자기비하적인 고백이 반복되는데, 카프카는 그녀에게 일기를 보내기도 했다. 사랑하는 이에게 특히 못되게 굴고 싶은 충동을 느끼는 사람들이 있다. 그들은 자신이 가지지 못했다고 생각하는 것을 추구하는 듯하다. 즉 최악인 자신을 거부하지 않고 수용해주는 무조건적인 사랑 말이다.

카프카는 이 비통한 편지들에서 아무런 보답을 요구하지 않는 전적인 수용을, 악을 쓰며 울어대고 자제하지 못하며 다른 사람의 욕구에 대해서는 전혀 알지 못하지만 그럼에도 다시는 경험하지 못할 애정 어린 수용을 받을 권리를 가진 갓난아이에게 어머니가 주리라고 기대할 법한 사랑을 구하고 있다. 유아기에 박탈을 겪거나 방치되었던 정신과 환자들과, 특히 너무 이른 시기에 사랑이 아낌없이 주어지는 선물이라기보다는 순종에 대한 보상임을 터득해야 했던 사람들이 이런 전면적인 요구를 한다. 카프카는 자신이 다른 사람에게 맞추도록 요구받지 않는 관계를 바라고 있다. 평생토록 그는 자신을 주장하지 않고 다른 사람의 요구에 따르려고 애쓰느라 자기 정체감을 상실하는 경향이 있었기 때문이다.

1913년 6월 펠리체가 청혼을 받아들인 후 카프카는 편지를 쓴다. 이 편지에서 그는 그녀의 삶에 대한 모든 것을, 가장 사소한 부분까지도 알려줄 것을 요구한다. 어떤 옷을 입고, 어떻게 시간을 보내며, 그녀의 방은 어떻게 생겼는지, 누구를 만나고, 무엇을 먹는지. 이런 강박적인 탐문은 여러 가지로 해석될 수 있다. 사랑하는 사람이 하루의 매순간에 무엇을 하고 있는지 정확히 아는 것은 불안감을 없애준다. 실제 펠리체가 그랬듯이, 비록 실제로 통제하기에는 너무 멀리 있지만, 그녀는 상상 속에 꼼짝 못하게 붙잡혀 있으면서 잠재적으로 언제 어느 때나 접근할 수 있다. 함께 살았다면, 불안하고 자신 없는 배우자가 흔히 그러듯이 카프카는 펠리체가 언제 외출하고 언제 돌아올지 알려고 들어 그녀를 화나게 만들었을 것이다. 이런 탐문은 부분적으로 병적인 질투일 수 있지만, 그보다는 실제로 바로 곁에 있는 어머니에게 자기 존재를 의존하는 어린아이의 극심한 불안이었을 것이다.

카프카의 불안한 탐문을 보는 또 다른 방식은 편지를 받는 여성의 생활에 대해 온갖 세세한 부분을 다 앎으로써, 만나는 경우가 매우 드물어 대체로 상상의 인물로 남아 있는 그녀에게 실재감을 부여할 수 있었으리라는 것이다. 이는 일부 소설가가 사용하는 기법이다. 그들은 옷, 습관, 주변 환경 등 온갖 세세한 사항을 지어내 인물에게 핍진성을 부여함으로써 결국 특정 인물이 소설의 플롯이 요구하는 어떤 상황에서 어떻게 행동할지를 정확히 안다. 카프카는 사랑하는 여성들과 실제적으로, 즉 신체적으로 관계를 갖지 않음으로써 그 여성들을 자기 내면에 있는 상상세계의 주민으로 더 잘 만들 수 있었고, 자신은 이 상상세계에서만 그 여성들에게 대처할 수 있으리라고 생각했다.

동시에 카프카의 불안은 거의 불가능한 요구를 하게 만든다. 그는 펠리체의 편지가 자신을 지속적으로 지지해주어 기분이 좋아지고 더 유능하다고 생각하도록 만들어준다면서 이를 가지고 다니곤 했다. 만약 펠리체가 즉각 답장하지 않으면, 카프카는 완전히 비참해한다.

펠리체, 지난 석 달 동안 하루라도 내 소식을 받지 못한 적이 있습니까? 알다시피, 그런 날은 없습니다. 하지만 오늘 화요일에, 당신은 나한테 소식 한 자 전하지 않고 있습니다. 일요일 4시에 당신에 대해 아무것도 알지 못하기에, 자그마치 66시간은 될, 내일 편지가 배달될 시각까지 온갖 좋고 나쁜 만일의 사태가 번갈아가며 내 마음을 채울 것입니다.[37]

이 절대적이고 완전한 의존, 이 마음 아프고 달랠 길 없는 욕구는 만약 펠리체가 실제로 거기에 있다면 무슨 일이 일어날지 두려워하는 불안과 결합되어 있다.

당신은 언젠가 내가 글을 쓰는 동안 옆에 앉아 있고 싶다고 했습니다. 내 말을 들어보세요, 그러면 난 글을 쓸 수가 없을 겁니다 (어쨌든 많이 쓸 수 없을 거예요). 글쓰기는 극단적으로 나 자신을 드러내는 걸 의미하기 때문입니다. 인간이 극도의 자기 폭로와 투항 속에서 다른 사람과 관계한다면 자기 자신을 잃고 있다고 느낄 테고, 따라서 제정신인 한 항상 그것을 피할 것입니다(모든 사람이 살 수 있는 한은 살고 싶어하기 때문입니다). 그 정도의 자기 폭로와 투항도 글쓰기에는 충분하지 않습니다. (다른 방법이 없고 깊은 우물이 바싹 말라버렸을 때) 존재의 표면에서 비롯되는 글쓰기는 아무것도 아니며 더 진실한 감정이 그 표면을 뒤흔드는 순간 무너지고 맙니다. 이것이 글을 쓸 때 아무리 혼자일지라도 충분하지 못한 이유, 글을 쓰고 있을 때 아무리 주변이 고요할지라도 충분

하지 못한 이유, 밤조차 충분하지 않은 이유입니다.[38]

카프카의 불안은 이중의 것이다. 한편으로는, 어쩌면 당연하게, 그는 자신의 욕구가 너무 커서 아마 아무도 충족시켜주지 못하리라 생각하거나, 또는 어떤 여성이 충족시켜주려 한다 해도, 그녀가 그 과정에서 진이 빠져 결국 파멸하고 말 것이라며 두려워한다. 다른 한편으로는, 만약 그녀가 자신과 함께한다면, 자신의 독립성, 정체성, 따라서 그의 글쓰기 능력을 말살할 것이다.

다른 사람들 앞에서 느끼는 불안이, 자신을 드러내지 않는다고 할 수 있을 정도로 카프카를 소심하게 만들었다. 언젠가 카프카가 막스 브로트를 찾아갔을 때 그의 아버지를 깨웠다. "그는 사과하는 대신 말로 다할 수 없이 조심스럽게 마치 그를 진정시키려는 듯 한 손을 들어올리고서 발끝으로 조용히 방 안을 걸었다. '부디 제가 꿈인 듯 봐주십시오.'"[39]

카프카가 주류 의학보다 자연 치유와 장기간의 채식을 더 선호한 것은 이런 사람이 갖는 특징이다. 그는 수족관의 물고기에게 말을 건 적이 있다. "이제 마침내 널 평화로이 볼 수 있구나, 난 더 이상 널 먹지 않거든."[40] 카프카는 술, 차, 또는 커피를 마시지 않았고 담배도 피우지 않았다. 조합원들에게 돈이나 귀중품이 허용되지 않고 최소한의 의복과 책과 일하는 데 필요한 재료만 허용되는 이상주의적인 '소유 없는 노동자들의 조합'을 계획한 것 역시 이런 특징 중 하나다. 이 이상향에서 다른 모든 것은 가난한 사람들에게 속할 것이었다.

이렇게 자신을 드러내지 않는 태도와 자기부정은 앞서 언급한 자기 정체성의 즐거운 확인과는 정반대되는 입장이다. 카프카의 불안은 경쟁을 꺼리게 만들었을 뿐 아니라 다른 사람의 감정을 지나치게 예민하게 의식하도록 했다. 다른 사람들에 대한 과잉적응은 개별적인 독립체로서의 자아의 상실을 의미한다. 완전히 혼자인 밤에 조용히 주시할 때만, 카프카는 자기 안의 가장 깊숙한 곳과 접촉할 수 있었고, 실로 그리고 진정으로 자신일 수 있었다.

자신이 결핵을 앓고 있다는 사실을 안 뒤 펠리체에게 쓴, 마지막에서 두 번째 편지에서 카프카는 다른 사람을 즐겁게 하고 싶은 자신의 바람이 실은 다른 사람의 감정에 대한 관심이 아니라 수용되고 사랑받고 싶은 자신의 바람에 기초한 것이라고 설명한다. 이는 주목할 만한 통찰이다.

내 궁극적인 목표를 따져보면, 내가 실은 선량하고자, 최고 재판소에 답하고자 노력하는 게 아니라는 점이 드러납니다. 그와는 정반대입니다. 나는 전 인류와 동물의 공동체를 이해하고자, 그들의 기본적인 선호, 욕망, 도덕 관념을 알고자, 그것들을 단순한 규칙으로 축소해 가능한 한 빨리 이 규칙들을 채택해서 모든 사람을 즐겁게 하고자 노력합니다. 실로(여기서 모순이 생깁니다), 즐거워져서 결국 내가 세상 사람들 앞에서 사랑을 잃는 법 없이(꼬챙이에 꽂혀 불에 구워지지 않을 유일한 죄인인 것입니다) 나의 타고난 비열함을 대놓고 행동으로 옮길 수 있게 되고자 노력합니다. 요컨대 나의 유일한 관심사는 인간 재판소이고, 나는 이조차 기만하고 싶습니다. 더욱이 실제의 기만 없이 말입니다.[41]

온갖 공격성과 자기주장을 억누르려는 사람들은 모두 그 대가를 지불한다. "갈퀴로 내쫓아도 자연은 언제나 되돌아온다 Naturam expellas furca, tamen usque recurret." 온순하고 금욕적인 카프카가 끔찍한 사도마조히즘적 환상에 시달리는 건 놀라운 일이 아니다. "나는 구운 고기처럼 썰려 마룻바닥에 뻗어 누워서, 내 손으로 고깃조각 하나를 구석에 있는 개에게 천천히 밀어주었다."[42]

고문, 폭력, 채찍질은 카프카의 일기와 소설에서 되풀이되는 주제다. 하지만 고통 저편에서, 그리고 고통 아래서 희망이 언뜻 보이기도 한다. 1915년 3월 15일 카프카는 일기에 이렇게 쓰고 있다. "이따금 불행감이 내 사지를 거의 절단하고, 동시에 온갖 불행을 견디며 나아가는 목표가 있고 그것이 필요하다는 확신을 해체해버립니다."[43]

카프카의 소설 가운데 가장 끔찍한 『유형지에서』를 통해 우리는 그 목표가 실로 무엇인지 알 수 있다. 담당 장교는 고문 및 처형 장치가 실제로 어떻게 작동하는지 설명하면서 해로harrow, 농기구 밑의 희생자가 12시간이 지날 때까지 죽지 않도록 설계되어 있다고 말한다. 하지만 대략 6시간 동안 바늘이 희생자의 살 갗에 판결문을 새겨넣은 뒤, 그에게 갑자기 변화가 일어난다.

하지만 그 남자는 제 육시(오늘날 낮 12시)에 아주 조용해진다. 가 장 우둔한 그에게 갑자기 깨우침이 찾아든다. 그것은 눈 주위에 서 시작된다. 그로부터 퍼져나온다. 한순간 그것이 그와 함께 해 로 밑으로 들어가도록 유혹할지 모른다. 그 후 더 이상 아무 일도 일어나지 않는다. 그 남자만이 새겨진 글을 이해하기 시작한다. 그 는 마치 뭔가 듣고 있는 것처럼 입을 오므린다. 글씨를 눈으로 판 독하기가 얼마나 어려운지 당신은 보았다. 하지만 우리의 남자는 자신의 상처로써 그것을 판독한다.[44]

이 구절에서 가장 두드러지는 문장은 분명 장교가 희생자와 함께 해로 밑으로 들어가고픈 유혹을 언급하는 부분이다. 아마 도 죽음에 다가설 정도로 고통을 겪으면, 그는 마침내 깨우침을 얻을 것이다. 드디어 그는 자신이 어떤 법을 위반했는지 알고서, 깊이 새겨져 자기 육체적 존재의 피할 수 없는 부분인 죄를 받아 들인다. 이 이야기의 끝부분에서 장교가 사형수를 교체하자, 기 계는 고장이 난다. 장교는 깨우침을 박탈당한다. 사형수가 너무 일찍 죽어서 충분히 오래도록 고통을 당하지 않았기 때문이다.

어째서 고통을 오래도록 견디는 것이 깨우침을 가져다줄 수 있을까? 아마도, 우리가 고통을 피하려 하지 않을 때만 그럴 것이다.

워즈워스는 「어린 시절을 회상하고 영생불멸을 깨닫는 노래 Intimations of Immortality from Recollection of Early Childhood」에서 세상을 보는 아이의 천진한 시각이 사라지는 걸 아쉬워한다.

어린 시절 천국은 사방에 있다!
감옥의 그늘이 자라나는 소년 위로
서서히 덮이기 시작한다.

하지만 워즈워스는 창의성이 유아기에 그 기원을 두고 있으며 우리가 과거와 연결될 수 있는 것을 유지하는 일이 매우 중요하다는 점도 알고 있다.

그게 무엇이든
아직도 우리 나날의 원천이 되는 빛이며
아직도 우리 모든 시각을 지배하는 빛인
저 최초의 애정,
저 희미한 기억 때문에……4

카프카가 쓴 글, 즉 일기, 편지, 소설에서 그의 유아기에 사방을 둘러쌌던 것은 천국이 아닌 지옥이었다고, 지옥문을 지키는 개가 계속해서 그를 쫓아다녔다고 추측해볼 수 있다. 하지만 카프카는 워즈워스가 그랬듯이, 어린 시절과의 연결을 유지해야 한다는 것을 깨달았다. 우리는 대부분 우리의 불행을 다양한 방어 기제로 은폐한다. 가면을 쓰고, 중요한 것이 중요하지 않은 척하고, 우리 자신을 배신함으로써 그 결과 다른 사람들을 배신하고, 죽 끓듯 변덕스럽고, 태도를 꾸며 가장하고, 술을 마시고, 간통하고, 잊으려 한다. 이것이 우리가 흔히도 정형화되어 상상력이 결핍되는 이유다.

카프카는 거의 죽을 때까지 자살의 유혹을 느꼈다. 「판결」의 게오르크 벤데만처럼, 그는 자신이 존재할 권리를 갖고 있지 않다는 아버지의 명령에 복종해야 했다. 하지만 항상 비꼬기 좋아하고 온순하며 자신을 드러내지 않는, 정체성을 갖지 못한 인물인 카프카가 자기 내면세계에서는 용감하고 단호하며 가차 없이 솔직했다. 해로 밑에서 사는 것이 그의 운명이라면, 그가 있어야 할 곳은 그곳이고, 그는 거기서 빠져나오려 하지 않을 것이었다. 작가로서의 카프카는 주춤거리지 않았을 뿐 아니라 자신의 진정한 정체성을 발견했다. 1913년 8월 펠리체에게 쓴 편지에서 카프카는 그녀가 카프카 자신의 필체를 보여준 것이 분명한 필적학자(필적학은 필적을 통해 사람의 성격 등을 연구하는 학문)가 틀렸다고 불평한다. 필적학자는 그가 '예술적 관심'을 가지고 있다고 했다. 카프카는 이렇게 쓰고 있다. "'예술적 관심'도 사실이 아닙니다. 실은 모두 틀렸지만 그중에서도 가장 틀린 말입니다. 나는 문학에 관심이 있는 게 아니라 문학으로 만들어졌습니다. 나는 그 외에 아무것도 아니며 다른 어떤 것일 수가 없습니다."[46]

어린 시절에 억압당했다고 느끼고 가까운 누군가에 의해 다시 억압당할까봐 두려워하는 자아가 종이 위에서는 의기양양하게 그 독특성을 주장하고 있다. 만약 카프카가 고통에 대해 천착하지 않고 그로부터 자유로워졌다면, 우리는 저 독특성을 인정하고 찬사를 보내지 않을 것이다.

외부세계, 다른 사람들과의 관계, 자기 정체성의 상실에 대한 카프카의 두려움은 도피처로서 글쓰기를 추구하게 만들었다. 글쓰기는 카프카가 온전히 자기 자신일 수 있으면서 여전히 소통의 끈을 유지하는 유일한 방법이었다. 조현병 환자들은 비슷한 방식으로 자신을 보호한다. 그들은 내면세계로 물러나, 적들이 음모를 꾸미고 자신은 끊임없이 두려움에 사로잡히고 압도당하면서도 그 안에서 온갖 놀라운 일을 성취한다. 외부세계에서 무기력감을 느끼는 사람들은 흔히 보상적인 내면세계를 발전시키고, 그 안에서 그들은 전능하다. 그 안에서 엄연한 현실은 부인되고 정신병 환자의 환상이 그것을 대체한다. 환상 속에서 그는 매우 중요한 사람이고 마술적인 힘을 갖는다. 융은 세상이 자신의 그림책이라고 말하는 놀라운 조현병 환자의 사례를 인용한다. 새로운 환상을 보고자 한다면 그는 페이지를 넘기기만 하면 되었다.[47] 카프카는 생각의 전능함에 익숙했다. 초기 소설인 『어느 투쟁의 기록』에서, 그는 한 여행자에 대해 쓰고 있다. 이 여행자는 비탈진 길을 편평하게 펴고, 엄청나게 높은 산이 솟아오르게 하며, 달이 뜨게 하는 걸 잊어버린다.[48] 카프카 역시 편집증적인 면을 보였다. 1917년 12월 카프카는 막스 브로트에게 자기 침대에 침범하는 쥐들에 대해 썼다.

쥐에 대한 나의 반응은 완전한 공포네. 그 원인을 분석하는 건 정신분석가의 일이지 내 일은 아니네. 확실히 곤충공포증과도 같은 이 공포는 예기치 못하고 청하지 않은 데다 피할 수 없고 거의 소리를 내지 않으며 집요하고 은밀한 이 생명체의 목적과 연관이 있네. 그리고 그것들이 사방 벽에 속속들이 구멍을 내어 굴을 파고 그 안에 도사리고 있다는 느낌, 밤이 그것들의 것이라는 느낌, 그 야행성과 자그마함 때문에 그것들이 우리와는 동떨어져 있어서 우리의 지배력 바깥에 있다는 느낌과 연관이 있다네.[49]

카프카는 정신병 환자가 아니었다. 하지만 그가 정신병적인 환상의 세계로 물러나지 않게 해준 것이 글쓰기였다고 나는 믿는다. 글쓰기는 소통의 수단이고, 따라서 비록 멀리 떨어져 있더라도 다른 사람들과의 접촉을 유지하는 수단이기 때문이다. 실로 카프카와 같은 기질을 가진 사람들에게 글 쓰는 재능은 자신을 표현하는 이상적인 방법이다. 그것은 다른 사람들과의 직접적인 접촉을 수반하지 않기 때문이다. 글쓰기는 공포감에 시달리는 사람들에게 또 다른 기능도 한다. 카프카는 『소송』을 써서 무서운 것을 떨쳐버렸다고 야노우흐에게 말했다. 그러므로 글쓰기는 직접적인 관계를 갖지 않고도 그의 정체성을 확인해 주는 방법일 뿐 아니라 정화 작용의 한 형태, 다시 말해 유령에 맞서 언어로써 그것을 정확히 밝히는 수단이었다. 어떤 사람들에게는 글쓰기 또는 다른 형태의 창의적 활동이 생존 방법이라는 사실을 카프카는 완벽하게 보여준다. 나는 에릭 헬러(19세기와 20세기 독일 철학과 문학 연구로 특히 잘 알려진 영국 비평가)의 말에 동의한다. 그는 카프카에 대해 이렇게 쓰고 있다. "물론 이것은 광기와 유사한 성격으로, 이 둘을 구분하는 것은 글쓰기 탁자, 다시 말해 저항할 수 없이 무너져 내리는 경향을 갖는 듯 보이는 것과 최고의 완전한 지성을 결합할 수 있는 상상력뿐이다."[50]

비록 카프카를 광기로부터 구하기는 했으나, 글쓰기가 이 세상의 삶을 완전히 대신해주지는 않고 또 그럴 수도 없다. 관습에 대한 이해를 가진 카프카는 이를 깨달았다. 「굴」이 이런 통찰을 보여준다고 나는 생각한다. 앤서니 솔비 교수는 카프카 연구서에서[51] 이 이야기에 대해 매우 흥미로운 해석을 내놓았다. 비록 내 강조점은 다르지만, 이는 내가 문학인이 아닌 정신과 의사이기 때문만이 아니라 카프카가 많은 것을 담고 있어서 그의 작품에 대한 서로 다른 해석이 흔히 모순되기보다는 상호 보완적일 수 있기 때문이기도 하다.

「굴」은 대단히 정교한 굴을 만들어 안전을 확보하고자 하는 한 동물에 대한 이야기다. 굴 안에서는 잠재적인 적으로부터 안전을 지키며 외부세계로부터 도피할 수 있다. 굴을 만드는 데는 아주 오랜 시간이 걸렸고 통로망은 정교하다. 완전히 중앙에 있지 않은, 극도로 위험한 경우 피신처로 쓰기 위해 선택한 곳은 본성本城이라 불리는 방으로, 이 동물은 이곳에 비축 식량을 모아둔다. 대체로 굴 안은 몹시 조용하다. 공기는 훈훈하고 소음도 거의 없어서, 이 동물은 "야심이 성취되고 욕구가 충족되어 평온한 단잠"[52]을 잘 수 있을 거라 생각한다. 하지만 온갖 복잡한 방어물에도 불구하고, 일부 불안은 완전히 제거할 수가 없다. 예를 들어 입구가 그렇다. 이것은 이끼에 덮여 감춰져 있어서 지금까지 적의 주의를 끌지 않았지만, 영원히 그러리라고 확신할 순 없다. 이따금 입구를 바깥에서 살피는 것은 위험하긴 하지만 어쩌면 권할 만하다. 더욱이, 굴은 다소 꽉 막혀 있고 바깥의 먹이가 더 낫다. 때로 이 동물은 적으로부터 몸을 숨긴 채 무한한 행복을 약속하며 자신을 기다리는 굴을 흡족하게 바라보면서 꽤 오랜 기간을 바깥에서 지낸다. 굴 안에 있다가 바깥세상으로 나오는 데는 어려움이 있다. 바깥세상에 있다가 굴로 내려오는 것도 마찬가지로 어렵다. 한 가지 해결책은 굴을 감시하다가 경고해줄 수 있는 믿을 만한 친구의 도움을 받는 것일지 모른다. 하지만 아니다, 그가 신뢰할 수 있는 친구는 없다. 그리고 그는 분명 다른 누군가가 굴 안으로 들어오게 할 수 없을 것이다.

카프카는 자신이 빠져 있는 딜레마를 완벽하게 보여준다. 그는 외부세계에 완전히 관여할 수도, 자신의 내면세계로 완전히 물러날 수도 없다. 이 이야기에서 두 세계의 특징이 서로 바뀔 수도 있을 것이다. 그래서 평온해 보이는 게 위협적인 것이 되고, 그 반대도 될 수 있을 것이다.

결국 이 동물은 도피하는 것으로 만족한다. 갈등과 끊임없는 경계에 지친 그는 안전한 본성으로 간다. 오랫동안 잠을 자지만, 얼마 후 불안한 휘파람 소리에 잠을 깬다. 마침내 그는 이것이 작은 파리가 내는 소리라고 결론짓는다. 이 작은 동물은 그를 위협하지 않고 항상 주변을 맴돌다가 그의 먹이가 된다. 하지만 소리는 점점 더 커지고 더 집요해진다. 그는 이것이 이전에 마주친 적 없는 새로운 유형의 짐승이라고 결론 내린다. 어쩌면 공격에 대한 그의 모든 예방책은 불충분하다. 그는 그것의 계획을 추측해보려고 한다. 한 가지는 확실하다. 만약 그들이 서로 마주친다면 혈전이 벌어질 것이다. 그는 결국, 비록 그것이 틀림없는 위협이기는 하지만, 그 짐승이 자신에 대해 들어본 적이 없을지 모른다는 가능성에 만족한다. 이야기(마지막 페이지가 없어졌다)는 이렇게 해소할 수 없는 불안을 언급하며 끝난다.

카프카는 외부세계에서건 폐쇄적인 상상력의 세계에서건 안전은 얻을 수 없다고 분명히 말하고 있다. 과감히 사랑하고 살아갈 수 없는 사람들, 나르시시즘이라는 굴 안에서 안전하게 보호받고자 하는 사람들의 운명은 필시 그들을 편안하게 내버려두지 않을 (카프카 자신의 사도마조히즘적 환상 같은) 상상의 산물에 시달리게 될 것이다.

이 이야기의 주제는 헨리 제임스의 가장 강렬한 이야기 가운데 하나인 『정글의 야수The Beast in the Jungle』와 비슷해 보인다. 이것은 존 마처의 이야기다. 그는 자신이 특별한, 어쩌면 무시무시한 경험(그는 이를 정글에서 야수가 자신을 뒤쫓는 것으로 상상한다)을 하게 되리라는 확신이 뇌리에서 떠나질 않아 오랫동안 허송세월을 한다. 그는 자신을 동정하는 여인에게 자기 이야기를 털어놓고, 그녀는 그의 정신적 동반자가 된다. 그들이 나이를 먹고 여인이 병들어서야 그는 진실을 알게 된다. 그가 야수에게 시달리는 것은, 헌신하기를 회피하여 사랑했을지도 모를 여인을 잃은 까닭에서다. 야수는 그 자신의 무분별, 이기심, 용기 없음의 산물이다. 자신을 지키려는 노력으로 인해 자기 삶이 메말라버렸음을 그가 깨달을 때, 야수가 갑자기 튀어나온다.

카프카는 다른 사람들과의 관계를 위협으로 봤기 때문에 처음부터 글쓰기를 통해 자기 정체성을 확인할 수밖에 없었다. 하지만 글쓰기를 통해, 그리고 다른 사람들이 그의 재능을 인정해주고 그의 이야기들에 나타나는 그 자신을 수용해주면서, 그는 좀더 자신감을 갖게 되었음이 분명하다. 카프카가 결핵으로 너무 일찍 생을 마감하지 않았더라면 어떻게 되었을까? 결국 도라나 다른 여성에게 자신을 맡길 수 있었을 것이고, 그래서 정상에 가까운 삶을 더 잘 살 수 있었으리라고 나는 짐작한다. 그것이 그의 글쓰기에 어떤 영향을 미쳤을지는 또 다른 문제다. 카프카의 글쓰기는 그가 가진 인격의 좀더 병적인 부분과 밀접한 관련

이 있기에, 만약 좀더 행복했더라면 글쓰기에 대한 욕구는 크게
줄어들었을지도 모른다.

×

뉴턴의 자존감

×

×

아이작 뉴턴은 일찍이 존재했던 가장 창의적인 천재 가운데 한 명으로 널리 여겨진다. 또 두드러진 이상 성격을 많이 보여서, 동시대인들은 한때 그가 미쳤다고 생각했다. 더욱이 초창기 이력을 보면, 생각건대 뉴턴이 괴팍하게 자라난 것은 놀랍지 않다. 나는 관련 있을 수도 없을 수도 있는 두 가지 문제를 살펴보려 한다. 첫째, 성인기에 그가 보인 성격 특성이 어느 정도로 어린 시절 환경으로부터 비롯된 것일까? 둘째, 뉴턴이 과학에서 이룬 성취가 어떤 식으로든 그의 성격과 관련 있었을까?

정신과 의사들 중에서 유아기 경험이 성인기 성격의 형성에 중요한 역할을 한다는 것을 부인하는 이들이 있다. 그들은 성인기 성격이 유전의 결과이며 환경에 의해 거의 바뀌지 않는다고 믿는다. 나는 그런 입장에 서지 않지만, 유전이 불리한 환경에 대해 아이가 보이는 반응에 영향을 미칠 뿐 아니라 어떤 경험을 해로운 것으로 인지하는지도 결정지을 수 있다는 것은 인정한다. 그렇지만 뉴턴의 유아기는, 앞으로 보겠지만, 전형적으로 정신적 외상을 초래할 만한 것이어서, 그게 뉴턴의 성격 형성에 주요한 역할을 하지 않았다고는 생각할 수 없다.

뉴턴의 성격과 그가 이룬 성취의 관계는 좀더 수상쩍다. 어떤 사람들은 과학적 발견이 온전히 근면함과 지성이 결합된 결과라고 믿고 싶어한다. 내가 감히 뉴턴의 성격 구조와 그의 발견이 관계있을지 모른다고 말했을 때, 그 회의 자리에 있던 칼 포퍼 경은 이렇게 말했다.

나는 최근에 유행하는 뉴턴에 대한 정신병리학적 해석을 믿지 않습니다. 나는 뉴턴의 이론은 규정된 문제 상황에 대한 분명한 답이라고 생각합니다. 그 문제 상황은 갈릴레오와 케플러의 연구로 설정되었고 그들의 연구에 이어 다양한 사람이 그 문제를 해결하고자 했으며 뉴턴이 마침내 해결했습니다. 뉴턴은 분명 전 시대를 통틀어 가장 뛰어난 천재들 가운데 한 사람이었으며, 매우 특별한 재능을 보여주었습니다. 한데 그의 연구를 통합에 대한 강박관념의 결과로 설명하는 것은 헛소리 같고 아주 위험한 심리학적 접근으로 여겨집니다.[1]

살아 있는 가장 뛰어난 과학철학자라 일컬어지는 사람이 이렇게 말하자, 나는 당황했던 것 같다. 하지만 칼 포퍼의 혹평에도 불구하고, 지적 성취가 성격 특성과 별개로 이뤄질 수 있다고는 생각하기 어렵다. 과학자의 마음은 때로 비인격적인 계산기처럼 작동하는 듯 보이지만, 내가 보기에는, 이를 가능케 하는 (우리 모두가 공유하지는 않는) 성격 특성과 환경이 있는 것 같다. 가장 초연한 지적 활동도 순수하게 이성적이기보다는 근본적으로 감정의 영향을 받아 자극된다고 나는 생각한다. 이런 판단을 옹호한 철학자 흄은 이렇게 썼다. "이성은 열정의 노예이고 그래야만 하며 감히 그 외의 다른 것에 봉사하고 복종할 수는 없다."[2] 이것은 좀더 근본주의적인 정신분석가들이 내놓기 십상인 해석에 내가 동의한다는 말이 아니다. 우주를 이해하고자 하는 소망이, 어떤 직접적이거나 단순한 의미에서든 간에 성적 충동이나 공격충동의 승화라고는 나는 믿지 않는다. 하지만 뉴턴과 아인슈타인같이 새로운 우주 모형을 만들어낼 수 있음을 입증한 사람들이 분명 대단한 지능을 가졌다는 점 외에 여러 면에서 예외적일 가능성이 크다고 생각한다.

아이작 뉴턴은 1642년 크리스마스 날 조산아로 태어났다. 몹시도 작아서, 그의 어머니는 그가 태어났을 때 1쿼트(약 1.14리터)짜리 항아리에 딱 들어갈 정도로 작았다는 말을 자주 했다. 자기 이름도 못 쓰는 까막눈의 자작농이던 뉴턴의 아버지는 그가 태어나기 석 달 전에 죽었다. 태어나 첫 3개월간 뉴턴은 어떤 대상과도 경쟁하는 일 없이 어머니의 전폭적인 관심을 누렸다. 실은, 대개 특별한 보살핌을 필요로 하는 조산아였던 그는 일반적인 경우보다 훨씬 더 많은 관심을 받았을 것이다. 그러다가 뉴턴의 세 번째 생일이 막 지난 1646년 1월 27일 어머니가 재혼을 했다. 어머니는 뉴턴이 원치 않았던 의붓아버지를 선사했을 뿐 아니라 설상가상 그를 버리기까지 해서, 법적 후견인인 외삼촌 밑에서 외할머니 손에 자라도록 했다. 어머니는 새 남편과 함께 그리 멀지 않은 집으로 이사했지만, 뉴턴은 배신이라 느끼고 심히 분하게 여겼다고 알려져 있다. 그가 열한 살이 되었을 무렵 의붓 아버지가 죽자 그의 어머니는 두 번째 결혼에서 낳은 자식들인 어린 여자아이 둘과 남자아이 하나를 데리고 돌아왔다. 동시대인들의 말에 따르면, 뉴턴의 어머니는 강한 성격의 범상치 않은 여성이었다. 그 감정은 양가적이었으나, 뉴턴은 여전히 어머니에게 애착을 지니고 있어 그가 서른여섯 살 되던 해인 1679년 어머니가 죽기 전 마지막으로 병을 앓는 동안 보살펴주었다. 하지만 뉴턴이 지근거리에 있는 케임브리지 대학을 다니는 동안 집에 그리 자주 들르지 않았다고 리처드 웨스트폴뉴턴의 전기작가로, 그의 뉴턴 전기는 1983년 미국에서 과학사 부문 최고의 책으로 선정되었다은 쓰고 있다.

어릴 적 뉴턴은 친구들과 같이 놀기보다는 기발한 기계 모형을 만들면서 더 많은 시간을 보냈다고 알려져 있다. 한 동시대인은 이렇게 말했다. "그는 항상 진지하고 조용히 생각에 잠긴 사내아이였고, 바깥에서 유치한 놀이를 하는 소년들과 어울리지 않는 것에 대해 부족함을 느끼지 않았다."[3] 뉴턴이 정말로 소년다운 놀이에 대해 이런 태도를 보였다면, 학교 친구들이 "그에게 그다지 살갑지 않"았다고 알려진 것도 놀라운 일은 아니다. "그들에게 그는 흔히 매사에 너무 노련했다. 그들은 뉴턴이 자기들보다 기발한 재주가 많다는 걸 알았다. 그리고 오래된 관찰에 따르면, 모든 집단, 심지어 남성 집단에서도 가장 많이 아는 사람을 가장 얕잡아본다."[4] 뉴턴 자신이 자주 언급한 이야기가 있다. 일찍이 마지못해 다른 소년들과 뜀뛰기를 겨루게 되었을 때, 바람의 방향에 주목해서 그날 몰아치던 강풍을 이용해 그들을 물리쳤다는 것이다. 뉴턴은 소년시절 공격적이고 반항적이었다고 알려져 있는데, 이를 검토한 웨스터폴은 그가 분명 견디기 어려웠으리라고 쓰고 있다.

소년 뉴턴이 자주 정신이 딴 데 팔려 교과서 또는 자기에 대해 이야기하는 걸 의식하지 못했음을 증거는 말해준다. 교사들은 그의 능력을 인정했으나, 뉴턴이 열두 살에 입학한 그랜섬 중등학교의 교육과정을 살펴보면 수학을 거의 가르치지 않았다는 사실이 드러난다. 하지만 뉴턴은 학교를 퇴학하고 4년 후 미적분학을 만들어냈다. 뉴턴 어머니의 하인들은 그와 헤어지는 걸 기뻐하면서 그가 "'대학Versity' 말고는 아무짝에도 쓸모가 없"다고 말했다고 한다.[5]

열여덟 살이 되던 1661년 6월 뉴턴은 케임브리지 대학 트리니티칼리지에 입학했다. 1664년 2월 장학생으로 선발되었고 1665년 학사학위를 받았다. 1667년 특별연구원이 되었으며 1668년에는 석사학위를 받고 전임 특별연구원이 되었다. 아직 스물일곱 살에 지나지 않는 1669년에는 루커스 석좌교수가 되었다. 찰스 2세는 칙허장으로 특별허가를 내주어 뉴턴이 신품성사를 받지 않고도 이 자리에 앉도록 허락했다. 보통 연구원은 신품성사를 받아야 했다.

젊은 시절 뉴턴은 어땠을까? 동시대인들의 말에 따르면, 뉴턴은 은둔자, 다시 말해 정신이 딴 데 팔려 있으며 혼자 있기를 좋아하는 전형적인 학자였다.

나는 그가 말을 타고 나가 바깥 공기를 쐬거나 산책하거나 볼링을 하거나, 또는 다른 어떤 운동을 하면서 기분 전환을 하거나 여가를 갖는 것을 알지 못했다. 그는 연구에 들이지 못한 시간은 모두 잃어버린 것이라고 생각했다. 손에서 연구를 놓질 않아 루커스 석좌교수로서 학교에서 강독을 하는 학기 중이 아닌 한 자기 방을 떠나지 않았다. 그의 수업을 들으러 오는 학생은 매우 적고 그것을 이해하는 학생은 더 적었으며, 그래서 종종 수업을 듣는 학생이 부족해 어떤 의미로는 벽에다 대고 강독을 했다. (…) 연구에 심히 몰두해서 제대로 먹질 않았다. 아니, 종종 먹는 걸 완전히 잊어버려 방에 들어가보면 식사에는 손도 대지 않은 채였다. 내가 식사를 하라고 다시 한번 말해주면 '그러지!'라고 대답하고는 탁자로 가 선 채로 한두 입 먹곤 했다. 그렇기 때문에 나는 일찍이 그가 스스로 탁자에 가 앉는 걸 봤다고 말할 수 없다. (…) 새벽 2, 3시가 되도록 잠자리에 드는 일은 아주 드물었고, 때로는 5, 6시까지도 그랬다.[6]

젊은 뉴턴은 대개 혼자 있기를 좋아해서 손님을 받거나 다른 사람을 찾아가는 일이 거의 없었다. 나이가 들어 한 친척에게 자신이 "순결을 더럽힌" 적이 없다고 말했는데, 숫총각으로 죽었을 가능성이 있다. 뉴턴이 강박적 성격 특성을 지니고 있었음을 말해주는 단서들이 있다. "그는 정원이 어질러지지 않게 하는 데 유별났는데, 드물게 정원에서 한두 차례 잠시 걷다가 잡초라도 볼라치면 견디질 못했다."7

뉴턴은 몸이 튼튼했음에 틀림없다. 조산의 위험에서 살아남았을 뿐 아니라 여든다섯 살이 다 되도록 살았기 때문이다. 그럼에도 유난히 건강을 염려해서 손수 만든 약을 복용하고 다른 사람들에게도 약을 권했으며 자주 죽음의 두려움에 사로잡혔다.

* * *

뉴턴의 신앙은 이단이었다. 그는 아리우스파였으며, 은밀한 유니테리언파아리우스파는 4세기에 예수 그리스도의 신성을 부인한 아리우스의 주장을 교의로 삼은 일파이고, 유니테리언파는 그리스도교의 정통 교리가 삼위일체론인 데 반해 그리스도의 신성을 부정하고 하느님의 신성만을 인정하는 교파로 영국에서는 18세기 이후 비국교도들 사이에 상당한 영향력을 끼쳤다였다. 그것은 트리니티('삼위일체') 라는 이름을 딴 대학의 연구원에게는 이상할 뿐 아니라 당시에는 위험한 이단으로 여겨졌다. 뉴턴은 그리스도를 신으로 숭배하는 것은 우상숭배이며 아타나시우스가 그리스도교 교부들의 초기 말씀을 다르게 왜곡했다고 믿었다. 아타나시우스는 4세기에 부자동체질론과 부자유체질론부자동체질론은 예수와 하느님은 동체라고 보는 입장이고 부자유체질론은 예수와 하느님은 비슷하지만 본질적으로는 같지 않다고 보는 입장 사이에 벌어진, 기번을 즐겁게 한 유명한 논쟁에서 아리우스를 완패시킨 인물이다. 그럼에도 뉴턴은 영국 국교회의 일원으로 남아 있었고, 필요할 때면 정통파임을 공언했으며, 로마 가톨릭교의 단호한 적수였다. 한 베네딕토 수도회 수도사가 영국 국교회에 충실할 것을 서약하지 않고도 석사학위를 인정받도록 제임스 2세가 명령했을 때, 이를 가톨릭교도들이 케임브리지 대학에 침투하려는 시도로 보고 격렬히 반대한 대학 일원들 가운데 뉴턴도 포함되어 있었다. 악명 높은 재판관인 조지 제프리스(17세기 영국의 법관으로 가혹한 형을 언도한 것으로 유명하다)가 왜 케임브리지 대학이 왕의 명령에 즉각 복종하지 않았는지 조사하라는 명을 받아 이른바 '피의 순회재판'을 주재하는 고등법무관 사무소 앞에 케임브리지 대학 대표의 한 사람으로 나서면서 뉴턴은 실로 위험한 처지에 놓였다.

뉴턴의 신앙은 청교도적이었다. 그가 트리니티에 입학하던 당시 죄악에 사로잡혀 있었음을 보여주는 기록들이 있다. 1662년 그는 자신이 범했다고 여기는 죄를 자그마치 쉰여덟 가지나 나열한 고백서를 썼다. 이들 대부분은 종교 의례 또는 신에 대한 사랑과 순종을 이행하지 못한 것과 관련 있었다. 그래서 그는 어렸을 때 "당신Thy의 집에서 사과를 먹"고 "당신의 날에 쥐덫을 만"들고 "일요일 아침에 노끈을 꼬"고 "당신의 날에 물을 뿌"리는 죄를 저질렀다고 기록하고 있다. 또 먹을 걸 훔치고 과식을 하고

"불결한 생각, 말, 행동을 하고 꿈"꾼 사소한 예들도 기록하고 있다.8 어머니와 새아버지에 대한 공격적인 생각, 즉 "저의 아버지와 어머니 스미스에게 그들과 그들의 집을 불태우겠다고 위협"하는 생각을 기록하기도 했다.9 자신의 무가치함, 처벌에 대한 두려움, 장래의 엄청난 불행에 대한 두려움 같은 많은 우울한 생각이 기록되어 있다. 한 전기작가는 이렇게 말한다.

사랑이라는 낱말은 보이지 않고 기쁨과 욕망의 표현도 드물다. 구운 고기를 좋아하는 것이 유일하게 강렬한 감각적 열정이다. 거의 모든 진술이 부정, 책망, 금지다. 삶의 풍토는 적대적이고 가혹하다. 경쟁, 순종, 자기 통제, 엄숙성, 이런 청교도적 가치들이 그의 존재를 이루었다.10

따라서 여기서 그려지는 것은 자기처벌적이고 불안하며 자신 없을뿐더러 대인관계를 잘 못 하고 거의 즐길 줄 모르는, 대체로 우울한 성격이다. 뉴턴의 루카스 석좌교수직을 물려받은 윌리엄 휘스턴(영국의 수학자이자 종교가)은 뉴턴이 "유별나게 두려워하고 조심스러우며 의심이 많은 성미"를 가졌다고 평했다.11

다른 사람들에 대한 이런 지속적인 불신은 어머니를 갑작스레 빼앗긴 데서 비롯되었다고 보는 게 타당하다고 여겨지는데, 그것은 비판자들이 자신을 해할 것이고 자신이 발견한 것들을 도둑맞으리라는 두려움으로 이어졌다. 뉴턴의 전기작가 중 한 명인 셀리그 브로데츠키(러시아 태생의 영국 수학자)는 이렇게 쓰고 있다.

그는 항상 세상의 관심과 비판을 받아들이길 다소 꺼렸고, 공개된 자신의 연구에 대한 설명과 자기 이름을 연관시키기를 여러 차례 거부했다. 그는 대중의 평판 자체를 바람직한 것으로 평가하지 않았고, 세상의 관심이 개인적인 관계로 인해 괴로워지는 일로 이어질 것이라며 두려워했다. 그런 복잡한 관계로부터 자유롭고 싶어한 까닭에 (…) 분명 뉴턴은 다른 사람들의 재촉이 없었다면 자신이 발견한 것을 거의 발표하지 않았을 것이다. 심지어 천문학이 일찍이 맞닥뜨려야 했던 가장 중요한 문제를 해결하는 데 성공했을 때도 뉴턴은 그에 대해 어느 누구에게도 말하지 않았다.[12]

뉴턴이 벌인 가장 유명하고 긴 언쟁들 가운데 하나는 발표를 꺼리는 그의 이런 성향에서 비롯되었다. 철학자이자 수학자인 라이프니츠와의 언쟁이 그것이다. 두 사람은 독자적으로 미적분학을 만들어냈지만, 뉴턴은 1687년까지 자신이 발견한 것을 발표하지 않았다. 하지만 그의 논문들을 볼 때 그의 주요한 발견 대부분이 이뤄진 1664~1666년에 미적분학을 발명한 점은 분명하다. 그가 우선권을 주장하리라는 것은 당연했다. 분쟁의 양측은 서로 독설을 퍼부었다. 하지만 뉴턴의 난폭함과 앙심은 지나쳤던 것 같다. 뉴턴이 "그의 답신으로 라이프니츠의 가슴을 찢어

놓았다"고 "즐거이" 말한 사실이 여러 회고록에 기록되어 있다.[13]

뉴턴은 특히 자신이 다른 사람들에게 빚진 것을 인정하길 꺼렸다. 왕실 천문학자인 존 플램스티드와의 또 다른 언쟁의 경우가 그랬던 것 같다. 플램스티드는 뉴턴에게 천문 관측 자료를 제공했는데, 뉴턴의 통합에 자신이 기여한 바가 충분히 인정받지 못했다고 생각했다.

또 다른 장기전은 왕립학회 회장이자 유명한 과학자인 로버트 훅과의 언쟁이었다. 하지만 훅은 뉴턴의 빛에 관한 이론을 무모하게 비판했을 뿐 아니라(이는 뉴턴의 왕립학회 사퇴 위협으로 이어졌다) 역제곱법칙_{두 물체 사이에 작용하는 힘은 물체 사이 거리의 제곱에 반비례,} 즉 역제곱에 비례하며 두 물체를 잇는 직선의 방향으로 움직인다는 법칙 발견의 우선권을 주장했다. 어떤 의미에서 이는 아마 사실이었겠지만, 뉴턴이 주장한 대로 훅은 역제곱법칙을 증명할 수 없었던 반면 뉴턴은 수학적으로 증명했다.

뉴턴이 연루된 분쟁은 이것만이 아니다. 하지만 그의 우울한 성격 특성과 함께 심히 피해망상적 경향을 보여주는 데는 이 예들만으로 충분하다. 뉴턴은 자신의 적대감에 대처하지 못했을 뿐 아니라 다른 사람들의 적대감에도 마찬가지였다. 게다가 그런 의도가 전혀 없는 경우에도 모욕당했다면서 부풀리는 경향이 있었다. 뉴턴의 친구인 철학자 로크도 그에 대해 "다루기 좋고[화를 잘 내고 과민하다는 의미] 아무 근거 없이 자기 안에 의혹을 키우는 경향이 좀 지나"치다고 말했다.[14]

뉴턴의 고립과 의심은 감각에 대한 신뢰 부족과 긴밀히 연관되어 있었다. 이는 조현병 환자를 다루는 정신과 의사들에게는 익숙한 특징이다. 조현병 환자들은 보통 신체적 경험과 '유리遊離되어' 있기 때문이다. 뉴턴은 한 구절에서 이렇게 썼다. "사물의 본성은 우리 감각보다는 그것들 서로 간의 작용에서 더 확실하고 자연스럽게 추론된다."[15] 이와 관련해서 뉴턴의 문체가 수학이나 물리 현상을 다루는 경우가 아닐지라도 은유가 전혀 없고 형용사가 거의 없다는 점은 언급해둘 만하다. 뉴턴은 시적이고 상상력이 풍부한 문체에 의심의 시선을 보냈으며, 무척 건조한 그의 문체는 이를 반영한다.

어니스트 존스영국의 정신분석학자로 나치하에서 유대인인 프로이트를 구출한 일로 특히 유명하다는 프로이트 기념 강연인 '천재성'[16]에서 프로이트 심리학의 한 가지 특징이 유별난 의심, 다시 말해 일반적으로 받아들여지는 다른 사람들의 결론을 묵인하지 않는 것이라고 지적한다. 그는 이어서 프로이트가 어떤 부분에서는 뜻밖에 쉽게 잘 믿는 모습을 보이기도 하는데 그것은 때로 미신에 가까웠다고 말한다. 존스는 이렇게 한 사람 안에 서로 반대되는 성향이 결합되어 있는 게 천재의 특징이라 생각하고, 그중 한 예로 뉴턴을 든다. 뉴턴은 과학 연구에서 무엇 하나 그대로 믿지 않았고, 자신의 가설을 철저히 수학적으로 증명해 뒷받침했다. 하지만 그의 성격에는 또 다른 측면이 있었다. 1696년 케임브리지를 떠나 런던으로 갈 때까지, 뉴턴은 연금술에 깊이 사로잡혀 있었다. 이는 단지 부분적으로 화학의 선구 격인 것에 대한 과학적 관심이 아니었다. 고대인들은 자연의 비밀을 알고 있었고, 연금술사들이 상형문자에 감춰져 있어 해독이 필요한 비밀스런 지식을 가지고 있었다는 그의 믿음을 반영하는 것이었다. 셔우드 테일러(영국의 과학사가)는 연금술에 관한 책에서 이렇게 쓰고 있다. "연금술……은 본질적으로 종교적이었다. 그것의 철학은 신이 입안자로 인정되는 단 하나의 기획으로 모든 자연을 통합하는 것을 목표로 삼았다."[17] 이것은 뉴턴의 목표이기도 해서, 그는 연금술에 관한 방대한 양의 원고를 남겼다. 이는 뉴턴이 미신에 물들지 않은 합리적인 지적 능력을 가지고 있었다고 생각하고 싶어하는 과학자들을 언제나 당황스럽게 만들었다.

유헤메로스설신화의 신들은 뛰어난 업적을 이룩한 태곳적의 왕이나 영웅을 신격화한 데서 나왔다는 설 신봉자라는 점에서, 뉴턴 또한 곧잘 믿었다. 이 설의 이름은 고대 신들이 신으로 받들어진 실제 인물들이었다고 믿은 메시나의 유헤메로스(기원전 3세기 무렵의 그리스 철학자)의 이름에서 유래했다. 뉴턴은 신화가, 많은 경우 해석이 필요하긴 하지만 인간 역사의 실제 사건들을 나타낸다고 믿었다. 만약 항성들에 대한 태양의 상대적 위치를 알아낼 수 있다면 과거 사건들의 연대를 확실히 알 수 있으리라 생각하고 연대표를 만드는 데 많은 시간과 노력을 들였다. 하지만 뉴턴이 전통적인 연대표를 수정하면서 기초로 삼은 주요 연대는 이아손이 아르고호

선원들을 이끌고 황금 양털을 찾으러 나선 탐험의 연대였다. 뉴턴은 이 일이 기원전 936년에 있었다고 봤는데, 일반적으로 인정된 그리스 역사 기록이 400년 정도 줄어든 것이었다. 뉴턴에게는 몹시 분하게도, 프랑스 역사학자들은 그의 연대표를 거세게 공격했다.

뉴턴은 가톨릭교뿐 아니라 이교에도 격렬히 반대했는데, 그가 계획한 많은 역사 연구가 이교도(고대 그리스인)보다는 히브리인이 인간을 고대세계로 진입시켰음을 증명하기 위한 것이었던 듯하다. 그는 원래 모든 인간이 하나의 신을 숭배하고 하나의 우주 법칙을 인정했다고 믿은 것 같다. 뉴턴의 두 가지 주요 저작인 『프린키피아』와 『광학』의 결말은 종교적이다.

과학자가 종교에 독실하면 실험에서 철저히 객관적일 수 없다고 주장하는 게 아니다. 뉴턴의 신앙이 그의 시대에도 유별났으며, 역사 연구에서 분명 그를 그릇되게 인도했다는 말이다. 뉴턴은 신이 해독할 수 있는 단서를 남겼다고 생각했고 신학의 관점에서 우주의 수수께끼를 봤다고 케인스 경(존 메이너드 케인스)은 말한다. "그는 전 우주와 그 안에 있는 모든 것을 수수께끼로, 비밀로 봤다. 순수한 사유를 사용해서 어떤 증거, 다시 말해 어떤 비밀스런 단서들에서 그것을 판독해낼 수 있었다. 신은 단서들을 세상에 흩어놓아 비밀결사가 일종의 현자의 보물을 찾아내도록 허락했다."[18]

케인스는 뉴턴이 1696년 케임브리지를 떠나 런던으로 가면서 모은 비밀문서 대부분을 손에 넣었다. 이 문서들은 거의 100만 개의 단어로 이뤄져 있는데, 뉴턴이 숨기려 한 유니테리언파 교리를 드러내는 것 외에 교회사, 연금술, 예언, 그리고 다른 성서 글에 관한 것들이었다. 케인스는 이들 글에 대해 이렇게 말했다.

18세기 이래 뉴턴은 최초이자 최고의 현대 과학자로 여겨졌다. 이 합리주의자는 우리에게 냉철하고 물들지 않은 이성의 방침에 따라 생각하도록 가르쳤다. 나는 그를 이런 관점에서 보지 않는다. 뉴턴이 1696년 마침내 케임브리지를 떠날 때 챙긴, 비록 일부 흩어지긴 했으나 우리에게 전해진 저 상자 속 내용물을 자세히 읽어본 사람이라면 그를 그렇게 볼 수 있을 거라 생각하지 않는다. 뉴턴은 이성의 시대의 최초 과학자가 아니었다. 그는 최후의 마법사, 최후의 바빌로니아인, 최후의 수메르인이었다. 이 최후의 위대한 인물은 약 1만 년 전 우리의 지식유산을 이룩하기 시작한 사람들과 동일한 눈으로 가시적이고 지적인 세계를 보았다.[19]

뉴턴의 종교와 역사 연구는 아주 광범위해서, 존 윌리엄 네이빈 설리번(영국의 대중 과학 저술가)은 그가 자기 시간의 대략 3분의 1 이상을 물리학과 수학에 쓸 수 없었다고 추산한다. 설리번은 뉴턴이 "자신이 가장 중요하다고 여기지 않은 분야의 최고 천재였다"고 말하면서 그의 전기를 끝맺는다.[20]

뉴턴은 1693년 막 쉰 살을 넘겼을 때 정신질환을 앓게 되었다. "그는 친구들과 관계를 끊었고, 구석으로 기어들었으며, 절친한 친구들이 자신에 대해 음모를 꾸민다고 비난했고, 있지도 않은 이야기를 전했다."[21] 그해 9월 뉴턴은 일기작가 새뮤얼 피프스에게 불쑥 두 사람의 관계를 끝내자는 편지를 썼다. 뉴턴이 이 편지에서, 아주 많은 다른 사람들이 그런 것처럼 정신병 단계에 이르기 전 신경성 식욕부진과 불면증이 있었다고 인정한 점은 의미심장하다. 뉴턴도 얼마간 알아차리고 있었다. "내가 빠진 혼란에 극도로 시달리고 있네. 게다가 지난 열두 달 동안 먹지도 잠을 잘 자지도 못했고, 예전의 일관된 정신을 갖고 있지도 못하네."[22] 이는 자신의 방에서 화학 실험을 하던 뉴턴이 수은중독에 시달리고 있었음을 암시한다. 하지만 이 상태에서 불면증, 기억상실, 망상이 나타나긴 하나, 특징적인 떨림 증세와 치아 손상에 대한 언급은 없다. 게다가 그 증상들은 진단이 이뤄지기도 전에 너무 빨리 진정되었다.

뉴턴은 밀링턴이라는 옥스퍼드 대학 매그덜린칼리지의 한 선임연구원이 피프스의 전갈을 가지고 와서 자신을 성가시게 졸라 런던의 피프스를 방문하겠다는 약속을 하게 만들었다고 주장했지만, 이는 망상이었다고 여겨진다. 뉴턴은 계속해서 이렇게 쓰고 있다. "난 제임스 국왕의 호의가 아닌 자네의 관심으로 뭔가를 얻으려 하지 않았네. (…) 난 이제 알고 있네, 내가 조용히 떠날 수 있으려면, 자네와의 친분을 끊어야 하며, 자네도 다른 친구들도 더 이상 보지 말아야 한다는 걸 말일세."[23]

철학자 로크에게 보낸 아래의 편지를 쓸 때는 분명 병이 진정되기 시작했다.

자네가 날 여자들과 엮으려 애썼다고 생각하네. 난 그에 대해 다른 방식으로 아주 감동을 받았어. 누군가 자네가 병이 나 살지 못할 거라고 말했을 때 난 차라리 죽는 게 나을 거라고 대답했기 때문이네. 나의 이런 냉혹함을 용서해주길 바라네. 지금은 자네가 한 일이 당연하다고 납득하기에, 내가 자네에 대해 매정한 생각을 가졌던 걸, 자네가 관념에 관한 자네의 책에서 정초하고 또 다른 책에서 추구하고자 한 원칙에서 도덕성을 철저히 파괴했다고 주장하며 내가 자네를 홉스주의자라고 생각한다고 말한 걸 용서해주길 간청하네. 또 나한테 공직을 팔거나 날 휘말리게 만들 의도가 있었다고 말하거나 생각한 것도 용서해주길 부탁하네.[24]

피프스와 로크는 뉴턴이 아프다는 사실을 알았고 세심히 배려해 도와주었다. 앞서 인용한 편지에서 추정할 수 있듯이, 뉴턴이 친구들을 비난하는 시기가 지나면 그에겐 우울증이 뒤따랐다. 그리고 아마 뉴턴이 보여준 피해망상적인 생각들이 사실은 우울증에 따라온 것이었던 듯하다. 젊은 시절 그의 일기에 다른 사람들에 대한 비난보다는 자기 비난이 더 많이 보이는 것과 마찬가지로 말이다. 하지만 뉴턴은 복합적인 성격 특징을 지녀 그것들이 그의 병중에 부풀려진 형태로 나타났다.

뉴턴이, 다른 사람들이 저질렀다고 비난하는 잘못은 분명 그 자신의 잘못이었다. 공직을 얻으려는 그의 집착(이는 곧 보상을 받게 된다)은 야심에서 비롯된 것일 수 있다. 뉴턴은 여자들과 휘말리는 걸 두려워해서 성욕을 거의 완전히 억누를 정도였다. 뉴턴이 로크를 홉스주의자(이는 무신론자를 의미했다)라고 한 것은 신의 본성에 대한 자신의 의심과 관련 있을지 모른다. 3년 전 뉴턴은 삼위일체를 격렬히 반대하는 소논문을 썼지만 발표를 철회했다. 프랭크 에드워드 매뉴얼(미국의 역사가) 교수는 훨씬 더 어린 스위스 과학자인 파티오 드 딀리에에 대한 뉴턴의 애정을 크게 강조하며, 뉴턴이 이 애정에 동성애 요소가 있음을 인식하면서 쇠약 상태로 치달았으리라고 추정한다.[25] 뉴턴은 확실히 평소보다 더 친밀한 말로 이 청년에게 편지를 썼다. 그는 한 편지를 "애정을 다해 도울 자네의 벗"이라는 말로 끝맺는다. 또 다른 편지에서는 아픈 청년의 진찰료를 내주고 있다. 뉴턴의 쇠약이 동성애 충동의 결과였다는 매뉴얼 교수의 생각에 프로이트는 분명 동의했을 것이다. 매뉴얼 교수는 참을 수 없는 동성애 충동이 억압의 사슬을 깨뜨렸다고 봤지만, 내가 보기에는 확실한 증거가 부족하다. 나는 어쨌든 뉴턴의 병이 본질적으로 중년의 우울증이었다고 생각하는 게 설득력 있다고 본다. 그는 중년의 우울증 속에서 창의력 넘치던 좋은 시절은 끝나버렸다는 사실을 인정하지 않을 수 없었다. 매뉴얼이 지적한 대로, 뉴턴은 1687년에야 『프린키피아』(원래 제목은 'Philosophiae Naturalis Principia Mathematica'로 '자연철학의 수학적 원리'라는 뜻)를 발표했고, 이 책이 자기 창의력의 절정을 보여준다고 충분히 생각했을 법하다. 병을 앓은 이후 뉴턴은 새로운 연구를 거의 하지 않았다. 뉴턴의 수학 논문을 편집한 데릭 토머스 화이트사이드(영국의 수학사가) 박사는 그가 여전히 독창적인 연구를 할 수 있었다고 내게 알려주었지만 말이다. 뉴턴의 창의력은 쇠퇴했으나 그의 권력욕은 충분히 성취되었다.

뉴턴의 병이 오래가지는 않았으나 그가 미쳤다는 소문은 널리 퍼졌다. 분명 부러움과, 대단한 인물이 곤경에 빠질 때 부족한 인간들이 흔히 누리는 즐거움이 그런 소문을 부채질했다. 하지만 뉴턴은 대체로 잘 회복되어서 유능한 행정가가 되었다. 1696년 조폐국 감사가 되었다가 그다음에는 조폐국장이 되었고 1703년에는 왕립학회 회장이 되었다. 뉴턴은 또 기사작위를 받았다. 조폐국장의 직무 가운데 하나는 위조범을 기소하는 것이었다. 뉴턴은 효율적이고도 즐거이 이 일을 했으며, 그 범죄자들을 런던탑에서 직접 심문했던 것 같다. 1장에서 나는 자기 안에 분출하기 어려운 공격충동을 가진 사람들이 적법한 적을 갖게 되면 안식처를 얻는다는 사실에 주목했다. 뉴턴에게는 위조범이, 처칠에게 히틀러가 한 것과 동일한 기능을 했다.

뉴턴은 1727년 3월 여든다섯 살이 되던 해에 죽었다. 아인슈타인이 나타나기까지, 그렇게 널리 인정받은 과학자는 아무도 없었다. 보다시피 뉴턴의 성격은 특이했다. 그의 성격에서 보이는 많은 병적 특성이 초창기 삶의 환경, 조산, 아버지의 부재, 어머니로부터 버림받음 탓이라고 보는 게 타당하다고 생각한다. 이제 뉴턴의 성격과 그의 발견이 어떤 식으로든 서로 연관이 있는가 하는 훨씬 더 어렵고 논란이 많은 문제로 넘어가보자.

뉴턴의 주요 발견은 1664~1666년 스물한 살과 스물세 살 사이에 이뤄졌다. 훨씬 더 나이가 들어서야 성숙해지는 예술 분야의 창의적인 인물들과 달리 물리학자와 수학자들은 아직 젊어서 주요한 공헌을 하는 게 특징이다. 이 2년 동안 뉴턴은 기본적인 역학법칙, 빛의 성질에 관한 광학적 관찰, 계산기, 그리고 만유인력의 법칙을 공식화했다. 만유인력의 법칙은 일반적으로 링컨셔에 있는 그의 어머니의 정원에서 발견했다고 여겨진다. 대학이 문을 닫게 만든 대역병을 피하기 위해, 뉴턴은 두 차례(1665년 6월부터 1666년 3월까지, 1666년 6월에서 1667년 4월까지) 케임브리지를 떠났기 때문이다. 그는 이렇게 회상했다. "이 모두가 두 차례 대역병이 돌았던 1665년과 1666년에 일어났다. 당시는 내게 가장 생산적인 발명의 시기였고 나는 이후의 다른 어떤 시기보다 수학과 철학에 더 마음을 쏟았다."[26]

뉴턴의 통합은 태양 주위를 도는 행성들의 운동을 설명할 수 있는 케플러의 발견을 기초로 했다. 케플러의 발견은 지구 위 물체의 운동 법칙을 설명한 갈릴레오의 발견과 결합되었다. 뉴턴에 이르기까지, 이 두 운동은 전혀 별개의 것으로 보였다. 하지만 뉴턴은 상상력을 도약시켜 중력이 아주 먼 거리에서 작용하는 보편적인 것이라고 생각해 케플러와 갈릴레오의 발견을 결합했다. 하늘에서의 물체 운동과 지구에서의 물체 운동은 동일한 보편 법칙에 따른다고 볼 수 있다는 것이었다. "모든 물체는 그들 사이 거리의 제곱에 반비례하는 힘으로 다른 모든 물체를 끌어당긴다"는 중력 법칙은 인간 정신이 성취한 가장 위대한 일반화라고 할 수 있다. 뉴턴이 자신의 법칙을 증명하려면, 그 자신이 지구가 달에 가한다고 생각한 중력과, 크리스티안 하위헌스가 이미 발견한 공식인 달의 원심력이 상호 작용한 결과로서, 지구 둘레를 도는 달의 궤도가 설명될 수 있음을 보여주어야 했다. 뉴턴의 수학적 재능은 이를 가능하게 했다. 당시 뉴턴은 태양이 행성들을 끌어당기는 힘을 계산해서, 케플러가 그에 대해 이미 말했지만 설명할 수는 없었던 행성들의 궤도가 동일한 법칙에 따른다는 사실을 증명했다. 뉴턴은 도식을 하나 남겼는데, 이것은 발사체의 속도를 증가시키면 결국 그것이 동일한 속도로 영원히 지구 둘레를 회전하게 될 것임을 보여주어 인공위성의 가능성을 예견하고 있다.

하지만 먼 거리에서의 작용이라는 것은 이후의 과학자들만큼이나 뉴턴을 성가시게 했다. 트리니티칼리지 학장인 리처드 벤틀리에게 보낸 편지에서 뉴턴은 이렇게 썼다.

생명 없는 무생물이 비물질적인 다른 것의 매개 없이 작동하고,

상호 접촉 없이 다른 물질에 영향을 미치리라는 것은 상상도 할수 없습니다. 만약 에피쿠로스의 의미에서 만유인력이 본질적이고 내재적이라고 한다면, 틀림없이 그렇겠지만 말입니다. 그리고 이것이, 당신이 본유적 중력이라는 생각을 제 탓으로 돌리지 않기를 바라는 한 가지 이유입니다. 물체가 다른 무언가의 매개 없이 진공을 통해 먼 거리에서 서로 작용할 수 있고, 진공에 의해 그리고 진공을 통해 그 영향과 힘이 서로에게 전달될 수 있기 위해서는 중력이 물질에 본유적이고 내재적이며 본질적이어야 한다는 생각은 제게 아주 불합리해서 철학 문제에 능숙한 사유능력을 가진 사람이라면 결코 거기에 빠져들 수 없다고 저는 믿습니다. 중력은 어떤 법칙들에 따라 지속적으로 작용하는 어떤 매개물이 일으키는 것임에 틀림없습니다. 하지만 이 매개물이 물질인지 비물질인지는, 독자들의 생각에 맡겨둡니다.[27]

뉴턴이 말한 물질적인 매개물은 항성 간에 존재한다고 가정되던 물질인 '에테르'였다. 뉴턴 자신은 아마도 더 이상 그것을 믿지 않았던 듯하다. 비물질적인 매개물은 신이었는데, 뉴턴은 중력 현상이 신의 직접적인 개입 때문이라고 여기게 되었다고 설리번은 생각한다. 따라서 뉴턴의 신앙이 그가 상대성이론으로 한층 더 나아가는 것을 방해했을지 모른다는 지적은 흥미롭다. 내가 상대성이론 전부를 이해한다고 생각하진 않지만, 물체의 운동을 생각해볼 때 완전한 정지나 완전한 등속운동을 정의하는 게 불가능하다는 것은 이해할 수 있다. 물리적으로 탐지할 수 있는 유일한 등속운동 상태는 한 관찰자에 대한 다른 관찰자의 상대운동이다. 제러미 번스타인(미국의 이론물리학자이자 과학평론가)이 아인슈타인에 대해 쓴 책에 따르면 "뉴턴 자신은 절대운동 상태를 구체화하는 것이 어렵다는 사실을 알고 있었다." 하지만 "뉴턴은 그 문제를 이론적으로 해결했다. 독실한 그리스도교 신비주의자인 그가 보기에, 신의 의식 속에서는 정지와 운동이 확실히 구별될 수 있었다. 다시 말해 신은 뉴턴역학에서 절대적인 준거 틀을 제공한다."[28]

알다시피, 뉴턴의 성인기 성격은 우울증과 조현병의 특성을 드러냈다. 이는 부분적으로 그가 합리적으로 이해할 수 있는 나이가 되기 전에 겪은, 유별나게 친밀한 어머니와의 관계가 갑작스레 단절된 사실과 관계있다고 보는 게 타당하다. 홀어머니가 갑자기 떠난 것이 자존감을 얻기 어렵게 만들었다고 나는 생각한다. 자존감은 주로 사랑받는 데서 비롯되는, 자신이 소중하다는 느낌에 달려 있으며, 애정의 철회는 아이가 자신의 가치를 의심하게 만들기 십상이기 때문이다. 젊었을 때 뉴턴은 그 자신이 기록한 대로, 자신이 쓸모 있는 사람인지 의심했다. 야심의 결과로 볼 수 있는(그런데 위대한 성취치고 야심에 빚지지 않은 게 있을까?) 뉴턴의 일부 성취는 동료들의 애정을 얻는 것 외의 방법으로 자존감을 얻으려는 욕구에서 비롯되었다고 나는 생각한다. 뉴턴처럼 총명한 사람도 그 지성을 부채질하는 어떤 강박적인 힘 없이는 그가 성취한 것을 반드시 이뤘으리라고 생각할 수 없다.

뉴턴이 자신의 연구를 지키기에 급급하긴 했지만, 그리고 만약 발표를 꺼리지 않았다면 세상의 인정을 더 일찍 받았을지 모르지만, 그의 자존감이 그의 연구와 거의 끊으려야 끊을 수 없는 관계에 있었고, 이것이 그가 우선권 문제에 대해 그렇게 과민한 반응을 보이면서 어떤 논쟁에서든 항상 자신의 정당성을 인정받고 싶어한 이유임은 확실해 보인다. 비슷한 기질의 다른 사람들과 마찬가지로, 뉴턴은 자신이 거의 가치 없는 존재일지 모르지만 자기 연구의 양과 질이 명성을 가져다주리라 생각했을 수 있으며, 실제로 그랬다. 명성은 흔히 자신이 사랑받는다고 확신하지 못하는 사람들에게 일부 효과적인 애정의 대체물 역할을 한다. 그리고 우울성 자기폄하 성향을 보이는 사람들에게는 일이 흔히 자아를 대신해 자존감의 중심이 된다. 나중에 창의력 넘치는 시기가 지났을 때, 뉴턴은 바그너의 오페라 「라인의 황금」(바그너의 4부작 「니벨룽겐의 반지」의 첫 번째 오페라)에서 그런 것처럼, 권력을 추구하고 얻는 데서 대안을 찾았다. 「라인의 황금」에서 난쟁이 알베리히는 라인강 처녀들의 사랑을 얻으려다 퇴짜를 맞자 사랑을 포기하고 대신 자신을 조롱하는 이들로부터 훔친 라인강의 황금으로 권력을 얻는다.

뉴턴의 성취에는 어린 시절의 경험과 연관 짓는 게 타당한 다른 측면들이 있다. 유아에게는 세상이 제멋대로이고 예측 불가능해 보이는 게 틀림없다. 유아의 욕구 충족, 다시 말해 실로 유아의 존재 자체가 그가 의존하는 사람들의 변덕에 달려 있기 때문이다. 욕구가 충족되면, 에릭 에릭슨이 적절하게 기본적인 신뢰감이라고 말한 것이 발달한다. 반대로 욕구가 충족되지 않거나 또는 어머니가 죽거나 사라져 갑자기 어머니를 빼앗기면, 사람들에 대한 기본적인 불신감 그리고 제멋대로일 뿐 아니라 예측 불가능한 세상에 대한 과도한 불안감이 발달하기 쉬운 듯하다. 카프카는 자신의 소설과 짤막한 이야기들에서, 힘을 가지고 있을 뿐 아니라 멀리 떨어져 있어 접근할 수 없고 완전히 제멋대로 행동하는 사람들의 처분에 속절없이 맡겨진 느낌이 어떤 것인지를 다른 어느 누구보다 더 잘 묘사했다.

유아기의 예측 불가능성에 직면해 느끼는 과도한 무기력감은 재능 있는 사람들로 하여금 가능한 한 많은 존재의 측면들을 숙달하고 통제하기 위해 특히 애쓰게 만드는 것 같다. 뉴턴의 기본적인 불신이 그로 하여금 과학이 직면한 가장 어려운 일부 문제를 해결하도록 자극한 원동력일 수 있을까? 뉴턴은 이렇게 쓰고 있다. "하늘과 땅의 모든 것을 고정시키기 위한, 가장 사소한 세부 사항도 마음대로 그리고 마구잡이로 벗어나게 허용하지 않을 단단한 틀이 불안에 시달리는 이 남자의 근원적인 욕구였다."[29]

다른 사람들과의 친밀감 부재는 대개 자기감정과의 단절, 그리고 신체적 경험과의 유리와 관련 있다. '유리'(접촉 없음)라는 구절이 나타내는 대로, 신체적 경험은 생각 이상으로, 우리가 갖는 가장 친밀한 관계의 공통된 기초인 것 같다. 경우에 따라서는, 나중에 친밀한 관계를 맺지 못하는 것은 아이가 어머니와의 신체적 관계를 차단당해 감각을 불신하게 된 결과로 보인다. 이런 불신이 다른 사람들에게 친밀감을 가질 기회를 박탈하기는 하지만, 재능 있는 사람들의 경우에는 어떤 능력을 향상시킬 수도 있다.

어떤 종류의 창의적 성취에서 대단히 중요한 인간 능력의 하나는 추상화 능력, 다시 말해 생각을 느낌으로부터 분리해서 개념이 비롯된 사물 사이의 관계보다는 개념 사이의 관계에 더 집중하는 능력이다. 뉴턴과 아인슈타인은 모두 감각을 불신했다. 아인슈타인은 세계를 이해하는 것은 원래 개념이 생겨나게 한 감각 인상으로부터 대단히 독립성을 갖게 된 사물의 개념에 달려 있다고 생각했다. 아인슈타인은 스스로 자신의 최고 목표는 모든 주관을 배제하고 사유만으로 세계를 인식하는 것이라고 말했다.

대부분의 인간은 내가 말한 그런 의미의 추상화 능력을 어느 정도 가지고 있다. 실제로 나는 『창조의 역동성The Dynamics of Creation』에서 인간의 창의력, 따라서 인간의 우위성을 부분적으로 이 추상화 능력 덕분으로 보고 있다. 하지만 우리 대부분은 몸의 요구나 대인관계에 대한 욕구로 인해 오랜 기간 주관에서 벗어나 있기 쉽지 않다. 특히 추상적 사고로 가장 위대한 성취를 이룬 천재들은 흔히 친밀하고 개인적인 관계를 형성하지 않고, 신체적 욕구와 기능에 대해 대체로 무관심하거나 아니면 혐오스러워하는 듯하다. 뉴턴과 더불어 데카르트, 로크, 홉스, 흄, 파스칼, 스피노자, 칸트, 라이프니츠, 쇼펜하우어, 니체, 키르케고르, 비트겐슈타인, 요컨대 세상의 많은 위대한 사상가는 공통적으로 친밀하고 개인적인 관계가 없었다. 가장 뛰어난 두 역사가인 기번과 매콜리도 마찬가지다. 어떤 천재들은 독신주의자이거나 동성애자였고, 또 어떤 천재들은 여성과 관계를 갖기는 했으나 일시적이었다. 데카르트는 하녀와의 사이에 딸을 두었고, 쇼펜하우어는 악명 높은 여성 혐오에도 불구하고 수많은 여성과 관계를 가졌으나 오래가지는 못했다. 니체는 나중에 정신분석가로서 프로이트의 막역한 친구가 된 루 안드레아스 살로메와 사랑에 빠졌다. 니체는 루가 회초리를 휘둘러 니체 자신과, 루의 또 다른 숭배자인 파울 레가 밧줄로 묶인 수레를 모는 모양새의 사진을 찍게 했다. 몇 달 안 가서 그 관계는 깨졌고, 니체는 자신의 명구를 만들어냈다. "여자에게 가는가? 회초리를 잊지 말게." 그들은 일시적인 관계를 갖는다 하더라도 그 누구와도 결혼하지 않았고, 대부분이 인생의 태반을 혼자 살았다. 내가 강조하고 싶은 점이 충분히 드러난다. 특히 젊어서 성적 집착과 개인적인 관계에 대한 욕구로 인해 자신의 일에서 관심이 멀어질지는 모르지만, 독신이든 아니든 정서적 고립은 가장 추상적인 정신적 성취와 밀접한 관련이 있다.

물론 고독과 사유 사이에는 좀더 단순하고 명백한 관련성이 있다. 케인스 경은 앞서 인용한 뉴턴에 관한 글에서 이렇게 썼다.

그 정신의 실마리는 지속적이고 집중적으로 자기 안을 들여다보는 비상한 능력에서 발견된다고 나는 생각한다. (…) 그의 특별한 재능은 순전히 정신적인 문제를 똑바로 이해할 때까지 마음속에 계속해서 붙들고 있는 힘이었다. (…) 뉴턴이 몇 시간, 몇 날, 몇 주고 그것이 그 비밀을 넘겨줄 때까지 마음속에 문제를 붙들고 있을 수 있었다고 나는 생각한다. 당시 최고의 수학 전문가였던 그는 우리가 하는 식으로 격식을 갖춰 그것을 설명할 수 있었는데, 하지만 탁월하게 비범한 것은 그의 직관이었다.[30]

이런 장기간의 집중은 고독을 필요로 한다. 성적 충동의 승화에 대해 복잡하게 고찰하는 대신 간단히 말해보자. 만약 중요한 통찰을 얻기 위해 장기간에 걸쳐 치열하게 집중하는 시기가 필요하다면, 가정이 있는 남자는 불리한 입장에 놓인다. 뉴턴 자신은 어떻게 그런 발견을 하게 되었는지에 대해 답하면서 이렇게 말했다. "나는 그 문제를 밀쳐두지 않고 계속 붙들고 있으면서 최초의 여명이 서서히 차츰 그득하고 분명한 빛으로 이어질 때까지 기다린다."[31] 곁에 있어달라는 아내의 요구에 굴하거나 작은 발이 타닥타닥 걷는 소리에 방해를 받았다면, 분명 장시간에 걸쳐 치열하게 집중하기가 그리 쉽지 않았을 법하다.

병적학pathography, 정신병리학의 관점에서 예술가나 유명 인물의 작품 또는 업적을 바탕으로 그의 정신적 질병이나 심리 상태를 분석하는 정신의학 분야 분야가 프로이트학파의 과장으로 인해 진흙탕이 되어버려서, 포퍼나 다른 비평가들이 역사상 인물에 대한 정신병리학적 해석을 완전히 묵살하는 것은 조금도 놀라운 일이 아니다. 이 책에서 나는 의견 차이를 불러올 수는 있지만 상식적으로 접근할 만한 심리 문제만 논의하려고 한다. 논란이 많은 주제에서 심리학적 이해를 주장하는 정신과 의사와 역사가는 모두 겸손할 필요가 있다.

×

스노의 신체적 서투름

×

×

1939년 10월 케임브리지 대학 크리스츠칼리지에 학부생으로 입학하면서, 나는 찰스 퍼시 스노(영국의 물리학자, 소설가, 정치가)를 처음 만났다. 실제로 나를 가르치진 않았지만, 그는 내 지도 교수다. 그가 나의 향상, 품행, 복지를 돌봐주는 일을 맡았다는 의미에서 말이다. 당시 스노는 서른네 살이었는데 그보다 훨씬 더 나이 들어 보였다. 체구가 건장하고 이미 머리가 벗겨진 그는 죽을 때까지 비슷한 모습이었다. 대학 1학년 때는 그를 그리 자주 본 기억이 없다. 스노는 곧잘 런던에 가 있었는데, 그때는 전쟁이 시작된 첫해였고, 왕립학회가 과학자들을 이용해 전쟁 노력을 홍보하는 최선의 방법에 관해 조언하기 위해 설립한 단체의 일원으로서 그는 이미 정치권력의 중심에 발판을 두고 있었기 때문이다. 하지만 2학년 때 나는 그의 특별한 관심을 불러일으켰고, 우리는 변함없는 친구가 되어 그가 죽을 때까지 그 관계를 이어갔다. 그 계기는 1940년 내 아버지의 죽음에서 비롯되었다. 나는 아버지의 장례식에 참석하기 위해 허락받고자 스노를 찾아가야 했다. 나는 그런 의식이 불필요하다고 여기지만 관례상 가야 한다고 생각한다고 그에게 말했다. 이 말이 그로 하여금 내가 일반적인 남학생들과 달리 틀에 박히지 않은 사람이

라고 생각하게 만든 게 아닌가 싶다. 그는 나를 불러 주빈석^영
_{국 대학의 식당에서 학장, 교수, 저명한 내빈 등이 앉는 한 단 높은 식탁}에서 함께 식
사를 하게 했다. 그때부터 나는 그의 방을 자주 드나들었다. 또
내 아버지가 돈을 한 푼도 남기지 않아서, 당시 케임브리지 대학
이 요구하던 그리 대단치 않은 수업료를 내기도 버거웠다. 아버
지 친구들이 함께 분담해서 내가 의학 교육을 받기에 충분한 돈
을 모았지만, 스노도 칼리지를 설득해 근소한 금액을 내놓게 했
다. 그는 칼리지가 나를 위해 더 이상의 것을 해줄 뜻이 없다고
생각했지만, 나는 몹시 기뻤다. 사실은 이런 형식적인 조치가 내
자존감을 대단히 높여주었다. 나는 소심하고 자신감 없는 청년
이었고, 의대생으로서 특별한 가능성을 보이지도 않았다. 그래서
지원해줄 만한 학생이라고 칼리지를 설득할 만큼 스노가 날 좋
게 생각한다는 사실은 내게 큰 의미를 지녔다.

물론 나는 스노의 열렬한 숭배자가 되었고, 그의 소설들이 출
간되자마자 읽었다. 당시 그는 세 권의 소설, 즉『항해 중의 죽음
Death Under Sail』『오래된 삶을 위한 새로운 생활New Lives for Old』
『연구The Search』를 발표했을 뿐이었다. 이 소설들은 스노가 소설
가로서 명성을 얻게 해주었다. 내가 아직 대학 재학 중일 때 그
명성을 뒷받침하는 연작소설의 제1권인『이방인과 형제들Strangers
and Brothers』이 출간되었다. 그래서 나는 데즈먼드 매카시(영국의
문학비평가)가 호의적인 긴 서평을 내놓았을 때 스노가 기뻐했던
것을 기억한다. 나는 나중에 그 소설에 나오는 조지 패선트의 모

델이 된 교사 버트 하워드를 만났다. 스노는 자신이 어떤 구절을 쓰는 동안 버트 하워드가 자기를 정확하게 묘사하고 있는지 확인하려고 어깨 너머로 보고 있었다고 내게 말해주었다.

크리스츠칼리지에 있는 스노의 방은 그의 친구들의 모임 장소였다. 나는 특히 생물학자 콘래드 핼 와딩턴과 에스파냐 학자로 마누엘 데 파야(에스파냐 작곡가)의 친구인 존 브랜드 트렌드를 기억한다. 나는 그런 모임에 처음 들게 되었는데, 거기서는 굉장히 똑똑한 사람들이 젊은 사람이나 경험이 부족한 사람을 얕보는 일 없이 온갖 것을 놓고 토론했다. 그것은 내가 자란 빅토리아 여왕 시대의 성직자 가정과는 다른, 놀라우리만치 즐거운 분위기였다. 스노의 세계에는 반감의 여지가 별로 없었고, 그는 생활상담 역이라는 직무에 대해 자유로운 해석을 내렸다. 대학 재학 동안 내가 처음으로 '연애'를 하게 되었을 때, 스노에게 그 젊은 여성을 만나 같이 저녁식사를 하자고 부탁하는 것은 당연해 보였다.

스노의 학교 교사이자 친구인 버트 하워드처럼, 그는 해방자였다. 하지만 내가 주로 기억하는 것은 그와의 대화가 주는 지적인 자극, 새로운 생각에 대한 개방성, 온갖 이상한 인간 본성에 대한 지칠 줄 모르는 관심이었다. 스노는 심리학과 정신의학에 관심을 보였고, 내가 정신과 의사가 될지 모른다고 말하자 "자네는 아주 좋은 정신과 의사가 될 거네"라고 말해주었다. 이 말이 내 결심을 굳혔다. 당시에 스노는 융의 외향성/내향성이라는 양분법이 매우 흥미롭다고 생각했고, 기질 특성을 신체적 특징과 연관시키는 '체형분류'법을 만들어낸 셸던의 연구에 대해서도 마찬가지의 흥미를 보였다. 당시 나는 정신분석으로 성격을 바꾸는 가능성에 매료되어 프로이트와 융을 열심히 읽은 반면, 스노는 체형뿐 아니라 기질은 유전적으로 결정된다고, 그리고 개인이 도움을 받아 자신의 선천적인 특성을 받아들일 수는 있지만 그것을 바꾸기 위해 할 수 있는 일은 많지 않으리라고 여전히 확고하게 믿었다. 수년 뒤 나는 생각을 바꿔 그의 입장에 동의했다.

이미 말한 대로, 스노의 체격은 거대했다. 그는 또 내가 다른 사람에게서 그런 모습을 본 적이 없을 정도로 신체적으로 서툴렀다. 그는 꾸러미를 싸거나 심지어 끄르는 일도 하지 못했다. 그가 한 시험에서(화학시험으로 여겨진다) 이론에서는 최고 점수를 받고 실습에서는 일찍이 기록된 최하 점수를 받았다는 사실은 그리 놀라운 일이 아니었다. 그가 성공적인 실험과학자가 될 수 있으리라고는 생각할 수 없다. 그의 손과 팔은 인간의 부속 기관이라기보다는 물갈퀴를 닮았다. 게다가 곧잘 요통을 앓아서 발을 질질 끌면서 걸었고 때로는 거동을 전혀 하지 못했다. 그의 신체적 서투름이 젊은 시절 그를 자의식 강하고 특히 이성과의 관계에서 자기 자신에 대해 확신하지 못하게 만들었다고 나는 확신한다. 그는 자기 외모에 대해 무척 민감했다. 전쟁 동안 세인트제임스 공원 지하철역 근처의 한 작은 식당에서 그와 점심을 먹은 일을 나는 기억한다. 그의 신체 외모에 대한 문제가 불쑥 뛰어나왔고, 우리 가운데 한 사람(해리 호프[영국의 소설가]로 여겨진다)이 "원로원 의원 같다"는 형용사가 적절하다고 말하자 스노는 그에 수긍했다. 그때 나는 그가 토가를 입은 모습을 상상할 수 없다며 웃는 실수를 저질렀다. 그의 감정을 상하게 했음을 곧바로 깨달은 나는 몹시 당황하고 괴로웠다. 스노가 오만함과 소심함이 어색하게 뒤섞인 똑똑한 대학생들에 대해 그렇게 관대하면서 호의적이었던 것은, 그 자신이 겪은 마음 불편한 경험 때문이었다고 나는 생각한다.

스노는 다른 사람들이 자신을 위해 최소한의 신체 기능이 필요할 수 있는 일을 해주게 함으로써 신체적 서투름을 해결했다. 그는 도와줄 사람을 찾는 데 도가 트였다. 그래서 전쟁 기간에 케임브리지를 떠나 런던에 가 있을 때면 언제나 반드시 비서나 여자친구 같은 누군가가 그의 일을 도와주고 소포를 싸주곤 했다. 스노의 신체적 서투름이 공습에 대한 공포와 어떤 식으로 관련 있었는지는 모르겠다. 전쟁 내내 폭격을 견디는 것은 스노에게 고통이었는데, 그 고통은 우리 대부분의 경우보다 훨씬 더 큰 것이었다. 나는 항상 나 자신이 신체적으로 겁쟁이라 생각했고 학교에서 놀 때도 그랬다. 하지만 공습이 시작되자 나는 두렵기보다는 아주 신이 났다. 스노는 정반대였다. 그래서 우리는 가끔 인간 공포의 특이성과 부조리성에 대해 이야기를 나누곤 했다. 우리 두 사람은 이 문제에 칭찬이나 비난은 효과가 없다는 사실을 깨달았다. 이런 공포를 느끼거나 또는 느끼지 않는 것은 빼어난 의지와는 무관했다. 그리고 내가 운이 좋아 특별히 신경 쓰지 않는 것을 지그시 견딘다는 점에서 나는 스노를 존경했다.

스노가 자기 소설에서 그리는 상당수의 사람은 내가 아는 이들이었다. 그의 모든 인물이 현실에서 직접 끌어온 것은 아니었지만, 현실의 인물이라면 그들을 놀라울 정도로 정확하게 그렸다. 나는 『연구』를 처음 읽고 여러 해가 지난 후 주말에 열린 한 회의에 참석했다. 존 데즈먼드 버널(아일랜드의 물리학자)은 그 회의의 발표자들 가운데 한 사람이었다. 나는 전에 그를 만난 적이 없었지만, 잠시 그의 발표를 들은 후 그를 알아봤다. 나는 "당신이 『연구』에 나오는 콘스컨타인이로군" 하고 혼잣말을 했다. 실제로 그랬고, 나는 그가 자신에 대한 묘사를 썩 마음에 들어 하지 않았다고 들었다. 어떤 인물을 소설에서 처음 접하고서 그 실제 인물을 알아볼 사람이 과연 얼마나 될까?

스노는 아마도 예술의 정상에 이르기에는 지나치게 사실에 얽매여 있었다. 예술은 삶이면서 그 이상의 것, 다시 말해 일상을 초월하고 일상을 영원으로 바꾸는 것이다. 스노가 환상을 불신했다고 나는 생각한다. 그런데 환상 없이는, 가장 위대한 소설가들이 그런 것처럼 독자의 상상력을 사로잡기가 어렵다. 스노의 산문체는 때로 상상력이 부족하다고 여겨진다. 실제로 그것은 그의 냉철한 목적을 적절히 실현하는 편리한 도구였다. 스노가 음악을 거의 몰랐다는 사실이 관련 있을지 모른다. 언젠가 한 친구가 그에게 베토벤 9번 교향곡을 들어보라고 설득한 일을 나는 기억한다. 스노는 이 곡의 장엄함을 인정할 만하다고 했지만, 사실상 음악은 그에게 아무런 의미도 없었다. 그래서 자신이 쓴 문장이 실로 어떻게 들리는지 생각해본 적이 있을지 의심스럽다.

실제 인물에 대한 묘사는 스노가 가장 잘했던 일이라고 생각한다. 스노는 인정 넘치는 사람이었지만, 스노의 묘사에 상처를 입은 사람은 버널 말고도 더 있었다. 하지만 스노는 항상 자기가 아는 대부분의 사람을 빠뜨리지 않고 자기 소설 가운데 어느 하나에 등장시켰다. 이는 "나쁜 점까지 모두" 포함한다는 의미였다. 상처 주는 일을 피할 수 있었던 한 가지 예는 『부자의 양심 The Conscience of the Rich』이었다. 여기서 스노는 상류층 유대인 가정의 소유욕 강한 아버지의 사랑을 훌륭히 그리고 있다. 이 소설에 나오는 찰스 마치의 모델이 된 실제 인물은, 자기 아버지에 대한 스노의 묘사가 아버지를 몹시 속상하게 할 거라며 그가 죽을 때까지 소설을 발표하지 말아달라고 부탁했다. 그러면 『이방인과 형제들』 연작의 전체 계획이 어그러지겠지만, 스노는 마지못해 동의했다. 『부자의 양심』은 두 번째로 나왔어야 했는데, 실제로는 연작 가운데 6권이 이미 출간되도록 나오지 않았다. 이는 스노의 너그러움을 보여주는 두드러진 예라고 생각한다.

실제 인물을 묘사하는 경우는 대부분 소설 속에서였지만, 스노는 또한 허버트 조지 웰스, 아인슈타인, 데이비드 로이드조지(영국 수상을 지낸 정치가)를 포함해서 자신이 만난 몇몇 저명한 인물에 관한 글을 모은 『인간의 다양성Variety of Men』을 쓰기도 했다. 이 책을 읽는 사람이라면 스노가 그려놓은 수학자 고드프리 해럴드 하디를 잊을 수 없을 텐데, 하디의 책 『어느 수학자의 변명A Mathematician's Apology』은 고전이 되었다. 하디는 스노의 영웅 가운데 한 명이었다. 하디 역시 유명한 괴짜였는데, 스노의 이야기에는 해학, 통찰, 그리고 자연사自然死를 얼마 남겨두지 않고 우울해져서 자살을 시도한 이 외로운 인물에 대한 극심한 연민이 뒤섞여 있다.

『인간의 다양성』은 적절한 제목이다. 스노보다 더 다양한 사람들을, 그것도 친밀히 알 수 있는 이는 없기 때문이다. 스노는 하위 중산층 출신인데, 결국 상원에 들어갔다. 비록 그 자신은 과학을 포기했지만, 과학 그리고 과학자들과 긴밀한 관계를 유지했다. 스노는 정치에 매료되었고, 좌파에 공감했으나 상원과 하원 모두에 친구를 두었다. 예를 들어 그의 파티에 제임스 해럴드 윌슨(영국 총리를 지낸 노동당 정치인)과 헤일셤 경(영국 수상을 지낸 보수당 정치인 퀸틴 맥거럴 호그)이 포함되었던 걸 나는 기억한다. 게다가 스노는 해럴드 맥밀런(65대 총리를 지낸 보수당 정치인)과 친밀한 관계를 맺었다. 해럴드 맥밀런은 스노와 마찬가지로 앤서니 트롤럽(영국의 소설가로 19세기 중엽 영국 사회를 냉정하고 정확히 전하는 사실적인 작품을 썼다)에 열광했을 뿐 아니라 스노가 쓴 트롤럽에 관한 책의 출간 기념회에서 노련한 연설을 하기도 했다. 스노는 상류사회에 진출했지만 사교적인 속물이 아니었다. 출세한 많은 사람과 달리, 스노는 자기 출신의 사람들과 인연을 끊지 않았다. 그는 출생의 이점이나 상속받은 부 없이 많은 것을 성취한 데 대해 자부심을 가지고 있었다. 나는 이 너그럽고 관대한 인물이 친구와 인연을 끊는 걸 상상할 수 없다. 스노는 때로 그를 시기하는 예전 지인들에게 이용당하고 사기당하며 배신을 당했다. 하지만 그는 자신에게 나쁘게 대하는 이들에게도 여전히 관대했다. 사실은, 정직성이 의심스러운 교활한 인물들에게 특별한 동정심을 가지고 있었다.

물론 스노는 분노를 드러낼 줄도 알았다. 프랭크 레이먼드 리비스(영국의 문예평론가)가 악의에 찬 공격을 했을 때 아주 제대로 그랬는데, 하지만 몇 년이 지나도록 직접 대응하지는 않았다. 당시에 1962년 3월 16일자 『스펙테이터Spectator』를 포함해 여러 곳에서 이의를 제기한 것은 그의 친구들이었다. 나는 기꺼이 이들 부류에 동참했다. 스노를 대단히 심란하게 만든 또 다른 공격이 있었다. 한때 그는 무어필즈 병원에 입원해서 눈 수술을 받아야 했다. 그의 시력은 위험에 처했고, 『사립탐정Private Eye』(영국의 풍자적인 시사 잡지)은 눈이 하나인 사람이 왕인 장님들의 나라에 대한 잔인한 농담을 했다. 스노는 그 일을 용서하기 어려웠다.

스노는 자신을 현실주의자로 생각하길 좋아했다. 그래서 자신이 존경하는 소설가들에 대한 책을 쓰면서 『리얼리스트The Realists』라는 제목을 붙였다. 어떤 사람들은 이 범주에 디킨스와 도스토옙스키까지 포함된다고 생각할지 모른다. 하지만 스노는 자신이 인간 조건에 대해 실제적이면서 수수한 관점을 가졌다고 자랑했다. 인간은 실수할 수 있고, 유한하며, 선견지명이 많다거나 자기희생을 많이 한다거나 할 수 없다. 제3세계에 대한 서구의 관심 부족이 그 충분한 증거였다. 더욱이 인간은 흔히 그가 '가학적'(그는 이를 'sadistic'이 아니라 'sadic'이라 썼다)이라고 말하는 구석을 가지고 있었다. 그로 인해 인간은 잔인한 성향을 갖게 되는데, 제대로 된 인간이라면 스스로 그에 맞서 싸워야 했다. 인간의 동기는 언제나 뒤섞여 있고 가장 사심 없어 보이는 행동에도 어두운 측면이 있었다. 자신의 이익을 추구하는 것은 인간 본성에 속했다. 인간은 만약 달리 어떻게 해볼 수 있다고 생각하면 자신을 속였다. '선'의 추구가 충분히 진정한 것이더라도 그것을 추구하는 과정에서 다른 사람들이 해를 입을 수 있었다. 스노는 몸의 충동에 대해 아주 관대하고 동정했다. 그 자신의 젊은 시절 연애 경험은 몹시 불행했고, 그가 마침내 결혼생활에서 만족을 찾은 것은 그의 나이 마흔다섯 살 때였다.

스노가 본인이 인정하는 것보다 훨씬 더 낭만적이었다고 나는 생각한다. 성공의 추구는 그에게 여전히 낭만적인 추구였다. 그는 자신에게 온 명예들을 누렸다. 그가 전쟁 시기에 처음으로 상을 받았던 일을 나는 기억한다. 스노는 겸손한 체했다. "제 친구들이 제가 그 상을 받아야 한다고 말하네요"라고 그는 말했다. 하지만 우리 가운데 아무도 이 포기 선언에 속지 않았다. 그는 성공한 소설가, 상원의원, 이턴테라스(런던의 고급 주택지)의 거주자임을 즐겼다. 그리고 일찍이 그가 이 과시적인 요소들에 매료되지 않은 적이 있었다고는 생각하지 않는다. 생애 초기에 가졌던 자기 자신에 대한 의심이 스노로 하여금 이런 성공의 징후를 당연한 것으로 받아들이지 않게 했다고 나는 생각한다. 스노는 자신이 그렇게까지 성공하게 된 것에 여전히 즐거워하고 놀라워했으며, 이 때문에 환멸을 느끼지 않았다. 그는 친구들이 이룬 성공에도 크게 즐거워했다. 그의 거위는 늘 백조가 되었는데, 언젠가 한 파티에서 그는 내 두 손을 꼭 쥐고서 "내 학생들 가운데 가장 성공한 친구"라고 말했다. 분명 나는 그럴 만한 자격이 못 되었다. 그의 존재가 삶을 충만하게 만들 수 있었던 것은 이런 낭만적인 경향 덕분이었다고 나는 생각한다. 스노는 일반적인 인간에 대해 비관적인 관점을 가졌을지 모르지만, 친구에 대해서는 충심으로 그리고 비이성적으로 낙관적이었다. 존 해럴드 플럼(영국의 역사가)이 크리스츠칼리지 잡지에 실은 부고 기사에서 쓴 대로 "그는 그를 만나는 모든 사람이 그들 자신을 실제보다 더 중요하게 느끼도록, 다시 말해 더 좋은 과학자, 더 좋은 작가, 더 좋은 역사가, 그리고 실로 더 나은 인간이라고 느끼도록 만드는 뛰어난 자질을 지니고 있었다".

과학 또한 스노에게 낭만적 추구로서의 매력을 여전히 간직했다. 사후에 출간된 책인 『물리학자들The Physicists』은 그의 놀라운 기억력을 증명할 뿐 아니라, 그에게 물질의 구조를 이해하는 것, 다시 말해 과학 체계를 더하는 것은, 초기 소설인 『연구』에서 아주 잘 묘사한 대로 여전히 마음 설레게 하는 노력이었다는 사실을 보여준다. '통찰'은 스노가 가장 좋아한 말 가운데 하나였다. 그는 이 말을 과학에서 그것을 보여준 사람들에게나 인간 본성을 이해한 사람들에게나 똑같이 사용했다. 스노 자신은 이 '두 문화' 사이에 다리를 놓았는데, 그는 이 둘에 대해 내가 아는 그 누구보다 더 잘 설명했다.

나에게 영향을 미친 모든 사람 가운데서 스노는 단연 내가 가장 빚을 진 사람이다. 그의 따뜻함, 관대함, 내가 나 자신을 거의 믿지 않았던 때에 나에게 보여준 믿음을 나는 잊지 못한다. 고인에게 조사弔詞를 바치는 이런 기회를 갖게 되어 기쁘다.

×

오셀로와
성적 질투심의 심리학

×

×

질투는 복잡한 감정이다. 여러 감정이 뒤섞여 있어 쉽사리 규정되지 않는다. 『옥스퍼드 사전』은 그 어려움을 분명하게 보여준다. 먼저 질투란 "누군가 또는 무언가에 대한 열렬하거나 격렬한 반감"이라고 한 다음 곧이어서 "누군가 또는 무언가에 대한 열렬하거나 격렬한 호감"이라 진술하고 있는 까닭이다. 우리는 미워하는 사람을 질투할 수 있고, 사랑하는 사람을 지키기 위해 질투할 수 있다. 『옥스퍼드 사전』은 계속해서 질투가 "무언가의 안녕을 지키는 데 대한 염려 또는 불안"이면서 "소유권을 잃거나 손상당하지 않도록 지키려는 경계심"이라고 정의한다. 그런 다음에야 "경쟁에 대한 의혹, 우려, 또는 인지에서 비롯되는 마음의 상태"이자 "애정을 빼앗기는 데 대한 두려움"이라는, 우리가 좀 더 흔히 생각하는 질투의 정의가 나온다.

'질투'라는 말은 곧잘 시기와 동의어처럼 사용된다. 하지만 그 차이는 구분지을 만하다. 질투는 주로 자기가 가진 것을 잃는 데 대한 두려움인 반면, 시기는 다른 사람이 가진 자기 것에 대한 소망과 관계있다. 오셀로는 데스데모나의 사랑을 잃었다는 두려움에 시달린다. 이아고는 자기가 가질 자격이 있다고 생각하는, 카시오의 지위에 대한 시기심에 시달린다.

앰브로즈 비어스의 책 『악마의 사전The Devil's Dictionary』은 종종 피곤하리만치 익살맞으면서 재치와 지혜를 담고 있기도 하다. 비어스는 질투가 "사랑의 이면"이라면서 형용사 '질투하다jealous'의 의미를 "지킬 만한 가치가 없어야만 놓을 수 있는 것을 지키려고 지나치게 염려하다"라고 정의한다.[1] 질투는 복합적이다. 증오와 마찬가지로 사랑과 매우 긴밀하게 연관되기 때문이다. 우리에게 가장 강렬한 분노를 불러일으킬 수 있는 것은 우리가 사랑하는 사람들뿐이다. 살인 사건에서, 살인자와 희생자가 정서적으로 연결되어 있는 가정범죄의 경우가 압도적인 것은 그리 놀라운 일이 아니다.

'사랑에' 빠지는 것과 마찬가지로, 질투는 두드러지게 비이성적이고 주관적인 요소를 포함하는 감정이다. 우리가 사랑에 빠질 때, 그 열병의 대상이 객관적으로 감탄할 만하고 사랑스러울 수 있다. 하지만 그렇다고 해서 그 또는 그녀가 우리 우주의 중심이 될 수는 없다. 사랑에 빠진 상태는 "정신병의 표준적 원형"이라고 프로이트는 썼다.[2] 그러나 객관적으로 그럴 만한 이유가 있더라도, 질투는 사랑에 빠진 것만큼이나 정상이 아닌 상태이면서 더 위험한 심리 상태다. 사랑에 빠진 상태와 증오하거나 질투하는 상태는 둘 다 매우 주관적이어서 그 감정의 대상이 행하거나 느끼는 것과는 전혀 무관할 수 있다. 어떤 사람의 믿음과 감정이 사실에 근거해 있지 않을 때, 다시 말해 현실과 무관해 보일 때, 우리는 그것을 망상이라 하고 그 사람에게 정신이상이라는 꼬리표를 붙인다. 그러나 곧 보게 되겠지만 온전한 정신 상태와, 이런 강렬한 감정들과 관련 있는 광기 사이에는 실로 확고하고 엄격한 선을 그을 수 없다.

극도로 부조리한 질투와 사랑에 빠진 상태는 아마도 유아기 이래 인간의 발달 방식과 관련 있을 것이다. 행복하고 자신감 있게 자라서 다른 사람들과 생산적인 관계를 맺을 수 있더라도, 유아는 전적으로 비이성적인 숭배를 요구하는 듯하고, 건강한 엄마는 대개 이런 비이성적인 숭배로 신생아를 응대한다. 이런 식으로 숭배받고 환영받지 못한 아이들이 정서장애를 겪는다는 사실을 드러내는 증거가 쌓이고 있다. 예를 들어 우울한 엄마는 아이들의 삶에 관여하고 의사소통하거나 애정을 표현하는 정도가 덜할 수 있다. 우울한 엄마의 아이들은 정상적인 엄마의 아이들보다 훗날 정서적인 문제를 드러낼 가능성이 더 크다.

유아는 먹고, 몸을 따뜻이 하고, 위험으로부터 보호받는 것 이상을 요구한다. 어쨌거나 한동안 자신을 세상에서 가장 중요한 사람, 다시 말해 일시적인 우주의 중심으로 여기는 엄마를 필요로 하는 것 같다. 성인들이 서로 사랑에 빠질 때 이런 비이성적인 숭배의 경험이 반복된다. 그것은 자존감에 아주 큰 도움이 되어서, 애인이 다른 곳으로 눈을 돌리는 것은 심히 두려운 위협이 된다. 더욱이 성적 심취의 요소가 오래전에 줄어들었더라도 여전히 그렇다. 실은, 대단히 중요하거나 아주 특별해서 쉽사리 대신할 수 없는 사람은 많지 않다. 하지만 대부분의 사람은 애인이나 자기 자신에 대해 그렇게 생각하지 않는다. 유아기 이후 우리 대부분은 우리의 자기도취에 도움이 되는 친밀한 관계를 필요로 하며, 사실상 극히 평범할지라도 그것은 우리가 '특별하다'고 느끼게 해준다.

1922년에 처음 발표한 한 논문에서 프로이트는 이렇게 썼다.

질투는 슬픔과 마찬가지로 정상적이라고 말할 수 있을 감정 상태의 하나다. 누군가가 질투심이 없는 듯 보인다면, 그것이 심각한 억압을 겪었고 그 결과 그의 무의식적인 정신생활에서 그만큼 큰 역할을 한다는 추론이 타당하다. 분석 작업에서 맞닥뜨린 병적으로 심한 질투의 사례들은 그것이 세 가지 층으로 이뤄져 있음을 드러낸다. 세 가지 층 또는 수준의 질투는 (1)경쟁적인 또는 정상적인 질투 (2)투사된 질투 (3)망상적인 질투라고 할 수 있다.[3]

'정상적인' 질투는 사랑하는 대상을 잃는다는 생각에서 오는 슬픔과, 자존감에 상처(프로이트는 이를 자기애적 상처라 했다)를 입는 데서 오는 고통이 뒤섞여 있다고 프로이트는 생각한다. 이 감정은 자기비판(난 뭐하는 사람이지 또는 내가 어떻게 했기에 그 또는 그녀를 잃은 거지?)과 경쟁자에 대한 적대감으로 인해 한층 더 복잡해진다. 프로이트가 보기에는 '정상적인' 질투도 완전히 이성적이지는 않다. "그것은 무의식에 깊숙이 뿌리를 두고 있고, 가장 이른 시기에 아이의 애정생활에 일어난 동요의 연속이며, 최초 성적 시기의 오이디푸스 콤플렉스나 남매 콤플렉스에서 비롯되기 때문이다."4

프로이트에게, 사랑하는 대상의 상실은 주로 성적 만족의 상실이다. 존 볼비John Bowlby 같은 이후의 이론가들은 이를 확대해, 이 책 뒤에서 다시 다루게 될 개념인 '애착 대상'의 상실이라 말한다.

프로이트가 말하는 두 번째 수준의 질투는 투사라는 유명한 심리 기제에 기초해 있다. 프로이트는 이렇게 쓰고 있다. "특히 결혼생활에서 요구되는 정도의 정절은 흔히 지속적인 유혹에 맞닥뜨리며 겨우 유지될 뿐이다."5 이런 근본적인 진리를 인정하길 꺼리는 사람들은 부정을 저지르고픈 자신의 충동을 억압하고 그 충동을 배우자 탓으로 돌리는 경향이 있다. "부정을 저지르고 싶어하는 것은 내가 아니라 내 배우자다." 이 기제는 이를 이용하는 사람에게 안도감을 주며 일종의 확신 또한 준다. 그 자신은 인정하기 어려운, 부정을 저지르고픈 충동을 배우자가 가지고 있다고 여긴다는 점에서 말이다. 사회 관습은 신의에 대한 보상으로 만족감이 뒤따르는 가벼운 정도의 바람을 허용해 배우자가 아닌 다른 사람에 대한 성적 감정의 부분적인 표출을 어느 정도 허용한다고 프로이트는 주장한다. 그는 계속해서 이렇게 말한다. "하지만 질투하는 사람은 이런 관용적인 관습을 인정하지 않는다. 그는 한번 그 길로 들어서면 멈추거나 되돌아오거나 하는 것은 믿지 않으며, 바람이 본격적인 부정을 예방하는 안전장치일 수 있다고도 믿지 않는다."6 다시 말해, 특히 질투심에 불타기 쉬운 사람은 천성이 완고하다. 이렇게 전제적인 사람은 그 자신에 대해 인정할 수도 없고 자신의 배우자에 대해 용인할 수도 없는 충동을 표출할 여지를 허용치 않는다.

프로이트가 열두 살이던 1868년에 6펜스짜리 영국 소설 32권 가운데 1권인 앤서니 트롤럽의 『그는 자기가 옳다는 것을 알았다He Knew He Was Right』가 나왔다. 이 소설은 프로이트가 1922년의 논문에서 말한 성격 유형을 완벽하게 보여준다. 프로이트가 디킨스, 필딩, 새커리, 디즈레일리, 조지 엘리엇, 아널드 베넷, 존 골즈워디, 키플링, 빅토리아 색빌웨스트, 심지어 제임스 힐턴과 도러시 세이어스의 소설을 읽었다는 사실을 우리는 알고 있다. 그가 트롤럽을 읽었는지 말았는지는 알 수 없다. 프로이트는 분명 트롤럽이 루이스 트리벨리언을 어떻게 그렸는지를 알았고, 그 정확성에 경의를 표했다.

트롤럽의 소설을 즐겨 읽는 사람들이 모두 이 소설을 잘 아는 것은 아니다. 이 소설은 마땅히 그래야 하는 것보다 덜 알려져 있다. 여기에 나오는 수많은 보조 인물과 부차적인 줄거리가 사실 독자의 흥미를 완전히 사로잡지는 못한다. 하지만 아내가 자신을 속이고 있다고 확신하는 루이스 트리벨리언, 즉 질투하는 남자의 초상은 설득력 있고, 예리하며, 사실적이다. 제임스 포프 헤네시(영국의 전기작가)는 트롤럽에 관한 책에서 이렇게 쓰고 있다. "발자크의 소설에서처럼, 온갖 다양한 형태의 질투가 트롤럽의 작품에서 큰 역할을 한다. 트롤럽이 질투에 대해 알지 못하거나 상상하지 못하는 건 없는 것 같다."[7] 트롤럽은 심한 질투가 정신병과 밀접하게 관련 있다는 사실을 잘 알았다. 온전한 정신과 광기의 경계는 때로 트롤럽의 평범한 문체에 날개를 달아주는 주제다. 『바셋 최후의 연대기The Last Chronicle of Barset』에 나오는, 질투로 괴로워하는 또 다른 완고한 남자인 크롤리 씨는 뛰어난 허구적 인물 가운데 한 명이다.

질투에 대한 트롤럽의 묘사는 이 불안한 감정에 대해 가르쳐주는 바가 있는데, 그것은 유의미하며, 프로이트가 50년 넘게 지나서 쓴 것과 매우 비슷하다. 최근에 결혼한 루이스 트리벨리언은 오십이 넘은 오즈번 대령이 자기 아내에게 보이는 관심에 질색한다. 오즈번 대령은 트리벨리언의 장인의 절친한 친구로, 아내를 아주 어린 시절부터 알았고, 따라서 의혹의 여지가 없을지도 몰랐다. 그렇지만 오즈번 대령은 실은 좀 바람둥이였다. 이 독신남은 젊고 매력적인 유부녀들과의 교제를 즐긴다. 에밀리 트리벨리언이 의심할 여지 없이 남편에게 충실하기는 하지만 그녀와 오즈번 대령 사이에 암암리에 성적인 기류가 흐르고 있음을, 트롤럽은 정교한 솜씨로 분명히 한다. 일종의 허가받은 가벼운 바람인데, 프로이트는 이것이 우리 모두가 가진 혼외정사 욕구의 안전한 배출구이며, 우리가 충실한 사람들에게 결코 위협이 되지는 않는다고 말한다. 따라서 둘 사이에 뭔가가 있다는 트리벨리언의 생각은 정확하다.

하지만 트리벨리언은 완고해서, 위협을 느끼고, 용납하지 못한다. 그는 아내가 다시 오즈번 대령을 만나지 못하도록 금한다. 그녀는 모욕을 당했다고 느끼고 두 사람의 관계는 갈수록 악화된다. 트리벨리언은 심사가 점점 더 복잡해진다. 친구들은 그가 아내를 부당하게 대한다고 생각해 그를 버린다. 이런 사람들에게 흔히 그러하듯, 자신이 무시되고 경멸받는다는 트리벨리언의 느낌은 자기충족적인 예언이 된다. 그는 차츰 정신이상에 가까운 상태가 되고 몸에 병이 들어 마침내 죽음에 이른다. 트리벨리언은 정말로 아내가 부정을 저질렀다고는 믿지 않지만 자신에게 복종하기를, 자신의 비이성적인 요구에 완전히 굴복하기를 거부한 걸 용납할 수 없다고, 트롤럽은 분명히 한다. 그는 이렇게 쓰고 있다. "그는 권위를 질투하고, 무시되는 것을 두려워할 뿐 아니라 자의식이 강하고, 세상 사람들을 무서워하며, 여자 마음의 본질을 철저히 무시했다."[8] 물러서거나 실수를 인정할 수 없는 옹졸한 폭군의 나약함을 이보다 더 잘 묘사할 수는 없다.

트롤럽은 나약함, 완고함, 질투의 관계를 정확히 보여주었다. 트리벨리언은 자신의 오류 가능성, 적대감, 또는 어쩌면 부정 충동을 인정할 수 없다. 많은 나약한 사람과 마찬가지로, 그는 자신에 대한 공격이나 자신의 절대적인 권위에 대한 위협이라 해석할 수 있는 것에 대해 과민하다. 그런 공격이나 위협이 보이면, 현실이 그런 것들로만 이뤄져 있다고 여겨서 자신을 둘러싸고 있는 훨씬 더 중요한 사랑과 존경을 무시하게 된다. 이런 사람들은 다른 사람들을 완전한 적군 아니면 완전한 아군으로 여기는 흑백의 세계에 산다.

프로이트가 말하는 세 번째 수준의 질투는 '망상적'이다. 프로이트는 이렇게 말한다.

(이 유형의 질투도) 억압된 부정 충동에서 비롯된다. 하지만 이 경우 그 대상은 질투하는 인물과 동일한 성을 갖는다. 망상적인 질투는 자연스럽게 사라진 동성애의 잔여물이며, 전형적인 형태의 망상증에 제대로 속한다. 남성에게, 이것은 지나치게 강한 동성애 충동을 방어하려는 시도로서, "나는 그를 사랑하지 않는다, 그녀가 그를 사랑한다!"라는 말로 묘사할 수 있을 것이다. 망상적인 질투의 경우에, 그 사람은 세 번째 층만이 아니라 세 가지 층 모두에 속하는 질투를 찾아낼 태세가 되어 있을 것이다.9

프로이트가 정신병리학적으로 공식화한 것을 인정하든 하지 않든, 부정에 대한 망상이 다양한 정신병에서 발생한다는 점은 사실이다. 남성이 아내의 부정을 비난할 때, 그것은 흔히 그 자신이 완전히 또는 부분적으로 발기 불능이기 때문이다. 당뇨병은 때때로 발기 불능을 일으키며 척수의 다양한 질병 또한 마찬가지다. 부분적인 발기 불능은 때로 뇌손상과 함께 발견된다. 이것은 만성 알코올 중독, 그리고 그로기 상태의 권투 선수한테서도 발생한다. 부정에 대한 망상은 또 뇌손상과 신체 질병이 없는, 망상증으로 알려진 정신병의 사례들에서도 발생한다. 몇몇 극심한 우울증 사례도 편집증적 망상을 보여준다. 프로이트의 추측대로 잠재해 있는 동성애가 일조한다는 점은 의심할 여지가 없다. 모건 데이비드 이넉과 윌리엄 헨리 트리소언은 두 가지 여성 사례를 보고한다. 이들은 남편이 부부관계를 하는 것보다 호색적인 잡지에 더 관심을 갖고 있다고 비난했다. 두 여성은 레즈비언 성향을 지녔으며 그들 자신이 핀업 사진 속 매력적인 여성과의 성적 접촉을 원하는 것으로 드러났다.[10]

편집증적 망상이 동성애 욕구에 대한 거부와 투사에서 비롯된다는 프로이트의 생각이 그의 많은 이론보다는 연구에 의해 더 잘 뒷받침된다는 점이 흥미롭다. 시모어 피셔와 로저 그린버그는 『프로이트의 이론과 치료의 과학적 신뢰성The Scientific Credibility of Freud's Theories and Therapy』에서 이렇게 쓰고 있다. "편집증이 동성애 이미지를 상기시킬 가능성이 있는 어떤 것에 대한 특유의 반응 양식을 갖는다는 사실을 다수의 실험 연구가 보여주었다."[11]

배우자의 부정에 대한 망상이 살인으로 이어지는 경우는 심심찮게 있다. 영국에서 살인을 저지른 사람의 3분의 1이 검사에서 정신이상으로 드러난다. 더욱이 최종적으로 살인으로 기록된 사례들의 용의자 가운데 3분의 1은 자살한다. 자살한 사람들이 정신적으로 비정상이라고 가정한다면, 잉글랜드와 웨일스의 모든 살인범 가운데 70퍼센트 정도는 정신적으로 비정상이라는 결론이 나온다.

질투는 제정신이라고 여겨지는 사람들에게서나 정신질환을 가진 것으로 보이는 사람들에게서나 흔히 볼 수 있는 살인 동기다. 노우드 이스트는 제정신인 살인범 200명의 기록을 검토해 그 가운데 46명의 주요 동기가 질투라는 사실을 밝혀냈다.[12] 다비드 아브라함센(노르웨이의 법정신의학자)은 질투가 원인인 살인에 대해 이렇게 말했다. "그런 행동 이면에 있는 심리 기제는 그 사람의 자존감과 위신이 손상된다는 것이다. 그는 자신이 배우자를 소유할 뿐 아니라 소유할 권리를 지닌다고 믿으며, 이것이 그를 질투하게 만든다. 배우자를 죽임으로써 그의 자존감은 회복된다."[13]

로널드 모왓은 부정에 대한 망상과 직접 연관된 살인을 저지른 사람들에 대해 세심히 연구했다. 20년 넘게 브로드무어정신적 장애가 있는 흉악범들을 수용해 치료하는 곳으로 잉글랜드 남부에 있다에 입원한 정신이상 남성 살인범 가운데 12퍼센트가 병적인 질투심 때문에 범죄를 저질렀다. 정신이상 여성 살인범은 사례 가운데 3.3퍼센트만이 부정에 대한 망상을 보였다. 이 차이는 여성이 남성보다 질투심이 덜하다는 뜻이 아니라 살인을 저지르는 데 필요한 정도로 공격성이 증가하는 경우가 덜하다는 뜻이다. 병적인 질투심이 살인 동기가 되는 빈도를 보여주는 이 비율은 사실 너무 낮게 잡혀 있다. 범죄 직후에 자살한 저 3분의 1에 해당되는 살인범들의 동기를 검토하기란 분명 불가능하다. 하지만 그런 많은 사례에서 질투가 중요한 역할을 했다고 확신할 순 있다. 질투가 주요 동기인 살인범의 거의 10퍼센트가 자살을 시도했다.[14]

앞서 지적한 대로 살인이란 대개 남성이 아내나 애인을 죽이고 여성이 자기 아이들을 죽이는 가정범죄다. 80퍼센트의 살인에서, 살인자와 희생자는 관계가 있거나 이전에 알던 사이다. 노벌 모리스(영국의 범죄학자)가 쓴 대로 "집보다는 거리에서 더 안전하고, 친구나 친척보다는 낯선 사람과 함께 있을 때 더 안전하다".[15] 질투가 유발한 살인에서, 경쟁자가 희생되는 경우는 아주 드물다. 자존감에 더 큰 손상을 입히는 것은 필경 부정을 저지른 사람이다.

망상성 질투와 정상적인 질투를 어떻게 구분할까? 부정에 대한 예감 외에 다른 정신이상의 증거가 있는지 없는지에 따라 구분된다. 망상은 단독으로 존재하는 경우가 드물다. 배우자 또는 애인이 부정을 저지르고 있다는 망상을 가진 사람은 보통 다른 영역에서도 판단 이상의 흔적을 드러낸다. 예를 들어 배우자가 독을 넣어 자신의 성행위 능력을 손상시킨다고 생각하는 경우가 드물지 않다. 병적인 의심을 가진 사람은 보통 배우자가 자신에게 차가워졌다고 느낀다. 그는 자신의 의심을 확인시켜주는 것처럼 보이는 구체적인 사항들을 포착한다. 가구를 옮긴 사실은 다른 남자가 집에 왔음을 가리킨다. 벽난로에 있는 담배꽁초, 속옷의 얼룩, 여자가 옷을 갈아입은 사실 역시 마찬가지다. 우편함에 들어온 광고지는 암호를 통한 연락 방법이다. 우연히 켜놓은 채로 놔둔 전등은 정부에게 보내는 신호다.

이런 망상은 보통 그 인물 자신의 변화를 토대로 생겨나는데, 그는 이를 근거 없이 배우자 탓으로 돌린다. 앞서 말한 대로, 병적인 질투심을 가진 남성은 그 자신이 발기 불능이거나 성적 이상을 보이는 경우가 드물지 않다. 부정에 대한 망상이 어떤 실제적인 타당한 이유를 갖는지 아닌지는 진단에 거의 아무런 역할을 하지 않는다. 부정에 대한 망상이 무성한 정신병들은 대개 발병하는 데 일정한 시간이 걸리고, 부부관계가 차츰 악화되는 과정에서 아내가 가끔 위로를 받으려 한눈을 팔았다고 해도 놀라운 일은 아니다. 윌리엄 버로스(미국의 소설가)의 말대로 "피해망상증 환자는 무슨 일이 일어나고 있는지 조금은 아는 사람이다".16 내가 강조하고 싶은 바는, 비록 의심이 사실에 기초한 것일지라도, 다른 고려 사항들이 있기 때문에 보통 제정신인 사람과 정신이상인 사람의 차이는 분명하다는 점이다.

질투가 동기인 살인에 대해 알려진 바에 비추어 『오셀로』를 살펴보자. 셰익스피어는 킨티오(16세기 이탈리아 소설가이자 시인으로 본명은 조반니 바티스타 지랄디다)의 원작에서 줄거리를 가져왔는데, 이 원작에서 이아고가 오셀로에게 악의적인 암시를 하도록 자극하는 것은 시기심보다는 질투심이다. 이아고가 단지 카시오의 승진을 시기하기보다는 데스데모나에게 반해 있는 것으로 묘사되기 때문이다. 이아고가 그런 사악한 행동을 한 동기로 어느 쪽이 더 유력할까? 베르디의 오페라 대본작가인 아리고 보이토는 분명 시기심은 동기로서 충분하지 않다고 생각했다. 능숙하게 압축한 오페라 대본에서, 그는 실로 이아고의 사악함을 분명하게 보여줄 뭔가를 더해야 한다고 생각한다. 유명한 「크레도Credo」'나는 잔인한 신을 믿는다'로 시작되는 이아고의 독백 아리아로 일명 '이아고의 신조'로 불린다에서 이아고는 자신을 그의 형상으로 창조한 잔인한 신에 대한 믿음을 이야기한다. 자신이 어떤 사악한 생각이나 행동을 하든 그것은 운명이 명한 것이라고, 그리고 운명은 근본적으로 불공평하다고 주장한다. 인생은 죽음으로 끝나는 헛수고이고, 천국은 환상이며, 따라서 죽음은 무無다.

왜 보이토가 이아고의 「크레도」를 추가하는 게 필요하다고 생각했는지 이해할 수는 있지만, 그게 설득력 없는 변명으로 보인다는 것을 고백해야겠다. 인간은 다양한 이유로 악을 행하는데, 그 이유 가운데 두 가지가 시기와 질투다. 신이나 운명이 근본적으로 악하게 만들었기 때문에 그들이 범죄를 저지르는 것은 아니다. 바이런은 1818년 2월 베네치아에서 로시니의 오페라 「오셀로」를 관람했다. 여기서 이아고는 무어인이 군 지휘자로 성공한 것을 시기하고 또 한때 데스데모나와 결혼하고 싶어한 것으로 묘사된다. 바이런은 이 오페라를 보기 전, 존 머리에게 로시니의 최고작 가운데 하나라고 편지를 썼다. 하지만 보고난 후에는 새뮤얼 로저스(영국의 시인)에게 음악은 "훌륭하나 슬펐다"고 하면서 이렇게 불평했다. "하지만 그 이야기에 대해 말하자면! 이아고와 관련된 박진감 있는 장면은 모두 빠지고 대신 터무니없기 짝이 없는 장면들이 들어갔더군."[17] 로시니의 오페라 대본작가는 마르케세 디 살사 프란체스코 베리오였다. 그의 줄거리는 킨티오의 판본과는 거리가 멀고, 보이토의 판본에 비해 셰익스피어의 판본에서 훨씬 더 많은 부분을 뺐다. 바이런은 베리오가 『차일드 해럴드Childe Harold』를 읽고서 열광해 자신에 대한 찬가를 썼다는 사실을 알았을까?

나폴리에서 이 오페라를 본 스탕달은 이렇게 썼다. "더 이상 시시할 수 없다. 모든 극 가운데 가장 인상적인 극을 이 정도로 재미없게 만들려면, 오페라 대본작가 입장에서는 많은 수완을 가지고 있어야 할 것임에 틀림없다."[18] 하지만 셰익스피어를 마음에 담아두지 않는다면, 로시니의 「오셀로」는 음악 자체로 즐길 수 있고, 일부 음악은 아름답기도 하다.

셰익스피어로 되돌아가서, 우선 허구적인 인물의 동기를 마치 그가 실제 인물인 양 논의하는 것은 미덥지 않은 일임을 분명히 말해두어야겠다. 이아고나 오셀로는 '실제로' 존재하지 않기에, 우리는 두 사람이 '실제로' 무슨 생각을 했는지 알 수 없다. 앨프리드 어니스트 존스(영국의 신경학자이자 정신분석가)는 햄릿과 오이디푸스에 관한 글에서 햄릿이 살아 있는 사람인 양 해보자고 제안한다. 이 글 뒷부분에서, 그는 셰익스피어가 전제한 정신병리학을 상세히 검토한다. 존스는 이렇게 쓰고 있다. "셰익스피어 극에 등장하는 유명한 질투의 희생자인 오셀로, 리언티즈『겨울 이야기』에 나오는 시칠리아 왕으로 질투에 눈멀어 아내, 친구, 아들, 딸을 모두 잃는다, 포스투무스『심벨린』에서 심벨린 왕이 반대하지만 왕의 딸 이모진과 몰래 결혼해 로마로 도피해, 그곳에서 이모진의 순결을 두고 이아키모와 내기를 하고, 이모진의 부정에 대한 거짓 증거에 속아 하인에게 이모진을 살해하도록 지시한다, 모두가 특히 곧잘 속아 넘어가는 것은 언급할 만하다. 그것은 때로 관객을 짜증나게 만드는데, 그들의 아내는 완전결백하다."19

오셀로가 잘 믿는 게 정말로 그렇게 놀라운 일일까? 셰익스피어가 묘사한 대로, 오셀로는 명백히 정신이상인 살인자에 속하지 않는다. 데스데모나가 부정을 저질렀다는 잘못된 믿음 외에 다른 광기의 증거는 없다. 게다가 그는 이아고가 한 말을 믿을 만한 다양한 이유를 가지고 있지 않았던가? 베리오와 보이토가 빼버린 1막에서 오셀로는 데스데모나의 아버지인 브러밴쇼한테서 경고를 받는다. 처음에 브러밴쇼는 데스데모나가 틀림없이 마법에 의해 유혹당했다고 믿는다.

너, 역겨운 도둑놈아, 내 딸을 어디다 감췄느냐?
저주받을 교활한 놈, 내 딸을 호리다니,
제정신을 가진 사람 모두한테 물어보라지
(내 딸이 마법의 사슬에 묶이지 않고서야)
처녀건 아니건, 그렇게 다정하고 어여쁘고 행복한 애가,
그렇게 결혼에 반대하며
부자에다 곱슬머리르네상스 시대에 숱이 많고 곱슬곱슬한 머리 모양은 권력을 의미했다인 이 나라의 총아들을 피하던 애가,

(세상 사람들의 조롱을 사가며)
이 아비의 슬하에서 뛰쳐나가
네놈의 시커먼 가슴으로 달려갔겠느냐?[20]

브러밴쇼는 공작 앞에서 마법이 쓰이지 않았음을 납득하면서, 자신이 개탄하는 비밀 결혼이 유효함을 인정하지 않을 수 없다. 하지만 공작의 확신("그대의 사위는 시커멓다기보다는 오히려 훨씬 더 희다네")에도 불구하고, 브러밴쇼는 오셀로에게 마지막으로 이렇게 쏘아붙인다. "무어인, 그 아이를 주의하게, 민첩한 눈으로 지켜보라고. 갠 애비를 속였네, 자네도 속일 거야."[21]

이아고는 3막 3장에서 오셀로에게 "부인은 아버지를 속이고 장군님과 결혼하신 분입니다"[22]라고 말하면서 이를 상기시킨다. 이 말을 하기 직전에 이아고는 이렇게 말한다.

전 이 나라 사람들의 성향을 잘 압니다.
베네치아 사람들은 자기 남편한테는 감히 보여주지 못할
못된 장난을 신이 보게 하지요. 그들이 가진 최선의 양심은
일을 저지르지 않는 게 아니라 모르게 하는 것입니다.[23]

오셀로는 분명 상당한 기간 동안 베네치아에 살면서 그런 명망을 얻었다고 추정되는 장군이지만, 이아고는 자신이 그런 것처럼 외국인인 오셀로가 베네치아 여성들의 방식에 익숙하지 않은

점을 이용하고 있다. 오랜 세월 동안 베네치아는 성적으로 자유분방하다는 평판이 있었다. 16세기 말 베네치아에는 귀족 여성 2889명, 수녀 2508명, 시민 여성 1936명이 있었다고 한다. 반면 창녀는 1만1654명이었다![24] 피츠윌리엄 박물관(케임브리지 대학의 박물관)에 가면 프란체스코 과르디(18세기 이탈리아의 화가)의 초상화 「베네치아 여인A Woman of Venice」을 볼 수 있다. 보석을 두르고, 머리를 공들여 손질하고, 화장을 하고, 우아하게 차려입은 이 여인은 분명 과시와 즐거움을 목적으로 그려졌다. 한 베네치아인 남편은 친구에게 다리 위 벽에 새겨진 석상을 가리키며 이렇게 말했다고 한다. "베네치아에서 유일하게 정숙한 여성이 있군." 그 다리는 오늘날까지 정직한 여성의 다리로 알려져 있다.[25]

사실 외국에서 지내다보면 의심하는 경향이 높아지기 쉽다. 나는 에너지 정책에 관계된 공무원인 환자를 잘 기억하고 있다. 그는 굉장한 고위층으로, 직위상 가끔 해외로 출장을 가야 했다. 두 차례 출장을 다니면서 그는 신경쇠약에 걸렸는데, 피해망상적인 의심이 주요 특징이었다. 집에 있으면, 그는 안정 상태를 유지했다. 하지만 언어가 익숙하지 않은 나라에 가면 불안감을 느끼기 시작했다. 자신이 알아들을 수 없는 말로 자신에 대해 험담하고 있다고 생각한 까닭이었다.

군대를 호령하려면 이탈리아어를 충분히 잘했을 거라 추정할 수 있으므로, 오셀로의 경우는 다르기는 해도, 외국인이라는 점이 좀더 남을 잘 믿게 만들었을지 모른다.

이아고는 데스데모나가 흑인 남편을 택했기 때문에 더욱 미덥지 못하다고 계속해서 말한다.

(그게 문제입니다. 감히 말씀드리자면,) 부인과 같은 나라 사람에, 피부색도 같고, 신분도 같은,
청혼한 남자들에게 마음이 동하지 않은 것 말입니다.
항상 본성은 그런 쪽으로 마음이 동하는 경향이 있는데 말이지요.
에잇, 우리는 그런 의지에서 가장 코를 찌르는,
역겨운 불균형과 부자연스러운 생각의 악취를 맡을 수 있을 겁니다.26

오셀로는 수많은 인종 편견의 대상들과 마찬가지로 이 모욕을 감수하며, 그 자신이 흑인은 열등하거나 심지어 사악하다는 생각을 어느 정도 묵인한다. 앤서니 버지스(스탠리 큐브릭의 영화 「시계태엽 오렌지」의 원작 소설을 쓴 소설가)는 셰익스피어에 대한 차탁자용 책사진과 그림을 많이 실어 꼼꼼히 읽기보다는 그냥 넘겨보도록 만든 크고 비싼 책에서 이렇게 쓰고 있다. "오셀로의 지위는 당시에 반유대주의가 만연해 있었다고는 하나 인종 편견은 없었음을 우연히 보여 준다."27 이는 내가 보기에는 터무니없다. 우리는 흑인이 노아의 아들 함의 후손으로 여겨졌다는 사실을 기억해야 한다. 함은 아버지 노아가 취해 벌거벗은 채로 있는 걸 봤기 때문에, 그의 후손들은 다른 형제인 셈과 야벳을 섬겨야 했고, 그들의 검은 피

부는 신의 눈 밖에 났다는 표시였다.

다른 정서들도 있기는 했으나, 오늘날과 마찬가지로 당시에도 흑인과 백인의 성적 결합을 흔히 혐오스럽게 보는 편견이 있었다. 제2차 세계대전 때 나는 병사들로 가득 찬 병동에서 환자로 지낸 적이 있다. 이야기가 흑인 남성과 백인 여성 사이의 관계로 흐르게 되었다. "일단 여자가 흑인 남자와 관계를 가지면 그 여자는 다시는 백인 남자한테 만족하지 않을 거야. 알다시피, 그치들은 우리보다 더 크거든." 시기와 질투가 뒤섞인 이 미신이 셰익스피어 시대에 통용되었는지 어쨌는지는 모른다. 만약 그랬다면, 이아고와 브러밴쇼가 드러내는, 오셀로와 데스데모나의 결합에 대한 반감을 드높였을 것이다. 이아고는 데스데모나의 아버지에게 그녀의 결혼에 대해 이야기하면서 "음탕한 무어 녀석의 더러운 품속"이라고 말한다.[28] 나는 브러밴쇼가 오셀로의 "시커먼 가슴"에 대해 한 말을 이미 인용한 바 있다. 이아고는 데스데모나가 오셀로의 외모 때문에 틀림없이 싫증나 있다고 로드리고에게 말한다.

그 여자 눈이 싫증나 있음에 틀림없어. 무슨 즐거움이 있어 그 여자가 그 악마를 쳐다봐야겠나? 재미를 본 뒤에 피가 식고 나면 다시 불을 댕겨 새로운 욕구를 채워야 할 거야, 호감 가는 멋진 풍채, 공감할 수 있는 나이, 몸가짐, 잘생긴 얼굴 같은. 그 무어 녀석은 이 모두에 결함이 있거든. 필요한 이런 편리한 점들이 부족하기 때문에, 이제 그 여자의 여리고 다정한 마음이 남용된 걸 알아서 그 무어 녀석에게 구역질이 나 혐오하고 증오하기 시작할 거야, 다름 아닌 천성이 그걸 가르쳐줘서 그 여자는 어떤 제2의 선택을 하지 않을 수 없을걸.29

오셀로는 신체적으로 잘 타고났을지 모르지만, 그가 백인이었을 경우보다 불가피하게 아내의 부정을 의심하기가 더 쉽다. 비록 오셀로가 "국가에 봉사"하고 그리스도교도 편에서 터키인들에게 맞섰지만, 이 나라에서 검은 피부색은 열등함과 확실한 이단자임을 나타내는 꼬리표였다.

오셀로가 이아고를 기꺼이 믿게 되는 또 다른 이유는 이아고의 정직함에 대한 신뢰다. 앤드루 세실 브래들리(영국의 문학평론가)는 이렇게 말한다. "이아고에 대해 말하는 사람은 모두 '정직'이란 말을 입에 올린다. 이아고 자신이 여섯 번 정도 자조하며 쓰는 경우는 말할 것도 없고, 이 극에서 이 말이 이아고에 대해 쓰이는 경우가 열다섯 번 정도는 된다."30 오셀로가 어느 쪽을 신뢰할 가능성이 더 클까? 신혼인 베네치아 신부일까, 모든 사람이 '정직하다'고 말하는 믿을 만한 전우일까? 사랑에 빠진 상태에서는 환상을 갖기 쉽다고 여겨지지만, 전쟁은 그 사람이 실로 어떤 사람인지를 시험한다.

나는 어니스트 존스가 말한 대로 오셀로가 "놀랍도록 잘 믿"는다고는 보지 않는다. 오셀로가 데스데모나보다 이아고를 신뢰하고, 데스데모나의 애정에 대해 확신하지 못하는 데는 타당한 이유가 있다. 오셀로의 태도에서 망상성 질투에 가까운 것은 없다. "오셀로는 미쳐갈 것"[31]이라고 이아고가 위협하지만, 오셀로는 그런 징후를 보이지 않는다. 그가 순간적으로 지각을 상실한 것은 스트레스의 증거이지 정신이상의 증거가 아니다. 망상성 질투와 더불어 정신병을 앓는 사람들한테서 일반적으로 발견되는 다른 징후나 증상은 없다. 오셀로가 살인을 저지르기는 하지만, 그리고 높은 비율의 살인범들이 정신병을 앓고 있기는 하지만, 그의 범죄는 분명 치정 사건으로 여겨질 것이고, 치정 사건은 일반적으로 정상적인 사람들이 저지를 가능성이 가장 큰 살인 유형으로 여겨진다. 셰익스피어 시대에 남성의 명예라는 개념은, 최근 시대에 이탈리아와 다른 지중해 국가들에서 가문 간에 잔인한 피의 복수를 불러일으켰던 것과 매우 비슷했다는 사실을 우리는 기억해야 한다.

마지막으로, 성적 질투심이 왜 그렇게 강렬한 분노와 증오의 감정을 발산하는지 살펴보자. 대부분의 사람은 이를 당연히 여기고 모든 사람이 똑같이 느낀다고 생각한다. 하지만 실은 그렇지가 않다. 내 경험에 의하면, 사람들이 경험하는 질투의 정도는 굉장히 다양하다. 나는 대개의 경우 질투가 단지 성적 해방과 만족감을 제공하는 사람을 잃을지 모른다는 두려움에 기초해 있다고는 생각하지 않는다. 한 가지 유형의 질투에서는 이것이 사실일 수 있으나, 그것은 드물다. 이는, 예전에 애인이 있었던 이

(대개 여성)가 자신의 실제 성 경험의 세세한 부분에 대해 끈질기게 질문을 받는 경우를 말한다. 그런 질문은 여러 시간 동안 계속될 수 있고, 희생자가 애인과 무얼 했다고 인정하든, 질문자는 만족하지 못한다. 그의 왜곡된 마음속에서는 그녀가 다른 남자들과는 하지만 자신과는 하지 않는 더 친밀하거나 도착적인 행위가 있다. 이런 강박적인 질문은 실로 심각한 성적 불안의 징후다. 이에 시달리는 사람은 청소년 초기의 전형적인 불안을 성인기까지 가져온 것이다. 수줍음을 많이 타는 소년은 어른이나 '진짜 남자'의 경우 자신이 접근하지 못하는 성적 비밀을 가지고 있다고 생각하기 쉬운 법이다. 이런 유의 회고적인 질투는 드물고, 설사 있더라도, 현재의 부정에 대한 망상과 함께 발견된다.

좀더 정상적인 형태의 질투에서는 다른 모든 것이 배제된 채 성적 관계만이 강조되지 않는다. 성관계는 친밀한 애착의 중요한 부분이기는 하지만 일부분에 지나지 않는다. 게다가 성적 심취는 일시적으로 격렬하기는 해도 흔히 단기에 머무는 반면 친밀한 애착은 지속되는 경향이 있다. 질병이나 빈곤이나 전쟁 같은 위험이 어떤 관계를 위협할 때, 성욕은 흔히 줄어드는 반면 애착과 상호 지지의 욕구는 강화된다.

최근에 존 볼비는 애착에 대한 인간의 욕구를 강조했다. 어린 아이와 엄마 사이의 관계에 대한 그의 연구는 매우 유익한 것으로 드러났다. 『애착과 상실Attachment and Loss』 3권에서 볼비는 이렇게 쓰고 있다.

유아기나 걸음마기나 초등학생 시기뿐 아니라 사춘기와 성년기, 그리고 노년기에 들어섰을 때까지도, 한 사람의 삶은 다른 사람에 대한 친밀한 애착을 중심으로 돌아간다. 그는 이런 친밀한 애착에서 자신의 힘과 인생의 즐거움을 얻고, 그가 제공한 친밀한 애착을 통해 다른 사람들에게 힘과 즐거움을 준다. 최신 과학과 전통적인 지혜는 이 문제에 대해 의견을 같이한다.[32]

프로이트의 본능 이론프로이트는 본능이 "마음으로 하여금 활동하게 하는 수단"이라고 말하며, 행동을 일으키는 최초의 동인인 본능은 특정한 개인의 개별적 특성을 초월한다고 본다은 성적 만족 형태의 개인의 쾌락 추구, 그리고 그런 만족을 제공할 가능성의 관점에서 주로 평가되는 인간관계에 기본적으로 관심이 있었다. 친밀한 애착에 대한 욕구는 성생활을 훨씬 넘어서는 것이라고 볼비는 생각한다. 사회학자 피터 매리스는 이렇게 쓰고 있다.

우리에게 가장 중요한 관계는 특히 우리가 사랑하는 특정한 사람들(남편이나 아내, 부모, 아이들, 둘도 없는 친구)과의 관계, 그리고 때로 우리가 그와 동일한 속성의 애정을 쏟는 특정한 장소(집이나 사적 영역)와의 관계다. 우리가 특별하고 대체 불가능한 것으로 경험하는 이런 특별한 관계는 우리 삶의 의미를 가장 결정적으로 구현하는 것 같다.[33]

친밀한 애착에 대한 이런 관점이, 질투가 왜 그렇게 강력한 감정인지 이해하는 데 도움이 될 수 있는 것 같다. 한 상대와 조금이라도 성적 만족을 얻은 사람은 또 다른 상대를 찾으리라고 합리적으로 예상할 수 있다. 대부분의 사람은 살아가는 동안 여러 성적 상대를 가지며, 한 사람을 잃고 다른 사람을 받아들이는 게 반드시 지독한 정신적 외상을 남기지는 않는다. 하지만 삶의 의미를 잃는 것은 또 다른 문제다. 이것이 사별한 사람들이 흔히 한동안 인생이 무의미해졌다고 느끼는 이유다. 매리스가 쓴 대로 "사랑하는 사람을 잃는 것은 아주 소중하고 무엇과도 바꿀 수 없는 소유물을 잃는 것보다는 중력법칙이 무효함을 알게 되는 것과 비슷하다."[34] 질투는 사랑하는 사람이 새로운 애착관계를 형성해 그 사람을 잃게 될지 모른다는 위협을 느낄 때 생겨난다. 일시적인 성적 심취가 반드시 장기적인 애착을 위협하지는 않는다. 그래서 다른 이유가 없는 상태에서, 간통이 이혼의 근거가 될지는 의심스러워 보인다. 실로 중요한 것은 성적 자부심에 대한 위협보다는 한 사람의 삶에 가장 중요한 의미에 대한 위협이다.

오셀로의 경우가 그런 것 같다. 그렇지 않다면, 왜 그는 데스데모나의 이른바 부정이 자신의 군인 경력을 끝장낼 거라고 믿을까? 우리는 분명 아내를 잃을지언정 직장까지 잃지는 않는다. 하지만 3막의 유명한 대사에서, 오셀로는 평온한 마음과 만족뿐 아니라 "영광스런 전쟁에 대한 자부심과 위풍당당한 행진!"에 대해서도 작별을 고한다. "잘 가거라, 오셀로가 할 일은 사라졌다!"[35] 이는 분명 데스데모나를 더 이상 신뢰할 수 없기에 삶의 모든 의미가 위험에 처했음을 암시한다.

하지만 대다수의 사람에게 친밀한 애착이 삶의 의미를 이룰 수는 있지만 모든 사람에게 그런 것은 아니라고 주장할지 모른다. 수도사와 수녀는 어떨까? 친밀한 애착관계를 형성하고자 하는 소망 또는 능력의 결핍이 두드러지는 아이작 뉴턴이나 서구 세계의 위대한 철학자 대부분처럼 고립된 사람들은 어떨까?

친밀한 애착관계가 대부분의 사람에게 삶의 의미를 이룬다는 피터 매리스의 생각이 옳다고 나는 확신한다. 하지만 인간은 놀라우리만치 다양하다. 어떤 사람들에게는, 삶의 의미가 다른 사람들과의 관계보다 훨씬 더 추상적인 것으로 이뤄지는 것 같다. 예를 들어 뉴턴은 자신의 발견에 대해 격한 질투심을 드러냈다. 그는 자신의 발견을 도둑맞을지 모른다는 두려움에서 발표를 꺼려, 라이프니츠와 훅 같은 다른 과학자들과 우선권 문제를 놓고 창의력 넘치는 생애의 시기 내내 수많은 언쟁을 벌였다. 고립되고 의심이 많은 그가 다른 사람들과의 관계가 아니라 과학적 발견, 연금술, 종교, 역사 연구에서 삶의 의미를 찾으려 했다는 점은 분명하다.

뉴턴은 설명할 수 있는 심리적 이유에서, 병적이리만치 친밀한 관계를 가질 수 없었다. 중년에 우울성 신경쇠약에 시달리면서 그는 편집증적 망상을 보여 친구들과의 관계를 끊고 자신에 대해 음모를 꾸민다고 그들을 비난했다. 자존감의 가장 중요한 원천이 사랑이 아니라면 질투가 반드시 사랑에 기초하지는 않는다는 사실을 뉴턴은 분명히 보여준다. 뉴턴으로 대표되는 극단적인 이들부터 온갖 종류의 인간을 찾아볼 수 있는 이른바 정상적인 이들까지, 다른 사람들과의 관계가 거의 의미를 갖지 않는이들부터 극히 중요한 이들까지, 스펙트럼은 다양하다. 사람들사이의 이런 차이가, 성적 질투심을 느낄 가능성 역시 아주 다양해 보이는 한 가지 이유라고 생각한다.

×

6

성인 발달의 양상: 융의 중년

×

×

내가 정신의학을 전공하기 시작한 새내기 의사였을 때는 성인 발달이란 개념이 거의 영향력을 미치지 못했다. 정신분석에 마음이 기울어 있던 사람들은 초기 아동 발달과, 그것이 앞으로의 정신 건강 및 성격 구조에 미친다고 여겨지던 영향에 특히 관심을 가졌다. 우리는 예수회 사람들이 공유하는 프로이트의 가정을 받아들였다. 생애 첫 5년의 경험과 그 초기에 아이에게 미치는 정서적 영향이 성인의 성격을 형성하는 데 지극히 중요하다는 가정 말이다. 멜러니 클라인의 생각에 강한 영향을 받은 일부 동시대인들은 한발 더 나아갔다. 그들은 유아가 태어난 이후의 경험을 정확히 재구성할 수 있다고 생각했고, 자궁 바깥에서 지내는 첫 몇 개월이 아이의 운명을 좋거나 나쁘게 만든다고 주장했다.

이렇게 개인의 유아기에 집중하자 정신 건강의 회복에 가장 중요한 그 시기의 사건들을 기억해내 재구성한다는 생각이 뒤따랐고, 그 결과 정신분석가들은 그 이후 생애 시기에는 거의 관심을 보이지 않았다. 초기의 정신분석가들은 환자가 유아기에 겪은 부침을 발굴해내는 자신들의 능력에 대해 지나치게 낙관했다. 하지만 더 나이든 사람들의 문제를 개선하는 데 대해서는 전혀 확신하지 못했고, 그래서 그들을 환자로 받아들이는 것을 좀 체 기대할 수 없었다. 프로이트는 초기 논문에서 이렇게 썼다.

환자의 나이는 그들이 정신분석 치료에 맞는지를 결정하는 데서 이렇게 큰 중요성을 갖는다. 한편으로 쉰 살에 가깝거나 그보다 많으면 정신 과정의 탄력성(치료는 여기에 달려 있다)이 대체로 부족하고(나이든 사람들은 더 이상 교육할 수 없다), 다른 한편으로 다뤄야 할 내용이 많아서 치료 기간이 무기한으로 길어진다.[1]

이 말이 함축하는 한 가지 점은 분명했다. 정신분석이라는 매우 효과적인 수단이 중년에 가까운 사람들에게 영향을 미칠 수 없다면, 그들은 실로 그렇게 고착될 수밖에 없다는 것이다.

이런 인상은 1940년대와 1950년대에 임상심리학자와 교육심리학자들에 의해 강화되었다. 그들은 지능 검사 결과가 가장 잘 나오는 시기는 열여섯살쯤이라고 말했다. 이 나이에 절정에 이른 후에는 뇌세포가 매일 수천 개씩 줄어들면서 점차 지적 능력이 쇠퇴하리라고 우리 모두 생각하지 않을 수 없었다. 스물일곱 살에 모즐리 병원의 수련의로 있을 때 나는 전성기에서 이미 11년이 지났음을 깨닫고 우울해했던 일을 기억한다.

동물학자들도 위안을 주지는 못했다. 동물 행동을 공부하는 학생들은 출생부터 성적 성숙까지 동물의 발달에 관심을 가졌지만, 동물이 번식 가능성을 실현한 시기를 넘어 계속되는 시기에는 거의 관심을 보이지 않았다. 일단 동물이 한 가정 또는 여러 가정을 이뤄 충분한 지지와 보호를 받아 번식 가능성을 확보하고 나면, 살아갈 목표는 거의 없는 것 같았다.

내가 아직 케임브리지 대학 학부생이었을 때, 지도교수인 C. P. 스노는 친구인 고드프리 해럴드 하디가 쓴 책 『어느 수학자의 변명』을 소개해주었다. 수학자가 되는 것의 즐거움과 보상에 대해 이야기하는 이 고전이 된 책에서, 하디는 수학이 다른 어떤 예술이나 과학 이상으로 젊은 사람들의 일이라고 단언한다.[2]

하디는 이 말을 보강하여 뉴턴의 가장 뛰어난 발상은 대략 스물네 살에 나왔다고 지적하고, 뉴턴이 거의 마흔 살이 되도록 발견을 계속했으나 이후에는 예전의 발상을 다듬었을 뿐이며 쉰 살이 되어서는 수학을 완전히 포기했다고 주장한다(하지만 3장을 참조하라). 하디는 이렇게 말한다. "에바리스트 갈루아는 스물한 살에 죽었고, 닐스 헨리크 아벨은 스물일곱 살, 스리니바사 라마누잔(분배함수의 성질에 관한 연구를 포함해 정수학整數學에 크게 이바지한 인도의 수학자)은 서른세 살, 게오르크 프리드리히 베른하르트 리만은 마흔 살에 죽었다. (…) 나는 쉰이 넘은 사람이 주도한 주요한 수학적 발전의 사례를 알지 못한다."[3]

하디의 책은 1940년에 출간되었다. 이 책의 출간이 16년 미뤄졌다면, 하디는 분명 그의 목록에 아인슈타인을 포함시켰을 것이다. 아인슈타인의 가장 뛰어난 연구는 젊은 시절의 것이었다. 1879년에 태어나 1905년 특수상대성이론을 발표했고, 서른일곱 살이던 1916년에 일반상대성이론을 내놓았다. 인생 후반에는 자연의 모든 힘을 동시에 다룰 통일장 이론을 연구하는 데 힘을 쏟았다. 하지만 아인슈타인은 길을 잘못 들었다. C. P. 스노는 이렇게 말한다. "물리학에 타고난 아인슈타인의 엄청난 직관력이 애석하게도 사라져 인생의 마지막 40년 동안 그를 막다른 골목으로 이끌었다."4

정신분석가, 동물학자, 실험심리학자, 수학자처럼 기질이나 관심사가 아주 다양한 모든 사람이 이구동성으로 삶이 마흔 살에서 실제로 끝나지는 않더라도 경직되어 많은 변화를 기대할 수 없다는 인상을 줄 때, 이른바 '성인 발달'이라는 개념은 생각할 수 없다는 여론 분위기가 만들어진다. 성인의 쇠퇴에 대한 연구는, 치매를 연구하는 소수 전문가들에게는 흥미로울지 모르나 매력적인 주제가 아니다.

하지만 대체로 비관적인 이런 상황은 점차 바뀌었다. 몇몇 용감한 사람이 저돌적으로 마흔 살 이후로 삶이 서서히 좌초되다가 멈춘다는 생각은 사실이 아니라고 말했다. 어떤 이들은 중년기에 흥미로운 변화가 일어난다고 주장했다. 또 어떤 사람들은 노년으로 가는 심리 발달도 연구할 가치가 충분히 있다고 제안했다.

생애 주기를, 개인이 정상적인 발달 과정에서 거치는 일련의 단계로 세분하려는 다양한 시도가 이뤄졌다. 1950년에 출간돼 베스트셀러가 된 『유년기와 사회Childhood and Society』5에서 에릭 에릭슨은 '인간 발달 8단계'를 상정했다. 그 가운데 후반 3단계는 성인기와 관계있었다. 이 단계들은 모두 이율배반적인 다양한 사회심리적 과업 또는 문제를 제기하는 것이 특징인데, 에릭슨은 이들 각각의 과업 또는 문제가 특정 연령기에 특유한 것이라고 생각한다. 예를 들어 1단계는 '기본적인 신뢰와 불신'으로, 이 개념은 정신과 의사들이 조현병이라고 꼬리표를 붙이는 사람들에 대한 이해와 관련 있다. 이것은 멜러니 클라인이 말하는 유아 발달에서의 '망상-분열적 위치'라는 개념과 아주 잘 들어맞는다. 에릭슨은 세 가지 성인 발달 단계를 제안한다. 성인기 초기에 해결되어야 할 주요 사안은 '친밀감 대 고립감'의 문제라고 말한다. 그는 이 발달 단계를 프로이트가 말하는 생식 능력 genitality, 다시 말해 새로운 세대의 창출로 나아갈 가능성이 큰 성숙한 이성애 관계를 만드는 능력의 종료 시점과 비교한다.

에릭슨의 다음 단계는 성인기 중기와 관련 있는데, '생식성 대 침체성'이라는 것에 초점을 둔다. 그는 생식성이 주로 다음 세대를 만들고 이끄는 것과 관련 있다고 정의하지만, 이 개념을 생산성과 창의성을 포함하는 것으로 확장시킨다. 이런 단계가 객관적으로 증명될 수 있든 없든, 이 개념은 생물학과 진화의 도식 테두리 안에서도 여전히 온당하다. 다른 영장류와 비교할 때, 인간의 전체 수명에 비해 유아기와 유년기는 상당히 길다. 이렇게 의존 기간이 길어지면 학습할 시간을 제공하기 때문에, 이는 적응적이다. 언어의 발달은 문화 전파에 의한 적응을 가능하게 했다. 이것이 효과적이려면, 성적 성숙을 이루는 나이가 뒤로 미뤄지는 것이 바람직하다. 그렇게 해서 아이는 계속 의지하며 학습할 수 있기 때문이다. 인간 아이의 발달 속도가 첫 5년의 속도를 유지한다면 성적 성숙의 시기는 8, 9세 무렵으로 예상할 수 있다. 하지만 이른바 잠재기가 끼어 있어서 이후 몇 년 동안 사춘기가 미뤄진다. 만약 인간이 학습할 시간을 확보하기 위해 유년기의 연장이 필요한 쪽으로 적응했다면, 교사, 특히 이미 번식이라는 과업을 완료해서 직계가족 너머로 관심을 확대할 수 있는 교사의 공급을 확실히 하기 위해 성인기 또한 연장되는 것이 분명 바람직하다.

이와 관련해서, 개코원숭이를 연구하는 동물학자들의 한 가지 관찰을 떠올려볼 만하다. 그것은 번식기를 지난 동물의 행동 연구에서 일부 흥미로운 점이 있음을 보여준다. 로빈 던바는 젤라다개코원숭이(에티오피아의 고원지대에만 서식하는 원숭이)의 사회 조직을 관찰하고 있었는데, 존 크룩은 그에게서 받은 개인적인 편지에 대해 전하고 있다. 젊은 수컷이 늙은 수컷의 하렘(번식을 위해 한 마리의 수컷을 공유하는 암컷들)을 넘겨받을 때, 늙은 수컷은 다른 종에서 그런 것처럼 추방당하거나 죽임을 당하지 않는다. 대신 "늙은 수컷은 여전히 느슨하게 하렘에 소속되어 자기 새끼들을 돌보며 많은 시간을 보냅니다. 더 이상 성적으로 왕성하지 않은 수컷이 이제 시간과 에너지를 자신의 마지막 새끼를 돌보는 데 들이는 거지요".6

에릭슨이 말하는 성인 발달의 3단계이자 마지막 단계는 다윈의 관점에서 그 유용성을 쉽사리 규정할 수 없다는 의미에서, 우리를 생물학 너머로 데려간다. 에릭슨은 그것을 '자아통합 대 절망'으로 공식화한다. 그는 이렇게 쓰고 있다.

어떻게든 사물과 사람들을 보살피고 인간 존재에게서 떼어놓을 수 없는 승리의 기쁨과 실망에 적응한 이에게서만이, 다시 말해 다른 사람들의 시조이거나 산물과 발상을 만들어낸 이에게서만 이 이 7단계의 결실이 여물 수 있을 것이다. 나는 이를 표현하는 말로 자아통합보다 더 나은 것을 알지 못한다.7

에릭슨의 자아통합 개념은 개인이 자신의 생애 주기를 그래야만 하는 것, 즉 실로 달라질 수 없는 것으로 수용함으로써 불가피한 죽음을 받아들인다는 생각을 포함하고 있다. 그는 이런 건설적인 체념의 태도를 절망과 대비시킨다. 절망이란 이제 다른 어떤 길로 자아통합에 이르기에는 너무 늦었다는 느낌에서 비롯된다고 에릭슨은 생각한다. 이런 의미에서 절망은 죽음에 대한 두려움과 연관되어 있다. 에릭슨이 말하는 생애 단계에 대해, 그리고 투박해서 지루하고 이해하기 어려운 그의 글에 대해 많은 비판이 제기될 수는 있다. 하지만 죽음을 가장 두려워하는 사람들은 삶의 어떤 국면을 가장 두려워하는 사람들, 그래서 만약 좀더 용기를 냈더라면 삶이 좀더 충만했으리라고 생각하는 사람들임을 임상 관찰은 확인시켜준다.

최근에는 다른 다양한 연구자들이 성인기의 발달 단계를 연구해볼 만하다는 생각을 갖게 되었다. 예일 대학의 대니얼 레빈슨과 그의 동료들은 남성의 생애 주기를 연구했다.[8] 에릭 에릭슨과 마찬가지로, 그들은 다양한 생애 단계를 특징짓는, 모든 개인이 씨름해야 하는 '발달 과업'이 있다고 결론짓는다. 레빈슨의 독창적인 방법은 공장 노동자 10명, 생물학자 10명, 기업 임원 10명, 소설가 10명으로 이뤄진 소수 미국 남성의 생애 주기를 깊이 연구하는 것이었다. 그는 각 개인한테서 그 성질과 시기가 매우 유사한 어떤 변화의 양상을 발견했다고 주장한다. 이렇게 다양한 출신 배경과 관심사를 가진 개인들을 택함으로써, 레빈슨은 적어도 서로 다른 사람들의 생애 주기가 필연적으로 비슷할 수밖에 없다고 생각하는 흔한 오류를 피하고 있다.

레빈슨에 따르면, 생애 주기는 안정된 강화기와 불안정한 이행기 사이를 오간다. 첫 이행기는 청소년기와, 성인의 세계로 완전히 진입하는 시기 사이에 온다. 우리 문화에서 이 단계는 보통 18~22세의 시기다. 직장을 잡고 어쩌면 결혼생활을 시작한 후인, 대개 28~32세에 또 다른 이행기가 온다. 이는 젊은 사람이 처음에 선택한 직업과 결혼 상대에 대해 의문을 갖기 쉽고 그것을 바꿀 수도 있는 시기다. 32~41세는 또 다른 강화기다. 이후 39~42세에 중년으로의 이행이 이어진다.

레빈슨은 다른 저자들과 마찬가지로 흔히 중년의 위기라고 하는, 폭풍처럼 다가오는 중년의 이행을 강조한다. 이것은 때로 괴로운 재검토의 시기, 즉 많은 사람이 젊은 시절의 모든 꿈을 이루길 바랄 수는 없다는 사실을 받아들여야 하는 때다. 또 자아의 도외시되던 부분들이 표출되기를 강력히 요구하는 시기이기도 하다. 융과 마찬가지로, 레빈슨은 서구사회의 관습적인 목표의 성취에는 전인적인 인간의 어떤 측면을 불가피하게 배제하거나 최소화하는 선택이 수반된다고 생각한다. 이런 편향성은 중년기에 문제를 일으키기 쉽다. 임상에서 중년기 우울증의 사례를 마주하면서, 나는 환자에게 청소년기의 몽상과 관심사를 다시 떠올리도록 독려하는 게 유용하다는 사실을 발견했다. 이것은 도외시되던 자아의 측면들을 드러내주고, 그래서 만약 이를 추구한다면 보상적인 치료 효과를 갖게 된다.

레빈슨의 중년 후기에 대한 탐구는 불충분해서 여기서 더 이상 살펴보지는 않을 것이다. 그가 말하는 일련의 위기와 해결은 제한된 기간에 너무 밀접하게 연관되어 있는 것 같고, 또 다소 지루할 만큼 비슷하다. 청소년기 또는 중년기의 이행은 다양한 개인에게 아주 다양한 시기에 일어날 수 있다. 인간이 정신적, 신체적으로 성숙하는 속도는 다양하다.

하지만 레빈슨 자신은 자세히 설명하지 않지만, 그의 도식에 유효한 기본 원칙이 있을 수 있다. 모든 문화는 아니지만 서구 문화에서 인간은 구성적이어서 자신의 성공에 안주해 있을 수 없다. 사회적 지위, 결혼과 가족, 성공적인 연구, 새로운 책, 그림,

또는 작곡 등 무언가를 성취하는 순간, 그는 그 가치에 의문을 품고 더 많은 것을 바라게 된다. 문제가 없으면 문제를 만들어낼 것이다. 인간은 문제를 해결하는 동물일 뿐 아니라 문제를 찾아내는 동물인 것 같다. 우리는 죽을 때까지 변화하고 발전하고 새로운 도전에 응하도록 프로그램되어 있다. 우리는 영원한 여행자일 수밖에 없다. 희망을 가지고 여행한다면, 그 희망은 우리의 기대만큼이다. 그리고 희망을 갖지 않으면, 우울해진다. 우리가 인생의 문제들이 해결된 안정된 상태에 이를 수 있다는 생각은 환상이다. '최종적인 해결'은 죽음뿐이다.

하버드 대학 정신과 의사인 조지 베일런트의 연구도 살펴볼 만하다.[9] 그의 연구 대상은 하버드 대학 학생들이었다. 베일런트의 강조점은 레빈슨과 크게 다르다. 그는 생애 주기의 단계보다는 프로이트가 말하는 의미에서의 '방어 기제'에, 다시 말해 개인이 어떻게 본능적인 충동과 타협하는지에 관심을 갖는다. 병적인 방어의 사례로, 그는 자신의 결점에 대해 항상 다른 사람들을 비난하거나, 환상의 세계 속으로 숨거나, 명백히 불안한 '행동'을 보이거나 하는 편집증적 방어를 든다. 건강한 방어 기제는 억압과는 반대되는 억제, 이타심, 승화를 포함한다. 베일런트의 연구는 초기 프로이트 이론에서 기대할지도 모르는 것과는 달리, 어린 시절의 정신적 외상이 성인의 신경증이나 건강의 예측 지표로서 부족함을 보여준다. 하지만 '기본적인 신뢰'를 발달시키지 못한 아이나 자주성을 독려받지 못한 아이들은 성숙이 지체될 가능성이 크다. 재능 있는 아이들에 대한 루이스 매디슨 터면(교육심리학의 선구자로 여겨지는 미국의 심리학자)의 유명한 연구가 보여주듯이,[10] 신체 건강과 정신 건강은 일부 예외가 있기는 해도 일반적으로 함께 간다.

하지만 이들 전기傳記 연구에서 가장 두드러지는 점은 성숙 발달이 대부분의 정신과 의사가 생각하는 것보다 성인기 동안 더 많이 이뤄진다는 사실이다. 앞서 언급한, 병적인 방어 기제를 습관적으로 사용하고 '정신병'이라는 꼬리표를 붙일 수 있는 매우 불안한 성인도 증상에서 벗어나 불안한 행동 양상을 버리고 더 성숙한 방어 기제를 사용할 수 있다. 베일런트는 놀랍도록 많은 성인이 쉰 살 이상이 되어서야 "자기가 하고 싶은 대로 해"도 좋다고 느낀다는 사실을 발견했다. 이런 결과는 특히 창의적인 사람들한테서 일어나는 변화에 유의미하다. 이에 대해서는 뒤에서 논의한다. 인간 아이가 학습할 수 있는 기간이 긴 것은, 생애 초기의 학습이 확고하게 내장되어 필요할 때 그 영향으로부터 벗어나기 어렵다는 점에서 불리할 수도 있을 것 같다.

앞서 초기의 정신분석가들이 중년 환자의 치료를 꺼렸다고 말했다. 하지만 카를 구스타프 융은 1913년 프로이트와 결별한 후 주로 나이든 환자들을 대상으로 진료를 하게 되었다. 융의 인격 발달 개념은 9장에서 살펴본다. 여기서는, 융이 성인 발달 연구의 선구자였다는 점이 강조되어야 한다. 9장에서 보면, 융 자신이 중년의 위기를 겪은 경험이 중년 문제에 대한 관심이 높아진 사실과 관계있다. 1931년 융은 이렇게 썼다.

내가 가지고 있는 임상 자료는 특이한 구성을 보인다. 새로운 환자는 분명 소수다. 그 대부분이 이미 과거에 어떤 형태의 정신 치료를 받은 적이 있지만 그 결과가 불완전하거나 두드러지지 않았다. 내 환자들 가운데 약 3분의 1은 임상적으로 규정할 수 있는 신경증을 앓는 게 아니라 삶의 무의미함과 목적 없음에 시달리고 있다. 이를 우리 시대의 일반적인 신경증이라 한다 해도 나는 이의를 제기하지 않을 것이다. 내 환자들 가운데 무려 3분의 2가 인생 후반기의 나이다.[11]

융 자신이 개인적으로 격변을 겪은 사실이 부분적으로 그런 환자들에게 주의를 기울이게 했지만 다른 이유들도 있었다. 융은 유아기의 사건들이 신경증의 주된 원인이라는 프로이트의 생각에 공감하지 않았고, 따라서 환자에게 생애 첫 5년을 떠올리게 하는 일이 항상 꼭 필요하다고는 생각하지 않았다.

또 융이 다른 분석가들은 실패했지만 성공할지도 모르는 최후의 수단으로 여겨질 정도로 유명해졌기 때문에, 예전에 치료를 받은 적이 있는 나이든 환자들이 모여들었다. '삶의 무의미함과 목적 없음'에 시달리는 사람들 가운데는 분명 어마어마한 부를 소유하고도 어떻게 살아야 할지를 몰랐던 멜런 부부(뉴욕멜런은행 설립자 토머스 멜런의 아들인 토머스 알렉산더 멜런과 그의 아내 메리 멜런)와 해럴드 파울러 매코믹(존 록펠러의 막내딸과 결혼한 미국의 사업가) 같은 미국인들이 포함되어 있었다. 메리 멜런이 처음 융과 약속하고 만난 자리에서 한 첫 마디는 이랬다. "융 박사님, 우린 돈이 너무 많아요. 그걸로 뭘 할 수 있을까요?"[12]

앞서 환자들에게 청소년기의 몽상이나 관심사를 떠올리게 하는 게 유용하다고 말한 바 있다. 이 정신요법은 융한테서 나왔는데, 그는 이렇게 썼다.

중년에 가까워질수록, 그리고 개인의 사고방식과 사회적 지위를 견고히 하는 데 성공할수록, 올바른 길 그리고 올바른 이상과 행동 원칙을 찾은 것같이 보인다. 이런 이유로 우리는 그것이 영구히 유효하다고 생각해서 만고불변하게 고수해야 할 미덕으로 삼는다. 우리는 사회의 목표가 개성의 축소라는 희생을 치러야만 달성된다는 기본적인 사실을 간과한다. 게다가 경험했어야 할 많은 (너무나 많은) 인생의 측면이 광 속 먼지투성이의 기억들 사이에 놓여 있다. 하지만 그것들은 때로 회색 재 아래서 불타고 있는 석탄이기도 하다.[13]

그러면서 융은 남성의 경우 사십대 무렵부터 우울증 발생률이 증가하고 여성은 그보다 더 일찍 증가한다는 사실을 보여주는 통계를 언급한다. 그는 이런 심리적 장애가 흔히 무의식에 기원을 둔 정신에서 일어나는 중요한 변화의 증거라고 생각한다.

때때로 이런 변화는 큰 재앙일 수 있다. 융은 지나치게 독실하고 편협한 교구위원의 사례를 든다. 그는 점점 더 까다롭고 침울해졌다. 결국 쉰다섯 살 때 그는 어느 날 밤중에 침대에서 일어나 앉아 아내에게 말했다. "이제 드디어 알겠어! 난 그저 철저한 악당일 뿐이야." 융이 전하는 바에 따르면, 그는 방탕한 생활로 노년을 보냈다![14] 이것은 9장에서 이야기하는 융의 자기조절적 보상 개념을 보여주는, 투박하지만 재미있는 예다.

왜 중년기 이후에 특히 이런 보상 과정이 두드러질까? 인생 전반에는 젊은 사람들이 부모 그리고 집과의 정서적 관계를 끊고, 사회에서 지위를 얻으며 새로운 가정을 만들면서 자신을 별개의 독립체로서 확립하는 데 주로 관심을 갖는다고 융은 생각했다. 이 모두를 이뤘을 때, 어쩌면 아무런 목표도 없고 나아갈 방향도 확실하지 않다고 느껴 우울해지는 것은 당연한 일인지도 모른다. 이런 문제를 해결하는 융의 방법은 9장에서 이야기한다.

융이 중년의 위기를, 그동안 무시되어온 자아의 측면들이 인정받고자 재출현하는 것이라는 관점에서 이해한 반면, 다른 관찰자들은 다른 생각을 가지고 있었다. 그 가운데 한 사람이 엘리엇 제이퀴즈로, 그의 논문 「죽음과 중년의 위기Death and the Mid-Life Crisis」[15]는 고전이 되었다. 엘리엇 제이퀴즈는 존스홉킨스 대학에서 의학 학위를 받고 하버드 대학에서 사회관계 박사학위를 받았으며, 또 클라인학파의 분석가로서 훈련을 받았다. 그는 몇 년 동안 웨스트런던에 있는 브루넬 대학의 사회과학부 학부

장을 지냈다. 제이퀴즈는 산업관계에 관심을 가진 극소수의 정신분석가 가운데 한 사람이다. 산업 경영에 관한 그의 연구는 널리 알려질 만하다.

제이퀴즈는 "대단한 인물들의 창의적인 노력이 중년과 삼십대 후반에 위기에 처하는 경향이 뚜렷하다"는 사실을 알고서 중년의 위기에 관심을 갖게 되었다.

이 위기는 세 가지 다른 방식으로 나타날 수 있다. 창의적인 작업이 줄어들거나 실제 죽음을 맞이해서 창의적인 경력이 그냥 끝날 수도 있고, 창의적인 능력이 처음으로 드러나 표출되기 시작할 수도 있으며, 또는 창의성의 질과 내용에 결정적인 변화가 일어날 수도 있다.

제이퀴즈는 무작위 표본으로 특별한 재능을 가진 창의적인 인물 가운데 310명을 연구해서 35~39세에 사망률이 급등한다는 사실을 알아냈다. 이 집단에는 모차르트, 라파엘로, 쇼팽, 랭보, 퍼셀, 보들레르, 바토가 포함되었다.

창의적 작업이 '줄어드는' 예로, 제이퀴즈는 장 바티스트 라신을 든다. 라신은 13년 동안 성공을 거두었고 서른여덟 살의 나이에 『페드르』로 절정에 이르렀다. 이후 12년 동안 그는 아무것도 창작하지 못했다. 또 다른 예는 벤 존슨(17세기 초 영국의 극작가)이다. 그는 마흔세 살에 최고작을 모두 썼다. 이후 계속해서 가면극과 다른 희곡들을 쓰기는 했지만 일반적으로 흥미로움이 덜하다고 여겨진다.

서른세 살에 은행 일을 그만둔 폴 고갱은 중년기가 되어서야 예술가로 활동하기 시작한 분명한 사례다. 조지 엘리엇은 거의 마흔 살이 되도록 소설을 쓰지 않았다. 프로이트는 최초의 정신분석 책인 『히스테리 연구Studies in Hysteria』를 서른아홉 살이 되어서야 발표했다.

도나텔로(초기 르네상스 시대에 활동한 이탈리아의 조각가)와 요한 볼프강 폰 괴테는 삼십대 후반에 상당한 스타일의 변화를 보인 천재적인 인물의 예로 거론된다. 제이퀴즈는 헨리크 입센을 언급했을지도 모른다. 입센이 『브란Brand』을 발표해서 상당한 성공을 거둔 것은 서른여덟 살이 되어서였다. 동시에 그의 태도, 외모, 심지어 필체까지 상당한 변화를 겪었다.

제이퀴즈는 젊었을 때는 굉장히 멀게 보이는 가능성인, 자신이 죽을 수밖에 없다는 사실을 진실로 인식하게 되는 시기로서 중년기의 의미를 설명한다.

그는 젊을 적에는 창작이 치열하고, 자연발생적이며, 서정적이고, 신속한 경향이 있다고 주장한다. 중년의 위기 후에 작품들은 좀더 '조각처럼 뚜렷'해진다. 다시 말해 좀더 세심히 고려되고, 철저히 연구되며, 외면화된다. 그는 전자의 창의성을 청춘의 이상주의 그리고 낙관주의와 연관시키며, 한 예로서 퍼시 비시 셸리를 든다. 셸리의 아내에 따르면, 셸리는 인간이 그렇게 하기로 작정하기만 한다면 세상의 모든 악이 사라질 것이라고 생각했다.

클라인의 관점에서 보면, 이런 이상주의적인 태도는 현실에 대한 무의식적인 거부와 조증적 방어 기제의 활용을 바탕으로 한다. 중년에 일어나는 변화는 자아 안에 존재하는 증오와 파괴적인 충동을 인정한 것에 더해서 죽음이라는 현실을 받아들이고 수용한 결과다. 제이퀴즈는 '건설적인 체념'이라는 말을 쓰는데, 이것은 이런 태도의 변화를 적절히 표현한다. 성숙한 통찰은 평온함으로 이어지고 이것이 예술가의 작품에 드러난다.

제이퀴즈는 단테가 서른일곱 살에 피렌체에서 추방당한 후 쓰기 시작한 『신곡』의 도입부를 인용해 자신의 논지를 상당히 설득력 있게 설명한다.

인생길 중간에

내가 어둑한 숲 속에 있다는 걸 알았네,

올바른 길에서 벗어나 길을 잃은 까닭에.

아아! 얼마나 힘든 일인지

그 거칠고 황량한 곳의 황폐함을 말로 표현하기란,

생각만 해도 두려움이 되살아나네!

그건 죽음 못지않게 쓰라렸지.[16]

제이퀴즈는 이 시가 시인이 처음으로 죽음을 의식하면서 똑바로 마주한 일을 이야기하고 있다고 주장한다. 마침내 천국으로

가는 길을 찾기 전, 그는 베르길리우스의 안내를 받아 지옥과 연옥을 거쳐야 한다.

창의적인 사람들이 겪는 중년의 위기는 일반적인 보통 사람들에게는 맞지 않는다고 주장할지도 모른다. 하지만 나는 천재들의 경우 그들의 작품에 기록되기 때문에 좀더 쉽게 파악할 수 있을 뿐, 평범한 사람들한테서도 이런저런 형태로 그것이 일어난다는 제이퀴즈의 말에 동의하게 된다. 실제로 성년에 일어나는 변화는 아마도 창의적인 예술가들이 남긴 기록을 검토함으로써 가장 잘 연구할 수 있을 것이다. 평범한 사람들이 성인기에서 죽음에 이르기까지 겪는 변화를 종적으로 연구하기란 여전히 어렵다. 내가 앞서 이런 방향의 시도를 언급하기는 했지만 말이다. 하지만 많은 경우 삼십대 후반 또는 사십대 초반 즈음에 흔히 급격한 감정의 변화를 동반하는 태도의 변화가 일어난다는 점에 대해서는, 굉장히 다양한 이론적 관점을 가진 관찰자들 사이에서 분명히 의견이 일치한다. 이런 변화가 어느 정도로 우리가 가진 특정한 문화의 산물인지는 결론 내리기 어려운 문제다.

융과 제이퀴즈는 중년의 위기로 구별되는 성년의 두 주요 시기를 묘사한다. 하지만 창의적인 사람들의 경우, 비평가들은 흔히 두 가지 시기보다는 세 가지 시기를 규정하고 있다. 이른바 '세 번째 시기'는 특히 흥미롭다. 이에 대해서는 다른 글에서 상세히 썼기 때문에,[17] 여기서는 짧게만 언급하려 한다. 예술가 생애의 첫 번째 시기는 기량을 익히는 때로, 그가 여전히 자신의 교사들에게 빚지고 있음을 다양한 정도로 보여준다. 두 번째 시기는 예술가가 기량을 숙달하고 또 자신을 표현하는 개인적인 방식을 발견하는 때다. 일부 예술가는 어렵지 않게 이 두 번째 시기에 이른다. 자코메티 같은 일부 예술가는 극도의 고뇌를 거치고서야 개인적인 통찰의 정수에 이를 수 있었다. 가장 위대한 천재들 가운데 많은 이가 모차르트, 슈베르트, 멘델스존, 퍼셀, 그리고 앞서 언급한 다른 이들처럼 요절한 까닭에 이 두 번째 시기를 넘기지 못했다.

중년의 위기는 서른다섯과 마흔다섯 살 사이에 일어날 수 있다. 한 예술가가 충분히 오래 살아서 세 번째 창작 시기에 들어섰다고 말할 수 있을 때는 대개 오십대나 육십대일 것이다.

세 번째 시기의 작품들에서 예술가는 외부보다는 내면을 들여다본다. 대중의 관심을 끌기보다 내적 과정에 관심을 둔다. 흔히 세 번째 시기의 작품들은 형식에서 비관습적이다. 그것들은 아주 다른, 초개인적인 경험의 영역을 탐구하는 것 같고, 이런 이유에서 불가해하게 보일 수도 있다. 베토벤의 마지막 사중주곡은 방금 말한 모든 특성을 보여주는데, 처음에는 지독히 '어렵다'고 여겨졌다. 1827년 베토벤이 죽고 20세기가 시작되기까지, 이 마지막 5곡의 사중주곡들이 연주되는 경우는 드물었다. 오늘날 이 곡들은 우리가 가장 소중히 여기는 음악에 속한다. 하지만 음악을 아는 사람들은 모두가 이 마지막 사중주곡들이 작품 18번의 여섯 곡 또는 대개 중기에 속하는 것으로 분류되는 다섯 곡의 사중주곡과는 전혀 다른 범주에 속한다는 데 동의한다.

리스트, 브람스, 리하르트 슈트라우스, J. S. 바흐의 작품에서
도 동일한 후기의 변화를 볼 수 있다. 헨리 제임스의 소설들에서
도 마찬가지다. 그의 세 시기를 때로 농담 삼아 제임스 1세, 제임
스 2세, 늙은 참주 제임스(제임스 2세의 아들 제임스 프랜시스 에드
워드 스튜어트를 말한다) 시기라고 한다.

미켈란젤로는 흥미로운 예술가의 한 사례로, 제이퀴즈는 그가
중년인 마흔 살에서 쉰다섯 살 사이에 오랜 휴경기를 가졌다고
주장한다. 제이퀴즈는 미켈란젤로가 시에 눈을 돌렸다는 말은
하지 않는다. 미켈란젤로의 대다수 소네트는 기나긴 삶의 마지막
30년 동안 썼었다. 미켈란젤로의 마지막 조각인 「론다니니의 피
에타」에서 만년의 양식 변화를 감지할 수 있다. 미켈란젤로는 여
든아홉 살의 나이로 죽기 엿새 전까지도 이 조각을 작업하고 있
었다. 마이클 에어턴(영국의 화가이자 작가)은 미켈란젤로의 소네
트에 대한 서문에서 이 조각을 이렇게 묘사했다.

「론다니니의 피에타」는 불필요한 것이 제거되고, 꾸밈이 없으며,
소극적이고, 참을성이 있는 조각상이다. 이 티탄원래는 제우스를 중심으
로 한 올림포스 신들이 통치하기 전에 세상을 다스리던 거대하고 막강한 신의 종족으로 여
기서는 예수를 가리킨다은 지쳐서 힘이 빠져, 홀쭉하고 깨지기 쉬운 돌
껍데기 안에는 영혼만이 남아 있다. (…) 바닷물에 씻긴 뼈처럼 가
늘고 닳은 죽은 그리스도는 잠이 지진과 거리가 먼 만큼이나 「최

후의 심판」에 나오는, 모든 것을 이겨낸 운동선수「최후의 심판」에서 예수는 근육질의 당당한 체격으로 묘사되어 있다와는 거리가 멀다. 주제가 사라지고, 무게감이 사라지고, 관절은 더 이상 힘을 표현하지 않는다. 「론다니니의 피에타」에는 고요한 중심이 있다.[18]

삶이 끝나가는 무렵에도 여전히 심리 변화는 일어난다는 점에 대해서는 더 이상의 말이 필요 없다. 흔히 대인관계에 대한 관심이 줄어들기는 한다. 융과 프로이트는 팔십대까지 살았고, 두 사람 다 추상적 관념을 위해 정신치료에 대한 관심은 거의 버렸다. 관습적인 성취나 다른 사람들에게 감명을 주는 데 관심을 갖는 대신 불필요한 것들을 제거하길 원하고 본질적인 것에 대해 더 큰 관심을 보인다. 우리가 아는 한, 인간은 죽음이 닥치리라는 사실을 알 수 있는 유일한 생명체다. 그런 인식은 놀라울 정도로 정신을 집중시킨다. 그는 세속적인 목표와 애착에서 벗어나 자기 내면의 뜰을 일구는 데로 관심을 돌려 죽음을 준비한다. 이것은 분명 제이퀴즈의 '건설적인 체념'을 에릭슨의 '자아통합' 그리고 융의 '개별화 과정'(개성화 과정)과 연결 짓는 공통 요소다.

우리는 중장년층과 노인층의 비율이 꾸준히 증가하는 문화 속에 살고 있다. 실업이 큰 문제가 되는 동시에 직장 스트레스의 증가로 사람들은 조기 퇴직을 모색한다. 심리학자와 정신과 의사들은 성인 발달에, 그리고 나이든 사람들에게 일어나는 심리 변화에 대한 이해를 높이는 데 좀더 관심을 기울이는 게 중요하다. 여전히 대개 퇴직을 무능해서 일을 그만두는 것으로, 그래서 흔히 우울증을 동반하는 것으로 보는 것이 사실이다. 상당수의 사람이 배우자를 잃은 직후에 사망한다는 사실은 널리 알려져 있다. 통계를 제시할 수는 없으나, 나는 퇴직한 직후에 사망하는 사람들의 수에 깊은 인상을 받는다. 나의 친구이자 『뉴스테이츠 먼New Statesman』(지식인을 대상으로 하는 영국의 정치·학예 주간지)의 유명한 편집자인 킹즐리 마틴은 퇴직을 몹시 두려워했다. 자기가 아는 편집자들이 모두 퇴직하고 2년 안에 죽었기 때문이라고 그는 말했다. 퇴직하고 3년이 안 돼서 그는 뇌졸중을 일으켰다. 비록 죽지는 않았지만 사실상 건강을 회복하지 못했다.

우리가 창의적인 사람들한테서 일어난다고 알고 있는 과정이 일반적인 양상의 예들이라는 점, 다시 말해 정상적인 인간 발달에 속하는 것이라는 점, 적절히 통제된 연구를 통해 증명된다고 생각해보라. 은퇴에 대한 우리의 태도가 달라질지 모르고, 그래서 노령 인구의 건강 및 행복 유지 가능성이 개선될지 모른다. 만약 퇴직이 자아 발달의 기회, 그리고 패배보다는 완수로 여겨질 수 있다면, 지금 퇴직을 두렵게 여기는 상당히 많은 사람의 행복이 크게 증가할 것이고, 또 그들이 젊은 사람들에게 길을 내주도록 촉진할 것이다. 어쩌면 우리 모두가 쉰 살에 은퇴해야 한다. 예측 가능한 미래에 대부분의 서구 국가에서 실업자 수가 줄어들 현실적인 전망은 없어 보인다.

×

정신분석과 창의성: 프로이트

×

×

예술과 예술가들에 대한 프로이트의 글은 전체 저작에서 비교적 작은 부분에 지나지 않지만, 영어 표준판 편집자들이 "주로 또는 대체로 예술, 문학, 또는 미학 이론을 다루는"[1] 글과 관련해 만든 참고문헌 목록에는 22개나 올라 있다. 프로이트의 연구 작업에 대해 공부하는 학생이라면 모두가 그의 논문 「레오나르도 다빈치」 「미켈란젤로의 모세 상」 「도스토옙스키와 존속살인」을 알 것이다.

프로이트가 시와 다른 문학 형식에 깊은 이해와 애정을 가졌다는 데는 의심의 여지가 없다. 그는 학교 교육을 통해 라틴어와 그리스어로 된 고전에 익숙해졌고, 평생에 걸쳐 독일어뿐 아니라 영어, 프랑스어, 이탈리어어, 에스파냐어로 된 책들을 폭넓게 읽었다. 신경증 연구와 치료를 위해 신경병리학을 포기한 후, 프로이트의 글은 다른 정신과 의사들의 글보다 소설가와 극작가, 특히 셰익스피어와 괴테에 대해 훨씬 더 많이 언급한다.

작가로서 프로이트의 재능은 일찌감치 인정을 받았다. 겨우 열일곱 살이었을 때 그는 친구 에밀 플루스에게 이렇게 썼다.

동시에 우리 교수님이 그러시더군(그런데 그분은 감히 이런 말을 한 최초의 인물이셔), 헤르더(18세기 독일의 철학자이자 문학가 요한 고트 프리트 폰 헤르더)가 아주 깔끔하게 "멍청한" 문체라고 한 것, 다시 말해 정확하면서 동시에 독특한 문체를 내가 가졌다고. 나는 이 놀라운 사실에 제대로 놀라 서둘러 이 기쁜 일에 대한 소식을 가능한 한 널리 퍼뜨렸지. 이런 일은 처음이거든. 예를 들어 넌 분명 아직까지 네가 독일의 문장가와 편지를 주고받고 있다는 걸 모르고 있다고 확신해. 그러니 이제 내가 그것의 확정적 권리를 가진 사람이 아니라 친구로서 충고하지. 그 편지들을 보관해두라고. 묶어서 잘 간수하란 말이야. 누가 알겠어.[2]

1930년 프로이트는 프랑크푸르트시가 수여하는 괴테문학상의 네 번째 수상자가 되었다. 만약 문학적인 문체를 이해하지 못했다면 프로이트 자신이 그렇게 글을 잘 쓸 수는 없었을 것이다. 하지만 다른 예술에 대한 미학적 이해는 훨씬 부족했다. 예를 들어 프로이트에게 음악은 실로 혐오스러웠다. 프로이트가 소년일 때 누이 안나가 음악 수업을 받기 시작했다. 하지만 누이가 연습하는 소리가 이 신동wunderkind의 공부를 방해해서, 프로이트의 부모는 불쾌감을 주는 피아노를 방에서 치워버렸다. 프로이트의 자녀들은 집에서 음악을 하도록 허락받지 못했고, 조카 하리는 프로이트에 대해 이렇게 썼다. "삼촌은 음악을 경멸했고 그저 침해로만 여겼다. (…) 삼촌은 연주회에 가지 않았으며 극장에도 거의 가지 않았다."[3] 프로이트가 음악에 관심이 있었다면,

미학적 형식에 더 많은 주의를 기울이지 않을 수 없었을 것이다. 음악의 내용은 말로써는 정확히 정의할 수 없고, 적어도 고전 음악에서는 작곡가가 선택한 형식에 그 효과를 많이 의존하기 때문이다. 하지만 프로이트가 논문 「미켈란젤로의 모세 상」에서 겸손히 인정한 대로 미학적 형식은 그에게 여전히 이해할 수 없는 것이었다.

나는 동시에 내가 예술 전문가가 아니라 그야말로 비전문가라고 말할 수 있다. 내가 예술작품의 형식상·기법상 특성보다는 그 주제에 더 강하게 끌리는 걸 나는 흔히 봐왔다. 예술가에게 예술작품의 가치는 다른 무엇보다 전자에 있겠지만 말이다. 나는 예술에서 사용하는 많은 방식과 그를 통해 얻은 많은 효과를 제대로 이해하지 못한다. 이런 말을 하는 것은, 내가 여기서 하고자 하는 시도에 대해 독자의 관용을 구하기 위함이다.

그렇지만 예술작품은 내게 강력한 영향력을 행사한다. 특히 문학작품과 조각작품이 그렇고, 보통 회화작품은 덜하다. 그래서 예술작품을 바라볼 때, 내 나름대로 이해하려고, 다시 말해 그 영향력이 무엇 때문인지 설명해보려고 애쓰며 그 앞에서 오랜 시간을 보내게 된다. 음악의 경우처럼 그렇게 할 수가 없으면, 나는 거의 어떤 즐거움도 얻을 수 없다. 합리주의적이거나 어쩌면 분석적인 나의 사고방식은 내가 왜 이렇게 영향을 받고 내게 영향을 미치는 것이 무엇인지 알지 못하고서는 그에 감동받는 것에 저항한다.

이로 인해 가장 위대하고 가장 저항하기 힘든 예술작품은 우리의 이해력에 여전히 풀리지 않는 수수께끼라는 명백히 역설적인 사실을, 나는 인정하게 되었다. 우리는 예술작품에 감탄하고 압도당하는 느낌을 받지만, 그것이 우리에게 무엇을 말하는지에 대해서는 말할 수 없다. 나는 이런 사실이 이미 언급된 적이 있는지 어떤지 충분히 잘 알지 못한다. 아마도 실로, 일부 미학 저자들은 예술작품이 가장 큰 효과를 성취하려고 한다면 이렇게 지적으로 당혹스러운 상태가 필요조건임을 알 것이다. 나는 심히 마지못해 나 자신이 그 필요성을 믿게 할 수 있을 뿐이다.[4]

프로이트의 포기 선언은 거짓 겸손이 아니었다. 그에게 시각미술에 대한 미학적 안목이 없었다는 사실은 또 다른 데서도 입증된다. 프로이트는 골동품, 특히 로마, 에트루리아, 아시리아, 이집트의 작은 조각품을 열렬히 수집했다. 1938년 6월 4일 프로이트가 나치 점령 하의 빈에서 영국으로 오기 며칠 전 5월에, 사진가 에드문트 엥겔만은 후세를 위해 베르크가세 19번지에 있는 저 유명한 저택의 모습을 기록했다.[5] 프로이트의 진찰실과 서재는 믿기 어려운 수의 작은 고대 조각상으로 넘쳐나는데, 아주 빽빽이 들어차 있어서 개개 조각상의 윤곽을 거의 알아볼 수 없다. 이 방들은 예술 애호가가 아니라 강박적인 수집가의 것이다. 프로이트는 언젠가 자신이 신경증을 앓는다면 그건 강박증 종류일 거라고 융에게 말했다. 그가 물건을 쌓아두고 배열해둔 방식은 이 말이 일리가 있음을 증명한다.

따라서 프로이트의 주된 관심은 예술작품을 표현하는 기법, 양식, 또는 방식이 아니라 그 주제에 있었다. 『자전 연구An Autobiographical Study』에서, 분석은 "예술적 재능의 본질을 규명하는 데서는 아무것도 할 수 없고 또 예술가의 작업 수단, 다시 말해 예술 기법을 설명할 수도 없다"고 프로이트는 썼다.[6] 게다가 도스토옙스키에 관한 논문에서는 "창의적인 예술가의 문제 앞에서 분석은 애석하게도 그 무기를 내려놓아야 한다"고 썼다.[7]

프로이트가 다루는 문제는 양식보다는 내용이었기에 꿈, 환상, 신경증 증상에 적용하는 것과 동일한 해석 방법을 예술작품에 적용하는 것은 당연했다. 예술가가 선택하는 주제와 그 주제를 표현하기 위해 선택하는 방법은 물론 부분적으로 시대의 관습을 따른다. 하지만 또 부분적으로는, 비록 예술가 자신이 그 연관성을 의식하지는 못할지라도 그의 개성과 개인사에 따라 결정된다.

프로이트의 방법을 보여주는 한 예로, 다른 무엇보다 레오나르도에 관한 글이 도움이 된다. 1910년의 이 논문은 최근에 다소 신빙성이 떨어졌다. 새가 꼬리로 레오나르도의 입술을 쳤다고 여겨지는 그의 환상 같은 기억에 대한 프로이트의 해석이 오역에 따른 것이라는 사실이 드러났기 때문이다. 새는 연이었고 독수리가 아니었다. 독수리는 어머니와 신화적 연관성을 갖는다고 볼 수 있는 반면 연은 그럴 수 없다. 하지만 이런 실수가 있다고 해서 프로이트가 내놓은 다른 해석들이 무효화되지는 않는다.

프로이트는 레오나르도가 강박적인 성격 특성을 가졌을 수 있다고 생각하기는 해도 신경증에 걸렸다고는 보지 않는다고 조심스럽게 말한다. 그는 얼마 안 되는 정보를 바탕으로 하기는 했으나 레오나르도의 동성애 성향을 설득력 있게 설명해낸다. 레오나르도는 사생아였고 태어나 첫 몇 년 동안은 어머니하고만 살았다. 아버지의 부재가 외로운 어머니의 과도한 애정 표현과 결합되어 이성애를 성취하기 어렵게 만들었을 거라고 프로이트가 생각한 것은 무리가 아니다. 프로이트가 레오나르도의 그림들을 논의할 때 그의 관심을 끄는 것은 그 내용이 레오나르도의 어린 시절과 갖는다고 여겨지는 관계다. 레오나르도의 그림 속 일부 인물의 얼굴에 보이는 저 유명한, 애매해 보이는 미소는 짐작건대 그의 어머니 얼굴에 보이던 것과 비슷한 미소에서 유래한다. 그리고 그의 일부 초상화에서 보이는 양성적인 외모는 레오나르도의 동성애 때문으로 여겨진다. 프로이트는 「성 안나와 함께 있는 성모 마리아와 아기 예수」라는 그림에 대해 상당히 자세하게 언급한다.[8] 많은 비평가가 살핀 대로, 성 안나는 딸인 성모 마리아보다 늙어 보이지 않는다. 프로이트는 먼저 레오나르도가 일찍이 그를 도맡아 보살피던 친모와 떨어져 양모와 친조모가 있는 가정에서 양육되었기에, 그의 머릿속에 어머니, 할머니, 아이라는 주제가 떠올랐으리라고 말한다. 프로이트는 계속해서 성모 마리아와 성 안나의 나이가 비슷해 보이는 점은 사실상 레오나르도가 두 어머니(친모와, 역시 레오나르도에게 헌신적이었다고 여겨지는 양모)를 두었던 사실을 반영하는 것일 수 있다고 말한다. 이런 주제는 예술가들이 거의 선택하지 않던 것으로 보이기에, 프로이트의 해석은 설득력을 갖는다. 하지만 이런 해석 방식은 구상예술에만 적용될 수 있다. 만약 프로이트가 마크 로스코의 캔버스를 마주한다면 뭐라고 할지 궁금하다. 또 프로이트의 해석은 항상 예술가의 성격으로 돌아간다고 해도 무리가 아니다. 말하자면 예술가에 대해서는 무언가를 드러내 보여줄지 모르지만 예술작품 자체에 대해서는 많은 것을 말해주지 않는다.

프로이트가 신경증 증상에 사용한 것과 같은 방식을 예술작품의 해석에도 사용했기 때문에, 그 둘을 구분하지 않았다는 주장이 때때로 제기되었다. 하지만 리처드 월하임(영국의 비평가)이 프로이트와 예술 해석에 관한 강연에서 지적한 대로, 프로이트는 정신이 작동하는 방식에 대한 일반 이론을 목표로 하고 있었으며 그의 예술 해석이 어쨌든 일견 그런 이론과 일관되어 보인다는 사실을 기억해야 한다. 우리는 모두 우리가 부분적으로만 의식하고 있는 욕구와 소망을 말과 행동에서 드러내고, 그에 대해 정신분석적 해석이 적용될 수 있다. 이런 종류의 검토에서 예술작품을 배제할 이유는 없다. 프로이트의 기획에서, 예술작품은 대체로 승화의 결과로 여겨진다. 말하자면, 본능적인 충동이 직접적인 표출을 우회해서 사회에 좀더 받아들여질 만한 것으로 변형되는 기제의 결과인 것이다. 승화는 엄밀히 말하면 방어 기제로 분류되지만, 안나 프로이트는 이를 "신경증 연구보다는 정상적인 사람들에 대한 연구와 더" 관련 있다고 말한다.9 하지만 승화가 정상적인 사람들이 사용하는 방어 기제라 하더라도, 프로이트는 분명 예술가들이 우리 대부분보다 승화를 더 많이 사용할 필요가 있거나 또는 사용할 수밖에 없으며, 따라서 평균보다는 신경증에 더 가깝다고 생각했다. 1917년 스물세 번째『정신분석학 입문』강의에서 프로이트는 이렇게 썼다.

다시 한번 말하지만, 예술가는 기본적으로 내향적인 사람으로, 신경증과 크게 동떨어져 있지 않다. 그는 강한 본능적 욕구에 과도하게 짓눌린다. 그는 명예, 권력, 부, 명성, 그리고 여성의 사랑을 얻고 싶어한다. 하지만 이런 만족을 얻을 수단이 부족하다. 그 결과, 불만에 찬 다른 사람들과 마찬가지로 현실을 외면하고 온 관심과 리비도를 소망하는 공상적인 삶을 건설하는 데로 전환하고, 이것이 신경증으로 이어질지 모른다.10

프로이트는 공상이 놀이에서 비롯되었다고 생각했고, 두 가지 활동을 부정적인 시각에서 봤다. 그의 관점에서, 이들은 현실을 거부하거나 외면하는 것이기 때문이다.

자라는 아이가 놀이를 그만두면 실제 대상과의 관계를 포기하는 것일 뿐이다. 그는 노는 대신 이제 공상에 잠긴다. 공중누각을 세

우고 이른바 백일몽이라고 하는 것을 만들어낸다.[11]

창의적인 작가는 놀이를 하는 아이와 동일한 일을 한다. 그는 공상의 세계를 만들어내고, 그것을 아주 진지하게 받아들이는(말하자면 엄청난 양의 감정을 거기에 투여하는) 동시에 철저히 현실과 분리시킨다.[12]

프로이트는 계속해서 공상의 본질에 대해 생각한다.

행복한 사람은 공상에 빠지지 않고 불만스런 사람만이 그런다고 단언할 수 있다. 공상의 원동력은 실현되지 못한 소망이고, 모든 공상은 소망의 실현, 불만스런 현실의 교정이다.[13]

공상에 잠긴다고 해서 모두가 신경증에 걸리는 것은 아니지만, 그리고 앞으로 보게 되듯이 창의적인 사람들은 특별한 경우로서 창의적인 능력으로 공상을 현실과 연결시킬 수 있기는 하지만, 공상은 위험한 활동이다. "신경증 환자들은 현실이 견딜 수 없다고 보기에 그것(그 전체나 일부)을 외면하"기 때문이다.[14]

삶을 시작하는 유아는 쾌락원칙에 지배되고 그가 추구하는 쾌락은 사실상 감각적이라고 프로이트는 생각했다. 욕구가 충족된 유아의 열반과도 같은 더없는 행복은 먹을 것, 따뜻함 등에 대한 "내적 욕구의 절대적인 요구"[15]로 인해 때때로 방해받을 것이다. 프로이트는 계속해서 이렇게 쓰고 있다.

이런 일이 일어나면, 생각하는(소망하는) 무엇이든 환각적인 방식으로 간단히 주어졌다. 현재 매일 밤 우리의 몽상에서 계속해서 일어나고 있는 것처럼 말이다. 기대한 만족의 불발, 실망스런 경험만이 환각에 의해 만족하려는 이런 시도를 포기하게 했다. 그 대신, 심적 장치는 외부세계의 실제 상황에 대한 이해를 형성하기로, 그리고 실제 상황에 실제 변화를 가하기 위해 노력하기로 결심해야 했다. 새로운 정신 작용의 원칙이 도입되어서, 정신에 주어지는 것은 더 이상 기분 좋은 것이 아니라, 비록 기분 좋은 것은 아닐지라도 현실적인 것이었다. 이런 현실 원칙의 수립은 중요한 단계인 것으로 드러났다.[16]

그래서 공상은 환각, 꿈, 현실 외면, 그리고 프로이트가 '1차 과정'이라고 한 유아적 방식의 정신 작용의 지속과 동일시된다. 외부세계에의 적절한 적응은 신중한 사고와 계획, 즉각적인 만족의 연기, 소망을 충족시키는 공상의 포기에 의해 이뤄진다. 프로이트는 이렇게 썼다.

예술은 두 가지 원칙 사이의 조화를 특유한 방식으로 성취한다. 예술가는 원래 현실을 외면하는 사람이다. 그는 자신이 처음에 요구하는 본능적인 만족의 포기를 받아들일 수 없고, 자신의 성적이고 야심적인 소망을 공상적인 삶에서 마음껏 만족시키기 때문이다. 하지만 그는 자신의 공상을 새로운 종류의 진실로 주조해내는 특별한 재능을 이용함으로써, 이 공상의 세계에서 현실로 되돌아가는 길을 찾는다. 사람들은 이 새로운 종류의 진실을 현실의 소중한 반영으로서 가치 있게 여긴다. 그래서 그는 실로 외부세계에 변화를 가하는 긴 우회로를 따르지 않고, 특정한 방식으로 사실상 영웅, 왕, 창조자, 또는 그가 되고 싶어하는 마음에 드는 사람이 된다. 하지만 그가 이를 성취할 수 있는 것은, 현실이 포기를 요구할 때 그가 느끼는 불만을 다른 사람들도 동일하게 느끼고, 쾌락원칙이 현실 원칙으로 대체되는 데서 생겨나는 불만 자체가 현실의 일부이기 때문일 뿐이다.[17]

이것은 분명 예술과 예술가 모두에 대해 낯선 개념이다. 예술가가 결국에는 이를 해내고 심지어 신경증에서 벗어날 수 있을지는 모르지만, 그의 예술은 여전히 만족을 얻는 간접적인 방법이고, 만약 그가 현실에 완전히 적응한다면 그것이 불필요할 것임을 암시한다. 예술가의 창작물을 감탄하며 바라보고 향유하는 사람들도 여전히 현실을 외면하고 공상을 바라보고 있다. 이것이 암시하는 바는 예술은 원래 현실도피적이고, 모든 사람이 쾌락원칙을 현실 원칙으로 대체할 만큼 충분히 성숙한 이상세계에서는 예술이 설 자리가 없을 것임에 틀림없다는 점이다. 하지만 초기 논문에서 프로이트는 이렇게 썼다.

하지만 창의적인 작가들은 소중한 동족이고 그들의 흔적은 매우 소중히 여겨질 것이다. 우리의 철학이 우리로 하여금 꿈꾸게 하지 못하는 하늘과 땅 사이 수많은 것을, 그들은 흔히 잘 알기 때문이다. 정신에 대한 지식에서, 그들은 우리 세인들보다 훨씬 앞서 있다. 그들은 우리의 과학이 아직 개척하지 못한 원천에 의지하기 때문이다.[18]

이것은 어쩌면 겉으로 보이는 만큼 예술가를 완전히 긍정하는 관점은 아니다. 프로이트는 일단 예술가가 의지하는 원천이 과학에 의해 개척되면 정신에 대해 많은 것이 알려져 창의적인 작가들의 예술이 필요치 않으리라고 암시하고 있기 때문이다. 이는 프로이트가 정신 작용의 두 가지 원칙에 관해 이야기한, 내가 이미 인용한 동일한 논문에서 과학에 대해 한 말로써 증명된다. 프로이트는 종교 또한 즉각적인 만족의 연기를 옹호한다고 말한 후에 이렇게 쓰고 있다.

종교는 내세에서의 보상을 약속하여 현세에서의 쾌락을 완전히 포기하게 할 수 있다. 하지만 이로써 종교가 쾌락원칙을 정복하지는 못한다. 그 정복의 성공에 가장 가까운 것은 과학이다. 하지만 과학 또한 그것을 연구하는 동안 지적 쾌락을 제공하고 결국에는 실제적인 이익을 약속한다.[19]

그래서 과학은 공상의 포기, 즉각적인 만족의 연기, '2차 과정'의 정신 작용, 현실 적응이라는 생각과 동일시될 것이다. 프로이트는 사고가 해소를 제한하는 역할을 한다고 말한다.

사고는 해소 과정이 연기되는 동안 증가하는 자극에 대한 긴장을 심적 장치가 견딜 수 있게 하는 특성을 가졌다. 그것은 본질적으로 실험적 작용으로, 심적 장치의 소모(해소)를 줄이는 데 더해 비교적 적은 양의 카섹시스cathexis, 정신적 또는 성적 에너지를 어떤 방향 또는 어떤 대상이나 인물에 집중시키거나 투여하는 것을 말한다의 전이를 동반한다.[20]

프로이트는 또 "외부세계의 자료를 정신적으로 숙달하는 것이 사고의 주요 기능 가운데 하나"라고 썼다.[21]

지적 작용이 즉각적인 자극에 대한 반응을 연기하는 능력과 관련 있다는 프로이트의 생각은 분명 옳았다. 데이비드 스텐하우스는 『지능의 진화Evolution of Intelligence』에서 지능적인 행동은 "평생 동안 적응적으로 변화할 수 있는 개인의 행동"이라고 정의한다.[22] 진화 정도가 낮을수록 행동이 가변적이지 않고, 미리 프로그램되어 들어오는 자극에 대해 융통성 없고 불변하는 반응들로 구성되어 있을 가능성이 많다. 스텐하우스는 이렇게 말한다. 만약 지능적 행동의 진화가 일어난다면,

가장 중요한 요소는 그것이 개별 동물에게 자극 상황에 대해, 늘 정해진 대로 본능적인 일련의 행동을 개시하여 완료행동먹는 것이나

교미와 같은 본능적인 행동은 그것을 추구하는 욕구행동과 그 욕구를 만족시키는 완료행동
의 조합이다에서 끝나는 방식으로 반응하지 않는 힘을 부여한다는 것이다. 이렇게 반응하지 않는 힘은 완전한 능력일 수도 있고, 아니면 단지 그런 반응을 지연시키는(말하자면 일시적으로 보류하는) 능력일 수도 있다. 하지만 이 힘이 없으면 적응하여 행동을 변화시킬 가능성은 부정될 것이다.[23]

하지만 프로이트가 생각하는 것처럼 과학적 사고가 실로 공상의 영역과 그렇게 동떨어진 것일까? 과학적 가설이 받아들여지려면 현실세계와 연관성이 있어야 하고, 현실세계가 어떻게 작동하는지에 대한 우리 이해를 높이는 것으로 증명되어야 한다는 점은 분명하다. 비록 과학은 가설에 대한 반박으로 발전하고 각 과학 이론은 궁극적으로 훨씬 더 많은 현상을 파악하는 다른 이론에 의해 대체되지만, 각각의 이론은 실험으로 증명되고 외부 현실과 부합함을 보여주어야 한다. 하지만 과학적 가설을 증명하는 것은 부차적이다. 과학적 사고는 이야기나 다른 창의적인 활동과 정확히 똑같은 방식으로 공상에서 비롯된다. 아인슈타인은 자신의 창의적인 성과를 수학자와 물리학자로서의 능력이 아니라 상상력 덕분으로 돌렸다. 아인슈타인이 '사고'를 정의하려는 글은 인용해볼 만하다.

정확히, 사고란 무엇일까? 감각인상을 받아들일 때 기억의 심상들

이 모습을 드러낸다. 이것은 아직 '사고'가 아니다. 하지만 그런 일련의 많은 심상에서 특정한 심상이 나타나면, (바로 이런 귀환을 통해) 그것은 그 자체로는 연결되지 않는 일련의 심상을 연결한다는 점에서 그것들의 배열 요소가 된다. 이런 요소는 하나의 매개체, 하나의 개념이 된다. 자유연상이나 '꿈'에서 사고로의 이행은 거기서 '개념'이 하는 대체로 지배적인 역할에 의해 특징지어진다고 나는 생각한다. 개념이 꼭 감각적으로 인식할 수 있고 재생할 수 있는 기호(말)와 연관되어야 하는 것은 아니다. 하지만 그렇게 되면, 사고는 그것의 도움으로 전달할 수 있는 사실이 된다.[24]

아인슈타인은 계속해서 사고란 '개념을 이용한 자유로운 유희'이며, 이런 사고(이는 여전히 '진리'에 대한 합의와는 동떨어진 것일 수 있다)가 갖는 정당성은 이런 방식으로 사고를 하는 사람이 자신을 감각 경험으로부터 해방시킬 수 있다는 것이다. 아인슈타인은 『사망기사를 위한 기록Notes for an Obituary』에서 이렇게 썼다. "이 세계를 주관적인 모든 것을 배제한 사고에 의해 인식하는 것이 부분적으로는 의식적으로, 또 부분적으로는 무의식적으로 나의 최고 목표가 되었다."[25] 대부분 사고가 언어의 사용 없이 일어나며 상당한 정도로 무의식적이라고 아인슈타인은 확신했다. 프로이트는 아인슈타인의 이 말에 동의했을 것이다. 실제로 프로이트는 이렇게 썼다. "단순한 관념의 제시를 넘어서 사물들에 대한 인상들 간의 관계로 향하는 한 사고는 원래 무의식적이며, 언어적 잔여물과 연관되기까지는 의식에 인식될 수 있는 더 이상의 특질을 습득하지 않는 것 같다."[26] 하지만 프로이트는 계속해서 이렇게 말한다.

현실 원칙의 도입과 더불어 한 가지 종류의 사고활동이 분리되었다. 그것은 현실성 검증으로부터 자유롭고 오로지 쾌락원칙에 종속되었다. 이 활동은 공상하기다. 그것은 이미 아이들의 놀이에서 시작되어, 나중에 백일몽으로 계속되며, 실제의 대상에 의존하기를 포기한다.[27]

하지만 인간 정신의 가장 위대한 성취는 오로지 인간이 실제의 대상에 의존하기를 포기할 수 있기 때문에, 다시 말해 공상할 수 있기 때문에 가능하지 않을까? 아인슈타인이 "개념을 이용한 자유로운 유희"라고 정의한 사고는 프로이트가 경멸하는 투로 공상이라고 일축한 것의 한 가지 형태가 아닐까? 프로이트는 공상이 항상 현실도피적이라고 여겼지만, 꼭 그런 것은 아니며, 꿈 역시 그렇지가 않다.

현실을 구성하는 것으로 보이는 몸과 신체 감각으로부터 사고가 너무 멀리 벗어나면 프로이트는 마음이 편치 않았던 것 같다. 프로이트의 해석은 항상 아름다움 같은 추상적인 개념을 물리적인 어떤 것으로 축소하려고 애쓴다. 예를 들어 프로이트는 이렇게 쓰고 있다. "내 생각에 '아름답다'는 개념은 성적 자극에 그 뿌리를 두고 있으며 그 원래 의미가 '성적으로 자극적'이라는 것은 의심의 여지가 없다."[28]

아인슈타인에게 창의적인 사고는 가능한 한 감각 인상과 동떨어진 것이어야 했다. 그는 후자를 신뢰할 수 없다고 여긴 까닭이다. 아인슈타인은 "'실제 외부세계'를 설정하는 첫 단계는 다양한 종류의 물질 대상에 대해 개념을 형성하는 것이라고 생각한다"고 썼다. 프로이트는 여기까지는 아인슈타인에게 동의했을 것이다. 하지만 아인슈타인은 계속해서 이렇게 말한다.

두 번째 단계는 (우리의 기대를 명확히 하는) 우리의 사고 속에서, 우리가 이 물질 대상의 개념에 의미를 부여한다는 사실에서 발견될 것이다. 그 의미는 원래 그 개념을 낳은 감각 인상에 매우 의존한다. 이것이 바로 우리가 물질 대상에 '실재성'을 부여할 때 의도하는 것이다. 이런 설정의 정당성은 오로지 우리가 그런 개념들과 그것들 사이의 정신적 관계의 도움을 받아 감각 인상의 미로 속에서 우리의 위치를 알 수 있다는 사실에 있다. 이들 개념과 관계는 비록 우리 사고의 자유로운 진술이기는 하지만, 우리에게 개인의 감각 경험 자체보다 더 강력하고 더 변경할 수 있는 것으로 보인다. 이것들이 환영이나 환각의 결과와는 다른 특징을 갖는다고는 완전히 확신할 수 없다.[29]

아인슈타인의 새로운 우주 모형은 자신을 '실제 대상'으로부터 해방시킬 수 있는 그의 능력에 따른 것이었다. 실제로 특수상대성이론을 구상하기 위해, 그는 자신이 지구 거주자라는 사실에 내포된 주관적인 편견에서 벗어나 빛에 가까운 속도로 여행하는 관찰자에게 우주가 어떻게 보일지 상상해야 했다. 이것은 공상이 아닐까? 비록 나중에 뉴턴의 모형에 맞지 않는 현상을 설명하기 위한 실험에 의해 증명된 공상이기는 하지만 말이다.

내가 프로이트와 의견을 달리하는 것은 의미의 문제에 지나지 않는다고 인정해야 할지 모른다. 아마도 프로이트와 나는 공상을 서로 다른 의미로 사용하고 있다. 현실도피적인 공상과 게으른 백일몽 같은 것이 존재한다는 것은 분명한 사실이다. 이런 것들은 '연애'소설이나 이언 플레밍의 제임스 본드 소설 같은 하위 형태의 창의적 활동에서 제 역할을 한다. 하지만 모든 공상이 이런 종류는 아니다. 프로이트는 '실제 대상'에 의존하지 않는 모든 정신활동은 단지 소망 실현에 지나지 않는다고 확신했다. 하지만 놀이를 통해 싸움, 사냥, 성관계 같은 성인 활동에 대한 준비를 해서 그런 활동으로 나아갈 수 있는 것처럼, 공상도 선행하는 훈련의 한 형태일 수 있다. 나는 만만찮은 강의에 대해 자주 공상에 빠졌다. 그리고 청중의 혹평과 전문가의 검증에 대한 공상은, 그런 공상을 하지 않았을 때보다 발표를 더욱 세심히 하게 만들었다.

프로이트의 꿈 이론도 마찬가지로 의심의 여지가 있다. 프로이트는 특히 꿈 이론에 열렬했다. 『꿈의 해석』 영어판 3판 서문에서 그는 "이 같은 통찰은 평생에 단 한 번 찾아온다"고 쓰고 있다.[30] 프로이트 스스로도 자신이 처음 꿈을 진지하게 연구한 집에 언젠가 대리석 명판이 놓이리라는 공상에 빠져들었다. 여기에는 "1895년 7월 24일 여기서 꿈의 비밀이 지그문트 박사에게 모습을 드러냈다"고 쓰일 터였다.[31] 프로이트가 가장 자부심을 가졌던 발견이 비판적 검증을 견뎌내지 못한다는 것은 얄궂은 일이다. 프로이트가 공을 들인 꿈 이론은 모든 꿈, 심지어 악몽이나 불안한 꿈도 소망을 실현하려는 시도이며, 모든 꿈은 최근 정신생활에서 온 소망의 실현뿐 아니라 유아기부터 시작된 소망의 실현을 의미한다고 주장한다. 이들 소망은 대부분 용인할 수 없는 것이기에 꿈에서 위장된 형태로 나타난다. 꿈꾸는 사람이 실제로 기억해내는 것은 그 꿈의 '드러난 내용'일 뿐이다. 꿈의 진정한 의미, 이른바 '잠재하는 내용'은 꿈꾸는 사람이 꿈에 나오는 이미지에 대해 연상하는 내용이 정신분석을 통해 면밀히 검토되고 해석될 때만이 드러날 수 있다.

꿈의 기능은 공격적이거나 성적인 소망을 위장하여 표현함으로써 잠을 유지하는 것이라고 프로이트는 생각했다. 만약 이런 소망들이 위장되지 않은 형태로 꿈에 나타날 수 있다면, 꿈을 꾸는 사람을 깨울 가능성이 크다.

꿈은 일상의 언어로 말하지 않지만, 모든 꿈이 용인할 수 없는 무언가를 감추고 있다는 증거는 사실 없다. 일부는 분명히 맞는 말이지만, 모든 꿈이 실현되지 못한 소망을 드러낸다고 믿을 만한 충분한 이유도 없다. 프로이트 자신은 사고나 폭발 같은 "정신적 외상을 초래하는" 사건을 겪은 사람들의 꿈을 검토할 때는 예외로 쳐야 한다고 인정했다. 그런 사람들은 흔히 그 사건 자체가 위장되지 않은 형태로 재발하는 꿈을 꾼다. 프로이트는 이런 경우에, 꿈은 충격적인 자극을 받아들이거나 제어하려는 시도일 거라고 짐작했는데, 꿈을 이렇게 보는 방식이 사실은 프로이트의 원래 이론보다 더 유익하다.

1900년대 초 수년 동안 프로이트와 협력하다가 결별하고 자신의 학파를 만든 융은 꿈에 대해 아주 다른 관점을 가졌다. 그는 꿈이 은폐라고 생각하지 않고 상징적인 언어로 표현된다고 여겼다. 이 상징적인 언어는 이해하기 어려울지 모르지만 본질적으로 자연스런 인간 표현의 한 형태였다. 시는 또 다른 종류의 인간 표현이다. 시에서는 상징과 은유가 두드러진 역할을 하지만, 그렇다고 해서 우리는 대부분의 시가 의도적으로 애매하게 하는 것이라고 생각하지는 않는다.

꿈은 흔히 해결되지 못한 문제와 관련 있어 보인다. 내가 한때 알던 남자는 상점의 진열창을 들여다보고 있는 꿈을 꾸었다. 그 안에는 정사각형 받침대에 아름다운 여자가 서 있는 작은 조각품이 있었다. 작은 조각상과 받침대 모두가 반투명한 재료로 만들어져서 꿈을 꾸는 사람은 받침대 아랫면에 글자가 새겨져 있음을 알 수 있었다. 그는 거기에 '인생의 비밀'이라고 쓰여 있음을 알았다. 하지만 그가 보는 방향에서는 글자들이 위아래 좌우로 뒤집혀 읽을 수 없었다. 찰스 라이크로프트 박사는 『꿈의 천진성The Innocence of Dreams』에서 놀랍도록 주제가 비슷한 꿈을 전한다.[32] 한 남자가 자신이 골동품 가게의 진열창에서 '진리'가 담긴 것으로 알고 있는 오래된 책에 관심을 기울이는 꿈을 꾸었다. 안에다 물어보자마자, 그는 그 책이 달리 알려지지 않은 임마누엘 칸트의 저작의 유일한 사본이라는 말을 들었다. 하지만 그것은 아무도 이해할 수 없는 언어로 쓰여 있었다.

이들 꿈은 그것들이 제기하는 문제에 대한 해결책을 제시하지 않는다. 대부분의 창의적인 영감은 실제로 잠을 자기보다 몽상의 상태에 있을 때 나오지만, 잠을 자는 동안 문제를 해결하거나 새로운 발상이 꿈에서 나오는 믿을 만한 사례들이 많다. 한 실험에서, 학생들은 여러 가지 어려운 문제를 제시받았다. 그들에게 잠자리에 들기 전 15분 동안 문제를 풀어보도록 했다. 많은 학생들이 문제와 관련된 꿈을 꾸었고 몇몇은 해결책을 찾았다고 보고했다. 사람들은 체스 경기를 하고, 대수 문제를 풀고, 회계장부의 오류를 찾아내는 꿈을 전했다. 로버트 루이스 스티븐슨은 『지킬 박사와 하이드』의 줄거리가 꿈속에서 떠올랐다고 말했다. 그리고 작곡가 주세페 타르티니는 한 곡에다 '악마의 트릴 소나타'라는 제목을 붙였는데, 악마가 바이올린을 집어들고서 그에게 그 곡을 연주해주는 꿈을 꾸었기 때문이다.

스탠리 팰럼보(미국의 정신과 의사이자 정신분석가)는 『꿈과 기억Dreaming and Memory』에서 꿈은 낮 동안의 정보를 처리하는 방법이라고 말한다.33 우리는 모두 엄청난 자극에 노출되고 많은 '정보'를 받아들인다. 이 정보 가운데 적은 부분만이 심지어 짧은 시간 동안밖에 기억되지 않을 것이다. 그리고 훨씬 더 적은 정보가 단기 기억 체계에서 장기 기억 저장소로 옮겨질 것이다. 하지만 우리의 환경 적응은 대체로 현재 경험을 과거 경험과 비교할 수 있는 능력에 달려 있고, 그것은 기억에 보관된다. 우리의 주의를 끄는 것은 낯선 것이고, 한편으로 우리는 익숙한 것을 당연하게 받아들인다. 하지만 오직 우리가 과거에 대한 기억을 가지고 있기 때문에 낯선 것을 낯선 것으로서 인식한다. 팰럼보는 꿈이 그날의 경험이 장기 기억에 배속되기 전, 과거 경험의 잔여물과 짝을 맞추는 과정이라고 생각한다.

이 꿈 이론은 왜 꿈이 흔히도 전날의 사건과 먼 과거로부터의 기억이 기이하게 뒤섞인 것처럼 보이는지 설명하는 데 어느 정도 도움이 된다. 일종의 훑어 내리는 과정이 있어서, 아마도 어울리는 것들을 선택하는데, 어울린다는 것은 시간상 같이 일어났기 때문이라기보다는 비슷한 감정 분위기를 공유하기 때문이다.

충격적인 경험을 제어하는 것과 관계가 있다거나, 때로 문제 해결을 위한 시도라거나, 정보를 처리하는 방식일 거라는 등 다양한 꿈 개념을 통합해보면, 어떤 면에서 꿈은 정신이 자신의 경험을 질서 지으려는 시도라고 감히 말할 수 있을지 모른다. 아주 많은 꿈이 이야기 형태로 나타난다는 사실이 이를 증명해준다. 그 이야기는 꿈의 다양한 일화를 서로 연결하지만, 이 일화들 각각은 터무니없거나 어울리지 않아 보일 수 있다.

많은 형태의 놀이 역시 질서짓기와 관련 있다. 네덜란드 역사가 요한 하위징아가 『호모루덴스』에서 놀이는 온갖 문화적 표현이 뿌리를 내리고 있는 원시의 토양이라고 생각한 점은 설득력이 있다. 우리는 놀이 없는, 공예도 미술도, 시도 음악도 갖지 못할 것이다. 하위징아는 이렇게 지적한다.

어떤 언어, 더 정확히 말해 한편으로 아랍어, 다른 한편으로 게르만어와 슬라브어에서는 악기 다루는 것을 '논다'고 한다. 동양과 서양 양측의 이런 의미론적 이해는 거의 차용이나 우연의 결과라고 할 수 없기에, 우리는 음악과 놀이 사이 관련성의 상징이 이렇게 두드러지는 어떤 뿌리 깊은 정신적 이유를 생각해야 한다.[34]

경기 역시 경험을 질서 짓는 하나의 방법이다. 경기는 경쟁 충동과 공격 충동을 규칙 체계 그리고 경기장 같은 한정된 영역이나 틀 안에서 통제해 표현하고 제어할 수 있게 한다.

그래서 프로이트가 현실도피 또는 환각으로 함께 묶은 놀이, 공상, 꿈이라는 세 가지 활동은 똑같이 적응으로, 그리고 현실로부터 벗어나기보다는 현실을 받아들이는 법을 배우는 방법으로, 외부세계와 내면의 정신세계 둘 모두의 경험으로부터 선택해서 새로운 조합을 만들어내는 방법으로 여겨질 수 있는 것 같다. 프로이트가 보기에 그랬던 것처럼, 이 활동들 가운데 어느 것도 '사고'와 동떨어져 있지 않다. 게다가 알다시피, 프로이트는 사고의 주요 기능이 외부세계의 자료를 정신적으로 숙달하는 것이라고 생각했다.

놀이, 공상, 꿈이 현실로부터 벗어나기보다는 현실을 받아들이는 법을 배우고 숙달하기 위한 시도라고 인정할 수 있었다면, 프로이트는 창의적인 예술가의 문제 앞에 항복하지도, 가장 위대한 예술작품이 그가 이해하기에 풀리지 않는 수수께끼로 느껴지지도 않았을 것이다. 예술과 과학은 아주 다른 활동이기는 해도 공통된 목표를 가지고 있다. 둘 다 복잡성 속에서 질서를, 다양성 속에서 통합을 추구하는 것과 관련 있다. 게슈탈트 심리학자들이 가장 먼저 주장한 대로, 패턴을 만드는 인간의 경향은 선천적이고 피할 수 없다. 우리는 3개의 점으로 삼각형을 만들지 않으면 그 점들을 보지 못한다. 인간은 현실에의 생물학적 적응의 일환으로서 경험을 공간적 시간적으로 질서지어야 한다. 그렇게 하도록 만드는 힘은 성性만큼이나 '본능적'이다. 프로이트가 그렇게 말하지는 않았으나, 그가 과학적 발견의 미적 측면을 이해했다고 나는 확신한다. 문제 해결이나 새로운 설명원리의 발명에는 강력한 만족감이 따라온다. '유레카' 경험은 미적 음미와 밀접한 관련이 있다. 우리가 회화나 음악에 대해 찬탄하는 것은 부분적으로, 안 그러면 일관성이 없거나 혼란스러워 보이는 것을 그 예술가가 질서 지어놓은 까닭이다. 프로이트가 이런 즐거움을 거의 인정하게 되었다고 볼 수 있는 것이 농담에 관한 그의 책에 나온다. 그는 모든 농담은 명확한 의도를 지닌다고, 다시 말해 농담이 성적이거나 공격적인 감정을 드러내는 방식이라고 보면서, 농담의 기교 자체가 즐거움의 원천이라고 마지못해 인정하고 있다. 어울리지 않아 보이는 것들이 서로 연결되어 있으면, 우리는 정신적 에너지의 소모를 절감할 것이라고 프로이트는 생각한다. 이는 다소 다양성이 적기는 해도, 즐거움을 가져다준다. 프로이트는 이를 '전희', 다시 말해 훨씬 더 큰 즐거움으로 이끌면서 그것을 가능하게 하는 가벼운 즐거움이라고 말한다. 작가가 자신의 공상을 위장하는 형식은 일종의 전희 또는 독자가 훨씬 더 깊은 무언가를 즐기도록 매수하려는 '장려금'이며, 작가는 작품의 상상적 내용이 용인될 수 있을 만하게 만들기 위해 매력적인 형식으로 옷을 입혀야 한다고 프로이트는 생각한다.

프로이트는 이드id가 형식이 현저히 부족한 쾌락원칙에 완전히 지배되는 본능으로 들끓는 혼돈의 도가니라고 생각하기 때문에, 선택하고 질서지어서 경험에 형식을 부과하려는 욕구가 대개 의식적이고 이성적인 현상이라고 여겼다. 현대의 정신분석가들, 특히 매리언 밀너와 안톤 에렌츠바이크는 질서에의 욕구가 무의식적으로 발생한다고 이해했다. 실제로, 에렌츠바이크는 사후에 출간된 마지막 책에 『예술의 숨겨진 질서The Hidden Order of Art』라는 제목을 붙였다.[35]

언스트 곰브리치 경은 『질서감The Sense of Order』[36]에서 패턴을 만들어내려는 인간의 욕구를 탐구 성향과 연관시킨다. 우리는 환경에 대해 더 많은 것을 알게 되면서 내적인 패턴이나 도식schema, 정보를 통합하고 조직화하는 인지적 개념 또는 틀을 말한다을 만들어낸다. 그렇게 해서 모든 충격 자극에 똑같이 주의를 쏟을 필요를 줄여 새로운 자극에 대해서만, 즉 미리 형성한 도식에 맞지 않는 것들에만 주의를 기울이면 된다. 이를 보여주는 간단한 예는 곧바른 계단을 내려가는 경우다. 우리는 각 계단이 다른 계단과 높이와 폭이 같으리라고 추정하기 때문에, 계단이 시작되고 끝나는 곳에서만 세심한 주의를 기울이면 된다. 정보이론은 원래 전화선과 다른 정보 매체에 대한 실제적인 연구에서 비롯되었는데, 우리가 어떻게 부분을 전체로 여겨서 예기치 않은 것에만 주의를 기울여 수용능력을 효율적으로 이용하는지에 대한 실마리를 던져주었다. 만약 사전에 규칙성이라는 개념을 가지고 있지 않다면, 우리는 그것을 바로잡지 못할 것이다. 그리고 만약 규칙성이 전혀 없다면 우리의 환경은 완전히 예측 불가능할 것인데 이는 악몽이라고 곰브리치는 말한다. 현대의 한 조현병 이론은 조현병 환자들이 선택적 식별력이 일부 결여되어 있다고 말한다. 그들은 질서 지을 수도 무시할 수도 없는 자극에 압도되어서, 세계가 주는 충격으로부터 가능한 한 물러서지 않을 수 없다.

알다시피, 프로이트의 생각에 따르면 예술가의 동기와 과학자의 동기는 뚜렷이 구별될 수 있다. 예술가의 창작욕 이면에 있는 원동력은 충족되지 못한 본능으로, 이것이 현실도피적인 공상으로 독창적으로 나타난다. (프로이트가 거의 아무 말도 하지 않은) 과학자의 활동 이면에 있는 원동력은 외부세계의 자료를 정신적으로 숙달하는 것이다. 이 두 가지 창의적 활동이 프로이트가 생각한 것보다 공통점이 많다는 사실을 독자 여러분이 납득했기를 바란다. 예술가와 과학자 모두 기본적인 충동 또는 욕구인 질서 짓기에 관심이 있다. 이런 관심을 공유하기에, 우리는 위대한 창조자들이 성취한 것을 인정할 수 있고, 그리고 어쩌면 시기하기도 한다.

창의적 노력을 이런 식으로 보면 분명 문제가 생긴다. 과학과 예술에서의 창의성이 이렇게 공통점이 많다면, 이 둘은 무엇이 다를까? 과학 가설은 예술작품이 아니고, 예술작품 또한 과학 가설이 아니라는 점은 분명하다.

레너드 마이어(미국의 작곡가, 작가, 철학자)는 「과학, 예술, 그리고 인문학에 관하여Concerning the Sciences, the Arts-AND the Humanities」[37]라는 논문에서 이 문제를 논의하며, 과학자는 이중나선 같이 이미 존재하는 것을 발견하는 반면 예술가는 베토벤의 「올림 다단조 사중주」 같이 이전에 존재하지 않은 것을 만들어낸다고 지적한다. DNA 분자 구조는 똑같고 항상 그랬다고 생각하는 데는 충분한 이유가 있다. 제임스 왓슨과 프랜시스 크릭은 그 구조를 만들어낸 게 아니라 발견했다. 하지만 베토벤이 「올림 다단조 사중주」를 작곡하기 전에는 그런 게 존재하지 않았다. 그는 그 곡을 발견한 게 아니라 만들어냈다.

과학은 시간에 따라 진보해서 뉴턴의 만유인력 법칙처럼 가장 위대한 일반화조차 시대에 뒤처지게 된다고 마이어는 계속해서 지적한다. 뉴턴이나 다른 혁신자들의 발견은 일반적인 과학 체계에 속하게 되기 때문에, 결과적으로 과학자들은 이들의 원래 논문을 상세히 연구할 필요가 없다.

예술작품은 그렇지가 않다. 시대의 흐름에 따라 양식은 변화하지만, 베토벤은 모차르트의 진보가 아니고 피카소도 세잔의 진보가 아니다. 그들은 단지 다를 뿐이다. 음악과 회화를 배우는 학생들은 네 사람 모두를 배울 필요가 있다. 마이어는 다른 수많은 차이를 이야기한다. 여기서 그 이야기를 계속할 필요는 없다. 내가 관심을 두는 것은 예술가의 정신과 과학자의 정신 속에서 실제로 창의적인 발견이 일어나는 과정 사이의 유사성이다. 새로운 과학 가설과 새로운 예술작품은 공통점을 갖는다. 둘 다 정신활동의 산물로, 여기에는 추상화, 공상, 그리고 개념의 다양한 결합을 이용한 유희가 모두 관여한다. 과학 가설과 예술작품 모두 흔히 대립하는 것들을 결합해서 뛰어넘는 데 관심을 갖는다. 나는 「개별화와 창의적 과정Individuation and the Creative Process」38이라는 논문에서 뉴턴이 케플러와 갈릴레오의 발견을 통합한 것을 과학의 사례로 들었다. 그 결과 둘을 뛰어넘는 이론, 즉 만유인력 법칙이 나왔다. 이것은 예전에는 완전히 별개로 여겨지던 두 가지 법칙을 어떻게 새로운 가설로 조화시켜 대체할 수 있는지를 보여주는 고전적인 사례다.

내가 예술의 사례로 든 것은 베토벤이 원래 작품 번호 130번

「올림 나장조 사중주」의 마지막 부분으로 구상한 「대푸가」였다. 마틴 쿠퍼(영국의 음악가)는 이 곡에 대해 이렇게 썼다.

듣는 사람을 사로잡는 것은, 본래 아무런 공통점도 없는 두 주제를 교배해서 거대 종, 즉 음악사에서 유례가 없는 간주episode 또는 변주를 낳도록 강제하는(이 장악력에는 흔히 폭력의 느낌이 있기 때문에) 극적인 경험이다.[39]

뉴턴의 통합은 외부세계의 사실과 관계가 있고, 베토벤의 통합은 자기 내면세계에서 발견한 것과 관계가 있다. 내가 보기에, 두 천재가 해결책을 추구하며 이용한 정신 과정은 다르지 않은 것 같다.

과학자가 외부세계에서 질서를 발견하기를 지향하는 반면 예술가는 자기 내부에서 질서를 만들어내기를, 다시 말해 자신의 주관적인 경험을 이해하기를 지향한다. 과학자가 한쪽 방향에서, 그리고 예술가가 다른 쪽 방향에서 가리키는 것은 여전히 모호하다. 리엄 허드슨(영국의 사회심리학자)이 예술을 전공과목으로 택한 젊은이들과 과학을 택한 젊은이들 사이의 기질 차이에 대한 연구에서 이 문제를 해결하는 실마리를 일부 던져주기는 했지만 말이다. 두 가지 유형의 창의성은 인간이 가진 생물학적 자질의 일부인 "신성한 불만"^{지금 이곳은 내가 있을 곳이 아니라고 느낄 때, 자신의 잠재력이 최대한 발휘되고 있지 않다고 느낄 때, 더 나아간 성장의 기회에 대한 욕구}

를 느낄 때 오는 권태를 말한다에 자극받는 것 같다. 수수께끼와 무질서는 종잡을 수 없이 복잡한 현상에 질서와 패턴을 가져오는 발견을, 새로운 가설의 창안을 자극한다. 하지만 수수께끼와 무질서는 외부세계뿐 아니라 우리 자신의 본성에도 존재한다. 자연의 모든 법칙이 언제나 발견되리라고는 생각할 수 없듯이, 복잡한 인간 본성도 마찬가지로 온전히 이해될 수 있으리라고는 생각할 수 없다고 나는 감히 말한다.

아, 하지만 인간의 범위는 그의 이해를 넘어서리라,
아니면, 왜 천국이 있을까?[40]

×

골딩의 신비

×

×

윌리엄 골딩은 「신념과 창의성Belief and Creativity」이라는 강연록에서 "나는 한 작가의 책들은 서로 가능한 한 달라야 한다고 항상 생각했다"고 쓰고 있다.[1] 그 이유는 말하지 않은 채, 이런 책을 거듭 써내는 작가들이 부럽다고 그는 고백한다. 골딩은 스스로 도전하지 않을 수 없는, 항상 새로운 문제를 해결하는 새로운 과제를 스스로 설정하는 데 강박관념을 가진 사람이 아닐까 싶다. 나는 그가 발표한 소설을 모두 다시 읽었는데, 실로 서로 아주 달라서 맥락을 연결 짓기가 어렵다. 『통과의례Rites of Passage』의 의도된 혼성모방은 『첨탑The Spire』의 몽상적인 열정과는 거리가 멀다. 외관상 자전적인 『자유낙하Free Fall』는 『상속자들The Inheritors』과 거의 아무런 공통점이 없다. 하지만 아주 다른 이 책들이 다양하기는 해도 한 사람의 작품이기에 연결되는 어떤 요인, 다시 말해 모든 작품을 관통하는 인간 본성에 대한 어떤 시각을 찾아낼 수 있을 것임에 틀림없다.

버트런드 러셀은 조지프 콘래드에 대해 이렇게 썼다. "그는 문명화되고 도덕적으로 관용적인 인간의 삶을, 간신히 식은 용암의 얇은 표면 위를 걷는 위험한 도정이라고 생각했다. 그것은 어느 순간에 깨져 방심한 사람들을 불구덩이 깊숙이 가라앉힐 것이다."2 이 말은 윌리엄 골딩에게도 똑같이 적용되고 싶다. 골딩은 스스로 낙관주의자라고 하지만, 그의 소설에는 이 주장을 지지해줄 만한 증거가 거의 없다. 광기 어린 폭력, 욕망, 광신이 그 표면 아래에 항존하는 것 같다. 아서 케스틀러(헝가리 태생의 영국 작가)처럼, 골딩은 인간이 구제할 길 없는 결함을 가진 종이며, 그래서 스스로 파멸을 초래할 가능성이 굉장히 크다고 본다. 물론 이런 점은 여전히 그의 가장 유명한 작품인 『파리대왕』에서 특히 분명하다. 골딩은 소년들이 휴가 캠프를 가서 두 집단으로 나뉘어 서로 맞서는 미국의 실험에 대한 기사를 일찍이 읽었던 걸까? 이 실험은 살인이 벌어지지 않을까 우려되어 종결되어야 했다. 골딩이 이런 흔한 기사를 읽을 필요는 없다. 그는 교사 경험과 자기 마음의 탐색으로 이미 모두 알고 있다. "돼지를 죽여라. 목을 따라. 그 피를 뿌려라."3 잭과 그의 사냥꾼들이 폭력에 대한 억제력을 상실하기에는 야만적인 구호와 출진 물감(북미 원주민 등이 전투에 나갈 때 얼굴과 몸에 바르는 물감)을 바르는 것으로 충분하다. 봉화는 잊히고, 머지않아 모래는 돼지의 피만이 아니라 인간의 피로 얼룩진다.

성관계 역시 다정한 애정보다는 폭력적인 강제다. 골딩은 마르크스와 다윈뿐 아니라 프로이트를 몹시 싫어한다. 그는 이들이 "서구세계에서 가장 따분한 세 명의 인물"이라고 말한다. 하지만 『상속자들』에서 록과 파가 '새로운 종족' 둘이 성교하는 장면을 목격할 때 그것은 싸움처럼 보인다 『상속자들』은 고대 원시인인 네안데르탈인의 생활과 최후를 그린 소설로 '새로운 종족'이란 호모사피엔스를 말한다.

두 사람은 나무 아래서 마치 싸움을 벌이듯 격렬하게 소란을 피우고 있었다. 특히 여자는 올빼미처럼 울기 시작했고, 짐승과 싸우며 자신이 이기리라고는 생각지 않는 사람처럼 투아미가 헐떡거리는 소리를 록은 들을 수 있었다. 그는 두 사람을 내려다봤는데, 투아미가 뚱뚱한 여자와 함께 누워 있기만 한 게 아니라 그녀를 몹시 괴롭히고 있다는 걸 알았다. 그녀의 귓불에서 검은 피가 흐르고 있었기 때문이다.[5]

골딩은 프로이트를 굉장히 싫어했을지 모르지만, 이것은 바로 '원초적 장면'을 목격한 아이의 해석에 대한 프로이트의 설명과 일치한다. "만약 이렇게 어린 나이에 아이들이 어른들 사이의 성교 장면을 목격한다면 (…) 그들은 필시 학대나 정복의 행위로 여긴다. 그것을, 말하자면 가학성애적인 의미로 본다."[6]

가학성애는 골딩의 작품 다른 곳에서도 나타난다. 『피라미드 The Pyramid』에 나오는 행실이 단정치 못한 여자인 이비는 "날 아프게 해줘, 올리! 아프게 해달라고—"[7]라며 소리친다. 하지만 열여덟 살인 올리버(올리는 애칭)는 어떻게 아프게 해줘야 할지 모르고, 이비가 요구하는 성적 리듬에 맞출 줄도 모른다. 이비는 윌멋 선장에게 자기를 때리도록 허락하고 청소년인 올리버는 그채찍 자국을 보고 충격을 받는다. 『핀처 마틴Pincher Martin』에서는 메리가 접근하지 못하게 하는 바람에 미칠 지경인 크리스는 공상에 잠긴다.

성교를 상상하던 밤들. 사랑도 흥분도 위안도 환희도 아닌 고문을 떠올렸다. 몸의 리듬이 쉬익 소리를 내는 사정射精으로 강화되었다. 자, 받아라! 네 오므린 입에, 네 분홍빛 그곳, 닫힌 무릎, 높은 여성화女性靴 위 난공불락의 균형에, 그리고 그게 아무리 대단하다 해도 너의 마력과 고고한 순결에![8]

메리는 크리스와 교제하는 데 동의하고는 따르기를 거부한다. 그는 그녀가 겁을 집어먹을 정도로 위태롭게 차를 몰다가 급정거하고는 도로변에서 그녀를 강간하려 한다. 『끝없는 추락Free Fall』에서 새미는 비어트리스가 매우 소극적인 것에 좌절한다. 그는 이 여성을 너무나 사랑하지만 자신에게 응하게 할 수 없다.

나로서는 열렬하고 정중한 사랑이었던 것이, 다시 말해 영광스러운 공유, 융합, 은밀한 침투, 수수께끼 같고 신성한 그녀 삶의 수준으로 내 삶을 들어올리는 것이었던 것이, 어쨌든 그녀의 반응을 강요하려는 몹시 부당하고 잔혹한 시도가 되었다. 예상했던 공유가 형벌이 될 때까지, 우리는 차츰 성적 착취로 전락했다.[9]

이 관계는 지속되지 않는다. 새미는 또 다른 여자를 찾고 소극적인 비어트리스가 결국 정신병원에 가게 된다. 그러자 새미는 그녀가 만성 정신병으로 완전히 도피한 게 자기 책임이 아닐까 생각한다. 『종이인간The Paper Men』에서 윌프레드 바클리는 자신을 쫓아다니는 미국인 교수 릭에게 극도로 잔인하게 행동한다. 성관계보다는 권력에 의한 가학증이지만, 그래도 가학증이다.

골딩은 동성애를 아주 싫어하나 동성애 충동을 묘사하는 데 전문가다. 『끝없는 추락』에 나오는 억압되고 편집증적인 와츠와트 신부, 『피라미드』에 나오는 술고래에 사내답지 못한 디 트레이시 씨, 『투명한 암흑Darkness Visible』에 나오는 페디그리 씨, 『통과의례』에 나오는 소름끼치는 콜리 씨, 이 모두가 기억할 만한 인물이다. 이들의 성적 취향은 골딩의 이성애자 인물의 그것보다 이들의 성격에 훨씬 더 중요하다. 하지만 어떤 유형의 성적 충동이든, 그것이 어디를 향하든, 골딩의 작품에서 그것은 쾌락인 만큼이나 고통인 것 같다. 더욱이, 성은 온전한 남자 또는 여자의 일부로서 통합되지 않는 것 같다. 그것은 여전히 빼앗아 가지는 것, 의지를 억누르는 것, 흔히 그 인물이 자신의 의사를 거슬러 그가 통제하지 못하는 충동을 따르게 하는 것이다.

성은 단지 개인을 장악하는 감정인 것만은 아니다. 골딩은 인간에 대해 프로이트 이전의 시각을 가지고 있다. 거기서 억압 개념은 거의 아무런 역할을 하지 않는다. 그는 분열의 관점, 심지어 사로잡힌 감정의 관점에서 훨씬 더 많이 생각한다. 그의 소설에서는 실제로 의식을 잃는 경우가 놀라우리만치 흔하다. 『파리

대왕』에 나오는 그리스도 같은 인물인 사이먼은 간질환자다. 그는 이 책에 처음 등장할 때뿐 아니라 돼지 대가리가 자신에게 설교를 할 때도 의식을 잃는다. 히포크라테스가 선천적인 원인을 갖는다고 확인하기까지 간질이 '신성한' 병으로 불린 사실을 떠올려볼 만하다. 『투명한 암흑』의 소피는 파티에서 다른 사람들은 모두 게임의 일부로 보는 로르샤흐의 잉크 반점스위스의 정신 의학자 헤르만 로르샤흐가 발표한 인격진단검사로 좌우대칭으로 된 잉크 반점을 한 장씩 피검자에게 보여 어떻게 보이는가를 묻는다을 제시받자 갑자기 의식을 잃는다. 납치된 소년을 살해하는 무서운 환상을 본 후에도 마찬가지다. 같은 소설의 앞부분에서, 매티는 원주민과의 고통스러운 만남 후에 두 차례 의식을 잃는다. 『피라미드』에서 디 트레이시는 술에 취해 기절한다. 『종이인간』에서 알코올 중독자이자 쫓기는 작가인 윌프레드 바클리는 그리스도 상을 대면하고서 의식을 잃고는 병원에서 깨어난다. "포위되고, 압도되어, 당황하고, 거의 회복불능이 되어서, 도처에 존재하는 편협 속에 표류하며, 입이 벌어져, 비명을 지르고, 분노가 터져, 쇼크에 빠진 나는 내 조물주를 알아보고서 쓰러졌다."10 새미는 『끝없는 추락』에서 정신병 환자인 비어트리스를 만난 후 거의 기절한다. 『첨탑』에서 조슬린은 여러 번 의식을 잃고, 죽으면서 죽음이 임박한 사람들이 흔히 말하는 '육체를 이탈한' 경험을 한다.

정상적인 의식을 지우는 것은 기절, 발작, 술만이 아니다. 광기는 멀리 있지 않다. 광기는 『끝없는 추락』의 비어트리스만이 아니라 『피라미드』의 바운스 양을 장악한다. 『첨탑』에서는 조슬린과 로저 메이슨의 뇌리를 맴돈다. 광기는 『핀처 마틴』에서 필수적인 요소다. "항상 광기, 즉 바위에 난 균열 같은 도피가 있다. 더 이상 방어 수단을 갖지 못한 인간은 언제나 서서히 광기에 사로잡힐 수 있다, 철갑을 두른 배가 조개들이 있는 해초 사이로 가라앉듯이."[11]

골딩은 신을 믿는다고 인정하지만, 그의 시각은 그리스도교도의 그것이 아니다. 그것은 고대 그리스인들의 시각에 더 가까운데, 골딩은 그들의 언어와 문학에 심취해 있었다. 그리스인들은 인간을 괴롭히는 격정의 맹공격이 인간 자신의 책임이기보다는 신들의 일이라고 믿었다. 욕정, 공격성, 황홀경, 영감, 예언은 예측할 수 없이 인간을 지배하며 인간의 권한 밖에 있다. 감정은 불시에 나타나며, 살피고 따져봐야만 이해할 수 있다. 『상속자들』에서, 라이큐가 '새로운 종족'에 생포되었을 때, 록은 "자기 머리와 몸의 무거운 느낌을 살펴봤다. 의심의 여지가 없었다. 그 감정은 라이큐와 연관된 것이었다."[12] 뒤에, 파의 발자국과 냄새가 사라지자,

록은 몸이 구부러지기 시작했다. 무릎이 땅바닥에 닿고, 손을 늘어뜨린 채, 천천히 자기 무게를 지탱하며, 온 힘을 다해 땅을 움켜내딛었다. 그는 죽은 잎사귀와 잔가지들에 맞서 발버둥쳤고, 목을 빼고 고개를 돌리며 눈으로 훑었는데, 놀란 눈 아래 입은 부자연

스럽게 벌어져 있었다. 길게 이어지는, 거칠고, 고통스러운 듯 들리는, 인간의 소리인 슬퍼하는 소리가 그의 입에서 터져나왔다. (…) 감정의 물결이 소용돌이쳐 목청껏 울부짖으며, 그는 덤불을 움켜쥐었다.[13]

록은 호모사피엔스가 아니지만(골딩의 상상 속에서 호모사피엔스는 록보다 언어가 크게 발달했다), 그는 자신의 감정을 훨씬 더 잘 통제하지도, 그것을 총체적인 자기 존재의 일부로서 통합하지도 못한다.

부분적으로 이런 이유로, 골딩의 작품에서 인간의 정체성은 다른 작가들의 작품에서보다 좀더 유동적이고, 좀더 쉽게 상실되거나 와해된다. 대부분의 사람에게 지속적인 정체성의 감각은 몸에 뿌리를 두고 있다. 골딩의 소설에는 카프카의 소설만큼이나 몸으로부터의 완전한 분리를 보여주는 구절들이 나온다. 『핀처 마틴』에서 익사한 남자의 "어두운 두개골 속 정신은 몸이 꼼짝하지 않고 물속에 누운 지 오래된 후에도 수영 동작을 하게 만들었다".[14] 나중에 바다가 그를 바위 위로 밀어올리자 "그의 뺨 속 단단한 것들이 주장을 하기 시작했다. 그것들은 압박감을 거쳐 열기 없는 화끈거림이, 국소적인 고통이 되었다. 끈질기게 괴롭히는 아픈 이처럼 그 주장은 극심해졌다. 그것들은 그를 그 자신 안으로 도로 끌어당겨 다시 하나의 존재로 조직하기 시작했다".[15] 몸으로부터 분리되는 이런 경험은 고열이나 다른 심각한 병을 앓을 때 겪는 것과 비슷하다. 버지니아 울프는 『출항』에서 비슷한 것을 묘사하고 있다. 골딩은 일찍이 병을 심하게 앓은 적이 있었던 걸까? 앞서 말한 조슬린의 '육체이탈' 경험뿐 아니라 『끝없는 추락』에 나오는 새미 마운트조이의 젖꼭지에 대한 묘사는 그런 가능성을 암시한다.

그럴지도 모르지만, 대서양 한가운데 자신의 바위 위에 혼자인 크리스토퍼 해들리 마틴은 이렇게 자문한다.

거울 없이 어떻게 완전한 정체성을 가질 수 있을까? 그것이 나를 바꾼 것이다. 한때 나는 이런저런 내 사진을 스무 장 가진 사람이었다. 스탬프나 인장처럼, 사진 오른쪽 아래 귀퉁이에 휘갈겨 쓴 서명이 있었다. 내가 해군이었을 때도 신분증에 사진이 있어서 가끔 내가 누구인지를 보고 알 수 있었다.[16]

마틴이 배우, 다시 말해 지속적으로 동일한 사람이라는 일반적인 감각을 가지고 있다고는 할 수 없는 역할극 배우라 주장할지 모르지만, 이를 설득력 있는 설명으로 보기에는 불확실한 정체성이라는 주제가 너무 자주 반복된다. "네가 되면 어떤 기분일까?" 『끝없는 추락』에서 청소년인 새미는 여자친구 비어트리스에게 묻는다. "욕조와 화장실에서, 그리고 높은 구두를 신고 종종걸음으로 인도를 걸을 때 어떨까? 내 심장이 터지게 만들고 내 감각을 어지럽히는 이 희미한 향기를 네 몸이 풍긴다는 걸

아는 기분은 어떨까?"[17] 이런 정체성의 추구는 여전히 자아 발견에 바쁜 청소년에게 충분히 자연스런 탐색이지만, 다양한 맥락에서 지속된다. 『투명한 어둠』에서, 매티는 저 두려운 질문과 거듭 마주친다. "내가 무엇 때문에 존재하는 걸까? 나란 무엇일까?" 『끝없는 추락』에서 나치 심문자인 할데 박사는 말한다.

"당신은 건강하지 않아, 마운트조이 씨. 그것 때문에 고통받거나 기뻐할 정도로 무언가를 믿지 않거든. 당신 문을 두드려 당신을 사로잡을 목적이 없어. 당신 자신을 사로잡고 있는 것은 당신이야. 지적인 생각, 심지어 조국에 대한 충성이라는 생각에도 당신은 별로 속박되지 않아. 특정한 기차를 탈 생각 없이 특정한 줄에 서지 않은 채로 먼지 자욱한 대합실에서 기다리고 있는 거지. 그러면서 양극단의 믿음(물질적인 것에 대한 믿음과 신이 만들어 지탱하는 세계에 대한 믿음 말이야) 사이를 하루하루 시시각각 다급히 왔다갔다 하지."[18]

가능한 한 서로 다른 책을 쓰고 싶어하는 소설가는 너무 확고한 믿음이나 너무 고정된 자기정체감이 없는 게 더 낫다. 키츠가 리처드 우드하우스에게 보낸 유명한 편지가 떠오른다. 여기서 키츠는 이렇게 단언한다. "시인은 현존하는 것 가운데 가장 비非시적이야. 왜냐하면 (지속적으로 봉착할) 정체성을 갖지 않으면서 다른 몸을 채우기 때문이지."[19] 골딩의 소설을 보는 한 가지 방법은 그가 자기 안에서 발견하는 온갖 모순된 가능성을 헤치고 나아가는 항해, 그리고 어떤 일관성과 조화에 대한 추구로 보는 것이다.

　　하지만 나는 비합리성과 비일관성, 격렬한 탐색과 자책으로 분열된 열렬한 아마추어다. (…) 나는 걸려 있는 쓸모없는 모자들의 열같은, 벽의 온갖 체계에 매달린다. 그것들은 어울리지 않는다. 그것들은 외부에서 들어오는, 암시된 패턴으로, 어떤 것은 따분하고 어떤 것은 대단히 아름답다. 하지만 나는 내가 아는 모든 것에 맞는 패턴을 요구하기에 충분히 살 만큼 살았다. 그렇다면 어디서 그것을 찾을까?[20]

　　골딩은 그 패턴을 찾았을까? 그가 자신이 만들어낸 인물의 요구를 공유한다고 생각해서는 안 된다. 게다가 이미 보다시피 골딩은 저 위대한 환원주의적 패턴 제작자인 다윈, 마르크스, 프로이트를 심히 견딜 수 없어한다. 가장 흥미로운 사실을 보여주는 강연인 「신념과 창의성」에서 골딩이 신을, 그리고 상상력의 진실성과 신비성을 모두 믿는다는 걸 알 수 있다. 골딩은 살아 있는 작가들 가운데 가장 영향력 있는 상상력을 보유한 인물들에 속한다. 이것이 그가 가장 모호할 때조차 설득력을 갖는 이유다. 그는 『투명한 어둠』에서 아이인 매티를 구조한 대위가 "만물이 작동하는 방식을 가리는 장막"이라고 한 것을, 때로 상상력이 뚫고 들어갈 수 있다고 믿는 것 같다.[21] 이것이 시인과 소설가가 절대적인 신념, 다시 말해 골딩이 강연에서 "권위 있는 목소리, 즉 권한"이라고 한 것을 갖게 해준다.[22] 그것은 진실에 대한 심히 비이성적이고 반지성적인 관점이다. 그래서 골딩의 소설에서, 거기에 가장 가까이 다가가는 사람이 흔히 원시인이거나 단순해 보이는 사람이라는 것은 놀라운 일이 아니다. 『상속자들』은 골딩이 자기 작품 가운데 가장 좋아하는 소설이었고, 여전히 그럴 것이다. 록과 그의 동포들이 공유하는 '심상pictures'은 사고의 전 구체이자 사고가 꿰뚫을 수 없는 진실에 대한 암시다. 『투명한 어둠』에서 화상을 입어 흉한 모습인 가련한 매티는 알 수 없는 의식을 치르고 정신병 환자 같은 환상을 가질지는 몰라도, 마침내 좀더 관습적인 인물들보다 더 분명하게 자신의 존재 이유를 "안다". 골딩은 우리 세기의 폭력이 사실은 환원주의에 대한 저항이라고 생각한다. 『투명한 어둠』에서 소피의 마음속에서 진실이 드러날 때 골딩이 도달하는 결론은 아마도 이것이다. "단순성으로 가는 길은 폭력을 거친다."[23]

나는 20년이 넘도록 윌리엄 골딩을 알고 지낸 것이 행운이라고 생각한다. 그와 그의 최고작들은 내게 여전히 신비롭다. 그는 자신과 자신의 최고작들이 달리 여겨지기를 원치 않았을 것이고 나 또한 그렇다. 신비의 암시는 20세기가 필요로 하는 것이다.

×

9

융의 인격 개념

×

×

인격에 대한 이해는 정도의 차이가 있기는 해도 모두 주관적이다. 융의 인격 개념도 예외가 아니다. 그것은 그의 가족 배경, 살았던 시대, 읽은 책들과 받은 교육, 그가 독일어권 스위스의 시민이라는 사실에 영향을 받았다. 따라서 융의 태생을 간략히 언급해두는 게 타당하다.

카를 구스타프 융은 1875년 7월 26일에 태어났다. 아버지는 스위스 개혁교회의 목사였다. 융 일가는 1879년 바젤 근처 클라인위닝겐으로 이사했고, 그는 유아기 대부분을 이곳에서 보냈다. 태어나서 9년 동안 융은 외동이었는데, 주로 상상 속에 살면서 혼자 놀며 많은 시간을 보냈다. 누이가 태어났지만 그보다 훨씬 더 어려서 융의 외로움을 거의 덜어주지는 못했다.

융은 지역 학교에 다녔다. 하지만 대부분의 학우보다 더 총명해서 어느 정도 경쟁자들의 적의를 불러일으켰다. 11학년 때, 융은 바젤에 있는 김나지움(독일의 대학 진학을 위한 중등학교)으로 전학했고, 여기서 바젤 대학에 진학했다. 융은 원래 고고학을 공부하고 싶었으나 바젤 대학에는 이 과목을 가르칠 선생이 없었다. 게다가 융 일가는 부유함과는 거리가 멀어, 그는 지역 대학에만 지원되는 보조금에 의존했다. 그래서 의학을 전공하기로 마음먹지만 계속해서 이 선택이 타협적이라고 생각했다. 하지만 과거에 대한 그의 관심은 진화론과 비교해부학을 공부하면서 성취감을 찾았다. 융은 정신이 엄청나게 긴 역사를 가졌으며 아득히 먼 과거에 정해진 경향에 따라 작동한다고 생각하게 되었다. 정신에 대한 이런 관점은 그가 해부학을 공부한 데서 비롯되었다고 여겨진다. 몸의 구조가 수 세기에 걸쳐 적응하며 진화해 온 것이라면, 정신의 구조에 대해서도 동일한 생각을 적용하는 게 타당할 것이다.

의학 공부가 끝나갈 무렵 융은 빚을 지고 있었고, 그래서 가능한 한 빨리 생활비를 벌어야 한다는 사실을 깨달았다. 처음에 그는 외과로 마음이 기울었다. 그러다가 빈의 정신과 의사인 리하르트 폰 크라프트에빙의 의학 교재를 읽게 되었고, 곧바로 그 분야에 자신의 미래가 있다는 사실을 깨달았다. 1900년 12월, 융은 취리히에 있는 부르크횔츨리 정신병원에서 조현병의 선구적 연구자인 오이겐 블로일러의 지도 아래 보조의사가 되었다. 1902년에는 의학박사 논문인 「이른바 신비 현상의 심리학과 병리학에 관하여On the Psychology and Pathology of So-Called Occult Phenomena」를 발표했다. 1902과 1903년의 겨울에, 융은 피에르 자네와 정신병리학을 연구하기 위해 파리의 살페트리에르 병원병자, 범죄자, 노숙인, 광인 가운데 여성을 치료하거나 보호하고 격리하기 위해 만든 공공시설로, 남성을 위한 시설은 비세트르였다. 처음에는 환자들이 일시적으로 휴식을 취하기 위한 호스피스 공간이었으나 점차 중증의 정신질환자들로 채워졌다에서 일정 기간을 보냈다. 이

유명한 병원은 프로이트가 1885년에서 1886년까지 장마르탱 샤르코와 함께 연구한 곳이기도 했다. 1903년 융은 에마 라우셴바흐와 결혼했고, 아들 하나와 딸 넷을 두었다. 1905년에는 부르크횔츨리 정신병원의 간부 의사로 승진했으며 취리히 대학에서 정신의학 강의도 했다.

1907년 융은 조현병에 대한 독창적인 연구서인『조발성 치매증의 심리학Über die Psychologie der Dementia praecox』을 출간했다. 그는 같은 해 3월 빈에서 처음 만난 프로이트에게 이 책 한 권을 보냈다. 1909년에는 프로이트 그리고 페렌치 산도르(헝가리의 정신분석학자)와 함께 미국을 방문해서 클라크 대학으로부터 명예학위를 받았다. 같은 해에 개인 진료가 늘어나자 부르크횔츨리 정신병원을 그만두었다.

융이 프로이트와 결별한 것은 1913년이었다. 이후 융은 한동안 개인적으로 극심한 위기를 겪으면서 취리히 대학 교수직을 사임했다. 그는 1961년 죽을 때까지 취리히 호숫가에 있는 퀴스나흐트의 집에서 글을 쓰고 진료를 했다.

융이 한동안 프로이트의 영향을 강하게 받기는 했으나, 프로이트를 만나기 전에도 많은 독창적인 연구를 했다는 사실을 아는 게 중요하다. 융합되어 인격에 대한 융의 심상을 형성한 주요 개념들은 그의 초기 발전 시기까지 거슬러 올라갈 수 있다. 융은 무비판적인 프로이트 신봉자가 아니었다. 두 사람 사이의 차이는 처음부터 분명했다.

융의 가장 이른 시기의 연구와 이후의 저작은 정신병이 인격의 분열로 특징지어지고 동시에 정신 건강은 인격의 통합으로 분명해진다는 주제에 의해 연결된다. 그의 박사학위 논문 주제는 자기가 영매라고 주장하는 열다섯 살 반인 사촌 헬레네 프라이스베르크에 대한 연구였다. 그녀는 자신이 여러 다른 인격에 의해 "통제된다"고 말했다. 융은 이것이 그녀 무의식의 다양한 부분이 의인화된 것이며, 부수적이고 불완전한 인격들이 일시적으로 주도권을 잡을 수 있다고 해석했다.

20세기 전환기에 정신과 의사들은 모턴 프린스(미국의 심리학자이자 정신의학자로 일찍부터 최면법을 사용했고 특히 이중인격, 무의식의 연구로 알려졌다)의 유명한 환자인 샐리 뷰챔프 같은 이른바 '다중인격' 환자에 매료되었다. 피에르 자네는 특히 이런 환자에 관심을 가져서, 자신이 진료한 몇 가지 사례를 서술하고, 문헌을 검토했다. 자네는 인격의 다양한 측면이 통합되지 못하게 하는 신경계의 어떤 생리적 결함에 신경증의 원인이 있다고 생각했다. 이런 통합이 결여되면 결과적으로 의식의 여러 측면이 분열되어 분리된다.

융은 점점 견해를 달리하게 된 프로이트에게 영향을 받은 만큼이나 함께 연구한 자네의 영향도 받았다. 프로이트의 억압 개념을 중시했지만, 자네의 생각과 비슷하게 인격이 부수적인 인격들로 분리될 수 있다는 생각을 계속했다. 예를 들어 히스테리 환자는 융의 어린 사촌처럼 행동할지 모른다. 마치 그녀가 서로 인식하지 못하는 둘 이상의 다른 사람인 것처럼 말이다. 그 결과 이런 유형의 신경증의 치료는 이 분열된 자아들이 서로를 의식하고 새로 통합된 인격을 만들어내는 데 달려 있었다.

융에게 조현병 환자는 히스테리 환자처럼 인격이 두세 부분이 아니라 많은 부분으로 분열되어 있는 것으로 보였다.

건강한 사람의 자아는 경험의 주체인 반면, 조현병 환자의 자아는 경험하는 주체들 가운데 하나에 지나지 않는다. 다시 말해, 조현병 환자의 경우는 정상적인 주체가 많은 주체 또는 많은 자주적인 감정 복합체autonomous complexes로 분열된다.[1]

융의 다음 연구들은 단어연상 검사의 이용을 기반으로 했다. 연구 대상에게 단어 100개의 목록을 읽어주고 질문해서 처음 떠오르는 단어로 각 질문에 응답하게 한다. 자극과 반응 사이의 시간 간격을 스톱워치로 측정함으로써, 연구 대상이 자신도 모르게 감정을 자극하는 단어들에 영향을 받는다는 사실을 보여줄 수 있게 된다. 그런 단어는 그들의 반응을 늦추는 효과를 갖는다. 흔히 그 단어군들은 하나의 주제로 연결되고, 융은 그런 연상 모음에다 그가 정신의학에 도입한 용어인 콤플렉스(감정복합체)라는 이름을 붙였다. 이 실험은 무의식적인 정신 과정의 역동적인 작용을 측정 가능한 방법으로 객관적으로 보여주었다는 점에서 중요했다. 융은 한 예로서 자신이 검사한 서른다섯 살의 정상적인 남성의 사례를 제시한다.

우선, 네 가지 불안한 반응을 불러일으킨 것은 '칼'이라는 단어였다. 그다음은 '창'(또는 작살), 그다음은 '때리기', 그다음은 '뾰족한', 그다음은 '병'이었다. 그렇게 50가지 자극 단어가 이어졌는데, 그것으로 그 솔직한 남자에게 무엇이 문제인지 말해주기에 충분했다. 그래서 나는 말했다. "당신이 그런 불쾌한 경험을 한 줄은 몰랐군요." 그는 나를 빤히 쳐다보며 말했다. "무슨 말씀을 하시는지 모르겠네요." 내가 말했다. "취해서 칼로 누군가를 찌르는 유쾌하지 못한 일이 있었잖아요." 그가 말했다. "그걸 어떻게 아세요?" 그러고서 그는 모두 털어놓았다. 그는 소박하지만 아주 좋은 사람들인, 점잖은 집안에서 태어났다. 외국에 나가서 어느 날 술에 취해 언쟁이 붙게 되어 칼을 뽑아 사람을 찌르는 바람에 1년 동안 감옥에 갇혀 있었다. 그 일은 그의 인생에 그림자를 드리울 것이기에, 아무한테도 말하지 않은 커다란 비밀이었다.[2]

그 사건과 관련된 단어군이 하나의 콤플렉스를 이뤘다. 융은 콤플렉스를 이렇게 정의했다.

감정적으로 강하게 두드러지고 더욱이 의식의 습관적인 태도와 맞지 않는 어떤 심리적 상황의 이미지. 이 이미지는 강한 내적 일관성을 갖고, 그 자체의 완전성을 가지며, 게다가 비교적 높은 정도의 자주성을 갖는다. 그래서 제한적인 정도로만 의식의 통제를 받고, 따라서 의식의 영역에서 살아 있는 듯 움직이는 이물질처럼 작용한다.[3]

융은 콤플렉스가 단편적인 인격이라고 했다. 흔히 그것은 그 사람이 의식적으로 하고자 하는 것을 방해한다. 그것은 프로이트가 『일상생활의 정신병리학』에서 이야기한 말실수의 원인이다. 융은 이렇게 썼다.

그것은 잘못된 말을 하게 만들고, 막 소개하려는 사람의 이름을 잊게 만들며, 피아노 연주회에서 가장 아련한 악절이 연주될 때 목구멍을 간지럽게 만들고, 늦게 와서 발끝으로 살금살금 걷는 사람이 의자에 발이 걸려 요란한 소리를 내게 만든다.[4]

융은 계속해서 콤플렉스가 꿈에서 의인화된 형태로, 또 조현병에서는 환각적인 '목소리'로 나타난다고 말한다. 정신병 환자에게서는 극단적인 해리와 분열이 발견되었다. 하지만 정상적인 사람들도 '콤플렉스'에 시달렸고, 이런 식으로 어느 정도의 정신 내 분열을 보였다.

융은 부르크횔즐리 정신병원에서의 임상 경험에 깊은 영향을 받았다. 1909년 이 병원을 그만두었지만, 그때부터 외래 신경증 환자들의 치료에 주로 관심을 가졌고, 여전히 조현병에 매료되어 있었다. 이 주제에 대한 그의 마지막 논문은 죽기 겨우 4년 전인 1957년에 나왔다. 융과 프로이트 사이의 균열로 이어진 많은 의견 차이는 두 사람의 임상 경험의 차이로 거슬러 올라갈 수 있다. 프로이트는 단 3주 동안 대진代診 의사로 정신병원에서 일했을 뿐이다. 그의 정신병 환자 경험은 아주 적었다. 그는 편집증을 가진 판사인 슈레버에 대한 긴 연구서를 썼지만, 그것은 이 환자와의 실제 만남이 아니라 그가 쓴 책을 바탕으로 했다. 융은 망상과 환각 연구에 정신분석 개념을 적용하고, 그때까지 불가해한 것으로 일축되던 그런 현상이 정신적인 유래와 의미를 갖는다는 사실을 증명할 수 있음을 보여준 최초의 정신과 의사였다. 그는 강박신경증과 히스테리의 많은 사례가 실은 잠재적인 조현병이라고 생각하고, 무분별한 정신요법 치료가 정신쇠약을 촉발할 위험이 있다고 경고했다. 다른 한편으로, 융은 정신요법이 조현병 치료에 제한적으로 도움을 줄 수 있다고 생각했고, 그의 치료는 부분적으로 성공한 사례를 제시한다.

융이 '집단' 무의식을 상정하도록 이끈 것은 정신병 환자를 다룬 경험이었다. 그는 망상과 환각이 환자의 개인사 관점에서는 거의 설명될 수 없다는 사실을 발견했다. 비교종교학과 신화학에 대한 폭넓은 지식을 가진 융은 종교와 신화가 정신병의 내용과 유사하다는 사실을 발견하게 되었는데, 그것은 이들이 공통된 원천, 다시 말해 인류에게 공통된, 신화를 만들어내는 정신의 차원에서 나온 것임을 분명하게 보여주었다. 융은 집단 무의식이 그 자신이 '원형archetype'이라고 이름 붙인 신화적 주제나 원초적 이미지로 이뤄져 있다고 말했다. 원형은 선천적인 관념이 아니라 "전형적인 행동 방식으로, 일단 그것들이 의식되면, 의식의 내용이 되는 다른 모든 것과 마찬가지로 자연스럽게 관념과 이미지로 나타난다".5

융은 망상성 조현병에 시달리는 한 삼십대 남성의 사례에 대한 관찰로 이런 결론에 이르게 되었다. 융은 병원 복도에서 그를 만났다.

어느 날 나는 거기서 그를 우연히 마주쳤다. 그는 창 너머로 태양을 향해 눈을 깜박이며 특이한 방식으로 머리를 좌우로 움직이고 있었다. 그는 내 팔을 붙잡고서 뭔가 보여주고 싶다고 말했다. 그는 눈을 반쯤 감고 태양을 봐야 한다고, 그러면 태양의 남근을 볼 수 있다고 말했다. 머리를 좌우로 움직이면 태양의 남근도 움직일 것이고 그게 바람의 근원이라고 했다.

4년 후, 융은 미트라교의 예배식에 관한 것으로 여겨지는 한 그리스 문서를 우연히 보게 되었다. 여기에는 한 가지 환상이 묘사되어 있었다.

"그리고 또한 구원의 바람의 근원인 이른바 관管. 원반 모양의 태양으로부터 관처럼 생긴 게 늘어뜨려진 걸 보게 될 터이기 때문이다. 그런데 마치 무한한 동풍이 불었던 것처럼 그것은 서쪽 지역을 향해 있다. 하지만 동쪽 지역으로 부는 반대 방향의 바람이 우세하면, 마찬가지로 그 방향이 바뀐 환상을 볼 것이다.”6

융은 이어서 어떤 중세 회화들은 성모 마리아가 성령이 내려오는 관의 도움으로 하늘로부터 수태한 것으로 묘사한 사실을 지적한다. 성령은 원래 쇄도하는 강한 바람, 즉 프네우마pneuma로 여겨졌다.

프로이트는 무의식이 주로 억압에서 비롯된다고 생각했다. 개인적으로 용인할 수 없는 일종의 똥 무더기인 것이다. 융은 무의식이 분명 그 개인이 부인할지도 모르는 인격 요소들을 포함하기는 하지만, 새로운 가능성의 싹, 미래의 씨앗, 아마도 더 나은 적응 또한 포함하고 있다고 생각했다. 프로이트는 신경증이 유아기로부터 비롯되며, 아동기 정서 발달의 특정 단계에 고착된 환자한테 생긴다고 믿었다. 융은 신경증에서 아동기의 내용이 흔히 눈에 띈다는 데 동의하지만, 그런 내용의 출현은 현재의 적응 실패에서 파생되는 것이라고 생각했다. 융은 이렇게 썼다.

신경증의 심리적 편향이 부분적으로만 유아기의 소인素因 때문이고, 또한 현재의 어떤 원인에서 비롯되기도 하는 것은 틀림없다. (…)
신경증이 발생하는 시기는 단지 운수소관만은 아니며, 대체로 그것이 가장 중요하다. 그것은 보통 새로운 심리적 적응, 다시 말하면 새로운 적응이 요구되는 시기다. (…)

나는 신경증의 원인을 더 이상 과거에서 찾지 않고 현재에서 찾는다. 나는 환자가 달성하지 못할, 필요한 일이 무엇인지를 묻는다.7

따라서 융의 관점에서는 신경증 증상의 발생이 단지 병의 시작으로만 여겨지지 않고 그 사람이 새롭고 더 나은 적응을 달성하기 위해 자기 자신과 자신의 가치관을 재검토하는 신호로도 받아들여질 수 있었다. 이는 특히, 예를 들어 청소년기에서 성인기로 가는 과정과 같은 이행기에 해당되었다. 융은 "그 사람이 신경증에 걸리게 돼서 정말 다행이다!"라고 즐겨 말했다. 이는 우울증 또는 다른 어떤 증상의 발병은 그가 자신의 내면을 들여다보게 하는 긍정적인 기능을 한다는 뜻이다.

프로이트와 그의 추종자들은 유아기의 신경증 결정 요인을 찾는 데 주로 관심이 있었다. 정신분석의 과제는 환자가 최초 기억을 되살릴 수 있게 하는 것이었다. 환자의 나이가 많을수록 이 일은 더 어려워졌다. 그래서 정신분석학 초기에는 분석가가 중년 환자들을 받는 걸 꺼렸다. 반면 융은 중년 환자들의 치료를 전문으로 하게 되었다. 융이 심리학에 주요하게 기여한 바는 성인 발달 분야에 있었다. 이 생애기에 대한 관심은 분명 융이 프로이트와 결별한 후 몇 년 동안 겪은 정신적 스트레스에서 비롯되었다. 이 정신적 격변은 극심해서 융은 자기 정신이 온전한지 염려했다. 1912년 융은 영어로 『무의식의 심리학The Psychology of the Unconscious』이라고 알려지게 되는 저작의 초판을 출간했다. 그는 자서전에서 자신이 어째서 두 달 동안 이 책의 끝부분을 쓸 수 없었는지 이야기한다. 그것이 프로이트와의 우정을 잃게 하리라는 사실을 융은 알았기 때문이다. 그의 생각은 옳았다. 애석하게도 두 사람 사이가 멀어지는 이야기는 『프로이트/융의 편지The Freud/Jung Letters』[8]에서 찾아볼 수 있다.

1913년 7월 융은 서른여덟 살이 되었다. 이른바 중년의 위기가 흔히 발생하는 나이였다. 융은 이 현상에 주의를 기울인 최초의 정신과 의사였는데, 그것은 바로 그 자신의 경험에서 비롯되었다. 이 시기에 융은 결혼해서 한 가정의 아버지가 되었고 직업적인 인정과 사회적 지위를 얻었다. 의식 차원에서의 포부는 프로이트와 함께 새로운 정신과학을 발전시킬 수 있으리라는 것이었다. 하지만 내면의 무언가가 의식적인 의향에 반해서 개인적인 관점을 주장하게 했다. 프로이트가 이를 배신으로 여기리라는 사실을 알았지만 말이다. 제1차 세계대전 동안 융은 개인적인 위기를 겪었는데, 그것은 극도로 불안감을 주었으나 결국에는 대단히 가치 있는 것으로 드러났다. 그는 자신의 환상과 꿈을 기록하는 자기분석을 행했고, 그 가운데 많은 것이 놀라웠다. 예를 들어 융은 "한여름에 북극의 차가운 파도가 내려와 육지가 얼어붙는 꿈을 세 번 꾸었다. 가령 나는 로렌(프랑스 동부 지방) 전체와 그곳의 운하들이 얼어붙고 인간들이 그 전 지역을 완전히 버리는 걸 봤다. 모든 녹색 생물은 서리로 죽어버렸다." 이후의 꿈에서 이 황량한 장면은 "잎은 있지만 열매는 없는(나는 내 생명의 나무라고 생각했다) 나무"의 모습으로 바뀌었다. "그 잎들은 서리의 영향으로 치유의 즙이 가득한 달콤한 포도로 바뀌었다."9

융은 이렇게 썼다. "내가 내 내면의 이미지를 좇던 그 시절이 내 인생에서 가장 중요한 시기였다. 그때 가장 중요한 것이 모두 결정되었다."10 그 시기의 경험에서 인격 발달에 대한 그의 관점이 비롯되었음은 분명했다. 인생에서 가장 중요한 것은 자기 자신의 독자적인 관점을 파악하고 표명하는 것임을 자기분석은 확신시켜주었다. 인간은 어떤 의미에서 자기 자신을 배반할 때, 그리고 자연(또는 신)이 따르게 한 길에서 벗어날 때 신경증 환자가 되었다. 꿈, 환상, 그리고 다른 자연스러운 무의식의 파생물에서 발현되는 내면의 목소리를 들음으로써, 길 잃은 영혼은 더 석절한 길을 다시 찾을 수 있었다. 물론 이것은 '종교적인' 관점이지만 '거기에' 반드시 신을 상정할 필요는 없다.

융에게 찾아온 중년의 위기가 끝났음을 알리는 신호는 그를 대중에게 가장 널리 알린 책인 『심리 유형Psychological Types』이었다. 융이 도입한 '외향성'과 '내향성' 개념은 프로이트와 알프레트 아들러가 각각 동일한 정신병리학 자료를 앞에 두고 아주 다른 해석을 할 수 있다는 관찰에서 비롯되었다. 융은 이렇게 썼다.

두 이론은 대단히 정확하기 때문에, 다시 말해, 둘 다 그들의 자료를 설명해주는 것으로 보이기 때문에, 결론적으로 신경증은 두 가지 상반되는 측면을 가진 게 틀림없다. 그 한 측면이 프로이트의 이론에 의해 파악되고 다른 측면이 아들러의 이론에 의해 파악된다. 하지만 어째서 이들 연구자는 각자 한 측면만을 보게 되었고, 왜 자신의 견해만이 타당하다고 주장하는 것일까?[11]

융은 아들러의 심리학이 대상을 희생시켜 주체의 중요성을 강조하는 반면 프로이트의 심리학은 주체가 의미 있는 대상에 끊임없이 의존하는 것으로 본다고 지적한다.

내향성과 외향성은 대부분의 사람에게 익숙하게 되었고, 한스 위르겐 아이젱크(독일 태생의 영국 심리학자로 인격 연구에 실험적 방법을 적용했으며 행동요법을 널리 보급했다) 같은 실험심리학자들에 의해 계승되었다. 인격에 대한 융의 관점에서 이분법이 중요성을 갖게 된 것은 그가 의대생이던 시절로 거슬러 올라간다. 생리학자 클로드 베르나르(실험의학과 일반생리학을 창시했다)의 시대 이래로, 과학자들은 몸이 자기조절적인 독립체라는 개념을 받아들였다. 인간의 심리는 지나치게 한 방향으로 흐르는 경향을 반대 방향으로 돌림으로써 보정하는 견제와 균형의 체계다. 이런 이른바 '항상성 기제'는 부정적인 피드백, 다시 말해 중앙통제 체계의 지시를 받는 혈당과 같은 어떤 특성에서의 변동에 의존하고, 거기서부터 보정적인 변화에 시동이 걸려 정상적인 균형을 회복한다.

외향성과 내향성은 융이 '한쪽으로 치우친 발달'이라고 한 것에 의해 왜곡되는 인격 개념으로 나아갈 수 있게 해주었다. 인간은 외향적이어서, 다시 말해 완전히 외부세계에 몰두해서 자기 마음속 내면세계와의 접촉이 끊어질 수 있다. 다른 한편으로, 내향적인 괴짜는 자신의 정신 작용에 집착해서 현실에 적응하는 데 실패할 수 있다. 융은 정신이 몸과 같은 식으로 자기조절적이라고 추정했다. 신경증 증상의 발생은 무의식에서 보정 과정이 시작되고 있음을 나타내는 신호로 받아들여야 한다. 새로운 환자가 융에게 의지해서 어떻게 해야 할지 물으면, 그는 이렇게 대답하곤 했다. "나도 모릅니다. 하지만 무의식이 무슨 말을 하는지 알아봅시다. 당신의 꿈과 환상을 검토해보자고요."

융은 『꿈 분석의 활용The Practical Use of Dream-Analysis』이라는 논문에서 이 과정을 예시한다. 그는 중요한 위치에 있는 한 남자를 상담했다. 이 남자는 불안, 자신 없음, 현기증을 호소했는데, 그것은 때로 구역질, 머리가 무거운 느낌, 호흡곤란을 일으켰다. 이 증상들은 융이 지적한 대로, 고산병 증상과 다르지 않다. 이 환자는 변변찮은 출신으로 중요한 위치에 올랐다. 그가 처음 꾼 꿈은 이랬다. "나는 내가 태어난 작은 마을로 돌아갑니다. 나와 함께 학교에 다닌 소작농 소년들이 거리에 서 있었지요. 나는 그들을 지나쳐 걸으면서 아는 체를 하지 않아요. 그때 그들 가운데 한 명이 나를 가리키며 '쟤는 우리 마을에 자주 오지 않아'

라고 말하는 게 들립니다." 이 환자의 두 번째 꿈은 정신없이 서둘러 여행을 떠나는데, 기차를 놓치고, 기관사가 너무 빨리 달린 결과 맨 뒤의 객차가 탈선했음을 깨닫는다는 내용이었다.[12]

융은 현재 이 환자가 경력에서 절정에 이르렀으니, 다시 말해 변변찮은 출신에서 아주 멀리 벗어났으니, 추구하려드는 더 이상의 성취를 좇아 애쓰기보다는 이미 얻은 성공에 만족해야 함을 암시하는 것으로 이 꿈들을 해석했다. 이 해석이 이 환자를 납득시키지 못해서, 융은 그를 계속 치료할 수 없었다. 그런데 얼마 안 가서 이 환자는 정말로 '탈선하여' 엄청난 불행에 처하게 되었다.

이 꿈들은 융이 말하는 보정과 자기조절이 의미하는 바를 보여주는 간단한 실례다. 만약 그 환자가 자신의 무의식이 암시하는 바를 진지하게 받아들일 수 있는 분별과 통찰을 가지고 있었다면, 그는 결국 그에게 닥친 엄청난 불행을 모면할 수 있었을지도 모른다.

꿈의 분석은 융과 그의 제자들이 가장 중요하게 이용하는 치료법의 하나가 되었다. 꿈의 해석은 융이 프로이트와 갈라서게 만든 주요 분야 가운데 하나였다. 알다시피, 프로이트는 모든 꿈을 사실상 위장된 소망 실현으로 여겼다. 그는 꿈이 꿈을 꾸는 사람의 자아와 양립할 수 없거나 꿈을 꾸는 사람의 자아에게는 역겨운, 억압된 유아기의 욕망을 간접적으로 표현한다고 생각했다. 융은 이것이 꿈에 대한 이해로는 지나치게 편협하다고 여겼다. 꿈은 우리가 이해하기 어려운 상징적인 언어로 표현되는 것일지 모른다. 하지만 꿈이 예외 없이 용인되기 힘든 무언가를 감추고 있다고 생각할 이유는 없다. 융은 이렇게 썼다.

무의식의 본성에 관한 근본적인 오류는 아마도 이것이다. 꿈의 내용이 단 하나의 의미를 가지고 있으며 불변하는 + 또는 - 부호로 표시된다고 흔히 생각하는 것 말이다. 내 단견으로는, 이런 관점은 지나치게 순진하다. 정신은 몸이 그러하듯 항상성을 유지하는 자기조절 체계다. 너무 극단으로 흐르는 모든 과정은 즉시 그리고 필시 보정을 불러일으킨다. 이것 없이는 정상적인 신진대사도 정상적인 정신도 없을 것이다. 이런 의미에서 우리는 보정 이론을 심리 행동의 기본 법칙으로 받아들일 수 있다. 한쪽 면이 너무 부족하면 결과적으로 다른 면이 너무 많아진다. 비슷하게, 의식과 무의식의 관계는 보정적이다. 이는 가장 잘 증명된 꿈 해석의 법칙 가운데 하나다. 우리가 꿈 해석에 착수할 때 '그것은 어떤 의식적인 태도를 보정하는가?'를 묻는 게 항상 도움이 된다.[13]

융의 인격관은 우선 주로 정신병 환자와 신경증 환자를 다룬 경험에서 비롯되었다. 하지만 명성이 높아질수록, 그는 다양한 사람을 상담하게 되었다. 그들은 꼭 신경증 증상을 보이지는 않지만 더 이상 인생의 의미와 목적을 찾을 수 없어서 불만을 느껴 불행한 사람들이었다. 이런 환자들 가운데 많은 이가 통념상 성공을 거두고, 대단히 지적이며, 사회적으로 잘 적응한 사람들이었다. 그 대다수가 아마도 융 자신이 겪은 중년의 위기를 지나고 있는 중년들이었을 것이다.

이들은 융에게 가장 흥미로운 사람들이었고, 관습을 거부하고 자신의 길을 찾지 않을 수 없는 본성을 가진 예외적인 개인들이었다. 융은 치료 전문가보다는 탐구자로서 양보다는 질에 관심 있다고 말했다. "본성은 고상하고, 가치 있는 한 사람이 가치가 덜한 열 사람보다 더 중요하다."14 융은 그런 개인들이 문화의 담지자라고 생각했기에, 그들이 자기를 실현할 수 있도록 돕는 것은 더없이 중요한 과제가 되었다.

융은 인격을 유전자 정보보다는 성취로서 정의했다. 그는 이것이 "생명체가 타고난 특이성이 최고로 실현된 것"이라고 했다.15 그것은 본질적으로 성인의 이상이다. 이것이 내가 앞서 융이 성인 발달 분야에 중요한 기여를 했다고 주장한 이유다. "이런 목적을 지향하는 충실한 삶의 결실로서 인격을 성취할 수 있는 것은 아이가 아니라 오직 성인이다. 인격의 성취는 다름 아닌 모든 개별 인간의 최적의 발달을 의미할 뿐이다."16

이런 최적의 발달은 '전체성' 또는 '통합'이라는 목표를 지향하는 경향이 있다. 이런 상태에서는 의식적인 정신뿐 아니라 무의식적인 정신의 다양한 요소가 서로 뗄 수 없이 함께 결합된다. 이런 상태는 조현병에서 보이는 파편화되고 분열된 상태와는 반대된다고 말할 수 있을지 모른다. 완전히 또는 단번에, 그리고 모든 사람이 성취할 수는 없는 이런 목표에 접근한 사람은 융이 "정서적으로 얽히고설킨 관계와 격렬한 충격이 미치는 범위를 넘어서는 태도, 다시 말해 세계로부터 거리를 두는 의식"이라고 말한 것을 갖는다.17

이런 통합의 탐색은 공인된 교리와 무관하기는 해도 본질적으로 종교적인 추구다. 그것은 개인의 내면에서 일어나는 변화를 수반하기에 종교적이다. 자아와 의지가 무엇보다 중요한 변화부터, 자신이 형성한 것이 아닌 통합 요인에 인도되었음을 인정하는 변화에 이르기까지 말이다. 융은 사람들이 "오랫동안의 헛된 투쟁" 후에 마음의 평화를 얻는다고 말한다.

> 사람들이 자신의 경험에 대해 이야기하는 걸 요약하면 이렇게 말할 수 있다. 그들은 정신을 차렸으며, 자신을 받아들일 수 있었고, 자신을 감수할 수 있게 되었으며, 그래서 다양한 상황과 사건을 감수했다고 말이다. 이것은 신과 화해했다고, 자신의 의지를 버리고, 신의 의지에 따른다고 말할 때 표명되곤 하는 것과 비슷하다.18

융은 이런 태도의 변화와 새로운 인격의 통합을 나타내는 상징에 대해 이야기했다. 원형圓形은 티베트 불교에서 명상을 돕기 위한 의식 도구로 사용되는 이른바 '만다라'와 비교할 수 있는 전체성을 나타낸다.

무의식이 의식과 나란히 공동의 결정 요인이라고 인정할 수 있다면, 그리고 우리가 의식적·무의식적 요구들이 가능한 한 고려되는 방식으로 살 수 있다면, 완전한 인격의 무게중심은 그 위치가 달라진다. 그것은 더 이상 단지 의식의 중심에 지나지 않는 자아ego에 있지 않고 의식과 무의식 사이의 가상의 지점에 있다. 이 새로운 중심이 '자기self'라 불릴 수 있을지 모른다.[19]

만다라가 상징하는 자기는 통합과 전체성의 원형archetype, 元型이다. 융은 이 원형이 다양한 형태의 유일신교에서 나타나는 근원적인 실체라고 생각했다. 따라서 자기 안에 신이 있고, 자기실현과 통합을 추구하는 개인은 융이 쓴 대로 하자면 "신이 그를 통해 자신의 목적을 추구"하는 수단이 된다.[20]

이 장을 시작할 때 융의 이력을 약술하면서 그가 스위스 개혁교회 목사의 아들이었다고 했다. 그의 두 삼촌 역시 성직자였고, 그의 외가 쪽에서는 목사가 자그마치 6명이나 되었다. 하지만 융은 이른 나이에 자신이 그 안에서 자라난 전통 신앙을 심히 의심하게 되었다. 그는 종교가 공인된 교리와는 거의 무관한 개인적인 문제라고 생각하기 시작했다. 이런 의심에 대해 아버지와 이야기를 나눠보려 했지만, 아버지가 이런 논쟁을 꺼린다는 사실을 알게 되었다. 융은 자신이 그 안에서 자라난 신앙에 동의할 수 없는 한편으로 동시에 개인은 자아보다 더 높은 어떤 힘에 의지한다는 걸 인정하지 않는 한 행복할 수도 건강할 수도 없다고 믿는 입장이었다.

융과 프로이트가 주고받은 편지에서, 새로운 국제윤리문화협회International Fraternity for Ethics and Culture에 참여할 것인지 말 것인지에 대한 문제가 논의되고 있다.

어쩌면 I. F에 새로운 구세주가 있을까? 우리가 그에 따라 살아갈 새로운 신화를, 그것이 배포해줄까? 순수한 지적 추정으로는 현명한 사람들만이 윤리적이고, 나머지 우리는 신화라는 영원한 진리가 필요하다네. 이런 일련의 연관으로부터, 그 문제에 대해 내가 무관심하고 냉정할 수만은 없다는 걸 자네는 알 터이네. 성적 자유라는 윤리적인 문제는 실로 엄청나서 온갖 고결한 사람이 씨름할 만하네. 하지만 그리스도교의 2000년은 그에 맞먹는 어떤 것으로 대체될 수 있을 뿐이야.[21]

융의 후기 저작 전체가 그가 어렸을 때 잃어버린 신앙의 대체물을 찾으려는 시도를 보여준다고 주장하는 비평가가 있을지도 모른다. 또 융이 기도를, 꿈과 환상의 분석으로 대신했다고 말할지도 모른다. 융은 환자들에게 그들의 꿈과 환상을 그림으로 그리게 했다. 더욱이, 일부러 하루 중 한때를 따로 정해서 몽상을 하도록 권했다. 이것은 융의 기법에서 '적극적 상상'으로 알려지게 되었다. 이는 이런저런 형태의 명상에서 말하는 것과 다르지 않은 정신 상태다. 이런 상태에서는 판단이 중지되지만 의식은 유지된다. 환자는 자신에게 어떤 환상이 일어나는지 주목하라는 당부를 받았다. 이런 식으로, 환자는 자신이 시작하는 심리적 여정을 묘사할 수 있을 뿐 아니라 자신의 감춰진 부분을 재발견할 수 있을지 모른다. 이는 신비주의자들이 말하는 기억, 침묵, 명상이라는 과정과 두드러지게 유사하다.

몽상의 상태는 또 가장 창의적인 발견이 이뤄지는 상태이기도 하다. 몇몇 예술가와 과학자는 꿈에서 직접 얻은 영감에 대한 이야기를 남기고 있다. 예를 들어 로버트 루이스 스티븐슨은 『지킬 박사와 하이드』의 줄거리가 꿈에서 나왔다고 말했다. 하지만 가장 새로운 발상 또는 문제 해결책은 깨어 있는 상태와 잠자는 상태의 중간에 해당되는 정신 상태에서 나온다. 이런 상태는 융이 말한 '적극적 상상'과 같거나 굉장히 비슷하다. 융은 창의적인 상상력을 이용해서 그 사람이 고착된 불모 상태에 머물기보다는 자신의 본성을 실험할 수 있게 하는 정신 상태를 불러일으키는 게 자신의 목적이라고 말했다.

그럼에도, 융은 환자가 자신의 환상이 예술과 관계있는 것으로 여겨서는 안 된다고 주장했다. 비록 어떤 환자들은 전시할 만한 가치가 있는 그림을 그리기도 했지만 말이다. 내 논문 「개별화와 창의적 과정Individuation and the Creative Process」에서[22] 나는 이런 태도를 가져야 하는 몇 가지 이유를 논의했다.

융은 분명히 무의식에서 곧장 나오는 자발적이고 자연스런 환상을, 그가 임의적인 창안이라고 여긴 예술적 환상과 구분하기를 바랐다. 이 구분은 궁극적으로 유지될 수 없다. 예술가는 의식적으로 자신의 환상을 형성하고 정교히 하는 데 전념하며, 과학자는 자신의 가설을 증명하기 위한 노력을 시작하지만, 양자의 많은 영감과 발견은 의식적인 노력 너머에 있는 원천 덕분이다. 융의 환자들은 예술적 재능을 가지고 있지는 않았지만 자주 예술의 소재, 다시 말해 궁극적으로 소설이나 회화를 구성하는 것을 다루었다.

융이 말하는 개별화 과정과 과학자와 예술가가 말하는 창의적 과정은 많은 공통점을 갖는다. 융이 환자들에게 함양하도록 독려한 정신 상태가 가장 흔히 영감을 불러일으키는 정신 상태와 동일한 것이라고 이미 말했다. 개별화 과정은 결코 끝나지 않는 일생의 과제이자, 개인이 도달하지 못할 목적지를 향해 희망차게 시작하는 여정이다. 융은 이렇게 썼다. "분석 과정에서 얻은 새로운 태도는 머지않아 어떤 식으로든 부적절해지는 경향이 있고 반드시 그렇게 된다. 지속적인 삶의 흐름은 거듭 새로운 적응을 요구하기 때문이다. 적응은 결코 최종적으로 성취되지 않는다."23

과학이건 예술이건 창의적 추구 또한 최종적인 목표가 없는 여정이다. 자신의 발견이나 성취에 오래도록 만족한 과학자나 예술가는 없었다. 항상 나아가야 하는 다음 단계가 있고 해결을 요구하는 새로운 문제가 있다.

융은 서로 대립하는 것들의 통일, 외향성과 내향성 또는 의식과 무의식 사이의 새로운 균형의 발견이라는 관점에서 통합을 이야기했다. 케스틀러가 『창조 행위The Act of Creation』에서 보여 준 대로 '양자 조합', 말하자면 근본적으로 창의적인 통찰은 지 금까지 양립할 수 없다고 여겨진 상황 또는 개념을 연결짓는 것, 다시 말해 상충하는 것들 사이에 새로운 통합을 이루는 것과 관 계있다.[24] 과학에서 새로운 가설은 특히 양립할 수 없는 이전의 가설들을 조화시켜 그것들을 대체한다. 예술에서 상충하는 것 들 사이의 균형과 대조는 보통 미학적 양식을 만들어내는 데 필 수적인 부분이다.

융이 배타적 영역인 개인의 정신 내 변화하는 역학에 집중한 점은 흥미롭다. 부분적으로는, 그것이 유행에 크게 뒤떨어지는 것이기 때문이다. 지난 30년 동안, 우리는 이른바 정신분석학에 서 '대상관계'학파가 부상하는 것을 목격했다. 이 학파는 멜러 니 클라인, 로널드 페어베언, 도널드 위니컷이 주도하고 나중에 존 볼비가 보강했다. 여전히 의견 차이가 정신분석학 진영을 갈 라놓고 있지만, 인간의 성장과 발달을 이해하고 싶으면 먼저 대 인관계를 연구해야 한다는 데는 의견이 일치한다. 젖먹이가 최초 에 엄마와 관계를 가질 때부터 인간의 행복과 성취는 대인관계 에 달려 있으며, 신경증 치료는 대체로 환자가 자신이 치료 전문 가와 관계하는 방식을 이해하고 개선함으로써 자신의 관계들을 개선하도록 돕는 것으로 이뤄진다고 여겨졌다.

하지만 정말로 중요한 것은, 환자가 무의식과 갖는 관계에 더해 개별화 과정의 결과로서 개인의 정신에 일어나는 역학의 변화라고 융은 말하고 있다. 융은 대인관계의 중요성을 매우 잘 인식하고 있었지만, 그가 강조하는 바는 현대의 분석가들이 강조하는 바와 크게 다르다. 어쩌면 현재 대인관계가 인간 존재의 요체로 승격된 것은 지나치다. 융의 관점은 대상관계로부터 멀어지려는 보상적인 진자운동의 시작점일지 모른다.

융의 이후 저작은 주로 개별화 과정과 그 과정을 나타내는 상징과 관련 있다. 융이 연금술에 관심을 보인 데 대해 사람들은 흔히 당황해하는 듯한데, 그가 연금술에 관심을 보인 이유는 연금술사들이 그들의 '일'에 대해 기술한 내용이 융 자신의 환자들한테 일어나는 것으로 보이는 일과 매우 유사하다는 사실을 알게 된 까닭이었다. 융은 연금술사가 현자의 돌, 또는 다른 물질을 금으로 변형시키는 방법을 추구하는 것이 화학적 실험이라기보다는 영적 여정이라고 생각했다. 더욱이 연금술사는 정신 과정의 상징인 화학적 상호 작용을 이용해 상반되는 것들을 변형하고 결합하는 데 관심을 갖고 있었다. 연금술은 전혀 과학적이지 않기 때문에, 그것은 거대한 투사검사모호한 검사 자극에 대한 개인의 반응을 분석하여 성향을 평가하는 심리 검사의 주요 기법 가운데 하나, 다시 말해 일종의 로르샤흐 잉크 반점 같은 역할을 했다. 피검자가 로르샤흐 잉크 반점에서 보는 것은 사실 그의 마음에서 비롯된 것이다.

융이 전통 그리스도교를 거부한 것은 부분적으로, 팡글로스적인 요소팡글로스는 볼테르의 소설 『캉디드 혹은 낙관주의』에서 순진한 청년 캉디드를 교육시키는 노철학자로 못 말리는 낙관주의자다라 할 수 있을 것에 대해 참을 수 없었던 데 근거했던 것 같다. 그는 정통 그리스도교가 현실의 악을 인정하지 않으려 한다고 생각했다. 그래서 청소년기에 만난 쇼펜하우어는 그에게 위안을 주었다.

모든 게 우주의 원리 안에서 최선은 아님을 이해할 용기를 가진 철학자가 마침내 여기 있었다. 그는 창조주의 섭리가 선하고 현명하다고도, 우주가 조화롭다고도 말하지 않고, 어떤 근본적인 결함이 슬프게 전개되는 인간 역사와 잔인한 자연의 밑바탕을 이룬다고 솔직하게 말했다. 세계를 창조한 의지는 맹목적인 것이다.[25]

악의 문제는 평생토록 융의 뇌리를 떠나지 않았다. 악과 선은 똑같이 실재하는 것이라는 그의 주장은 빅터 화이트 신부와의 일련의 흥미로운 편지 교환으로 이어졌다. 이 도미니크 수도회 신부는 옥스퍼드 대학 블랙프라이어스홀(성직자 양성과 신학 교육을 목적으로 설립하여 운영하는 옥스퍼드 대학 협력 교육 기관의 하나)의 교리론 교수였다. 화이트 신부는 융의 절친한 친구였지만 악의 문제에 대한 의견 차이로 둘의 사이는 소원해졌다. 빅터 화이트는 선의 결여privatio boni라는 가톨릭 교리를 견지했는데, 이에 따르면 악은 선의 부재이고 그 자체의 본질이나 실체를 갖지 않는다. 융은 이런 관점에 강하게 반대했다. 그에게 선과 악은 완전히 반대되는 것으로서 똑같이 실재했다.

융의 많은 생각은 쇼펜하우어한테서 곧장 나온 것인 듯하다. 쇼펜하우어는 개인이 시간과 공간의 바깥에 있는 근원적인 의지가 구현된 것이라고 생각했다. 융은 이와 비슷한 관점을 지지하여 자서전을 시작하면서 "내 인생은 무의식의 자기실현에 대한 이야기다"라고 썼다.26

융은 쇼펜하우어한테서 '개별화'라는 용어를 가져왔다. 개별성 개념, 즉 개별화 원리principium individuationis는 공간과 시간이라는 인간적 범주에 의존하는데, 이들 범주는 우리가 개별 대상을 의식하게 해서 원래의 통합된 의지Will(개별자들은 이 의지의 한 표명이다)를 보지 못하게 한다고 쇼펜하우어는 생각했다.

융은 또 개별자들이 구별되는 공간과 시간 바깥의 영역이 존재한다고 믿었다. 융은 영지주의의 말을 빌려 의식을 초월하는 이 정신 영역이 '완전한 상태pleroma'(플레로마)라고 말했다. 완전한 상태에서, 모든 것은 하나다. 선과 악, 빛과 어둠, 시간과 공간 또는 힘과 물질같이 서로 반대되는 것 사이에 구별은 없다.

하지만 쇼펜하우어의 철학이 거부와 금욕으로 개별성의 굴레로부터 구제된다는 이상에 지배되는 반면, 융의 철학은 개별성의 확인과 실현이라는 이념에 지배된다.

모든 존재의 근원적인 통합을 믿은 융은 공간과 시간뿐 아니라 몸과 정신이 실재에 부과된 인간적 범주이며 이 범주들은 실재를 정확히 반영하지 못한다고 생각했다. 융은 자신의 정신분석 대상이기도 했던 물리학자 볼프강 파울리와의 공동 연구를 통해, 물리학자의 물질 탐구와 심리학자의 정신 탐구가 동일한 근원적 실재에 접근하는 다른 방식일지 모른다고 생각하게 되었다. 어쩌면 정신과 몸은 다른 준거틀을 통해 보이는 하나의 실재가 갖는 다른 측면일 뿐이다.

융은 "정신이 비정신적인 성질의 것으로 보이는 것에 깊숙이 박혀 있다"고 믿을 만한 "충분한 이유들"이 있다고 주장했다.[27] 파울리는 "우리의 선택과 무관하고 현상세계와는 별개인 우주의 질서"를 상정했다.[28] 융은 이렇게 썼다. "미시물리학과 심층심리학의 배경은 정신적인 만큼이나 물리적이다. 따라서 그 둘 다 아니며 제3의 것, 다시 말해 중립적인 성질의 것으로, 본질적으로 초월적이기 때문에 기껏해야 징후로 파악할 수 있을 뿐이다."[29]

이후에 융 사상이 나아가 도달한 바에 대해 어떻게 생각하든, 그의 독창성, 창의력, 인격 발달의 이해에 대한 기여, 그리고 그가 분석정신요법의 기법과 실제에 도입한 혁신의 가치에 대해서는 의심할 수 없다.

10

왜 정신분석은 과학이 아닌가

: 스키너의 실험심리학

정신분석학이 과학이기를 또는 과학이 될 수도 있다고 프로이트는 계속해서 희망했으나, 그 희망은 실망을 안겨줄 수밖에 없는 것이었음을 확인하는 게 이 장을 쓰는 목적이다.

정신분석학의 일부 가설은 과학적으로 다룰 수 있지만, 다시 말해 객관적인 평가를 통해 다른 분야의 과학 가설과 동일한 방식으로 옳거나 틀렸다고 증명할 수 있지만, 이는 소수에만 해당될 뿐이다. 정신분석학의 대부분의 가설은 정신분석 치료 과정에서 이뤄진 관찰에 기초해 있고, 정신분석 치료는 과학적인 절차로 여겨질 수 없기 때문이다. 정신분석을 위한 대면 과정에서 이뤄지는 관찰은, 관찰자는 거리를 두려고 하지만 불가피하게 그의 주관적인 경험과 편견에 영향을 받는다. 따라서 화학 또는 물리 실험의 과정에서 이뤄지는 관찰과 동일한 관점에서 생각할 수 없다.

인간을 그저 자신에게 영향을 주는 자극에 반응하기만 하는 대상인 것처럼 연구하는 일은 분명 가능하다. 이것이 실험심리학의 목적이다. 하지만 정신분석이나 다른 어떤 심리치료를 이런 방식으로 수행하기란 불가능하다. 그 이유를 개략적으로 제시할 것이다.

내 생각에, 과학자로 여겨지고 싶은 프로이트의 소망과, 자신이 애초에 이 역할을 포기했음을 인정하기 싫어하는 자기저항은 불행한 결과를 낳았다. 만약 정신분석학이 과학이라고 주장하는 사람이 없었다면, 그 위상에 대한 논쟁이 그렇게 과열되지는 않았을 것이다. 지난 30년 동안 영국에서 가장 영향력 있다고 할 정신분석가인 존 볼비는 언젠가 프로이트의 이런 고집스런 태도가 50년 동안 심리치료의 발전을 지연시켰다고 생각한다고 말했다. 그렇지만 프로이트의 독창적인 천재성을 처음으로 인정한 사람은 볼비였다. 이런 역설을 이해하려면, 프로이트의 사상이 어떻게 발전해나갔는지 일부 측면을 훑어보는 게 필요하다.

프로이트는 의사일 뿐 아니라 에른스트 브뤼케(독일의 생리학자)의 실험실에서 훈련을 받기도 했다. 에른스트 브뤼케의 공동 연구자인 에밀 하인리히 뒤부아레몽(독일의 동물생리학자로 전기생리학 연구에 전념하여 동물전기의 실험 장치를 고안했고 근육과 신경에서의 전기 현상을 발견했다)에 따르면, 에른스트 브뤼케는 "유기체 내에서 일반적인 물리화학적 힘 외에 작용하는 다른 힘은 없다는 진리에 힘을 신기로 엄숙히 맹세했다".[1] 이 실제적이고 단호하게 결정론적인 관점은 엄밀한 과학인 화학과 물리학에서 매우 가치 있는 것으로 드러나는데, 당시에는 브뤼케와 그의 동료들이 학창 시절 배운 활력론 형태의 생물학에서 벗어나는 것이었다. 프로이트는 15년 동안 처음에는 어류의 신경계를, 그다음에는 인간의 중추신경계를 연구했다. 정신분석학 개념들을 만들기 시작했을 때도, 그는 신경해부학을 연구하던 시절을 후회

하며 되돌아봤다. 프로이트는 1891년에야 실어증에 관한 논문을 발표했고, 아동기 뇌성마비에 관한 주요 저작은 1897년에 나왔다. 브뤼케의 두 조수는 비교적 젊었기 때문에, 프로이트가 그 실험실에서 승진할 가능성은 거의 없었다. 이 때문에, 브뤼케는 그에게 의사 개업을 하라고 조언했다. 그러기로 한 프로이트의 결심은 마르타 베르나이스와 사랑에 빠지면서 더 굳어졌다. 수입을 늘리지 않고는 결혼할 수 없었기 때문이다. 프로이트는 1881년 마지못해 의학 학위를 받았고, 그런 다음 브뤼케의 생리학 연구소 실습조수로 기용되었다.

'자연'과학을 떠나기는 했으나, 프로이트의 신경증 증상 연구 접근법이 그가 받은 의학과 과학 교육에서 유래하리란 것은 당연한 일이었다. 다시 말하면, 그는 신경증 증상이 기질성 질환의 신체 증상과 동일한 상태의 현상인 듯 접근하여, 처음에는 당시 이용할 수 있는 수치료법(여러 형태나 방법으로 물을 사용하여 행하는 치료법), 전기요법, 마사지 같은 신체 치료법으로 치료했다. 하지만 1885년 여름 프로이트는 방문연구 장학금을 지원해 받게 되어 1885~1886년 겨울에 파리에서 유명한 신경학자인 샤르코와 함께 연구하며 지낼 수 있었다.

샤르코는 기질성 마비와 히스테리성 마비를 구별하는 방법을 찾고자 몇 년 동안 최면술을 연구하고 있었다. 그는 비록 꼬집어 말할 수는 없지만 생각이 신경증의 발생 원인일 수 있다고 프로이트에게 설명해주었다. 환자가 히스테리성 마비를 일으킬 때 그

마비가 취하는 형태가 해부학적 사실이 아니라 해부학에 대한 환자의 잘못된 생각에 의해 결정되었기 때문이다. 신경증 환자는 특정한 말초신경의 손상으로 설명될 수 있는 마비 대신, 다리가 어디서 시작되고 끝나는지에 대한 환자의 생각에 부합하는 사지 마비를 보였다. 더욱이 샤르코는 최면에 의해 히스테리성 마비를 인위적으로 만들어낼 수 있음을 보여주었다.

만약 생각이 히스테리성 마비를 일으킬 수 있다면, 생각이 또한 낫게 할 수 있을지 모른다. 최면으로, 건강하다는 생각을 강제로 주입할 수 있었다. 그리고 프로이트는 최면이 실제로 많은 히스테리 증상을 완화할 수 있음을 알게 되었다. 그래서 신경증 장애의 주된 치료법으로 최면을 활용하기 시작했고, 1896년까지 계속 그랬다.

최면은 두 가지 측면을 갖게 되었다. 첫째는 환자의 마음속에 건강하다는 생각을 주입하는 것이었다. 긍정적인 암시가 신경증 증상을 일으키는 부정적인 생각을 중화할 것이었다. 더 중요한 둘째 측면은 프로이트의 친구이자 공동 연구자인 요제프 브로이어(오스트리아의 내과의사)의 연구에서 비롯되었다. 브로이어는 자신의 유명한 사례인 안나 O.(베르타 파펜하임)를 최면으로 치료하면서, 히스테리 증상이 나타난 최초의 순간을 기억해내게 할 수 있으면 그 증상이 사라진다는 사실을 발견했다. 그는 이 치료법에 '정화catharsis'(카타르시스)라는 이름을 붙였다. 그래서 최면은 환자가 잊어버린 근원을 기억해내게 하는 방법으로 활용되었다. 신경증 증상에 대한 적극적이고 직접적인 대처법으로 활용되는 대신 탐사의 방법이 되었다.

프로이트와 브로이어는 본질적으로는 단순하지만 힘이 드는 이 방법으로 모든 신경증 증상이 없어질 수 있기를 바랐다. 두 사람의 첫 논문인 『히스테리 연구Studies on Hysteria』에서 그들은 이렇게 썼다.

처음에는 대단히 놀랍게도, 히스테리 증상을 일으킨 사건에 대한 기억을 분명하게 드러내 거기에 동반되는 강렬한 감정을 불러일으키는 데 성공하면, 그리고 환자가 그 사건을 최대한 상세히 묘사하고 그 감정을 말로 표현하면, 각각의 개별 히스테리 증상이 즉시 그리고 영구히 사라진다는 사실을 우리는 발견했다.[2]

나중에 동일한 기법이 강박증 증세에 적용되었다. 또 다른 논문에서 한 여성의 사례를 읽을 수 있다.

그녀는 요실금에 대한 강박적인 염려 때문에 거의 완전히 고립되었다. 수차례 오줌을 누지 않고서는 자기 방을 나가거나 찾아오는 손님을 맞아들일 수 없었다. 복귀reinstatement, 그것은 유혹 또는 불신에 근거한 강박관념이었다. 그녀는 자신의 방광이 아니라 성적 충동에 대한 자신의 저항력을 불신했다. 이 강박관념의 기원은 이를 분명하게 보여준다. 그녀는 언젠가 극장에서 마음이 끌리는 남자를 보자마자 (여성의 자연스런 몽정이 항상 그런 것처럼) 오줌을 누고 싶은 욕구가 동반된 성적 욕구를 느꼈다. 그녀는 극장을 떠나야 했고, 그 이후 동일한 느낌에 대한 두려움에 시달렸으나 오줌을 누고 싶은 욕구가 성적 욕구를 대체했다. 그녀는 완전히 치료되었다.[3]

우리는 신경증 증상이 불쾌한 기억 또는 달갑잖거나 받아들일 수 없는 감정에서 비롯된다는 점에서 신체 질환의 증상과 다르기는 해도 대체로 동일한 관점에서 볼 수 있음을 이 설명에서 알 수 있다. 폐렴구균이 폐렴의 '원인'으로 여겨지고 적절한 약으로 없어질 수 있듯이, 신경증은 억압된 감정이나 정신적 외상으로 '초래되'고 기억과 정화(해제)로 없어질 수 있다.

더욱이 최면요법은 환자가 억압된 기억과 그에 동반되는 불쾌한 감정을 되살릴 수 있게 하는 기술적 방법인 한편으로, 맹장을 제거하는 기술을 가르칠 수 있는 것과 마찬가지 방식으로 가르칠 수 있었다. 그래서 심리치료 의사들은 숙련된 전문가라는 전통 의학의 역할을 맡을 수 있었다. 이 점잖은 권위자는 자신이 가진 우월한 지식의 혜택을 환자에게 제공하며, 자비롭고 사려 깊으나 근본적으로는 초연하다.

신경증에 대한 이런 관점이 유지될 수 있는 한, 신경증 환자는 그의 현재 상황이나 대인관계와 상관없이 분리된 개인으로서 다뤄질 수 있었다. 만약 신경증의 원인이 과거에 있다면, 치료 전문가의 과제는 과거의 일을 기억해낼 수 있게 하는 것뿐이었기 때문이다. 환자가 일상생활과 멀리 떨어져 있고 친척과 친구같이 그들을 가장 잘 아는 사람들에게 다가가지 못하는 고립되고 부자연스러운 상황에 처해 있는데, 그를 이해하려고만 한다고, 정신분석가들은 흔히 비판을 받아왔다. 하지만 신경증이 과거, 특히 환자의 유아기에서 비롯한 억압된 감정으로 인해 유발된다고 생각한다면, 현재의 관계를 무시하고 과거를 떠올릴 수 있는 상황을 만드는 것이 불합리하지 않다. 만약 환자의 질병이 염증을 일으킨 맹장 때문이라면, 외과의사의 과제는 맹장의 위치를 찾아내 제거하는 것이다. 환자가 고통과 병에 어떤 반응을 보였는지에 대한 친척들의 이야기가 의미 있을 것 같지는 않다.

요실금에 대해 강박적인 두려움을 가진 여성의 병력은 상세히 제시되지 않는다. 그녀에 대해서는, 오늘날 정신과 의사라면 답을 듣고 싶어할 만한 의문이 많다. 하지만 프로이트가 이 사례를 소개하면서 말한 대로, 우리는 그녀가 완전히 치료되었다고 알고 있고, 우리가 그런 것처럼 아마도 그녀에게는 이것으로 충분했을 것이다. 당시 환자에 대한 프로이트의 태도는 오늘날 행동치료 전문가가 주장하는 것과 비슷하다. 행동치료 전문가는 신경증 증상이 억압된 감정으로 인해 유발되기보다는 학습된 부적응적인 습관이라고 생각하지만, 그들이 환자를 대하는 태도는 신체 질환을 앓는 환자를 대한 의사의 태도와 비슷하다. 그리고 프로이트가 신경증 환자를 치료하기 시작했을 때도 이런 태도를 취했다. 의사는 환자가 보이는 어떤 증상의 근원적인 원인을 알아내 적절한 치료법으로 그 증상을 없애는 걸 목표로 삼는다. 이는 전적으로 온당하다. 의사가 환자를 한 개인으로서 알아야 할 필요는 없고, 더더구나 의사 자신의 인격과 동기를 검토할 필요도 없다. 의사의 궁극적인 목적은 학습할 수 있어서 다른 의사들이 사용 가능한 방식으로 병을 치료하는 방법을 찾는 것이다. 의사의 인격은 그 치료법과 무관하다. 비슷한 방식으로, 행동치료 전문가는 치과 의사 같아야 한다고 아이젱크는 말한 바 있다. 아마도 사려 깊고 친절해야 한다는 말일 것이다. 하지만 숙련된 전문가는 근본적으로 지능을 가진 사람이라면 학습할 수 있는 치료법을 이용하고, 그것은 보통의 과학적 방식에 의해 평가될 수 있다.

이런 객관적이고 과학적인 접근법은 신체 이상과 한정된 유형의 신경증 장애에 관한 한, 완전히 받아들일 만하다. 만약 내가 의사에게 천식을 진찰받는다면, 나는 그가 호흡기 질환 전문가이고 어떤 약이 필요한지 처방해줄 수 있기를 바란다. 만약 그 의사가 대인관계에 능숙하고 나를 한 사람으로서 이해하게 된다면 청하지 않은 이런 보너스에 고마워하겠지만, 그것은 최우선적 목표라기보다는 부수적인 이득이다.

행동치료 전문가는 특정 공포증, 특히 정신적 외상을 초래한 것으로 규명된 사건에서 비롯되는 공포증에서 가장 큰 성공을 거두고 있으며, 나는 그들의 성취에 의문을 제기하고 싶지 않다. 사실 나는 그들의 관점에 상당히 공감한다. 모든 형태의 신경증이 누구든 학습 가능한 객관적이고 과학적인 기법으로 치료될 수 있다면 좋은 일일 것이다. 이것은 분명 초기 프로이트의 바람이었고, 그는 이런 바람을 결코 완전히 포기하지 않았다. 하지만 19세기가 끝나기도 전에 주관적인 요소들이 이런 열망에 끼어들기 시작했다. 1896년에 발표한 「히스테리의 병인The Aetiology of Hysteria」이라는 논문에서 프로이트는 이렇게 말한다. 열여덟 가지 사례를 다루면서 "어떤 사례와 어떤 증상에서 출발하든, 결국 우리는 영락없이 성경험 영역으로 오게 되었다. 이렇게 해서 처음으로 히스테리 증상의 병인학적 전제 조건을 찾아낸 것 같다".4

히스테리 증상이 사소한 것에 촉발되어 시작된 것으로 보이는 사례에서 "모든 히스테리 사례의 밑바탕에는 아주 이른 시기에 한 번 이상 일어났던 성적 경험이 있"음을 정신분석 연구는 드러낸다고 프로이트는 지적한다. "이런 경험이 일어난 것은 유아기지만, 그사이 수십 년이 지나도 정신분석 작업을 통해 재생할 수 있다".5

로저 브라운(미국의 사회심리학자)은 이것이 프로이트가 병인과 관련해서 수치를 들어 설명하려 한 마지막 시도라는 사실, 그리고 그나마 이 사례에서도 통제집단이 없다는 사실에 주목했다. 브라운은 프로이트가 태도를 바꾼 이유가 두 가지라고 말한다. 첫째, 그는 일부 환자가 자신의 과거에 대해 사실이 아닌 환상을 이야기하고 있다고 믿게 되었기 때문이다. 둘째, 프로이트가 자기분석에 착수했기 때문이다. 프로이트는 열아홉 번째 환자인 자기 자신의 사례에서, 오이디푸스 콤플렉스가 아동기에서 가장 중요한 부분이라는 사실을 알았다. 하지만 그는 또한 자신이 실제의 성적 유혹을 경험하지 않았다는 사실도 알고 있었다. 그래서 프로이트는 성적 유혹이 가장 중요한 변수로 보이는 이른바 정신적 외상을 초래하는 사건에서, 환자 내면의 환상을 검토하는 것으로 관심을 돌렸다. 정신분석학은 인과관계가 있는 일련의 사건(이는 신경증의 발병으로 완결된다)을 밝히기 위한 과학적 시도라 할 만한 것에서, 과학적인 것으로 분류할 수 없는 환자의 상상세계에 대한 탐구로 바뀌었다.[6]

정신분석학을 진정한 정신과학으로 확립하려는 프로이트의 이상이 실패할 운명이었다고 생각되는 이유는 이것만이 아니었다. 조숙한 성적 흥분에 관한 프로이트의 원래 가설은 오늘날에는 거의 보이지 않는 '전환 히스테리'정신적 스트레스가 신체 반응으로 나타나는 경우를 말한다라는 극적인 사례에 기초한 것이었다. 왜 그런지 그 이유는 확실치 않다. 하지만 오늘날 여성들이 완전히 자유롭지는 않지만 적어도 프로이트 시대의 여성들보다는 더 해방되었다는 사실과 관계있을 수 있다는 생각은 상당히 설득력 있다. 19세기에는 결혼하지 않거나 결혼생활이 불행한 지적인 여성들에게 삶이 가져다줄 것은 거의 아무것도 없었다. 성적 좌절뿐 아니라 사회적 좌절을 겪으면서 결혼하지 못해 경멸을 당하거나 탈출구가 없는 상황에 갇힌 여성들은 극적인 방식으로 불만을 표출하며 신경증 증상을 드러냈다. 그것은 그들이 원하는 것을 얻게 해주지는 못했지만, 적어도 관심을 받게 해주었다.

안나 O.와 그 자매들이 보인 히스테리 증상은 많은 경우 신체 이상 증상과 동일한 방식으로 정확히 밝혀진 원인을 추적해서 없앨 수 있었다. 하지만 대다수의 신경증 증상은 그렇지 않았다. 환자가 두통을 호소할 때, 이 증상을 생경한 불청객으로 생각하는 건 타당하다. 이는 제한적인 범위의 신경증 증상에 대해서도 마찬가지다. 그 가운데 특정한 공포증이 가장 좋은 예다. 하지만 대부분의 신경증 증상은 환자의 전인격과 훨씬 더 긴밀하게 연관되어 있고, 환자의 전인격이 고려되지 않는 한 이해될 수 없다.

예를 들어 광장공포증의 일반적인 증상을 생각해보자. 어떤 경우에 광장공포증은 무서운 경험, 이른바 정신적 외상을 초래하는 사건에서 비롯될 수 있다. 가령 거리에서 성폭행을 당한 여성은 한동안 혼자 외출하는 일을 꺼릴 거라고 예상할 수 있다. 하지만 대부분 경우 볼비가 '애착행동' 장애라고 하는 것에서 광장공포증이 비롯된다는 사실을 알게 될 것이다. 다시 말해, 아동기의 애착 대상이 신뢰할 수 없거나 부재했으며, 그 결과 아이는 신뢰가 높아지는 대신 세상은 무섭고 예측할 수 없는 곳이어서 누군가의 도움 없이 감히 혼자 나가기에는 안전하지 않은 곳이라고 여기게 되었음이, 환자의 초기 정서 발달 탐구를 통해 드러날 것이다.

또는 재발성 우울증을 생각해보자. 우울 성향이 있는 사람들은 어떤 역경에 처해 속수무책으로 절망적이라고 느끼는 경향이 있다. 어떤 사람이 실망감, 상실, 또는 도전에 대해 극심한 우울증으로 반응하는 이유를 이해하려면, 그 환자가 자라난 정서 분위기를 살펴봐야 한다. 특정한 우울증이 물리적인 치료법으로 완화될 수 있을지는 모르지만, 극심한 우울 성향은 전인격을 고려하지 않고서는 이해할 수 없으며, 또 그 사람의 증상에 대해 항우울제나 전기충격요법으로 곧장 대처하기 때문에 그가 이런 성향에 좀더 잘 대처하도록 배우는 것도 기대할 수 없다.

시간이 흐르면서, 정신분석가를 찾는 환자들은 광장공포증이나 재발성 우울증보다 훨씬 덜 분명한 증상들을 보였다. 오늘날 심리치료를 받길 원하는 많은 환자는 한정된 신경증에 시달리는 게 아니라 일반적인 불행감, 직장에서의 긴장, 또는 대인관계에서의 어려움을 겪는다. 그들은 토머스 사스(헝가리 태생의 미국 정신과 의사이자 정신분석가)가 '생활 문제'라고 한 것을 정신분석가에게 가져오고,7 그래서 특정 증상을 치료하기보다는 개인으로서 이해받기를 요구한다. 1890년대에 처음 도입된 이래 정신분석학은 의학 모형에서 점점 더 멀어지고 있다.

정신분석학이 신경증 증상보다는 전인적 인간에 더 관심을 갖게 된 또 다른 이유는 프로이트의 기법상의 변화에서 비롯된다. 앞서 프로이트가 1896년까지 최면을 이용했다고 말했다. 더 정확히 하자면, 나는 프로이트가 결국 1896년에 최면을 활용하는 것을 포기했다고 썼어야 했다. 1892년 이래, 프로이트는 서서히 자신의 기법을 수정하고 있었다. 프로이트가 최면을 자유연상으로 대체한 것은 가장 중요한 치료법의 혁신이라고 나는 생각한다. 자유연상의 강조는 심리치료 의사들이 전통적으로 의사에게 기대하는 것보다 훨씬 더 수동적이고 덜 권위적인 역할을 맡게 해서, 환자가 자주성을 갖게 한다. 최면요법은 주로 의사의 권위와 환자가 그 권위를 따르는 데 의존하는 치료법이다. 최면에 걸린 환자는 최면을 건 사람이 그가 의식을 회복할 것이라고 말하기 때문에 그렇게 하고 또는 먼 과거를 기억해내도록 촉구하기 때문에 그렇게 한다. 자유연상의 방법은 환자가 자동적으로 치료 전문가에게 순종적이거나 어린아이 같은 관계에 놓이는 대신 자신의 자주성을 유지한다는 것을 의미한다. 치료 전문가가 직접적인 조언이나 특정한 지시를 해주리라 기대하는 대신, 환자는 자신을 더 잘 이해하는 수단으로 정신분석을 이용하는 법을 배우고, 이를 통해 자신의 문제를 해결하는 법을 배우기 시작한다.

환자가 더 큰 자주성을 갖는 이런 변화는 자유연상의 채택이 가져온 가장 중요한 결과이지만, 이뿐만이 아니다. 어떤 사람이 검열 없이 자기 마음에 떠오르는 걸 모두 말하도록 독려받는다면, 자신의 증상뿐 아니라 희망과 두려움, 열망과 실망감, 성공과 실패, 그리고 그의 뇌리를 사로잡고 그를 독특한 개인으로서 구성하는 모든 것에 대해 이야기할 것이다. 다시 한번 우리는 정신분석 치료에서의 강조점이 신경증 증상에 대한 직접적인 대처로부터 전인적인 인간에 대한 고려로 이동했음을 보게 된다.

프로이트가 전이를 발견하면서 이런 이동은 한층 더 강화되었다. 정신분석 연구를 계속하면서, 프로이트는 그 자신이 그의 환자에게 정서적으로 중요성을 갖게 되었다는 사실을 깨달았다. 그는 달갑지 않았지만 마지못해 그것이 정신분석 과정의 필수적인 부분임을 깨닫게 되었다. 처음에 프로이트는 실제 그럴 수 있는 것처럼, 전이가 정신분석가에 대한 성적 애착이라고 생각했다. 이것이 고약할지는 모르지만, 프로이트는 환자의 저항을 극복하는 유용한 방법이라고 여겼다. 나중에 프로이트는 전이가 인위로 유도된 신경증이라고 생각하게 되었다. 이 신경증을 보이는 환자는 자신의 부모에 대해 가지고 있던 온갖 태도를 반복한다. 프로이트는 해석에 의해 이 반복을 기억으로 전환하고, 그래서 실은 그 감정이 과거의 것임을 확인함으로써 현재 환자가 가진 강렬한 감정을 누그러뜨리고자 애썼다. 프로이트는 이렇게 썼다.

환자는 말하자면 어느 정도의 (흔히 적대감과 뒤섞인) 애착 감정을 의사에게 갖는다. 그것은 그들 사이의 실제 관계에 기초한 게 아니고 (그 발생의 모든 상세한 내용이 보여주는 대로) 무의식이 된, 환자가 오래도록 소망해온 환상에서 유래할 뿐이다.[8]

다시 말해, 환자가 지금 여기서 프로이트 자신에 대해 진정한 감정을 느끼고 있을 가능성을 애써 무시하고 있었다.

아무리 정신분석가에 대한 환자의 심상이 과거 경험으로 인해 왜곡될 수 있다 하더라도, 사실 환자가 정신분석가를 특별한 방식으로 진정 소중히 생각하리라는 것은 지극히 자연스럽다. 정신분석을 받는 많은 환자는 정신분석가가 그들에게 보여주는 것과 같은 장기적인 관심을 경험한 적이 없다. 그렇게 많은 시간 동안 헌신적으로 자기 이야기를 들어주는 사람을 만날 수 있는 상황이 삶에서 달리 없었다. 1910년 6월 프로이트는 오스카 프피스터(스위스의 루터파 목사이자 아마추어 정신분석가)에게 "전이에 대해 말하자면, 그건 완전히 재앙"이라고 썼다.9 프로이트가 이렇게 느낀 이유는 납득할 만하다. 환자들은 그를 기법을 이용해 자신의 신경증 증상의 원인을 드러냄으로써 없앨 수 있는 훈련을 받은 정신분석가로 받아들이지 않고 구세주, 이상화된 연인, 또는 아버지 같은 존재로 만들었다. 그들이 원하는 것은 그의 과학이 아니라 그의 사랑이었다.

프로이트가 전이 현상을 인식하면서 다시 한번 그의 관심은 신경증 증상 자체로부터 대인관계로 나아갔다. 더욱이 정신분석가는 과학자가 화학 용액에 영향을 받지 않는 것처럼 환자의 영향을 받지 않는 공정한 관찰자가 아니며 또 그럴 수도 없다는 사실이 곧 명백해졌다. 융은 초기 정신분석가들 가운데 최초로 분석가 자신이 분석되어야 한다고 주장했다. 분석가가 환자를 만족스럽게 치료할 수 있으려면 원칙적으로 그 자신의 정서적 장애와 편견으로부터 자유로워야 했다. 하지만 융은 분석가가 항상 영향에 열려 있어서 스스로 변화해야 한다고 주장했다.

분석가가 환자를 도울 수 있으려면 스스로 환자의 영향을 받는 것을 허용해야 한다. 분석가는 자기성찰에 의해 자신의 감정 반응을 추적 관찰해야 한다. 환자의 말에 대한 분석가 자신의 주관적인 반응은 그를 이해하는 주요 수단이기 때문이다.

이것은 과학자에게 요구되는 마음가짐과는 거리가 멀다. 과학자는 실험을 수행하면서 자신의 감정이 어떤 식으로든 관찰 대상에 영향을 미치지 않도록 애써야 한다. 어쩌면 특정 실험이 그에게 희망과 두려움을 크게 불러일으킬지도 모른다. 어쩌면 용액이 빨갛게 변하느냐 파랗게 변하느냐에 노벨상이 달려 있을지도 모른다. 하지만 과학자의 희망과 두려움이 결과를 기록하는 공정성에 영향을 미치게 해서는 안 된다. 또 그 자신에 대한 이해가 상호 작용하는 화합물질들에 대한 이해에 영향을 미쳐서도 안 된다.

정신분석에서 분석가는 어느 정도 환자를 객관적으로 봐야 한다. 하지만 분석가가 환자를 이해하려면 동시에 분석가 자신의 감정과, 환자의 감정에 대한 자신의 반응도 고려해야 한다. 만약 과학자가 화학 용액을 대하는 방식처럼 분석가가 환자를 대한다면, 우리 모두가 다른 사람을 이해할 때 늘 이용하는 정보의 원천으로부터 스스로를 차단하게 된다.

그래서 이래저래 정신분석은 신경증 증상에 대한 직접적인 대처에는 점점 더 관심이 줄어들고 인간의 이해와 대인관계에 점점 더 집중하게 되었다. 신경증 증상은 정신분석에 착수하기 위한 입장권이 되었고, 일단 분석이 시작되면 대체로 무시된다. 얼마 전, 나는 직원들이 전부 정신분석 전문의로 이뤄진 런던 태비스톡 병원의 한 선임자와 이야기를 나누고 있었다. 그는 행동치료 전문가를 직원으로 채용할 생각이라고 말했다. 처음에 나는 이질적인 인물을 프로이트파의 본거지로 들인다는 데 놀랐다. 그러다가 갑자기 눈앞이 환해지는 것처럼 이해가 되었다. "증상을 없애기 위해 행동치료 전문가를 원하시는군요." 내가 말했다. "그러고 나면 정말로 중요한 것, 다시 말해 분석을 해나갈 수 있지요."

사람을 이해하려면 그의 대인관계를 이해하려고 노력하지 않을 수 없다. 우리가 한 개인이라고 하는 것은 다른 사람들과의 비교와 관계에 의해 규정되기 때문이다. 존 맥머리(스코틀랜드의 철학자)는 이렇게 썼다. "따라서 인간은 서로에 대한 관계로 구성된다. '나'는 '너와 나'라는 복합체의 한 요소로서 존재할 뿐이다."10

현재 '대상관계' 학파로 알려진 정신분석학파의 성장은 환자에 대한 관점이 변화했음을 입증한다. 이전에 환자는 그가 가진 장애가 억압과 무의식적 고착이라는 면에서 설명될 수 있는 폐쇄계였다면, 이제 초기 발달 단계에서 대인관계에 실패한 사람으로 보게 된 것이다. 이런 강조점의 변화는 존 볼비의 연구에서 절정에 이르렀다. 그의 방대한 세 권짜리 연구서인 『애착과 상실』은 1980년에 완간되었다.11 볼비의 신경증 개념은 무의식적

고착이라는 관점보다는 의미 있는 다른 사람들과의 불안한 관계라는 관점에서 전적으로 표현된다.

증상을 다루는 것과 사람을 다루는 것은 완전히 다른 일이다. 신경증 증상에 대해서는 객관적이고 과학적인 접근법을 유지할 수 있지만, 사람을 이해하는 데서는 그럴 수 없다. 프로이트는 정신분석학이 과학이고 자신은 과학자라는 생각을 견지하려 했기 때문에, 이 차이는 분명해지지 않았다. 그래서 이것은 불필요한 오해를 불러일으켰다. 아이젱크가 정신분석학은 과학적이지 않다고 한 주장은 전적으로 옳았으며, 만약 프로이트와 그의 추종자들이 정신분석학이 과학이라고 애써 주장하지 않았다면 그의 공격은 없었을 것이다. 정신분석학을 과학으로 만들려는 이들의 노력은 일부 프로이트가 원래 받은 훈련에서 비롯되었고 다른 일부는 엄밀한 과학에 대한 일반적인 과대평가에서 비롯되었는데, 우리는 이제야 이런 과대평가를 수정하기 시작했다. 역사와 문학 같은 다른 형태의 인간 활동은 완전히 다른 방식으로 똑같이 소중하다. 아이젱크가 시를 비과학적이라고 공격하는 것은 상상할 수 없다. 아무도 시가 과학과 관계있다고 생각하지 않기 때문이다.

왜 인간에 대한 객관적이고 과학적인 접근은 불충분할까? 행동주의 심리학자들은 이것이 사실이 아니라고 주장한다. 현재 이들 가운데 버러스 프레더릭 스키너가 가장 유명한 예다. 원래 행동주의 심리학자들은 인간에게 완전히 결정론적이고 객관적인 접근법을 적용하고자 했다. 따라서 자기성찰에서 나오는 것을 무시하고 분명한 행동만을 검토하는 것으로 한정했다. 이런 접근법은 마치 인간의 행동이 전적으로 외부 힘에 의해 결정되는 것처럼, 그래서 내적 삶, 다시 말해 의지도 의사도 갖지 않는 당구공인 듯 인간을 연구할 것을 요구한다. 스키너의 인간관이 정확히 이렇다. 그가 생각하는 이상향은 환경이 통제되어서 "우연한 강화"가 적절히 이뤄져 사회적으로 바람직한 행동과 전반적인 행복감을 자동적으로 만들어내는 것이다. 스키너는 이렇게 쓰고 있다.

> 없어질 것은 자율적인 인간이다. 내면을 가진 인간 (…) 자유와 존엄성의 문학이 옹호하는 인간 (…) 과학적인 행동 분석은 자율적인 인간을 추방하고, 인간이 환경에 대해 행사한다고 하는 통제로 관심을 돌린다. (…) 필요한 것은 더 많은 통제이지 통제를 줄이는 게 아니다. (…) 문제는 지금 있는 그대로의 사람들이 좋아할 세계가 아니라 그 안에서 살아가는 사람들이 좋아할 세계를 설계하는 것이다. (…) 그것은 과학임에 틀림없다.[12]

그럴까? 나는 아니기를 바란다. 추정컨대 스키너 같은 누군가가 어떤 세계가 필요한지를 결정해야 하고 그런 세계를 가져올 우연한 강화를 설계해야 한다. 나는 스키너를 만났고, 그의 자서전 1권을 논평했다. 그는 만나면 기분 좋은 사람이기는 해도, 나는 그가 설계한 세계에서 살고 싶지는 않다. 행동주의 심리학자들이 우리 자신에 대해 말해줄 수 있는 바에서 흥미로운 것을 거의 찾을 수 없는 이유는 인간에 대해 이렇듯 철저한 결정론적 태도를 취하고 있기 때문이다.

이미 지적한 대로, 신경증 증상에 대해 어느 정도 결정론적인 태도를 견지하는 것은 가능하지만, 일상의 대인관계에 문제가 있을 때는 그런 태도를 유지할 수 없다는 사실을 철학자들은 항상 인식했다. 예를 들어 정신분석가가 처음 보기에 이해할 수 없거나 환자가 통제할 수 없는 그의 행동에 대해 일시적이거나 부분적으로 객관적이고 비인격적인 태도를 취할 수 있을지는 모른다고 피터 프레더릭 스트로슨(영국의 철학자)은 지적한다. 하지만 일단 그 행동이 이해되어 환자의 다른 행동과 연관되면, 그런 태도는 더 이상 적절하지 않다. 스트로슨은 프로이트가 원래 되고자 했던 유의 정신분석가를 예로 든다. 그는 이렇게 쓰고 있다.

그의 객관적인 태도, 다시 말해 도덕적 반응을 보이는 일반적인 태도의 중지는 이 기획의 목적이 그런 중지를 불필요하게 만들거나 적어도 필요성이 덜하게 만드는 것이라는 사실로 인해 완전히 수정된다. 이 점에서 우리는 자연스럽게 행위자의 자유를 복원하는 것에 대해 이야기하고 또 이야기해도 좋을 것이다. 하지만 자유의 복원은 행위자의 행동을 무의식적인 의도라는 관점보다는 의식적인 의도라는 관점에서 이해할 수 있게 될 것임을 의미한다.

이것이 이 기획의 목적이고, 이 목적이 달성되는 한 도덕적 반응을 보이는 일반적인 태도의 중지 또는 절반쯤의 중지는 더 이상 필요하지 않다고 여겨진다.[13]

다시 말해 일단 증상의 원인을 찾아 그 의미 그리고 그와 관련된 영향을 의식으로 가져오고 나면, 정신분석가는 치료된 환자를 다시 의지와 의사를 갖는 존재, 선택권을 갖는 존재로 대할 의무가 있다. 그의 행동이 그 자신이 의식하지 못하는 요인 또는 외부 요인, 스키너 식으로 말해 "우연한 강화"에 의해 결정되는 존재로서가 아닌.

찰스 프레더릭 라이크로프트(영국의 정신과 의사이자 정신분석가)는 정신분석학에 관한 글을 모은 책의 서문에서, 자신이 정신분석학을 인과론에서 의미론으로 여기게 되는 과정을 기록했다. 말하자면, 그는 더 이상 정신분석학의 주요 과제를 증상의 원인을 밝히는 것으로 보지 않고 환자의 의사소통과 성격을 이해하는 수단으로 본다. 환자의 증상이 전적으로 무의식적인 소망이나 정신적 외상을 초래한 사건이 억압된 결과라고 한다면, 프로이트가 이야기한 초기 사례들에서처럼 환자가 그 결정 요인을 의식하게 되면 결과적으로 그 증상이 사라질 것이고 때때로 그렇게 된다. 하지만 라이크로프트는 이렇게 지적한다.

첫째로, 증상이 개인의 유일한 문제는 아니다. 그들은 사회적 관계와 역할을 가지며, 한 사람의 변화는 다른 사람의 변화에 달려 있을 수 있다. 둘째로, 직접적인 정신신경증을 앓지 않는 다른 환자들의 경우에서, 분석은 그의 의식적인 가치관을 포함하는 전인격에 대한 고찰을 수반한다. 셋째로, 무의식적인 동기뿐 아니라 의식적인 동기가 신경증의 지속에 일조한다.[14]

따라서 현대의 정신분석가들은 단순히 무엇이 무의식과 의식을 만드는가가 아니라 인간을 이해하는 데 관심을 갖는다. 인간을 이해하려면, 스키너와 그의 추종자들이 제거하려 한 것, 다시 말해 자기성찰을 통해서만 드러날 뿐인 내면의 삶, 그리고 의식적인 의사, 의지, 동기, 믿음, 가치관과 관련된 삶을 상정해야 한다.

어떤 의미에서 인간을 이해하는 것은 질병, 동물, 나무, 또는 심지어 신경증 증상을 이해하는 것과는 실로 다른 일이다. 아이제이아 벌린은 이렇게 분명하게 쓰고 있다.

불완전하거나 수정할 여지가 있기는 하지만 다른 사람의 동기나 행동을 이해하는 것은 원칙적으로 외부세계에 대해 알거나 배우는 것과는 다른 정신 상태 또는 활동이다. (…)
우리는 우리 자신이 측정 가능한 자연적 힘에 따라 행동하는 공간 속 신체일 뿐만 아니라 생각하고 선택하고 규칙을 따르고 결정을 내린다고 확실하게 말할 수 있다. 다시 말해 우리는 우리가 의식하고 있고 묘사할 수 있는 내면의 삶을 가지고 있고, 그래서 다른 사람들이 비슷한 내면의 삶을 가지고 있음을 당연시하며(그리고 질문을 받으면 확실하다고 말하며), 내면의 삶 없이는 인간 신체의 총합과 대조되는 소통이나 언어나 인간사회의 개념을 이해할 수 없게 된다.[15]

아이제이아 벌린이 의미하는 이런 지성은 우리가 사회생활에서 매일 사용하는 유의 오성이 강화되고 심화된 것이다. 인간에 대해 비인격적이고 과학적인 태도를 취하는 것은 인간 행동에 대해서만 말해줄 뿐이다. 다른 사람들이 내면의 삶을 갖지 않는다고, 특히 의지나 의사를 갖지 않는다고 취급하는 것이다. 대니얼 클레먼트 데닛은 한 글에서 "인간 동작의 발생을 설명하면서 화학반응, 폭발, 전기자극보다는 생각, 욕구, 믿음, 의도를 언급하"는 '의도적 설명'을 인용한다.[16]

데닛이 "기계적"이라고 말한 비인격적인 태도는 다른 사람의 행동에 대해서만 알려줄 수 있을 뿐이다. 이런 태도를 취함으로써 그 행동의 원인을 파악할 수 있을지는 모르지만, 그것은 의도의 관점에서 밝혀낸 바는 없으며, 그 행동이 그 개인에게 의미하는 바를 밝힐 수도 없다.

일상적으로 매일매일 일어나는 개인들과의 만남에서, 우리는 의도적인 태도를 취하지 않을 수 없다. 나 자신이 감정, 생각, 욕구, 믿음, 의도를 가지고 있다고 생각하지 않을 수 없고, 다른 사람들이 비슷하게 이뤄져 있다고 통상적으로 생각하지 않을 수 없다. 기계적인 태도는 예외이고, 의도적인 태도가 통칙임에 틀림없다. 애너톨 래포포트(러시아 태생의 미국 수리심리학자이자 게임이론가)는 게임을 할 때 우리는 상대에 대해 그가 "유사성의 추정"이라고 하는 것을 할 수밖에 없다고 지적했다. 상대가 가능하다면 이기고자 하는 의도를 가지고 있고 이를 이루기 위해 노력하면서 우리 자신과 동일한 고려 사항에 영향을 받고 동일한 전략을 생각하리라고 추정하지 않는 한, 게임은 불가능하다.[17]

인간에 대해 객관적이고 기계적인 태도를 취하는 것은 실은 관찰자한테서 이해에 있어 중요한 정보원情報源을 박탈한다. 사람들과의 교류에서 다른 이들이 생각하고 느끼는 바를 파악하고 싶으면, 우리 자신의 경험에 의지하지 않을 수 없다. 우리는 행동, 그리고 다른 사람들이 우리에게 보내는 신호를 관찰한다. 하지만 우리는 적어도 부분적으로는 우리 자신이 느끼거나 과거에 느꼈던 바의 관점에서 그 신호를 해석한다. 이것이 흔히 환자나 다른 문화권에서 온 사람을 이해하기 어려운 이유다. 우리에게 제시된 신호를 잘못 해석하기 십상인 것이다.

이에 반해 남편과 아내같이 특히 서로 가까운 사람들은 흔히 상대가 느끼는 바를 서로에게 말해주는 안테나가 예민해진다. 상대가 행복, 슬픔, 피로, 또는 열정의 증거를 제공하기 때문만이 아니라 상대의 감정 상태가 즉각적인 영향력을 갖기 때문이다. 우리는 가까운 사람들의 기분에 대해 신경을 쓴다. 어느 정도는 우리가 이타주의라는 척도를 가지고 있기 때문이지만, 특히 그들의 행복이나 불행이 우리 자신의 행복이나 불행에 직접적인 영향을 미치기 때문이다. 정신분석가는 환자를 이해하고자 한다면 환자의 영향을 받아야 할 필요가 있다. 이것이 정신분석이 감정적으로 힘든 직업인 이유 중 하나다.

정신분석학은 따로 떼어낸 신경증 증상에 대한 관심을 넘어선다. 물론 '자연'과학이 과학적이라는 의미에서 보자면 정신분석학은 과학적이지 않으며 그럴 수도 없다. 하지만 이것이 정신분석학은 대책 없이 주관적인 것으로 묵살되어야 한다는 뜻은 아니다. 정신분석학은 전문적인 학문 분야로, 제대로 교육받은 사람들이 시행해야만 하는 기술이다. 미래의 정신분석가는 환자를 이해하는 데서 자신의 감정 반응을 이용해야 하지만, 감정 반응을 통제하는 법 또한 익혀 그것이 환자의 이야기를 방해하지 않도록 해야 한다. 정신분석은 일상적인 사회적 상호 작용과는 거리가 먼 긴 여정이다. 정신분석가가 사용하는 기술이 우리 모두가 다른 사람들을 이해하는 데서 사용하는 기술들 가운데 정제된 것이기는 해도, 그는 표면에 나서지 않도록 익혀야 한다. 정신분석가는 일상의 사회적 상호 작용에서 하는 것과 동일한 방식으로 환자에게 반응해서는 안 되고, 환자의 이해를 촉진하지 않는 자신의 모든 반응은 억제해야 한다. 정신분석은 일방통행일 수밖에 없다. 이 일이 분석가가 전문적인 기술을 시행하고 보수를 받는 것 외에 어떤 만족감을 얻는 일 없이 환자에게 도움이 되게끔 만들어졌다는 면에서 말이다. 하지만 정신분석은 분석가에게 그가 동원할 수 있는 온갖 직관적이고 공감적인 이해를 요구한다. 이런 이해는 분석가 자신의 주관적인 인간 경험에서 비롯될 수밖에 없기 때문에, 그는 실험과학자들의 의무 요건인 초연하고 냉정한 객관적인 태도를 취할 수 없고, 그래서 정신분석학 자체는 엄밀한 과학이 될 수 없다.

×

상징의 심리학

×

×

상징의 심리학은 방대한 주제다. 여기서는 통일과 통합의 상징들에 대해 주로 다루려 한다.

상징은 '무언가를 나타내거나 대표하는 기능을 갖는 것'이라고 정의할 수 있을 것이다. 흔히 드는 예는 국기다. 국기가 특정한 땅에 꽂히면, 그것이 대표하는 국가가 그 땅을 소유함을 나타내거나 상징한다. 십자가는 그리스도교의 중요한 상징이다. 십자가를 보는 사람은 모두 그것이 그리스도교를 나타내거나 상징한다는 사실을 안다. 히틀러가 개인적으로 선택한 구부러진 십자가 또는 만자卍가 나치 독일의 상징이 된 것처럼 말이다.

도대체 왜 우리는 상징을 사용할까? 인간의 정신에서 상징은 어떤 위치에 있을까? 상징은 어떤 기능을 할까? 상징화가 인간의 고차적인 정신활동 영역에 속하며, 반사적인 반응이나 감정의 분출이라기보다는 추상적인 말로 개념화하고 사고하는 능력에 속한다는 사실은 분명하다. 우리는 고등동물이 꿈을 꾼다는 사실을 안다. 어쩌면 그들은 또한 상징을 이해하거나 만들어낼수 있을지도 모른다. 하지만 진화 정도가 아주 낮은 동물들한테서 이 능력을 찾아볼 수 있다고는 믿기 어렵다. 아마도 상징을 사용하는 능력의 발달은 지능과 사고의 발달, 또 외부세계의 현실과 반드시 부합하지는 않는 정신적인 '내면세계'의 발달과 밀접한 관련이 있는 듯하다.

환경에 거의 완벽하게 적응한 동물을 상상해보자. 이 동물은 생존하는 데 필요한 먹이가 풍부해서 쉽사리 얻을 수 있다. 이웃에는 번식을 보장하는 잠재적인 짝이 충분히 있다. 게다가 조심해야 할 포식자로부터의 심각한 위협도 없다. 이런 동물이 살아남아 번성하려면 단지 환경이 지속되기만 하면 된다. 이런 상태가 충족되는 한, 이 동물의 행동은 미리 설계된 자동적인 반응에 좌우될 수 있다. 상징을 사용하는 건 말할 것도 없고 생각을 하거나 계획을 세울 필요도 없다. 곤충의 관찰로 알다시피, 먹이 잡기나 굴 파기 같은 일련의 복잡한 행동은 그 생물의 신경계 안에 새겨져 있다. 이런 일부 행동의 패턴은 아주 정교해서 얼핏 보기에 의식적인 심사숙고의 산물이 아니라고는 믿기 어렵다. 하지만 실험으로 그 순서에 혼선을 주면 행동 패턴의 경직성이 드러난다. 이 동물은 '처음으로 되돌아가'야만 한다. 패턴을 변경할 수 없는 것이다.

더 중요한 점은 환경이 바뀌면 적응할 수 없다는 점이다. 이런 동물은 환경에 좌우된다. 코알라는 매우 선택적으로, 유칼립투스 나무 잎을 먹고 산다. 코알라의 내부 조직은 매일 섭취하는 엄청난 양의 유칼립투스 잎에 대처하도록 완벽하게 설계되어 있다. 하지만 만약 숲에 불이 나거나 유칼립투스 나무에 병충해가 닥치면 코알라는 멸종 위기에 처한다.

이런 일은 인간에게도 일어날 수 있다. 1840년대에 아일랜드가 병충해에 시달려 감자 수확량이 심각하게 줄었을 때, 섬 주변 바다는 물고기로 가득 차 있었는데도 수천 명의 소작농이 죽었다. 농민들이 무지하고 착취당하는 대신 인간의 잠재력을 이용하도록 충분히 교육받았다면, 대기근은 일어날 까닭이 없었다. 사실은, 많은 사람이 아일랜드를 떠나 미국으로 이주했다. 영국은 기근에 대한 대처에서 정부가 드러낸 무능함으로 인해 여전히 고통을 겪고 있다. 아일랜드인은 영국인을 용서하지 않고 있으며, 아일랜드 이주자의 후손들은 대서양 건너편 아일랜드공화국군IRA, 아일랜드공화국과 영국령으로 남은 북아일랜드의 통일을 요구하며 활동한 반半 군사 조직으로, 1999년 북아일랜드 자치정부가 수립되면서 2001년 무장해제를 선언했다의 테러활동을 지원하기 위해 자금을 보내고 있다. 아일랜드 농민들의 예는 환경이 완전히 안정된 세계가 아니라면, 행동의 경직성이 생존이 적임을 분명하게 보여준다. 그러나 이것은 낙원에서는 그럴지 모르나, 우리가 아는 세계의 특성은 아니다.

인간종의 성공은 부분적으로 행동의 유연성 덕분이다. 콘라트 로렌츠는 인간이 "비전문화의 전문가"라고 말한다. 우리는 한 가지 특정한 환경에 적응하거나 한 가지 유형의 음식에 의존하도록 엄격히 설계되어 있지 않다. 이 때문에, 인간은 적도와 북극에서 살아남고, 사해의 해발고도사해의 수면은 해면보다 395미터가 낮아 지표상에서 가장 낮은 곳이다나 안데스 산중의 고지에서 살 수 있었다. 인간은 단백질 음식이나 식물성 음식만으로 살아갈 수 있다. 어느 정도 산소, 물, 극한의 기온으로부터 보호되어야 하지만, 자연이 부과한 한계는 실로 폭넓다.

하지만 유연성의 대가로 외부세계에 대한 적응이 완전하지 못해 다소 불만족스럽다고 주장할 수 있다. 앞서 상정한, 거의 완전하게 적응한 동물을 생각해보라. 환경이 여전히 안정적인 한, 그 동물의 필요는 모두 충족된다. 자기 자신 그리고 세계를 편안해하며 만족하고 흡족해하는 그 동물은 보이오티아고대 그리스 미케네 시대의 유적이 유명한 지역으로 산과 호수로 둘러싸이고 다양한 농산물이 풍부해 오래전부터 문화가 발달했다와 같은 더없이 행복한 상태로 살아간다고 생각할 수 있을 것이다. 하지만 인간에게 그런 평화는 현실보다는 환상에 속한다.

"죽기 전에 행복하다고 말할 수 있는 인간은 없다, 인간은 기껏해야 그저 운이 좋을 뿐이다"라고 솔론은 말했다.[1] 완전한 만족의 순간을 경험할지 모르지만, 그런 순간은 언제나 일시적이다. 인간의 성취는 쉼 없는 갈망에 바탕을 두고 있다. 그것은 인간이 유토피아의 환상을 품도록, 새로운 승리를 추구하도록, 새로운 삶의 방식을 찾도록, 심지어 무시무시할 만큼 광활한 우주 속의 이 행성 너머를 모험하도록 추동한다.

인간과 환경이 딱 들어맞지 않는다는 사실이 인간의 상상력 발달을 결정짓는 한 가지 요인이었다.

아, 하지만 인간의 범위는 그의 이해를 넘어서리라,

아니면 왜 천국이 있을까?2

상상적인 내면세계의 발달과 상징화의 발달은 함께 나아간다. 상상적인 내면세계와 외부세계는 별개의 독립체이기에, 인간이 이 둘을 연관시킬 수 있으려면 그 사이에 다리가 필요하다. 상징의 한 가지 기능은 그런 다리를 만드는 것이다.

상당히 독창적인 영국의 정신분석가 도널드 위니컷은 그가 '이행 대상transitional object'이라고 한 것을 연구했다.3 많은 유아가 물건에 강한 애착을 보여서 떼어놓기를 꺼린다. 이런 물건은 테디베어나 인형일 수도 있지만 담요나 심지어 기저귀일 수도 있다. 이런 물건은 아이에게 편안함과 안도감을 주기 때문에, 정서적 의미가 부여되어 아이는 그것 없이 잠을 잘 수가 없다. 이런 물건이 상징이 된다는 점은 분명하다. 그것은 엄마가 준 것을 상징하고 따라서 어느 징도 엄마의 대용물 역할을 한다. 이런 물건은 단순히 상상적인 것으로 무시해버릴 수 없다. 외부세계에 실체를 갖기 때문이다. 하지만 아이의 상상이 그것에 특별한 의미를 부여한다. 이런 식으로, 상징 대상은 아이의 상상과 외부세계 사이의 다리 역할을 한다. 그것은 전적으로 어느 한쪽 세계에 속하지 않고 양쪽 모두에 속한다.

상징은 주관과 객관 사이의 빈틈을 이어주기 때문에, 외부세계에 의미를 부여한다. 상징과 상징 행위는 한 가지 형태의 정신적 에너지를 다른 형태로 변화시키는 역할을 한다. 융은 오스트레일리아 와찬디족의 풍작 기원 의식을 한 예로 제시한다. 그들은 봄이 오면 땅에 구덩이를 파고 그 주변에 덤불을 놓아 여성의 생식기와 비슷하게 만든다. 그런 다음 밤새 구덩이 둘레를 돌며 춤을 추면서 창을 찔러넣고 "구덩이가 아니라, 구덩이가 아니라, 음부"라고 소리친다. 이런 상징 행위로 원초적인 성적 충동이 다시 농사로 향하게 하고, 그렇지 않았더라면 소모적인 수고로 보일 수 있는 행위에 정서적 의미를 부여한다. 융은 또 풍작이 되도록 들판에 "신부의 침대"를 놓아두는 오랜 관습을 언급한다. 그는 이렇게 말한다. "이 여자가 아이를 많이 낳게 해서 땅이 풍작을 이루게 한다. 상징은 땅을 경작해서 결실을 거두는 데 리비도를 쏟게 한다."[4]

상징 작용이 실패하거나 내부세계와 외부세계 사이의 빈틈이 둘을 연결하기에 너무 넓으면, 외부세계는 모든 의미를 상실한다. 이런 일이 조현병에서 일어나는 것 같다. 다양한 조현병 환자들은 만족스럽지 못한 외부세계를 외면하고 자기 내면세계의 환상 속으로 물러난다. 이 내면세계는 흔히 사용되는 상징에 의해 현실과 더 이상 연결되어 있지 않기에, 다른 사람들은 점점 더 이해할 수 없게 된다. 우리는 이 환자를 "미쳤"다고 한다. 아직 조현병을 일으키는 요인을 모두 이해하고 있지 못하지만, 이런 맥락에서는 많은 경우 환자가 은유적·상징적인 방식으로 언어를 구사하는 능력에 결함이 있음을 입증할 수 있다는 사실을 언급해둘 만하다. 그래서 "구르는 돌에는 이끼가 끼지 않는다"는 속담의 의미를 물어보면, 조현병 환자는 "돌이 구르고 있으면 이끼가 자랄 시간이 없다"고 대답하기 십상이다.

글자 그대로에 매달리면 상징을 사용할 수 없다. 일부 조현병 사례에서 환자는 무색에다 단조롭고 어쩌면 얼어붙은 풍경 속에 있는 꿈을 꾸었다고 보고하고 있다. 이는 내면세계와 외면세계 사이의 빈틈을 적절히 메우지 못하는, 그래서 세계에 자신의 감정을 투여하지 못하는 그의 무능력을 반영한다. 인격 내 결속성을 상실하는 것이 또한 조현병의 특징이다. 만성 조현병 사례들에서는 결속성이 아주 심각하게 손상되어 그 사람은 더 이상 하나의 독립체로 존재하는 게 아니라 일련의 단속적인 자아들로 보인다. 그 각각의 자아는 순간의 감정에 지배되고 서로 연결되는 게 아무것도 없다.

하지만 모든 사람은 저마다 다양한 정도로 "분열된 자아"를 갖는다. 우리는 갈등하는 동물이며, 흔히 서로 양립할 수 없는 소망과 충동의 희생자다. 이것은 자연이 우리에게 부여한 유연성과 연관 있다. 우리가 상상하는 완전히 적응한 동물은 환경을 편안해할 뿐만 아니라 그 자신에 대해서도 편안해할 것이다. 어쩌면 때로, 가령 번식욕과 식욕 사이의 갈등과 같은 일시적인 갈등이 있을지도 모른다. 하지만 그런 동물에게 갈등이 오랫동안 지속되리라고는 생각할 수 없다. 그 동물은 한 가지 욕구가 충족되고 나면 다른 욕구를 충족하는 데로 관심을 돌릴 것이다.

인간 또는 적어도 서구인은 완전한 만족을 알지 못하는 것 같다. 반복되는 불만이 인간의 조건에 속하는 것 같다. 아마도 이것이 원동력이 되어 인간은 새로운 발명을 하고 환경에 대한 지배력을 높였을 것이다. 성관계도 일시적인 만족을 가져다줄 뿐이다. 프로이트는 언젠가 이렇게 썼다. "이상하게 들릴지 모르지만, 성적 본능 같은 것이 완전한 만족의 실현에 바람직하지 못할 가능성을 고려해야 한다고 나는 믿는다."[5]

만약 그렇다면, 인간이 영원히 이룰 수 없는 결합 또는 통합을 추구하지 않을 수 없어 보이는 건 놀라운 일이 아니다. 플라톤은 『향연』에서 아리스토파네스가 이런 이야기를 하게 한다. 남성과 여성은 원래 하나의 완전체였던 것의 반쪽에 지나지 않는다. 이 완전체들의 성은 남성, 여성, 양성이었다. 이들은 오만함 때문에 제우스에 의해 반쪽으로 나뉜다. 그 결과, 그 각각은 원래의 통일체를 되찾기 위해 잃어버린 반쪽을 찾아 나서지 않을 수 없다. 그래서 사랑은 '완전체에 대한 욕구와 추구'다. 아리스토파네스는 이렇게 말한다. "우리 인류가 행복으로 가는 길은 사랑의 명령을 완수하고 각자가 적절히 그에게 속하는 짝을 스스로 찾는 데, 요컨대 우리 원래의 상태로 돌아가는 데 있습니다."[6]

상징적인 언어로 인간 본성의 진리를 드러내는 이 간단한 신화는 상징의 또 다른 기능을 시사한다. 상징은 그 의미가 명확하지 않고 확산되기에, 평범한 진술이 당해낼 수 없이 간결하게 생각을 전달할 수 있다.

완전체에 대한 욕구와 추구는 사랑하는 사람과의 신체적 통합과 다른 방식으로 추구될 수 있다. 이런 내적 통합의 추구에 가장 관심을 기울인 심리학자가 바로 융이다. 그의 인격 개념은 9장에서 살펴봤다. 융은 한 개인의 정신 내 통합에 대한 추구를 주장하고, 이를 '개별화 과정'이라고 한다. 융은 분석 대상이 자신의 꿈과 환상에 주의를 기울여 자기 본성의 다양한 측면을 실험하도록 할 수 있다면 전통적인 환원주의 방식의 정신요법을 훨씬 넘어서는 정신 발달 과정이 일어날 수 있음을 알게 되었다.

9장에서 지적한 대로, 환자의 발전을 암시하는 새로운 통합은 상징적인 원형으로 표현되었다. 융은 그것을 티베트 불교도들이 명상을 돕기 위해 사용하는 만다라와 비교했다. 융은 만다라에 대해 이렇게 썼다. "그것은 정신 현상으로서 꿈, 어떤 갈등 상태, 그리고 조현병 사례에서 자연스럽게 나타난다. 거기에는 흔히 십자가, 별, 정사각형, 팔각형 등 사위일체四位一體 또는 4의 배수체가 포함되어 있다."7 융에게, 원과 같은 사위일체는 완전성 또는 통합의 상징이었다.

환자가 새로운 통합으로 나아가고 있을 때, 그리고 조현병의 분열 상태일 때, 만다라 형태가 자연스럽게 나타나는 경향이 있다는 사실은 모순적으로 보일지 모른다. 사실 이런 현상은 상징의 또 다른 중요한 특징을 분명하게 보여준다. 상징은 정신 상태를 드러내고 그것을 유발하는 경향이 있다. 통합으로 나아가는 환자는 새로운 정신적 태도의 증거로서 이런 상징을 만들어낸다. 조현병 환자는 자신을 빠져나가는 통합된 정신 상태를 되찾으려는 절망적인 시도로서 이런 상징을 만들어낸다.

우리가 '예술작품'이라고 하는 상징적 진술에서 똑같은 두 가지 기능을 포착할 수 있다. 후원자가 구체적인 요구 사항을 명시하여 주문해서 만들어낸 예술작품일지라도, 거기서는 반드시 그 예술가의 내면세계, 정신 상태가 드러난다. 하지만 우리는 예술가의 작품을 바라보면서 그가 자신의 재료에 부과해놓은 질서든 조화든 무엇이든 간에 영향을 받는다. 해리슨 고프미국의 심리학자로 성격평가의 선구자다는 이런 영향을 간결하게 표현해서 이렇게 썼다. "예술작품은 예를 들어 형태와 공간의 긴장에 균형을 가져와 다시 질서지우고, 그러면서 관찰자의 내적 긴장을 누그러뜨려 조우와 성취의 느낌을 준다."[8]

만다라는 다양한 문화에서 발견되고 최소한 구석기 시대까지 거슬러 올라간다. 또 아이들의 그림에서도 자연스럽게 발견된다. 로더 켈로그유치원 교사로 일하면서 수많은 유아 미술작품을 수집했으며 『아동미술의 분석Analyzing Children's Art』과 『아동미술 심리학The Psychology of Children's Art』 등의 책을 썼다에 따르면, 두세 살 먹은 아이들은 하나의 형태를 다른 형태에 덧붙여 켈로그가 '결합물'이라고 하는 것을 만들어내기 시작한다. 가장 빈번히 보이는 결합물 가운데 하나는 원이 정사각형이나 삼각형 같은 다른 형태를 둘러싸고 있는 것이다.[9] 하버드 대학의 심리학자인 하워드 가드너는 아동의 그림에 관한 책에서 이렇게 썼다.

만다라는 특히 뛰어난 결합물의 예다. 만다라는 많은 결합물에서 볼 수 있을 뿐 아니라 좀더 중요하게, '결합 행동'이라는 주요한 경향을 나타내는 것 같다. 가장 단순하고 가장 균형 잡힌 도형들이 결합되면 만다라 같은 형상을 만들어낸다.[10]

하워드 가드너가 '결합 행동'이라고 일컫는 것은 인간의 특성이다. 그것은 주관적·객관적으로 끊임없이 계속되는 과정이다. 융이 개인 발달의 과정으로서 인격 안에서 계속된다고 말한, 대립하는 것들의 거듭되는 통합은 예술이든 과학이든 간에 창의적 과정의 특징이기도 하다. 앞서 상징의 한 가지 기능이 내면세계의 상상과 외부세계의 사실 사이에 다리를 놓는 것이라고 말했다. 창의적 과정에 관한 대부분의 책과 논문에서 인용되는 유명한 예를 겐트 대학의 화학교수인 프리드리히 아우구스트 케쿨레 폰 슈트라도니츠가 제공해준다. 1865년 어느 날 오후, 그는 불 앞에서 깜박 잠이 들었다. 원자들이 다양한 구조로 결합되는 환상이 그의 눈앞에 펼쳐졌다.

이런 종류의 환상이 반복되면서 더 예리해진 내 정신의 눈은 이제 많은 형태의, 더 큰 구조를 구분할 수 있었습니다. 기다란 열들이, 때로는 좀더 딱 들어맞았고, 모두가 뱀처럼 움직이며 짝을 지어 휘어졌어요. 하지만 보세요! 그게 뭐였을까요? 뱀들 가운데 하나가 자기 꼬리를 붙잡았고, 그 형태가 내 눈 앞에서 조롱하듯이

빙그르르 돌았습니다. 마치 번갯불이 번쩍이듯 나는 깨어났어요. (…) 여러분, 꿈에 대해 배웁시다.[11]

이 환상으로 케쿨레는 벤젠고리의 구조를 공식화하여 현대 유기화학의 토대를 놓을 수 있었다. 뱀이 자기 꼬리를 먹는 것은 고대 상징인 우로보로스자신의 꼬리를 물어 원형을 만드는 뱀이나 용을 뜻하는 그리스어에서도 발견된다. 융은 자기 환자들이 그린 만다라의 한가운데에 이 우로보로스가 고리 모양으로 몸을 휘감고 있는 게 종종 발견된다고 말한다. 이것은 두 세계, 즉 정신세계와 외부의 현실세계가 함께하는 상징의 두드러진 예다.

예술과 과학에서 창의적 과정은 흔히 예전에는 별개의 것 또는 가장 동떨어진 것으로 보이던 개념들 사이의 새로운 통합을 이루는 것이 특징이다. 예술이든 과학이든 문제의 해결책은 모순되는 주제나 사실을 연관 지어 더 큰 전체로 만들어내는 방법을 발견함으로써 생겨난다. 과학적 창의성과 예술적 창의성의 차이는 7장에서 알아봤다. 하지만 분명 차이가 존재하기는 해도, 과학과 예술은 복잡성 속에서 질서를, 다양성 속에서 통합을 추구하는 목적을 공유한다. 과학자가 어떤 발견을 했을 때의 '유레카' 경험으로 표현되는 강렬한 즐거움은 화가와 음악가가 미적 문제를 해결했을 때 표현하는 즐거움과 비슷하다. 각 유형의 해결책은 외적·내적 타당성을 갖는다. 자연은 예전에는 조화되지 않거나 가장 동떨어진 것으로 보이던 것들을 결합하는 데서 큰 기쁨을 느끼도록 우리의 정신 과정을 틀지었다. 완전성에 대한 욕구와 추구는 사랑에 한정되지 않는다.

뉴턴이 공식화한 만유인력 법칙은 이전에는 무관하게 여겨지던 발견들을 통합해 초월하는 새로운 과학 가설의 대표적인 예다. 케플러는 행성 운동을 지배하는 법칙을 설명했고, 갈릴레오는 지구상에서의 물체 운동을 지배하는 법칙을 설명했다. 뉴턴의 만유인력 가설은 하늘의 물체와 지구상의 물체가 동일한 법칙을 따른다는 사실을 보여주었다.

회화는 흔히 새롭고 만족스러운 통합을 창출하기 위해, 이 같은 방식으로 대립하는 덩어리와 색을 균형 짓는 데 관심을 갖는다. 음악 역시 그렇다. 나는 7장에서 처음 듣기에는 굉장히 동떨어진 것 같은 주제들을 결합해서 초월한 한 예로 베토벤의 「대 푸가」를 언급했다. 이것은 극단적인 예다. 가장 단순한 음악도 대립하는 요소들로 구성된다. 하나의 선율은 으뜸음을 출발해 진행한 다음 그것이 나온 곳으로 되돌아간다. 반대 방향의 두 가지 도정이 선율의 형식에 의해 결합된다.

내가 보기에, 음악은 특히 뛰어난 상징 행위다. 흔히 음악을 가장 추상적인 예술이라고 한다. 아마도 이것이 월터 페이터가 "모든 예술은 부단히 음악의 상태를 갈망한다"라는 유명한 문장을 쓴 이유일 것이다.[12]

음악은 분명한 생물학적 유용성을 갖지 않는다. 소묘와 회화는 외부세계에 대한 인간의 인식을 예리하게 하기 때문에, 순수한 미적 행위라기보다는 원래 적응적 행위라고 말할 수 있다. 음악에 대해서는 그렇게 주장할 수 없다. 문학은 원시 시대 이야기꾼의 기교에서 비롯된다고 생각할 수 있을지 모른다. 이야기를 듣는 사람들에게 그들의 기원에 대한 전설을 전해줌으로써, 그는 그들 자신의 정체감을 강화한다고 말할 수 있을지 모른다. 그리고 관습적인 행동 방식의 틀을 제공함으로써, 세계에의 적응을 도와준다고 여길 수 있을지 모른다. 음악을 이런 관점에서 볼 수는 없다.

어떤 음악은 뻐꾸기 소리나 바다의 파도 소리 같은 자연의 소리를 모방하지만, 음악의 음은 자연에서 그리 흔치 않고, 대부분의 음악은 재현적이지 않다. 음악의 기원에 대해서도 의견이 분분하다. 허버트 스펜서는 음악이 말에서 발전했다고 믿었고, 다윈은 말이 음악에서 유래했다고 믿었다. 음악이 갖는 실용적인 기능은 두 가지에 지나지 않는다. 첫 번째는 율동적인 몸동작의 촉진과 강화다. 음악은 행진의 피로와 다른 반복적인 신체 행동의 피로를 덜어준다. 음악은 또 사람들이 비슷한 감정을 동시에 경험하게 함으로써 결속을 강화할 수 있다. 이 기능은 선동가들에 의해 악용되기는 하지만 의식儀式이나 다른 특별한 때에 유용할 수 있다.

하지만 생물학과 언어학 이론들은 우리가 음악으로부터 얻는 즐거움을, 또는 왜 우리가 훌륭한 음악이 아주 중요하다고 느끼는지를 설명하지 못한다. 어떤 음악가들은 음악이 그 자체 외의 다른 의미를 갖지 않는다고 주장한다. 예를 들어 스트라빈스키는 "음악은 그 자체를 표현한다"고 말한다. 그는 음악이 "초개인적이고 초현실적이며 그 자체가 언어적 의미와 언어적 서술을 넘어선다"고 말한다. 스트라빈스키는 음악작품이 작곡가의 감정에 그 기원을 가지고 있고 따라서 그것을 상징화한 것으로 여겨질 수 있다는 데 동의하지만, 이어서 이렇게 말한다. "더 중요한 것은 음악작품이 작곡가의 감정이라고 할 수 있는 것을 완전히 넘어서고 (…) 하나의 새로운 음악작품은 하나의 새로운 현실이라는 사실이다."[13]

스트라빈스키 같은 형식주의자들은 음악을 수학과 비교하곤 한다. 그들은 음악의 의미가 특정한 작품 내 음악적 관계에 대한 인식에서 찾아질 것이며, 그런 이해는 주로 정서적이기보다는 지적이라고 믿는다. 음악이건 수학이건 그에 대한 이해가 없는 사람은 패턴과 구조의 아름다움을 부정할 것이다. 하지만 고트프리 해럴드 하디가 수학자의 삶에 대한 그의 고전적인 이야기에서 지적한 대로 "음악은 대중의 감정을 자극하는 데 이용될 수 있는 반면 수학은 그럴 수 없다".[14] 음악이 갖는 호소력과 효과가 전적으로 지적일 수 없다는 점은 분명하다.

다른 이론가들은 음악이 지시적이지 않고 그 의미는 오로지 음악작품 자체 내에서만 찾을 수 있다고 주장하는 한편으로, 특정한 음악적 관계와 구조가 순수하게 지적인 반응보다는 감정을 자극한다는 점을 인정한다. 하지만 일부 음악 권위자들은 그런 감정이 진정한 것인지 의문을 제기한다. 예를 들어 파울 힌데미트는 "음악이 불러일으키는 반응은 감정이 아니라 감정의 이미지, 감정에 대한 기억이다"[15]라고 말한다. 힌데미트는 음악이 작곡가의 감정을 표현한다고 믿지 않으며 작곡가는 단지 다른 사람들의 감정을 능숙하게 조작하는 사람일 뿐이라고 단언한다.

실은 이렇다. 그는 특정한 패턴으로 조성된 음조가 듣는 사람의 특정한 감정 반응과 부합한다는 사실을 경험으로 안다. 그는 이런 패턴을 자주 쓰고, 듣는 사람의 반응을 예측해 자신의 관찰이 확인되는 것을 보면서, 스스로 똑같은 정신적 상황에 있다고 믿는다.[16]

힌데미트는 계속해서 이렇게 말한다.

따라서 작곡가는 복잡한 소재를 사용하면 자기 음악이 듣는 사람에게 미치는 정서적 효과에 대해 완전히 확신할 수 없다. 하지만 경험과 이 소재의 재치 있는 배열에 의해, 게다가 분명한 형식으로 슬픔이나 흥겨움의 단순한 감정 이미지를 불러일으키는 음악적 진행을 빈번히 언급하면서, 그는 듣는 사람들이 모두 뜻을 같이하는 반응에 상당히 가까운 것에 도달할 수 있다.[17]

유명한 작곡가의 말에 이의를 제기하는 것은 어쩌면 한낱 청자聽者의 오만일 것이다. 하지만 나는 힌데미트의 이론이 납득되지 않는다고 고백해야겠다. 힌데미트는 "음악은 우리 정신생활의 지적·정서적 부분을 모두 건드린다"[18]고 인정하지만, 우리 존재의 서로 다른 이 두 가지 측면의 상징적 통합이 제공하는 만족의 강렬한 힘을 과소평가한다. 인간의 가장 위대한 지적 성취는 지성을 감정으로부터 분리하는 데 달려 있다. 아마도 인간의 가장 큰 만족은 이들을 재통합할 수 있는 데서 유래하는 듯하다. 훌륭한 작곡가들은 힌데미트가 말하는 대로 다른 사람들의 감정을 능숙하게 조작하는 사람이라기보다는 그들 자신의 정신 안에서 새로운 통합을 이뤄내는 데 특히 능숙한 사람인 듯하다. 이런 재능을 가진 사람들이 우리의 존경을 받는 것은, 그들 자신의 성취로 우리 모두가 그럴 수 있기를 바라는 것을 실현해내기 때문이다. 즉 우리 인격을 구성하는 이질적인 요소들에서 일관성 있는 전체를 이루는 것 말이다.

제럴드 노스럽 무어는 엘가의 전기에서 바로 내가 의미하는 바를 말하고 있다. 그는 전기의 서문을 쓰면서 '삶'과 '작품'의 전통적인 구분에 대해 개탄한다. 그는 이렇게 말한다.

창조적인 삶은 그 작품과 별개로 일반적인 의미를 가질 수 없고, 작품은 그 예술가의 삶 바깥에서 누적적인 의미를 갖지 않는다. 내가 원한 것은 이 두 가지 상태를 결합하는 수단이었다. 그래서 주제와 형식에서 이뤄진 각각의 새로운 모험은 온전한 인간의 영적 전기의 한 장章으로 이해할 수 있다. 그 책이 추구하는 목표는 음악학에도, 감각적 인간에도 있지 않다. 그보다는 각각에 대한 각각의 영향에 있다.

그래서 나는 창의적인 눈은 세계를 어떻게 보고, 창의적인 귀는 어떻게 듣는지를 이해하려고 노력했다. 나머지 우리와 마찬가지로, 예술가는 자기 안에서 다투는 다양한 욕구로 분열되어 있다. 하지만 나머지 우리와 달리, 그는 그 각각의 욕구를 그의 예술에 쓰일 하나의 요소로 만든다. 그때 그는 그의 요소들을 모두 통합해서 하나의 스타일을 만들고자 한다. 통합이 성공했음을 말해주는 신호는 모두가 인정하는 통일되고 유일무이한 분명한 스타일이다. 그래서 성공적인 스타일은 듣는 사람들에게 이루 말할 수 없이 익숙한 것으로 가득 차 있는 것처럼, 동시에 실로 일상과는 거리가 먼 신과 같은 "지성"의 힘을 부여받은 것처럼 보일 수 있다. 한 인간이 이런 통합을 구축하는 과정은 인간의 이야기 가운데 가장 심오하고 가장 고귀한 것이다.[19]

그래서 창의적인 재능을 가진 사람들의 경우, 스타일은 인격의 서로 다른 부분들을 붙들어놓는 접합제다. 스타일은 예술가가 성취한 통합을 다른 사람들에게 명백히 한다. 오늘날, 우리가 이 개별성의 증거를 대단히 높이 평가하는 것은 흥미로운 일이다. '스타일을 가진' 작품은 한 개인의 진품으로 인정된 작품보다 미학적으로나 시장에서의 가치가 훨씬 덜하다. 이것은 현대적인 발전이다. 르네상스 시대 이전에, 예술가는 후원자의 주문품을 제작하거나 개인적 이익보다는 공적인 이익에 봉사하는 거의 익명의 장인으로 대접받았다. 13세기 중반이 되어서야 개별 화가들의 이름이 기록되기 시작했다. 그리고 17세기 이후에야 예술이 개인의 정신 발달과 자기실현을 촉진할 수 있다는 생각이 확고해졌다.

작가, 작곡가 또는 화가의 스타일은, 예술가 자신이 통합이라는 궁극적인 목표가 달성되었다고 생각한다는 아무런 암시 없이 쉽게 알아볼 수 있을 것이다. 개인적인 스타일의 구축은 '성공적인 통합의 신호'이기는 하지만, 예술작품 자체가 그렇듯이 스타일은 예술가의 평생에 걸쳐 계속해서 변화하고 발전한다. 인생 후반의 정신 발달에 특별히 주목한 융 같은 심리학자들은 개별화 또는 자기실현이 영구히 또는 완전히 성취되지는 않는다고 항상 주장했다. 삶은 항상 새로운 적응을 요구한다. 창의적인 재능을 가진 사람들의 경우, 인격의 발달은 그들이 만들어낸 작품에서 드러난다. 에런 코플런드(미국의 작곡가)는 찰스 엘리엇 노턴 강연찰스 엘리엇 노턴은 미국의 저술가, 사회비평가, 미술사 교수로 하버드 대학에서 최초로 미술사를 강의해 호평을 받았으며, 그를 기념하여 하버드 대학에서 진행하는 찰스 엘리엇 노턴 강연을 통해 에르빈 파노프스키, 제임스 케이힐, 움베르토 에코, 린다 노클린 등 석학들이 대중을 상대로 자신들의 학문적 성과를 압축적으로 강연하고 이를 다시 책으로 출간했으며, 이 강연은 지금까지 계속되고 있다에서 창작 과정과 인격 발달 사이의 관계에 대해 그가 이해한 바를 드러낸다.

자신의 예술에 대해 생각하는 진지한 작곡가는 머잖아 자문해볼 필요가 있을 것입니다. 내가 음악을 작곡하는 것이 내 정신에 왜 그렇게 중요할까요? 왜 그것이 그렇게 꼭 필요하고, 그래서 다른 모든 일상의 활동은 그에 비해 덜 중요해 보이는 걸까요? 그리고 왜 창작 충동은 결코 충족되지 않고, 왜 항상 새로 시작해야 하는 걸까요? 첫 번째 질문(창작 욕구)에 대한 답은 항상 같습니다. 자기표현인 것입니다. 삶에 대한 가장 강렬한 느낌을 분명히 하려는 기본적인 욕구 말입니다. 하지만 왜 그 일은 끝나지 않는 걸까요? 왜 우리는 항상 다시 시작해야 할까요? 내가 보기에, 새로운 창조 충동의 이유는 추가되는 각각의 작업이 자기발견의 요소를 가져오기 때문인 듯합니다. 나는 나 자신을 알기 위해 창작해야 하고, 자기인식은 결코 끝나지 않는 탐색이며 각각의 새로운 작업은 단지 '나는 누구인가?'라는 질문에 대한 부분적인 답일 뿐이어서 다른 부분적인 답으로 나아가고자 하는 욕구를 불러오는 것입니다.[20]

아마도 이제 나는 앞서 음악이 특히 상징적인 행위라고 말한 이유를 설명할 수 있겠습니다. 첫째, 음악은 시간 예술이다. 음악의 패턴은 시간 속에 존재하고 그 발전과 완성에는 시간이 필요하다. 수전 랭어(미국의 무용미학자이자 철학자)는 음악이 "완전한 상징, 주관적인 시간의 이미지"라고 말한다.[21] 회화와 건축과 조각은 관계에 대해 상징적인 진술을 하지만 이들 관계는 고정되어 있다. 음악은 인생과 마찬가지로 끊임없이 유동한다.

둘째, 음악은 인간 정서생활의 전형적인 패턴을 상징화한다. 레너드 마이어는 "음악이 성향을 활성화하고, 억제하며, 의미 있고 적절한 해결을 제공한다"고 말한다.[22]

서구의 온음계 전통 안에서 성장한 사람은 으뜸음으로의 최종적인 복귀로 제시된 해결이 "집으로 돌아가는 것", 즉 "바다 어딘가 안심할 수 있는 곳으로" 굽이쳐 흘러가는_{영국 시인 앨저넌 찰스 스윈번의 시 「페르세포네의 정원」에 나오는 '아무리 지친 강도 바다 어딘가 안심할 수 있는 곳으로 굽이쳐 흘러간다'라는 구절에서 따왔다} 것과 비슷하거나, 또는 좀 더 일상적인 차원에서 신체적 욕구와 욕망에 뒤이어 긴장의 해소와 성취가 따르는 익숙한 패턴과 유사하다는 것을 안다. 마이어가 지적한 대로, 작곡가들이 우리의 감정을 불러일으키고 우리의 관심을 자극하는 한 가지 방법은 완성과 복귀를 미루는 것이다. 그는 한 예로 베토벤의 작품 번호 131번 「C#단조 사중주」의 5악장을 제시한다. 베토벤은 리듬과 선율 패턴의 점진적인 분열로 듣는 사람의 기대를 거부한다.

하지만 리듬, 화성, 짜임새texture 그리고 패턴을 의미하는 선율조차 거의 파괴된 듯한 바로 그 순간에, 악장과 그 첫 악구를 여는 작은 음형figure, 몇 개의 음이 연속하여 어떤 가락이나 악곡의 요소가 되는 음의 모양이 우리의 희망을 일으켜 세우고 완성과 복귀에 대한 기대를 새로운 방향으로 돌린다. 이제 우리는 무슨 일이 일어날지 확신한다.[23]

마이어의 묘사는 핸즈 켈러(오스트리아 태생의 영국 음악가이자 작가)가 내놓은 음악 이론과 매우 유사하다. 켈러는 그가 음악에서 '배경'과 '전경'이라고 부르는 것을 대비시킨다.

곡의 배경은 작곡가가 한 작품의 과정에서 제기하지만 충족하지 못하는 기대들의 총합이자 아직 생겨나지 않은 충족의 총계다. 전경은 그야말로 그가 그 대신 하는 것, 즉 실제로 악보에 있는 것이다. (…)
음악의 의미는 (…) 그 완전한 실재를 우리가 듣는 것과, 우리가 듣는 것에 의해 부정되는 것 사이의 명백히 암시된 충돌에 의존한다. 음악적 논리를 구성하는 것은, 작곡가가 하는 것과 그가 할 것이라고 우리로 하여금 기대하게 만드는 것 사이, 작품이 도달한 구조의 단계에 따라 크게 달라지는 이런 긴장이다. 긴장이 분명할수록, 그 음악은 더 논리적이다. 그리고 가장 명확한 긴장은 최고의 모순을, 모순되는 요소들 사이의 최고의 통합과 결합하는 것이다.[24]

다시 한번 다른 맥락에서, 우리는 대단히 동떨어지거나 서로 어긋나는 요소들의 결합은 깊고 만족스런 경험이라는 생각과 맞닥뜨린다.

음악이 '결합 행동'의 한 형태라고 말할 수 있는 것은 이 때문만이 아니다. 음악은 하나의 전체를 형성하기 위해 서로 다른 다양한 요소를 통합한다. 예후디 메뉴인이 쓴 대로 "음악은 혼돈에서 질서를 창조한다. 리듬이 서로 다른 것들을 일치시키고, 선율이 혼란에 연속성을 부과하며, 화성이 부조화에 공존 가능성을 부과하기 때문이다".25

따라서 음악은 존재에서 질서를 발견하거나 거기에 질서를 부과함으로써 그것을 이해하려는 인간의 시도를 상징한다. 그리고 음악은 대개 비재현적이기 때문에, 재현 예술과 달리 '순전히' 상징적이다. 쇼펜하우어가 음악이 의지의 직접적인 표현이라고 여긴 것은 이런 이유에서다. "작곡가는 세계의 가장 내밀한 본성을 드러내고 그의 추론 능력이 이해하지 못하는 언어로 가장 심오한 지혜를 표현한다." 쇼펜하우어는 인간 감정과 다양한 유형의 음악 사이의 다양한 비유에 대해 자세히 이야기한 다음, 계속해서 이렇게 말한다.

하지만 우리는 내가 제시한 이런 모든 비유를 언급할 때 음악이 그것들과 직접적인 관계를 갖지 않고 단지 간접적인 관계를 가질 뿐이라는 점을 잊어서는 안 된다. 그것은 현상을 표현하지 않고, 단지 모든 현상의 내적 본질, 즉 그 자체, 다시 말해 의지 자체를 표현할 뿐이기 때문이다.26

쇼펜하우어는 수전 랭어가 탐색하는 음악의 또 다른 특징을 간단히 언급한다. 직접적인 감정 자체보다 감정의 본질을 표현하는 것은 추상을 필요로 한다. 에런 코플런드는 자신의 작곡 욕구에 대해 이야기하면서 '자기표현'을 언급했다. 하지만 수전 랭거가 관찰한 대로 "순수한 자기표현은 예술적 형식을 요구하지 않는다".[27]

우리는 모두 울부짖음으로써 비통한 감정을 정화할 수 있다. 헨리 퍼셀(16세기 영국 작곡가)이 「디도의 탄식」(퍼셀의 오페라 「디도와 아이네아스」에 나오는 아리아)에서 그런 것처럼, 비통함의 본질에 도달하려면 감정을 음악으로 바꾸는 작곡가의 기량만이 아니라 그런 감정으로부터 물러서서 거기에 형식을 부과해 일반화하는 능력 또한 필요하다. 수전 랭어는 에드워드 불러(영국의 미학자)가 만들어낸 '심리적 거리 두기'라는 개념을 사용하고 있는데, 이것이 중요하다. 강렬한 감정에 사로잡혀 있는 한, 작곡가는 그것을 음악으로 상징할 수 없을 것이다. 자신을 즉각적인 경험으로부터 분리하는 능력인 심리적 거리 두기는 특히 인간적인 것이다. 이 능력 없이는 과학의 발견도, 수학도 없을 것이고, 항상 그런 것은 아니지만 예술작품도 없을 것이다. 워즈워스는 시가 "평정 속에서 되살린 감정으로부터 생겨난다"고 말했다. 상징화가 일어날 수 있는 것은 심리적 거리 두기가 달성되었을 때뿐이다. 우리가 뛰어난 작곡가와 다른 예술가들의 작품에 대해 찬사를 보내는 것은 그것이 그 예술가의 강렬한 감정 능력을 말해주는 증거일 뿐 아니라 그런 감정에 숙달해서 통합하는 예술가의 능력을 말해주는 증거이기도 하기 때문이다.

인간이 통합과 통일을 추구하는 것은 인간 조건의 피할 수 없는 부분인 것 같다. 음악은 대립하는 요소들에서 새로운 전체를 만들어내는 능력 덕분에, 이런 추구를 가장 적절히 상징하는 예술이다. 수많은 학자가 같은 결론에 도달했다는 점은 흥미롭다. 예를 들어 수전 랭어는 한스 메르스만(독일의 음악학자)의 문장 하나를 인용한다. "서로 대립하는 것들을 동시에 표현하는 가능성은 음악 자체에 가장 복잡한 표현력을 제공하고, 이런 점에서 다른 예술의 한계 훨씬 너머로 음악을 데려간다."[29] 에드먼드 거니(영국의 심리학자, 초능력 연구자)는 음악에 대해 이렇게 쓰고 있다.

뒤섞인 강렬한 감정들을 완전히 새로운 경험으로 변모시키는 것 같다. 거기서 별개의 가닥들을 끌어내고자 하면 우리는 대책 없이 멈칫거리게 된다. 승리감과 유연함, 욕구와 충족, 순종과 주장이 모두 동시에, 하지만 결국 어떤 의심이나 혼란 없이 빈틈없어 보일 것이기 때문이다. 아니 더 정확히 말하면, 우리는 그런 말로 희미하게 요소들의 윤곽을 그리려 애쓰고, 그래서 그 경험을 분석하려는 우리의 시도는 그것을 모호해 보이게 만들 뿐이지만, 실로 그 아름다움은 분명하고 확실한 형식에 존재하는 통합성과 개별성을 가지고 있는 것 같기 때문이다.[30]

빅토르 추커칸들(오스트리아 음악학자)은 언어와 상반되는 음악의 기능을 논의하면서 이렇게 쓰고 있다. "말은 분열시키고 음조는 통합한다. 말이 사물로부터 사물을, 객관으로부터 주관을 갈라놓으며 끊임없이 해체하는 존재의 통합성이 음조로 끊임없이 회복된다."[31] 뒤에 나오는 구절에서 그는 이렇게 말한다.

음악성은 개인의 재능이 아니라 인간이 가진 기본 속성의 하나다. 이런 인간의 본성이 그로 하여금 음악을 하게 만든다. 음악에서, 인간은 (예를 들어 자신의 감정 같은) 무언가를 표현하는 것도, 자율적인 형식 구조를 만드는 것도 아니다. 그는 자신을 발명해낸다. 음악에서, 그를 생동케 하는 원칙이 가장 순수한 형식으로 실현된다.[32]

인간의 삶에서 상징이 갖는 중요성을 의심하는 사람이 있다면, 이 말을 곰곰이 생각해보길 바란다.

진정한 천재는
광기에 사로잡히지 않는다

찰스 램은 『엘리아의 수필Essays of Elia』에서 이런 말로 시작한다.

위대한 재능(또는 현대식으로 말하자면 천재)이 광기와 필연적으로 동맹관계를 갖는다는 입장은 진실과 거리가 멀다. 그와는 반대로, 가장 위대한 재능은 가장 분별 있는 작가들한테서 발견될 것이다. 미친 셰익스피어를 상상하기란 불가능한 일이다. 여기서는 주로 시적 재능으로 이해될 위대한 재능은 모든 능력이 감탄하리만치 균형을 이룬 가운데서 드러난다. 광기는 그 가운데 어느 하나가 불균형하게 왜곡되거나 과잉된 것이다.

에이브러햄 카울리는 함께 시를 쓰는 친구에 대해 이야기하면서 이렇게 말한다.

아주 강력한 재능은
자연이 그에게 지어주었지,
만물이 그의 분별에 압도당할 때
하늘의 달과 같은 그의 분별은 보여주었네,
그 아래 저 장대한 바다를 누그러뜨리는 것을.

오해의 시초는 고귀한 시의 황홀에서, 그들의 경험상 유례를 찾을 수 없는 고양高揚된 상태를 보는 사람들이다. 게다가 꿈과 열병이 그럴싸하게 비슷한 상태를 보여서 시인이 꿈을 꾸고 열병에 걸린 상태라고 생각한다. 하지만 진정한 시인은 깨어 있으면서 꿈을 꾼다. 그는 자신의 주제에 사로잡히지 않고 그것을 지배한다.[1]

역사를 통틀어 천재에 대한 서로 대립되는 두 가지 학설이 있다. 하나는 천재를 특별한 분별력을 가진 사람으로 보고, 다른 하나는 천재가 광기와 밀접한 관련이 있거나 적어도 정서불안과 관계 있다고 주장한다. 이렇게 서로 모순되는 의견은 어떻게 생겨났을까, 그리고 대립하는 이 두 관점을 조화시킬 수 있을까?

첫 번째 학설의 한 예로, 1715년에 나온 조너선 리처드슨(18세기 영국의 초상화가, 문필가)의 『회화론An Essay on the Theory of Painting』을 인용해보자.

탁월한 화가가 되는 방법은 탁월한 사람이 되는 것이다. (…) 화가의 정신은 우아함과 위대함을 가지고 있어야 한다. 화가의 정신은 아름답고 고귀하게 형성되어야 한다. (…) 화가는 훌륭하고 멋진 발상이 환영받을 수 있을 기분 좋고 행복한 사고방식을 가져야 한다.[2]

조르조 바사리는 라파엘로에 대해 쓰면서 이렇게 말했다.

(그는) 본래 겸손함과 선량함을 모두 타고났다. 우리는 다른 누구보다 인간적이고 온화한 천성에 적절한 상냥함이라는 가장 아름다운 장식이 더해진 사람들한테서 때로 이런 겸손함과 선량함을 만난다. 이것이 그를 모든 사람에게 그리고 어떤 상황에서나 기분 좋고 선뜻 받아들일 수 있는 사람으로 만들었다.3

근면하고 체계적이며 엄청나게 부유한 화가 루벤스는 이런 분명한 분별을 타고나서 만토바 공작, 그리고 이사벨라 공주의 외교관으로 고용되었다. 개인적인 사별과 정치적 방해 앞에서, 그는 평정을 유지했다. 예술가는 필연적으로 고통받는 존재라는 생각에서 이보다 더 벗어나 있는 사람은 없을 것이다.

어떤 역사 시기에는 위대한 천재일수록 고귀한 인간이며 고상하고 고결할 뿐 아니라 조화로워서 그의 작품에서와 마찬가지로 그의 삶에서 매우 아름다운 감수성 및 완선한 통제력을 보여줄 가능성이 크다고 여겼다. 루벤스 같은 인물이 이런 생각을 이해할 수 있게 해준다. 이런 사고방식에 따르면, 가장 위대한 예술작품은 가장 고매한 인격자들에 의해 창작될 수 있을 뿐이다. 가장 고귀한 작품은 그 예술가의 고귀한 영혼을 반영한다.

19세기 중반에는 덜 고귀한 천재 개념이 널리 알려졌다. 아마도 1859년에 처음 출간된 새뮤얼 스마일스의 『자조론Self-Help』이 계기가 된 듯하다. 토머스 칼라일은 "(무엇보다 수고를 아끼지 않는 탁월한 능력을 의미하는) '천재'"를 언급했다.4

프랜시스 골턴(영국의 유전학자로 우생학의 창시자)은 자신의 책 『유전하는 천재성Hereditary Genius』 제2판 서문에서 이렇게 썼다. "이 책이 (1869년에) 쓰였을 당시에는 인간 정신이 자연법칙과 무관하게 작동하고 부득이하게 추진력을 가진 의지에 의해 발휘된다면 거의 어떤 성취도 가능하리라고 일반적으로 여겨졌다."5 골턴은 위대한 성취가 세 가지 재능에 달려 있다고 믿었고, 그 재능은 모두 유전된다고 생각했다. 그 재능이란 '기량' '열의' '힘든 일을 참는 능력'이었다. 그는 정서불안에 가까운 것이 창의적인 성취의 일부분이라는 생각을 완전히 거부했다.

천재가 초자연적인 것으로 보이는 원천으로부터 발상이 불쑥 떠오르거나 영감을 얻는 것을 의미한다면, 또는 어떤 특정한 목적을 성취하려는 과도하고 화급한 욕구를 의미한다면, 그것은 위험하게도 정신이상자가 듣는 목소리, 즉 의식이 혼미한 그들의 성향 또는 편집광에 가깝다. 그런 경우에 그것은 건강한 능력일 수도 없고, 유전에 의해 그것을 영속시키는 것이 바람직할 수도 없다.6

1904년 헨리 해브록 엘리스(영국의 의학자, 문명비평가)는 『영국의 천재에 관한 연구A Study of British Genius』라는 책을 출간했다. 엘리스는 영국인명사전에서 특히 저명한 인사 1030명을 선택했는데, 그 가운데 975명이 남성이고 55명이 여성이었다. 그는 그중 4.2퍼센트만이 명백한 정신병 환자라는 사실을 밝혀냈다. 그는 이 결과에 대해 이렇게 썼다.

그것은 어쩌면 높은 비율일지 모른다. 나는 높은 평균 연령까지
살아 있는 교양 있는 계급의 사람들 가운데서 평생 동안 한때 정
신이상이 발생했다고 말할 수 있는 사례들의 수치를 알지 못한
다. 그것이 낮은 비율일지도 모른다. 하지만 동시에, 천재와 정신이
상 사이에 특별하고 특정한 연관성이 있다고 말하기에는 너무 많
이 낮다고 말할 수 없다. 천재와 정신이상 사이의 연관성이 의미
가 없지 않다고 나는 생각한다. 하지만 정신이상의 발생이 5퍼센
트가 안 되는 경우에서만 명백하다는 사실 앞에서 우리는 천재가
정신이상의 한 형태라는 이론을 무시해야만 한다.7

창의적인 사람들이 정신이상이 되면 일반적으로 작품의 질
과 양 모두 쇠퇴한다는 사실이 정신이상과 창의성의 분명한 양
립 불가능성을 한층 더 뒷받침한다. 예를 들어 조현병 환자는 그
리는 대상이 자신의 인격 장애를 반영하는 대상으로 변화하는
데, 그것은 정상적인 사람의 인식에는 거의 무관해 보인다. 그들
은 흔히 정형화된 패턴을 끝없이 반복하는 정도로 악화된다. 네
덜란드의 정신과 의사인 요하너스 헤르버르트 플로커르는 『정
신병의 예술적 자기표현Artistic Self-Expression in Mental Disease』에서
조현병 초기에 예술가는 자신이 세계를 인식하는 새로운 방식에
대해 기록하도록 자극받을 수 있지만, 그 충동이 대개 오래가지

는 못한다고 말한다.

　예술을 아는 사람이라면 환자의 일련의 작품을 보면서 정상적인 것과 병적인 것의 차이를 알아보고, 처음에 놀라워하는 순간이 지나고 나면 곧 정신병적 창작물을 보면서 지루해한다. 곧 내용과 특히 형태에서의 무미건조하고 판에 박힌 고정된 요소들이 정신의 침체를 보여준다.[8]

　정신장애 가운데 조현병만 창작을 방해하는 것이 아니다. 심각한 우울증이 지속되면, 대개 창작 과정을 방해한다. 재발성 우울증에 대한 민감성이 흔히 창의적 잠재력과 연관되기는 하지만 말이다. 로베르트 슈만은 조울병 환자였다. 엘리엇 슬레이터(영국의 정신과 의사로 정신병의 유전학 분야 선구자다)와 앨프리드 마이어는 슈만의 작품들과 관련해서 조증 시기와 울증 시기로 알려진 것을 도표화했다. 그것들은 조증 상태가 창작을 용이하게 한 반면 울증 상태는 방해했음을 분명하게 보여주었다.[9]
　로시니가 1829년 서른일곱 살밖에 안 된 나이에 오페라 작곡을 포기한 데에는 아마도 다양한 이유가 있었을 것이다. 하지만 1839년 이래 로시니는 부분적으로는 신체 질병에 의한 심각한 우울증 증세에 시달려 자살을 생각했다. 1832년 「세비야의 이발사」를 끝낸 후, 그는 여러 해 동안 주요 작품을 작곡하지 않았다. 하지만 예순다섯 살의 나이에 르네상스가 일어났다. 그는 다시 작곡을 하기 시작했고, 짤막한 작품들을 다작하는 데 더해 종교적인 주요 작품 「작은 장엄미사Petite Messe Solennelle」를 작곡했다.10

이런저런 비슷한 많은 이야기에서, 정신병과 창작능력은 양립할 수 없다는 점이 자명해 보일지 모른다. 하지만 고대 이래 천재와 광기 사이의 연관성은 거듭 주장되었다. 세네카는 대화록 『영혼의 평온에 대하여De tranquillitate animi』에서 "위대한 천재치고 광기가 뒤섞여 있지 않은 이는 없다Nullum magnum ingenium sine mixtura dementiae fuit"라고 썼다.11 존 드라이든(영국의 시인)은 이런 믿음에 공감한다.

위대한 지혜는 광기와 동류임이 확실하니,
얇은 칸막이가 그 경계를 가르고 있네.12

19세기에 천재와 광기가 밀접하게 관련된다는 믿음이 좀더 일반화된 것 같다. 프랑스의 정신과 의사이자 장에티엔 도미니크 에스키롤(정신과 의사로 살페트리에르 병원 원장이었다)의 제자인 모로 드 투르는 천재를 정신이상과 비교했는데, 이 두 상태를 과도한 정신활동의 결과라고 믿었다.13 독일의 정신과 의사인 라이프치히의 파울 율리우스 뫼비우스(1853~1907)는 '우월한 타락superior degenerate'14이라는 개념을 썼다. 이 꼬리표는 우리 시대에 "창의적인 반사회성 인격장애자"로 바뀌어서, 토머스 에드워드 로런스영국의 군인이자 고고학자로 아랍 민족의 독립운동을 도와 '아라비아의 로렌스'라는 별칭을 얻었다 같은 인물에게 사용되었다. 빌헬름 랑게아이히바움(독일의 정신과 의사)은 1956년에 여전히 재판再版을 거듭하던 자신의 책 『천재, 광기와 명성Genie, Irrsinn und Ruhm』에서 대부분의 천재는 정신병에 걸려 비정상이라고 말했다.[15] 모든 천재가 반사회성 인격장애자psychopath나 정신병 환자임을 입증하기란 불가능하지만, 다름 아닌 프루스트가 그랬던 것처럼 "모든 위대한 것은 신경증 환자들한테서 나온다. 그런 사람들만이 종교를 설립하고 우리의 걸작들을 만들어낸다"[16]고 흔히 주장하게 되었다.

정신병이라 여겨질 정도로 심각한 재발성 우울증에 시달렸던 시인의 수는 확실히 두드러진다. 윌리엄 콜린스, 존 던, 윌리엄 쿠퍼, 토머스 채터턴, 존 클레어, 크리스토퍼 스마트, 에드거 앨런 포, 제라드 맨리 홉킨스, 실비아 플래스, 존 베리먼, 앤 섹스턴, 하트 크레인, 시어도어 레트커, 델모어 슈워츠, 랜들 자렐, 로버트 로웰이 모두 심각한 우울증 시기를 겪었다는 사실이 입증되었다. 클레어, 콜린스, 스마트는 모두 정신병원에 입원했다. 로웰은 조병과 우울증으로 병원을 들락날락했다. 이 시인들 가운데 6명이 자살했다.

산문작가 가운데서 찰스 램(1795~1796년 정신병원에 있었다), 새뮤얼 잭슨, 괴테, 발자크, 톨스토이, 콘래드, 러스킨, 잭 런던, 어니스트 헤밍웨이, 버지니아 울프는 비슷하게 우울증에 시달렸다. 헤밍웨이, 잭 런던, 버지니아 울프는 모두 자살했다.

케이 레드필드 제이미슨(미국의 임상심리학자)은 주요 상을 받은 저명한 영국 작가와 예술가 47명을 선정해 진행한 연구에서 그중 38퍼센트가 실제로 정동장애情動障碍, 기분이 너무 좋거나 우울한 것이 주된 증상인 정신장애로 치료를 받았다는 사실을 밝혀냈다. 시인들은 특히 극심한 감정 기복을 겪었다.[17]

아이오와 대학 작가 워크숍에 참가한 작가들에 대한 연구는, 통제집단의 13퍼센트만이 정동장애에 시달린 데 비해 인터뷰한 작가들 가운데 67퍼센트가 정동장애에 시달린다는 사실을 보여주었다. 더욱이 그 작가들의 친척 가운데 21퍼센트가 분명히 밝혀진 정신질환을 가지고 있었던 반면 통제집단의 친척들은 단 4퍼센트만이 그랬다.[18]

존슨 박사(새뮤얼 존슨)에 대한 보즈웰의 이야기는 평생에 걸쳐 재발성 우울증에 시달린 작가를 생생히 그리고 있다.

그는 끔찍한 심기증健康에 대해 지나치게 걱정하고 아무 이상이 없는데도 자신이 병들었다고 생각하는 심리 상태이, 빈번한 흥분과 조바심과 안달이, 그리고 존재를 비참하게 만드는 낙담과 우울과 절망이 자신을 압도한다고 느꼈다. 그는 이후 이 울적한 병으로부터 완전히 벗어나지 못했고, 그의 모든 노동과 모든 기쁨은 그 유해한 영향의 일시적인 중단에 지나지 않았다.[19]

존슨은 온갖 방식의 강박적인 의식儀式으로 우울증을 피하고 자 했다. 그는 죽음과 정신이상을 두려워해서, 다른 많은 우울증 환자와 마찬가지로 그를 괴롭히는 병적인 생각들 때문에 잠자리에 드는 걸 싫어했다.

창의적인 사람들에게 영향을 미치는 정신병은 재발성 우울증만이 아니다. 뉴턴은 중년에 정신병을 앓게 되었을 때 우울증뿐 아니라 피해망상증 또한 보여서, 친구들이 자신을 비방하고 음모를 꾸민다고 비난했다. 많은 창의적인 사람이 과도한 정신질환을 앓은 것은 아니지만 이상 성격을 가지고 있었다. 예를 들어 카프카는 분명 조현병을 앓았고, 최고의 철학자들 가운데 많은 이가 친밀한 대인관계를 형성하거나 또는 가정을 꾸리는 일을 할 수 없었거나 그러기를 꺼렸다. 나는 간질, 뇌매독 또는 다른 형태의 기질성 뇌질환을 앓았다고 알려진 도스토옙스키, 모파상, 니체 같은 작가들은 일부러 빼놓았다.

우리가 이 흥미로운 사람들에 대해 아주 많은 것을 알기 때문에 잘못된 인상을 받고 있다고 주장하는 것도 무리가 아니다. 만약 전기작가들이 재능이 덜한 좀더 평범한 사람들을 면밀히 검토한다면, 그들 또한 이런 정신병을 보인다고 밝혀지지 않을까? 이런 가능성을 전적으로 무시할 순 없다. 누군가에 대해 더 많이 알게 될수록 그 사람의 신경증적 특성, 기분장애, 그리고 성격의 다른 측면을 더 많이 알아볼 수 있다. 그것을 강조해서 나타내면, 신경증이나 정신병이라는 딱지를 붙이게 된다. 성공한 유명 인사들은 변덕스런 성격을 감추기 쉽지 않다. 전기작가나 박사학위 연구에 성실한 학생들이 그들이 편히 쉬도록 내버려두지 않을 것이기 때문이다. 또는 프로이트와 T. S. 엘리엇처럼, 생존해 있는 이들에게 문제 될 소지가 없어질 때까지 감시인이 그들의 기록을 보호하게 되면, 흔히 그들이 믿을 수 없는 악덕을 저질렀다고 추측하곤 한다. 정신과 의사, 아마도 특히 정신분석가는 보통의 '정상적인' 사람이 어떤지를 거의 알지 못하고, 따라서 실은 정상 범위에 있는 온갖 유형의 사람을 '신경증 환자'로 보는 경향이 있을 수 있다는 사실을 기억해야 한다. 나에게 정신분석학을 가르쳐준 은사 가운데 한 분은 이렇게 말씀하시곤 했다. "정상적인 인간이야말로 복병이다."

천재와 광기가 왜 연관되는지 좀더 설득력을 갖는 또 다른 이유가 있다. '천재genius'라는 말은 원래 그리스어 '영혼psyche'에 해당되는 로마어였던 것으로 보인다. 리처드 브록스턴 오니언스(영국의 고전학자)에 따르면, 그것은 "출산에 적극적인 생령life-spirit으로, 가슴 한가운데에 있는 의식적인 자아와 구분되며 무관"했다. 천재는 영혼과 마찬가지로 죽음 후에도 살아남는 부분으로 여겨졌다. 천재와 영혼은 모두 머리에 위치해 있었다. 어니언스는 계속해서 이렇게 말한다.

20세기에 '무의식' 개념이 그런 것처럼, 천재 개념이 많은 역할을 해서 의식과는 별도로, 심지어 의식에도 불구하고, 한 인간의 삶과 행동에 영향을 미친 것 같다. 이제 어떤 사람이 평범한 지성을 넘어서는 타고난 영감의 원천을 가지고 있음을 의미하는 '천재성을 갖고 있'다거나 '갖고 있지 않'다는 관용구의 기원을 추적해볼 수 있다.[20]

그리하여 고대에도, 창의적인 과정은 두 가지 측면의 정신과 연관되어 있다고 여겼다. 그 하나는 짐작건대 그 사람의 의식적인 통제 하에 있는 것으로, 아마도 프로이트가 말하는 '자아ego'에 상응할 것이다. 다른 하나는 광대하고 깊숙한 곳으로부터 모습을 드러내는 혼령처럼, 추구하거나 불러내야 한다. 오언 글렌도어헨리 4세에 대해 반란을 일으킨 웨일스의 통치자로 셰익스피어는 『헨리 4세』에서 그를 마술과 감정에 의해 지배되는 사납고 이국적인 인물로 그리고 있다는 그 혼령에게 그의 소명에 복종하겠다고 호언장담한다.

창의적인 사람들은 불안정하다는 생각과 가장 밀접하게 연관되면서 이런 생각의 원인을 제공하는 것은 분명 영감이라는 개념이다. 정신이상자는 한때 악령이나 다른 영혼에 사로잡혔다고 여겨졌다. 비슷한 방식으로 영감을 받은 사람은 신성한 광기 상태가 된다고 믿었다. 플라톤은 광기와 영감을 구분했지만, 아이리스 머독(영국의 소설가, 철학자)은 1976년의 소설 강연을 묶어낸 『불과 태양The Fire and the Sun』에서 이렇게 말했다. 플라톤은 "예술가의 영감이 일종의 신성하거나 경건한 광기라고 여러 차례 말했다. 우리는 이런 광기로부터 큰 축복을 받고, 이런 광기가 없는 좋은 시란 없다."21

이후 시대에는 보통의 광기와 신성한 광기의 구분이 희미해졌다. 엄청난 재능은 항상 어느 정도의 광기를 포함하고 있다는 취지의 세네카의 말을 앞서 인용했다. 일부 학자는 여기서 세네카가 '광기madness'로 번역되는 '데멘티아dementia'를 정신이상보다는 신성한 영감의 뜻으로 사용했을 것이라고 본다. 세네카가 글을 쓴 때는 서기 1세기였다(세네카는 예순다섯 살에 자살해야 했다). 이후 줄곧 영감과 정신이상은 혼동되었다. 우리 시대에 와서 이런 혼동은, 말하자면 역전되었다. 예술가가 미쳤다고 여겨지는 대신, 정신이상자가 영감을 받은 것이라고 여겨지고 있다. R. D. 랭과 그 추종자들이 정신분열 상태를 이상화해서, 지금까지 이 정신병을 기피해온 사람들은 때때로 정신이상자에게는 허락되지만 정상인에게는 허락되지 않는 실재의 본성에 대한 놀랄 만한 통찰을 자신이 놓치고 있을지 모른다고 생각한다(내가 보기에 이런 생각은 잘못되었다).

창의적인 사람들이 영감이 떠오른 일에 대해 설명한 것을 보면, 영감과 광기의 혼동이 별로 놀랍지 않은 것 같다. 영감을 받는 것은 흔히 자아를 넘어선 무언가에 압도되어 사로잡히는 느낌을 동반한다. 존 월터 크로스조지 엘리엇은 사실혼 관계였던 남편이 죽은 후 과거에 이탈리아 여행 중 만나 알게 된 20년 연하의 존 월터 크로스와 결혼한다는 조지 엘리엇이 이렇게 말했다고 전한다. "내가 나의 최고작이라고 여기는 모든 작품 속에는, 나를 장악한 '나 자신이 아닌' 어떤 것이 있어요. 내 인격은 말하자면 이 영혼이 작용하기 위한 도구에 지나지 않는다고 느껴요."[22] 윌리엄 메이크피스 새커리(영국 소설가)는 이렇게 썼다. "나는 나의 일부 인물의 의견에 놀랐다. 마치 주술적인 힘이 펜을 움직였던 것 같다. 그 인물이 무언가를 하거나 말하고, 나는 그가 도대체 어떻게 그런 생각을 하게 되었는지 묻는다."[23]

언제나 그런 것은 아니지만 때로 영감을 받은 상태는 극심한 감정의 고양을 동반한다. 앨저넌 찰스 스윈번(영국의 시인, 평론가)이 격렬히 흥분한 상태에서 시를 읊으며 방 안을 왔다갔다하면서, 주변을 의식하지 못한 채 그때 사납게 밀어닥치던 뇌우를 깨닫지 못하는 듯 보였다고 한 관찰자는 전했다.[24] 차이콥스키는 이렇게 썼다.

곧장 나에게 닥치는 헤아릴 수 없는 행복감을 말로 옮기는 것은 헛된 일일 것이다. 새로운 생각이 내 안에서 깨어나 확실한 형태를 띠기 시작한다. 나는 모든 걸 잊고서 미친 사람처럼 행동한다. 내 안의 모든 것이 맥박치고 떨리기 시작한다. 생각들이 연이어지기 전에는 스케치를 시작하지 않는다.[25]

영감을 추구할 수는 있지만 의지로 어떻게 할 수는 없다는 데 대체로 동의하는 것 같다. 영감이 떠오를 때는 보통 기쁨이나 위안이나 만족감을 동반한다. 하지만 이런 감정을 경험하는 사람이 반드시 그것을 명백히 드러내 보이지는 않는다. 차이콥스키와 스윈번은 모두 감정적인 인물이었다. 더욱이 그들은 낭만주의의 예술가 개념이 최고의 권위를 지녔던 시대에 살았고, 틀림없이 격정적인 감정과 거리낌 없는 감정의 표출이 요구되고 있다고 느꼈다. 그에 반해 1883년 앤서니 트롤럽(영국의 소설가)의 자서전이 사후에 출간되면서 그의 평판은 손상되었다. 그가 소설가를 장인으로, 그리고 예술가보다는 제화공으로 묘사했기 때문이다. 이는 분명 방어 전략이었다. 트롤럽은 우울 성향이 있는 예민한 사람이었다. 그는 의도적으로 불굴의 정신을 가진 화통한 페르소나를 취했다. 하지만 트롤럽이 보여주려 한 그 자신의 이미지는 시대정신과 맞지 않아서, 죽은 지 40년이 지나서야 비평가들로부터 다시 소설가로서의 창의적 재능을 인정받았다.

아르키메데스 같은 과학자는 어떤 문제의 해결책에 대한 영감이 떠오를 때 '유레카!'라고 소리칠지 모르지만, 과학자들은 대체로 자신의 경험을 음악가와 시인보다는 좀더 따분하게 서술하고 있다. 뉴턴은 자신의 발견이 어떻게 이뤄졌는지 질문을 받고서 이렇게 대답했다. "나는 마음속에 그 문제를 계속 붙들고 있으면서 최초의 여명이 조금씩 서서히 완전하고 분명한 빛으로 이어질 때까지 기다립니다."[26] 카를 프리드리히 가우스는 수년 동안 그를 괴롭히던 문제의 해결책을 설명하면서 이렇게 썼다.

마침내 이틀 전 나는 내 고통스러운 노력 때문이 아니라 신의 은

총 덕분에 성공을 거두었다. 갑자기 번쩍하는 번갯불처럼, 그 문제가 풀렸다. 내가 이전에 알던 것과 나의 성공을 가능하게 만든 것을 연결 짓는 실마리가 무엇인지 나는 말할 수 없다.[27]

따라서 영감이 분명 흥미롭고 가치 있기는 하지만, 거기에 열렬한 감정과 들뜬 행동이 동반되는지 아닌지는 그것을 경험하는 사람의 기질, 처한 상황, 사람들이 자신에게 기대한다고 생각하는 것에 달려 있다. 영감을 불안정이나 정신병과 연관 짓는 것은 몹시 부당하다. 실은 이른바 '영감'이란 우리 모두의 마음속에서 끊임없이 계속되는 과정의 극단적인 예에 지나지 않는다고 나는 생각한다.

영감이, 우리가 여행을 계획하거나 서로 다른 행동 방침 가운데서 결정하거나 할 때 사용하는 이성적 사고와는 다른 현상이라는 점은 분명하다. 7장에서 나는 뚜렷이 대조되는 두 가지 유형의 정신 작용이 있다는 프로이트의 관점을 비판했다. 그 하나는 외부 현실을 향해 있는 이성적 사고이고, 다른 하나는 현실세계와 연결되어 있지 않고 소망 실현의 지배를 받는 공상이다. 프로이트는 이성적이고 규제된 사고를 백일몽과 대비시킨 점에서는 분명 옳았으나, 무의식 과정과 공상 또한 소망 실현보다는 현실과 연관된 창의적인 사고에서 중요한 역할을 할 수 있다는 가능성을 인정하지 않았다. 프로이트는 이성과 비이성을 너무나 뚜렷이 구분지었다. 놀이, 공상, 꿈을 근본적으로 현실도피적이면서 무의식의 지배를 받는 비현실적이고 유치한 정신활동으로 뭉뚱그린 반면, 사고는 주로 자아의 통제를 받는 이성적인 활동이라고 생각했다. 이들은 정신 작용의 두 가지 원칙으로, 프로이트는 이를 '1차 과정'과 '2차 과정'이라 불렀다. 프로이트는 1차 과정이 쾌락원칙의 지휘를 받는 반면 2차 과정은 현실 원칙의 지배를 받는다고 믿었다.

이런 관점은 두 가지 점에서 비판받을 수 있다. 첫째, 프로이트는 과학적 사고도 놀이의 요소를 담고 있다는 사실을 고려하지 않는다. 아인슈타인이 "개념을 가지고 하는 자유로운 유희"라고 한 것 말이다.[28] 둘째, 프로이트는 문제의 해결책이 의식적인 궁리 없이 갑자기 나타나는 경우를 설명하지 못한다. 가우스가 말한 한 가지 예를 앞서 인용한 바 있다. 프로이트는 무의식이 근본적으로 혼란스럽다고, 즉 원초적인 욕구와 충동이 들끓는 가마솥이라고 여겼기 때문에, 무의식적으로 발생하는 어떤 정리과정을 상정하지 않았다. 하지만 우리는 가우스의 이야기, 그리고 그와 비슷한 많은 보고를 통해 틀림없이 어떤 종류의 문제 해결, 즉 패턴을 만드는 과정이 존재한다는 것을 안다. 이 과정은 정신 속에서 자동으로 일어나면서 분명 의식의 감독을 받지 않는다.

그레이엄 월러스(영국의 정치학자, 사회심리학자)는 창의 과정의 단계들을 준비, 잠복, 깨달음, 확인으로 설명했다.[29]

준비preparation는 문제가 가능한 한 모든 방향에서 철저히 조사되는 단계다. 이 조사는 의식적으로 통제되고 주체의 의지의 감독을 받는다.

잠복incubation은 흔히 상당 기간 동안 문제를 한쪽으로 밀쳐 두는 단계다. 이 단계에서 무슨 일이 일어나는지 정확히 알 순 없지만, 일종의 정밀 조사, 즉 분류 과정이 일어난다고 추정할 수 있다. 현대 이론이 꿈속에서 일어나고 있다고 생각하는 것과 같은 과정 말이다. 검토 중인 문제가 미학의 문제건 과학의 문제 건, 잠복은 창의 과정의 무시할 수 없는 일부분인 것 같다. 예를 들어 브람스는 음악적 영감의 싹을 우선 그냥 내버려둬야 할 '거 저 받은 것gift'이 단어는 재능이라는 뜻 또한 갖고 있다이라고 말했다.

그때는 가능한 한 완전히 이 '거저 받은 것'을 무시해야 하지만 궁극적으로는 끊임없는 노력으로 그것을 빼앗을 수 없는 나의 재 산으로 만들어야 한다. 게다가 그 일은 빠르게 이뤄지지 않을 것 이다. 그 발상은 종자와도 같다. 그것은 어느 사이엔가 은밀히 자 라난다. 어떤 곡의 첫 부분을 지어내거나 찾아내면 (…) 나는 책을 덮고서 산책을 하러 가거나 다른 일을 한다. 어쩌면 반년 동안이 나 그에 대해 더 이상 생각하지 않는다. 하지만 잃는 것은 아무것 도 없다. 다시 그것으로 돌아가면 그것은 무의식적으로 새로운 형 태를 취하고, 나는 거기에 몰두할 채비가 되어 있다.[30]

창의적인 사람은 어떤 시점에서는 의식적인 노력을 멈추고 수

동적으로 이 수수께끼 같은 과정이 일어나게 해야 한다. 그럴 수 있으려면 확신, 그리고 무위無爲로부터 새로운 것이 나타나리라는 어느 정도의 믿음이 필요하다.

'영감'이라는 말은 브람스가 일컫는 '거저 받은 것'의 갑작스런 출현과 일정한 잠복기 이후에 드러나는 '새로운 형태'의 출현 모두에 적용될 수 있다. 하지만 '영감'을 전자의 현상을 말하는 것으로 두고 후자의 현상에는 그레이엄 월러스의 '깨달음illumination'이라는 용어를 사용하면 좀더 분명해질지 모른다. 수학자 쥘 앙리 푸앵카레는 두 가지 현상을 모두 이야기한다.

보름 동안 나는 이후 푸크스함수라고 하는 것과 같은 함수가 있을 수 없음을 증명하려고 애썼다. 나는 당시 몹시 무지했다. 매일 작업대 앞에 한두 시간 앉아 있으면서 많은 조합을 시도했지만 결론에 이르지 못했다. 어느 날 저녁, 습관과 달리, 나는 블랙커피를 마셔 잠을 잘 수가 없었다. 생각들이 떼를 지어 일어났다. 나는 그것들이 짝이 서로 맞물릴 때까지, 말하자면 안정된 결합을 이룰 때까지 충돌한다고 느꼈다. 이튿날 아침 나는 초기하학적 연쇄에서 유래하는 푸크스함수의 존재를 규명했다. 나는 그 결과를 쓰기만 하면 되었고, 그것은 몇 시간밖에 걸리지 않았다.

후에 푸앵카레는 자신의 수학 작업을 잊게 만든 여행에 대해 이야기한다.

쿠탕스프랑스 서북부의 도시로 노트르담 대성당으로 유명하다에 이르러, 우리는 여기저기 가보려고 버스에 올라탔다. 계단에 발을 올린 순간 사전에 준비된 아무런 생각 없이 그 발상이 떠올랐다. 내가 푸크스함수를 정의하기 위해 사용했던 변환들이 비유클리드 기하학과 동일하다는. 나는 이 발상을 확인하지 않았다. 버스 좌석에 앉자마자 이미 시작된 대화를 계속했기 때문에 그럴 시간이 없었다. 하지만 나는 완전히 확신했다. 캉(프랑스 서북부의 도시)에 돌아오자마자, 마음에 걸려서 틈이 있을 때 그 결과를 확인했다.

영감, 잠복, 깨달음은 모두 의지의 지배를 받지 않는 정신 과정에 의존한다. 이 정신 과정은 프로이트가 말하는, 현실 원칙의 지배를 받아 규제되는 '2차 과정'의 사고 개념과는 전연 다르다. 하지만 이것이 이 과정이 현실도피적이거나 유치하거나 비현실적임을 의미하지는 않는다. 이 과정이 어떤 식으로든 정서불안과 연관되어 있음을 암시하는 것은 더더구나 아니다. '평범한' 사람은 브람스나 푸앵카레의 창의적 성취를 이룰 수 없을지 모르지만, 실은 좀더 소박한 차원의 잠복과 깨달음 과정을 꽤 잘 알고 있다. 대부분의 사람은 어떤 문제에 대한 불안 또는 명백한 답이 아닌 듯 보이는 것을 선택한 불안으로 인해 시달린다. 흔히 밤의 휴식 후에, 해결책은 분명하게 나타난다. "하룻밤 자면서 생각해보는 것"은 분명히 무의식적인 분류 과정이 일어날 수 있는 시간을 제공해주는데, 이를 단기의 잠복기라 할 수 있을 것이다.

영감과 깨달음은 앞서 본 대로, 정신이상과 '신성한 광기'가 혼동된 까닭에 정신이상과 연관되었다. 영감과 깨달음이 정신이상과 연관된 것은 또한 이런 현상이 우리가 완전히 이해할 수 없고 따라서 불가사의해 보이는, 그리고 망상과 환영만큼이나 이해할 수 없는 무의식적인 과정에 의존하기 때문일 것이다. 정신이상과 영감 사이에 어떤 연관성이 있다는 생각을 물리치고, 천재와 정신병 사이에 다른 연관성이 있을 수 있는지 원래의 문제로 되돌아가보자.

창의적인 사람들이 정신병을 앓으면 대개 창작을 멈추거나, 적어도 창작품의 질이 떨어진다고 했다. 다른 한편, 높은 비율의 창의적인 작가들이 조울병 환자이거나 아니면 조증이나 경조증이 없는 재발성 우울증에 시달리는 것으로 보인다는 말도 했다. 이렇게 상반되는 현상을 조화시키는 시도를 하면서, 이 장의 시작 부분에서 간략히 이야기한 천재에 대한 두 가지 상반되는 관점을 해명해볼 수 있을 것이다.

대단히 창의적인 사람들의 한 가지 특징은 자신이 선택한 일을 추구하는 열정이다. 창의력은 단지 우월한 재능을 타고난다고 해서 되는 문제가 아니다. 대단히 지적이지만 창의적이지 않은 사람들을 흔히 볼 수 있다. 그런 사람들은 천재를 특징짓는 추진력, 다시 말해 강박적인 발견 욕구가 부족해 보인다. 어떤 천재는 즉각적으로 인정을 받지만, 혁신자는 흔히 매도당한다. 많은 창의적인 사람이 무명 속에서 여러 해 동안 노력을 기울이거나 아니면 사후에야 인정을 받는다. 명성과 번영에 대한 욕구가 분명 대부분의 창의적인 노력을 기울이게 만드는 한 가지 동기이기는 하지만 유일한 동기는 아닐뿐더러 내 생각에는 가장 중요한 동기도 아니다. 예술이건 과학이건 간에 창의적 행위는 자기보상적이며 그것이 가져올 수 있는 어떤 세속적 성공과는 완전히 별개다.

이 장의 주요 주제를 이루는 천재의 본성에 대한 두 가지 상반되는 관점은, 만약 창의적인 재능을 가진 사람들이 보통 사람들보다 정신병에 대해 더 민감한 것이 특징이라고 생각하면, 조화될 수 있다. 그렇다고 해서 반드시 실제적인 정신 쇠약으로 이어지지는 않는다. 창의력이 어느 정도 정신병을 막아주기 때문이다. 실험심리학이 이런 가설을 얼마쯤 뒷받침해준다. 창의적인 사람들은 평균적인 사람들보다 신경증적 특성을 좀더 많이 보인다는 점이 증명되긴 했지만, 또한 대부분의 사람보다 신경증 문제를 처리하는 능력을 더 잘 갖추고 있기도 하다. 또 조현병 성향의 일부로서 유전되는 심리적 특성이 느슨하게 연관되어 있는 서로 다른 사고 유형이라는 점이 증명되었다. 정상일 때는 '창의적'이지만 통제력을 벗어나면 조현병이라는 대표적인 '사고장애'로 변형되는 것이다.

창의적인 일이 정신쇠약을 막아준다는 것이 사실이라면, 왜 일부 재능 있는 사람은 재능을 창의적인 노력에 사용하도록 동기를 부여받는 반면 다른 사람들은 그렇지 않은지 알 수 있다.

정신장애 성향을 물려받은 사람들은 정신이 온전한 사람들한테서는 작동하지 않는 힘에 내적으로 이끌릴 것이다. 심각한 우울증에 시달리는 창의적인 작가들의 경우, 창의적인 일이 어떻게 심연으로 가라앉는 것을 늦출 수 있는지 어렵지 않게 이해할 수 있다. 특히 우울증에 걸리기 쉬운 사람들의 주요 특징 가운데 하나는 허약한 자존감이다. 우리는 모두 상실, 실패, 또는 사별로 인해 일시적으로 우울해진다. 하지만 대부분은 운 좋은 유전적 자질이나 적절한 유아기 덕분에 자존감의 내적 원천을 가지고 있어서, 존재에 대한 일반적인 위협에 맞닥뜨렸을 때 충분히 우리 자신을 지탱할 수 있다. 운명에 시달릴 때, 우리는 비틀거리기는 하지만 회복한다. 어떤 어려움이 있더라도 굴하지 않고 열심히 살아가리라는 것을 안다. 하지만 심한 우울증에 걸리기 쉬운 사람들은 그런 확신이 없다. 그들에게는 자존감의 내적 원천이 없는 것 같다. 사소한 좌절, 부부 싸움, 거절 편지, 또는 악평에도, 그들은 벗어날 수 있으리라고는 상상할 수 없는 우울 상태에 빠진다. 이런 사람들에게, 이런 상태의 방지는 평생토록 노력을 기울여야 할 주요 과제가 된다. 발자크 같은 사람은 미친 듯한 혹사로 우울 상태를 방지하려 한다. 성공과 대중의 인정은 외적 원천으로부터 자존감을 거듭 주입함으로써 어느 정도 내적 공허함을 보상한다. 우울증 환자는 마약중독자가 마약에 의존하는 만큼이나 상습적으로 인정과 성공이라는 '해결책'에 의존한다. 이런 방식으로 취약한 기질에 대처할 수 있을 만큼 재능이 있는 사람들에게 우울 성향은 창의적인 성취를 위한 강한 원동력이다.

하지만 우울 성향이 유일한 종류의 정신장애는 아니다. 정신과 의사들이 조현병 환자라고 하는 사람들과, 정신장애를 앓게되면 어떤 종류의 조현병이 발병할 가능성이 높은 사람들도 있다. 2장에서 다룬 카프카는 이런 성격의 한 예로, 그가 지닌 작가적 재능이 명백한 정신질환을 앓지 않도록 막아주었다는 점은 거의 확실하다. 조현병을 앓는 이들은 친밀한 관계를 맺는 데큰 어려움을 겪는다. 이런 사람들은 친밀감을 원하지만 또한 두려워하기도 한다. 이들은 거리를 둠으로써, 자신의 취약한 자아가 긴밀한 관계로 인해 손상되거나 매몰되지 않도록 지키려 한다. 3장에서 이야기한 뉴턴은 극단적인 예다. 특히 자주성에 대한 강한 욕구는 일부 철학자의 특징이다. 고대 그리스 시대 이래로 세계에서 가장 위대한 사상가 대부분이 결혼을 하지 않거나긴밀한 개인적인 유대관계를 형성하지 않은 것은 이상하고도 흥미로운 사실이다. 고도의 추상적인 사고는 장기간 혼자서 집중할 시간을 필요로 하며, 이는 결혼생활과 양립하기 어렵다. 하지만 이런 지적 추구에 이끌리는 사람들은 일반적으로 친밀한 관계가 삶을 고양시키기보다는 위협한다고 보고 이를 피한다. 사고의 독립성과 정서적 독립성은 밀접히 연관된다.

라이프니츠는 자신이 독학을 해서 권위에 의해 인정된 교리로자신의 두뇌를 괴롭히지 않은 덕분에 사상가로서 자주성을 가질 수 있었다고 했다. 스피노자는 자신의 논리적 추론능력이 종합적인 철학을 만들기 위해 필요한 유일한 도구라고 생각했다. 칸트는 의지의 자주성이 모든 도덕법칙의 유일한 원칙이라고 말했다. 비트겐슈타인은 자신이 다른 사람들의 영향을 받지 않은 것이 기쁘다고 선언했다. 니체는 영혼의 독립성을 주장했다. 이 철학자들 가운데 결혼한 사람은 아무도 없다. 생애 태반을 혼자 살았다.

온전한 정신을 유지하기를 바라는 인간에게 완전한 개인적인 고립은 가능하지 않다. 기질적으로 친밀한 관계를 가질 수 없고 또한 재능을 가진 사람들은 간접적인 소통 방식으로 글쓰기를 이용할 수 있다. 하지만 창의적인 노력이 수행하는 좀더 중요한 다른 기능이 있는데, 이는 정신이상을 두려워하고 친밀한 관계로 인해 자신이 압도되거나 훼손되는 것을 두려워하는 사람들에게 특히 중요하다. 창조적 행위는 근본적으로 통합적이다. 대립하는 것들이 통합되고 이질적인 요소들이 조화된다. 적어도 자신의 자주적인 세계관Weltanschauung을 만들어내는 사람들을 추동하는 것은 그들 자신의 분열을 막으려는 욕구다.

천재는 "자신의 주제에 사로잡히지 않고 그것을 지배한다"는 점에서 미치지 않았다는 램의 말은 옳았으나 "여기서는 주로 시적 재능으로 이해될 위대한 재능은 모든 능력이 감탄하리만치 균형을 이룬 가운데서 드러난다"는 그의 말은 틀렸다.

천재를 이해하는 데서 불균형이 또한 한 자리를 차지한다. 사람들이 외부세계 또는 자신의 내적 자아에서 일관성을 이루려 애쓰는, 모험적이면서 흔히 보람 없는 과제에 착수하게 만드는 원동력은 대개 소외나 절망에서 비롯된다. 어빈 에렌프라이즈는 이렇게 썼다. "고통스러운 시련을 균형 잡히고 매력적인 음악으로, 이야기나 시로 재구성하는 인간 정신의 능력. 이들 자원은 가장 평온한 존재조차 겪어야 하는 가혹한 불행에 맞닥뜨려 우리가 공포로 굳어버리지 않게 해준다."[32]

<u>13</u>

왜 인간은 폭력적이 되는가

판사들이 폭력 범죄를 저지른 인간에게 짐승 같은 짓을 저질렀다고 말하는 경우가 드물지 않다. 이는 다른 종들에게 몹시 부당하다. 종들이 먹이를 찾아 서로 잡아먹을 때, 자연은 인정사정 봐주지 않는다. 하지만 동일한 종의 구성원 사이에 파괴적인 폭력을 휘두르는 경우는 비교적 드물고, 대개 너무 혼잡하거나 먹이가 부족한 특별한 상황에서만 발생한다. 인간은 유례없이 폭력적이고 잔인하다. 살인이나 다른 폭력 행위가 발생할 때, 인간은 인간답게 행동하는 것일 뿐이며 다른 어느 생물과도 전혀 비슷하지 않다. 고의적인 학대는 인간종에 특유한 것 같다. 누군가는 쥐를 가지고 노는 고양이가 권력 행사를 즐기고 있다고 주장할지 모른다. 하지만 쥐가 느낄 것이라고 추측되는 공포와 무력감을 고양이가 이해할 수 있을 것 같지는 않다. 반면 인간은 자신과 같은 인간이 폭력과 학대에 시달리는 것을 즐기는 것 같다. 심지어 희생자가 무력하게 완전히 그들의 처분에 내맡겨졌을 때조차 말이다.

나는 공격성과 파괴적인 폭력의 구분을 강조하려 한다. 많은 다양한 동물이 동일종의 구성원 사이에서 어느 정도 공격성을 보인다. 이런 공격성은 유익한 생물학적 기능을 제공한다. 동물이 어떤 먹이 자원이든 이용할 수 있으려면 다른 동물들과 경쟁할 수 있어야 한다. 많은 종이 영역을 차지하고 방어한다. 그것은 그 동물들을 분산해 각자가 정당한 몫을 얻도록 해주는 효과를 갖는다. 공격성은 또 무리 속에 사는 동물들 사이에 서열을 확립하는 데 이용된다. 동물 무리는 평화를 유지하려면 위계를 갖는 게 필요하다. 그리고 개코원숭이처럼 유목생활을 하는 무리는 포식자로부터 무리의 안전을 지키려면 명령을 내리고 복종시킬 수 있는 지도자가 필요하다. 흔히 수컷 사이의 공격성은 성선택의 일부로서 번식 상황 동안 생겨나고, 때로 심각한 상해나 죽음으로 귀결된다. 하지만 이런 종류의 경쟁 대부분은 대단히 의례화되어 있어서 패한 동물은 치명적인 부상을 입는 일 없이 물러나는 게 일반적으로 허용된다.

인간의 경우에도, 공격성은 일정한 긍정적 기능을 제공한다. 동료들과 경쟁하고 별개의 개인으로서 우리 자신을 규정하며, 명령을 내리고, 어떤 상황에서는 복종을 요구하기 위해서, 우리는 자기주장을 펼칠 수 있어야 한다. 이런 모든 기능을 위해 어느 정도의 공격성은 필요하다. 공격성이 가진 이런 긍정적 측면은 우리 언어에 반영되어 있다. 예를 들어 우리는 '문제 해결에 달려들다attack a problem' '어떤 대상에 파고들다get one's teeth into a subject'직역하면 '어떤 대상에 달려들어 덥석 물다', '어려움을 이겨내다master a difficulty'직역하면 '어려움을 굴복시키다'라고 말한다. 공격성을, 긴장이 쌓여 해소할 필요가 있는 성욕처럼 타고나는 욕구로 보는 생각은 옹호될 수 없다. 하지만 분명 인간은 선천적으로 다양한 외부 자극에 의해 공격 행동이 유발될 가능성이 상당히 높다. 어떤 사람들은 우리가 현대의 환경에 어울리는 것보다 더 큰 공격 가능성을 갖도록 사전에 설계되어 있다고 주장할지 모른다. 예를 들어 셔우드 란드 워시번(미국의 인류학자)은 이렇게 쓰고 있다.

대부분의 진화 시기 동안, 인간은 오늘날과는 완전히 다른 생활 방식에 적응했고, 인간 공격성이라는 생명활동을 과거에 적응성이 있었던 것에서 현재에 적응성이 있는 것으로 바꾸기 위한 번식에 대한 통제도, 시간도 없었다. 대부분의 인간 역사 동안, 사회는 사냥하고 싸우고 폭력으로 사회질서를 유지하는 젊은 성인 남성에 의지해왔다.[1]

따라서 공격성은 우리가 다른 동물들과 공유하는 잠재적인 반응이고, 그것은 오늘날에는 아니지만 적어도 역사의 여명기에는 생물학적으로 적응성이 있는 것이었다. 파괴적인 폭력과 잔인성에 대해서는 그렇게 말할 수 없다. 이는 인간의 오명일뿐더러 분명한 생물학적 목적에 도움이 되지 않는다. 실로 누군가는 폭력과 잔인성이 실은 부적응적이라고 주장할지 모른다. 에드워드 O. 윌슨은 인간사회에서, 그리고 어느 정도 동물사회에서도 상호 이타주의가 각 참여자의 복지를 촉진할 가능성이 높은 적응적 방책이라고 주장했다.[2] 다른 인간에 대한 친절은 번식 가능성과 생존의 관점에서 이득이 될 가능성이 크다. 또는 내 친구가 말하곤 하는 대로 "정중함은 돈이 적게 들지만 많은 배당금을 지불해준다!" 따라서 폭력과 잔인성은 혐오스러울뿐더러 해명이 필요한 현상이기도 하다.

유감스럽게도, 인간의 폭력 행동은 아주 일반적이어서 정신이상의 관점에서는 설명할 수 없다. 폭력성은 우리 모두에게 잠재해 있다. 하지만 서구사회에는 즉각적인 충동에 대한 정상적 통제력이 부족한 사람이 많다. 이들은 이른바 공격성을 가진 반사회성 인격장애자다. 이들은 다양한 종류의 폭력적인 범행을 저지르고, 희생자의 감정에 대해서는 거의 완전한 무관심을 보일 수 있다. 난폭운전, 성범죄, 폭력범죄를 저지르는 사람들 사이에는 상당한 공통점이 있다.

이런 비정상인들 가운데 일부는 유전자 결함을 갖고 있고, 일부는 유년기에 특유한 전기 뇌파 패턴이 지속되는 것에서 입증되듯 중추신경계의 성숙이 지연되는 것 같다. 많은 사이코패스들이 사회화에 실패한다. 다른 사람들과 상호 존중하는 유대관계를 형성하지 못하고, 그래서 그들이 자신에게 적대적이거나 무관심하다고 생각하는 세상에 살고 있다는 점에서 그렇다. 아무도 자신을 좋아하지 않는다고 느끼는 사람은 그 자신 역시 아무도 좋아하지 않는다. 양심, 다시 말해 행동의 외적 조절 장치의 발달은 처벌에 대한 두려움보다는 사랑을 지키고 싶은 소망과 동료들의 존경에 훨씬 더 의존한다. 많은 사이코패스들이 사랑은 거의 없고 신체 처벌이 많은 가정 출신이기 때문에, 그들이 정상적인 양심을 발달시키지 못한 것은 놀라운 일이 아니다. 아이는 자신이 가져본 적 없는 것을 거둬가는 데 대해 반응할 수 없다. 사랑받거나 인정받는다고 느낀 적이 없는 사람들이 사랑의 철회나 비난에 영향을 받지 않는 것은 당연하다. 학대를 당한 아이 또는 구타를 당하거나 성폭행을 당한 아내에 대해 읽으면서, 우리가 그 범죄자에게 무자비한 처벌을 가해 복수하기를 바라는 것은 자연스럽다. 하지만 무자비한 처벌은 억제 효과를 거의 갖지 않으며 처벌을 받는 사람들의 분노와 증오를 키울 수 있음을 교정학의 역사는 여실히 보여준다. 우리 대부분이 처벌하길 바라는 사람들은 처벌에 반응할 가능성이 가장 낮은 사람들이다.

많은 사이코패스들이 적의에 대한 통제력 부족과 동료들에게 잔인하게 행동하는 비정상적인 경향을 모두 보이지만, 그 지독한 잔인성은 의도적이기보다는 우발적이다. 그래서 그들은 강탈하거나 성폭행하는 상대를 해칠 수 있다. 희생자와 동질감을 갖거나 희생자의 감정에 관심을 갖지 않기 때문이다. 하지만 이것은 잔인성 그 자체를 위한 고의적인 잔인성의 발휘와는 분명 다른 문제다. 네덜란드 등지에서, 범죄학자들은 폭력범을 희생자와 대면시키는 실험을 했다. 일부 사례에서, 범죄자는 처음으로 희생자가 자신과 같은 인간임을 뼈저리게 깨달았고, 그 결과 보상하고 싶어했다.

　사이코패스가 즉각적인 충동에 대한 통제력이 부족한 점은 생리학 관점에서 일부 이해할 수 있다. 사이코패스는 신체적으로는 그렇지 않을지라도 정서적으로 고립되어 있고, 다른 종에서 고립은 위험한 자극에 대한 반응성을 강화시키는 것으로 보인다. 이것은 호르몬 반응을 측정해 증명할 수 있다. 유아기에 동년배와 어울리도록 학습하지 못한 인간은 흔히 부적응적 공격 반응을 보인다. 또 때로는 그들은 공격성이 지나치게 낮아, 필요할 때 적절히 자기주장을 하지 못한다. 때로는 존재하지 않는 위협을 인지하기 때문에 과도한 폭력으로 과잉반응을 보인다.

　하지만 인격이 몹시 비정상적이어서 '사이코패스'라는 꼬리표에 정당한 이유를 제공하는 사람들은 인간종의 극히 일부분에 지나지 않는다. 인간이 가진 폭력과 잔인성 성향을 그들에게만 전가할 수는 없다. 이들에 대한 연구가 정상적인 사람들의 비슷한 행동에 대한 이해를 분명하게 해줄 수는 있지만 말이다.

　화학물질이 뇌 기능을 손상시켜 정상적인 사람이 일시적으로 적절한 통제력을 행사할 수 없는 사이코패스처럼 된다. 알코올은 난폭운전만이 아니라 폭력범죄에서도 중요한 원인이 된다. 축구 경기는 남성 청소년들의 마음을 끈다. 이른바 남자다움을 과시할 기회를 제공하기 때문인데, 그것은 남성성이 발달하는 느낌을 강화한다. 하지만 이런 과시는 만약 알코올을 이용할 수 있다면 훨씬 더 위험한 것이 되기 십상이다. 현대사회가 남성 청년에게 제공하는 공격성(워시번의 말을 인용하면서 언급한 공격성 말이다)의 표출 기회는 매우 적다. 내가 내무부 장관이라면 알코올 가격을 3배로 올리기 위해 노력하겠다. 그 결과 폭력범죄가 일부 줄어들 거라고 나는 상당히 확신한다.

알코올이 정상적인 공격성을 위험한 폭력으로 바꿔놓을 수 있는 유일한 화학물질은 아니다. 갈수록 더 암페타민, 바르비투르, 헤로인 같은 약물이 비슷한 효과를 낳고 있다. 이는 부분적으로는 이들 물질이 뇌에 직접 작용하기 때문이고, 또 부분적으로는 이런 약물에 중독된 사람들이 약물을 대기 위해 돈을 구하려고 강도짓을 하게 되기 때문이다.

폭력과 잔혹성 성향을 갖게 되는 두 번째 요인은 어린 시절의 학대다. 인간 역사에서 아이들은 끔찍하게 다뤄졌다. 10명의 미국 역사가가 함께 집필한 『아동기의 역사The History of Childhood』에서 로이드 디모즈는 이렇게 쓰고 있다. "아동기의 역사는 악몽이다. 우리는 최근에야 그로부터 깨어나기 시작했다. 역사를 거슬러 올라갈수록 보육의 수준이 더 낮아지고 아이들이 살해되고, 버림받고, 두들겨 맞고, 위협받고, 성폭행 당할 가능성이 더 높아진다."3

아이를 때리는 부모는 대부분 그 자신이 부적절하고 능력이 부족하다고 느낀 불우한 아이였다는 사실을 우리는 안다. 이런 부모는 즉시 복종하지 않거나 고집스럽게 울어대는 아이 앞에서 아이를 자신의 자존감에 대한 위협으로 인식하고 폭력으로 보복한다. 이런 부모 가운데 일부는 자신이 아이였을 때 받지 못한 애정을 자기 아이에게 요구하고, 아이가 그 요구를 충족시켜 주지 못하면 분노로 반응한다. 유아 학대는 대개 미숙한 아이가 보호받을 수 있게 해주는 기본적인 생물학적 행동 패턴을, 개인의 부적응이 어떻게 무효화할 수 있는지 보여주는 한 가지 사례다. 무기력함은 일반적으로 다른 종뿐 아니라 인간종에서도 폭력성을 억제한다. 앞서 말한 의례적인 경쟁에서 패한 동물은 대개 승자에게 자기 몸의 취약한 부분을 드러내 보임으로써 자기가 졌음을 표시한다. 이것은 이긴 쪽이 더 이상 공격하지 않도록 억제한다. 인간의 폭력성이 가진 가장 혐오스러운 한 가지 특징은 희생자가 공격자 앞에서 완전히 속수무책일 때도 폭력은 계속될 수 있다는 점이다.

어린 시절에 방치되거나 학대당한 사람이 다른 사람들을 폭력적으로 대하는 경향을 보인다는 사실은 인간의 많은 학대가 보복임을 분명하게 보여준다. 나는 많은 심리학자가 이른바 유압식 정신 모형에 대해 보이는 반감을 공유한다. 하지만 임상 경험상 분노가 장기 기억에 저장되지 않는 정신 모형을 상상하기는 어렵다. 만약 평일 동안 쌓인 짜증이 개를 걷어차는 일로 해소될 수 있음을 인정한다면(이는 분명 흔히 볼 수 있는 일이다), 분노가 훨씬 더 오랫동안, 어쩌면 심지어 평생 동안 저장되지 않을 이유가 무엇인지 나는 모르겠다. 과거의 굴욕과 학대에 대한 기억이 집요한 경향을 보인다는 사실이, 그 이유에 비해 폭력 행위가 과도하게 흉포해 보이는 많은 사례를 설명해준다. 폭력 행위는 일련의 온갖 거절, 굴욕 등을 복수하고 있다. 그 가운데 어느 것도 그것만으로는 극단적인 보복을 유발하지 않을 것이다. 인간의 많은 폭력이 지렁이도 밟으면 꿈틀하는 것이라고 말할 수 있다. 수년간 자신이 다른 사람 앞에서 속수무책이라고 느끼던 사람이 갑자기 형세를 역전시킨다.

이게 무슨 뜻인지 보여주는 좋은 예를 뮤리얼 가드너(미국의 정신분석가이자 정신과 의사)의 『더없이 선량한 사람들The Deadly Innocents』4에서 찾아볼 수 있다. 톰은 거부당한 아이였다. 그의 어머니는 톰이 다른 가족과 섞이지 못하게 했다. 톰은 뜰 끄트머리에 있는 헛간에서 지냈고, 10명의 형제자매와 접촉하려 하면 매질을 당했다. 결국 톰은 비행을 저지르게 되었다. 톰의 생활 실태가 소년법원에 알려지면서, 톰은 집을 나와 삼촌과 숙모에게 맡겨졌다. 불운하게도 삼촌은 폭력적인 알코올 중독자로 드러났다. 삼촌은 화를 내며 톰의 어머니가 그런 만큼이나 잔혹하게 그를 대했다. 톰은 다리가 부러진 새끼 길고양이를 발견하고는 조심조심 다정하게 보살폈다. 새끼고양이는 톰이 애정 어린 유대관계를 이룬 최초의 생명체였다. 어느 날 오후 삼촌은 일을 마치고 일찍 집으로 돌아와 홧김에 톰 앞에서 새끼고양이를 목 졸라 죽여버렸다. 톰이 새끼고양이를 묻어주려 하자, 삼촌은 톰이 만든 작은 십자가를 짓밟아버리고 무덤을 망가뜨렸다. 이때 톰은 삼촌의 총을 하나 집어들고서(이 사건은 미국에서 발생했다) 삼촌, 숙모,

그리고 그 집에서 살고 있던 다른 여성을 쏘아버렸다.

톰은 고립되면서 공격성을 처리하거나 형제자매 또는 다른 친구들과의 관계에서 자존감을 획득하는 방법을 배울 기회를 박탈당했다. 거듭된 학대와 굴욕이 만성적인 분노를 초래했다. 그가 받은 자극은 극단적이었다. 하지만 세 명을 살해한 그의 반응은 그가 지나온 전체 내력을 고려해야만 설명할 수 있다. 어머니는 톰을 희생양으로 만들었고, 한 개인이건 흑인 또는 불가촉천민 또는 따돌림을 당하는 다른 집단 같은 전체 인간 범주건 희생자는 자격지심을 깊게 갖고 그 결과 당연히 분개한다.

손상된 자존감과 폭력의 관계는 영국에서 살인이 가정범죄인 경우가 압도적으로 많은 이유를 설명해준다. 우리를 잘 알기에 화를 돋우며 굴욕감을 주고 도발하는 힘을 가진 이들은 가장 가깝고 가장 소중한 사람들이다. 부족한 사람들이 더 그렇게 느끼도록 만드는 한 가지 방법은 그들의 성적 매력 혹은 성과를 비판하거나 경멸하는 것이다. 남성은 특히 이런 면에 취약해서 아내와 정부가 살인 희생자인 경우가 흔한 것은 놀라운 일이 아니다. 범죄학자 노벌 모리스가 말한 대로, "우리는 집보다 거리에서 더 안전하다. 친구나 친척보다는 낯선 사람과 함께 있을 때 더 안전하다."[5]

여기서 '가학증sadism'이라는 말의 광범위한 남용이 인간의 많은 폭력과 잔학 행위의 기원이 부분적으로 성적인 데 있다는 추측을 불러일으켰다는 주장이 나올 법하다. 나는 다른 곳에서 대부분의 가학피학증sadomasochism이 보이는 게 전부가 아니라고 주장한 바 있다. 즉 두 명의 러셀6과 에이브러햄 매슬로7가 사용한 전문 용어를 쓰자면, 가학피학증은 성관계 그 자체라기보다는 "가짜 성관계pseudo-sex"다. 다른 영장류에서 그런 것처럼 지배관계를 확립하기 위해 성행동 패턴을 이용하는 것이다. 서구 문화의 많은 사람이 가학피학증 문학 또는 영화에 흥미를 보이니, 이런 흥미가 비정상적이라고 주장할 수는 없다. 많은 사람이 자신에 대해 확신하지 못하며 성관계에서 무능하다. 그런 사람들이 충분히 흥분하려면 가학피학증적 환상 또는 의식이 필요할지 모른다. 가학피학증에 매혹되는 것은 성관계를 감행할 수 있기 전에 지배력을 확립할 (또는 상대가 지배력을 확립하게 할) 필요에서 생겨난다.

살인자가 성적 흥분을 살해 행위와 결합하는 몇 가지 사례가 있다. 이른바 뒤셀도르프의 괴물이라고 하는 페터 퀴르텐이 그 가운데 한 명이다. 존 크리스티는 희생자의 시체와 성관계를 하는 시간증屍姦症을 보였다. 하지만 이런 사례는 대단히 드물다. 나는 고문자가 보통 희생자에게 고통을 가할 때 성적으로 흥분된다고는 믿지 않으며, 폭동 진압 경찰이 채찍과 곤봉을 휘두르면서 발기할 가능성이 크다고도 생각하지 않는다. 이는 이런 고약한 행위가 유약한 사람의 지배감을 촉진해 차후의 성적 상황에서 그의 성적 능력에 도움이 될 수 있으리라는 점을 부인하는 건 아니지만, 그렇다고 잔혹성을 발휘하는 것 자체가 성적 흥분을 불러일으키는 것은 아니라는 말이다.

정상적인 사람이 폭력과 잔학 행위를 하기 쉬운 세 번째 요인은 인간의 복종 성향이다. 미국의 심리학자 스탠리 밀그램의 실험은 잘 알려져 있으므로, 간단히만 언급하려 한다. 그의 책 『권위에의 복종Obedience to Authority』에 그 실험이 잘 요약되어 있다.8 밀그램에게는 놀랍게도 정상인 가운데 3분의 2 정도가 극히 고통스러우리라 여겨지는 것을, 다시 말해 어쩌면 거의 치명적인 전기충격을, 처벌이 학습에 미치는 영향에 관한 실험에 참여하고 있다고 들은 대상에게 가했다. 단지 실험을 맡은 과학자가 그렇게 하도록 요구했다는 이유만으로 말이다. 권위에의 복종은 앞서 언급한 무리지어 사는 동물사회에서 그런 것처럼, 분명 인간사회에서 적응적이다. 안정된 지배계급은 사회 내 평화와 질서를 촉진하고, 위험이 닥치면 저항 또는 회피를 준비할 수 있게 하며, 권한 있는 지위의 개인들이 즉각적으로 의사결정을 할 수 있게 한다. 만약 우리가 경영자, 최고위자, 경찰에 복종하는 내장된 경향을 가지고 있지 않다면, 인간사회는 기능할 수 없을 것이다. 하지만 이 경향에는 어두운 측면도 있다. 아이히만을 비롯해 수감자의 고문이나 대량학살로 기소된 사람들이 가장 자주 대는 평계는 지휘권자가 시키는 대로 따르기만 했다는 것이다.

영화 「네 이웃의 아들Your Neighbour's Son」은 그리스 군사정권 당시 고문자를 훈련시키는 데 사용되던 방식을 정확히 재구성하고 있다. 주로 시골지역 출신인 청년들이 그 대상이었다. 그들은 극심한 신체 처벌과 굴욕을 겪었으나, 동시에 특별히 선발된 엘리트 집단에 속하는 이들이었다고 한다. 비이성적인, 정권에 대한 절대적인 충성과 명령에 대한 즉각적인 복종이 이들 훈련병에게 요구되었다. 그래서 풀이나 불붙은 담배를 먹고, 구내식당을 무릎으로 기어가며, 자주 두들겨 맞고, 완전군장한 채 기진맥진하도록 훈련을 수행해야 했다. 한 고문자는 "우리는 고통에 대한 사랑을 학습해야 했다"고 말했다.

그들은 차츰 고문에 참여하게 되었다. 처음에는 지켜보고, 그러다가 포로를 때리는 데 동참했다. 참여하기를 주저하면 "계집애 같다"고 무시당했다. 게다가 포로를 도우려 하면 엄한 처벌을 받았다. 동시에 고문 훈련병은 특별한 제복과 많은 특혜를 받았다. 그들은 스스로 평범한 일반인이 두려워하고 존경하는 강력한 헌병대 소속이라고 생각하도록 학습되었다. 이런 식으로 훈련받은 훈련병이 고문을 의무로 여기게 된 점은 분명하다. 이 일은 해야 하는 일이고, 할 수 있을뿐더러 이 일을 하는 걸 자랑으로 여겼다. 이들이 고문에서 특별한 즐거움을 얻었는지는 분명치 않다. 다시 말해 이들을 가학성애자로 여길 수 없는 것이다. 군사정부가 무너진 후 인터뷰를 한 25명의 고문자 모두가 완전히 정상적인 삶을 살고 있었다. 6~10년의 다양한 관찰 기간 후 이들 고문자 가운데 한 사람만이 죄책감과 우울증의 흔적을 보였다.

폭력 가능성을 더 높이는 네 번째 요인은 가해자와 희생자 사이의 거리다. 거리는 물리적이거나 심리적이거나 이 둘의 혼합일 수 있다. 모든 인간의 싸움이 주먹싸움으로 제한된다면, 사망자가 더 적을뿐더러 잔학 행위의 사례도 더 적을 것이다. 조종사는 자신이 볼 수 없는 사람들 머리 위로 네이팜을 떨어뜨리면서 아무런 거리낌이 없을 것이다. 만약 아이에게 휘발유를 끼얹은 다음 불을 붙이라는 요구를 받는다면, 그는 당연히 오싹해서 움찔할 것이다. 하지만 두 경우에 가해진 피해는 상당히 비슷할 것이다. 인간은 동류를 해치는 걸 억제하는 기제가 잘 발달되지 않았고 쉽게 맥을 추지 못한다고 콘라트 로렌츠는 주장했다. 왜냐하면 인간은 엄나나 발톱 같은 타고난 위험한 무기로 무장하고 있지 않기 때문이다.9 이런 무기를 가진 동물은 항상 심각한 상해와 죽음이 비교적 드문 방식으로 갈등을 의례화한다. 자연선택은 먼 거리에서 죽이는 무기의 발명을 허용치 않았다. 핵무기가 많은 인구에 가할 수 있는 파괴와 파멸은 상상할 수 없으리만치 엄청나다. 히로시마와 나가사키의 예가 있기는 하지만, 그 효과는 무시무시해서 우리의 상상력이 따라잡을 수 없다. 하지만 상황상 필요하다고 생각하면 주춤거리지 않고 핵무기 버튼을 누르겠다고 대놓고 말하는 사람들이 있다.

내가 말하는 심리적 거리는 인간이 다른 인간을 인간 이하로 대할 가능성을 의미한다. 에릭 에릭슨은 우아하지는 않으나 유용한 용어인 '가짜 종분화pseudo-speciation, 언어와 문화의 차이로 인해 발생하는 인간 집단의 분화 현상'를 도입했다. 이는 다른 인간 집단이 열등

하다고 생각함으로써 자신의 우월성을 주장하는 심리 경향을 가리킨다.[10] 평범한 인간에게 다른 종교를 믿거나 다른 피부색을 가지고 있거나 사회의 다른 계급에 속하는 사람들을 이방인이라고 믿게 만드는 일은 어렵지 않다. 많은 사회가 경멸받는, 그리고 흔히 실제 학대를 받는 외집단을 유지한다. 예를 들어 일본에서 따돌림을 당하는 계급인 부라쿠민ぶらくみん(일본의 천민 집단)은 여전히 사회적·경제적으로 차별대우를 받는다. 그들은 아주 더럽고 네발 달린, 인간이 아닌 존재로 언급되곤 한다. 천민 계급Pariah caste은 적법한 사회의 가장 변변찮은 구성원조차 더 우월하다고 느낄 수 있고, 흔히 혐오스러우며 오염시킬 수 있는 존재로 여겨지는 인간 집단을 제공한다. 때로 개인이 한 가족 내 긴장의 희생양 역할을 하듯이, 천민 계급은 한 사회 내 긴장의 희생양 역할을 한다. 권위주의적이고 불안정한 개인들이 그러하듯, 심히 권위주의적이고 불안정한 사회는 특히 희생양을 필요로 한다. 사회 문제의 책임을 특정한 외집단에게 전가하면 공동의 적을 제공해 다른 사회 구성원을 통합하는 효과가 있다는 사실을 정치 지도자들은 재빨리 알아차린다.

인간을 인간 이하의 범주로 격하하거나 이방인으로 인식하는 일이 쉬울수록, 그들에게 폭력을 가하는 일은 더 쉬워진다. 나치 독일에서 친위대SS는 강제수용소 포로들을 의도적으로 비하해, 흔히 포로들이 그들 자신의 배설물을 덮어쓴 채 오물 속에서 살게 했다. 트레블링카(바르샤바 근처에 있던 강제수용소)의 사령관

프란츠 슈탕글은 수감자들은 결국 죽임을 당할 텐데 왜 그런 굴욕을 주고 잔학 행위를 했는지 질문을 받고서 이렇게 대답했다. "그런 방침을 실제로 수행해야 하는 사람들을 길들이려고, 그러니까 그들이 자기 자신이 하는 일을 할 수 있게 만들려고."[11]

사회에서 따돌림 당하는 사람들은 지위와 권한을 빼앗기는데, 그런데도 그들은 거부당한 사회에 해를 끼칠 불길하고도 음흉한 잠재력을 가진다고 여겨진다. 이미 말한 대로 모욕당하고 상처받은 사람들이 자신의 처지를 억울해하고 복수하고 싶은 충동을 품고 있다고 생각하는 데는 타당한 이유가 있다. 하지만 따돌림 당하는 사람들은 항상 악의적인 일에 관여한다고 여겨지는데, 그것은 피해망상적 환상의 산물일 수 있다. 역설적이게도, 합법적인 사회가 관습적인 권한을 가질 수 있다고 보지 않는 바로 그 사람들이 마술적 힘을 갖는다고 여겨진다. 그들은 그 마술적 힘을 악의적으로 사용할지 모른다. 그래서 그들은 경멸의 대상인 동시에 두려움의 대상이다.

이것이 폭력과 잔학 행위의 발생에 중요하다고 여겨지는 다섯 번째 요인으로 이어진다. 그것은 두려움이다. 두려움은 가짜 종분화와 밀접한 관련이 있고, 가짜 종분화는 신화와 관련이 있다. 외집단은 신화적이라고밖에 할 수 없는 특성을 부여받기 때문이다. 악의에 찬 박해자의 수중에서 속수무책 상태가 되는 데 대한 두려움이, 유감스럽게도 테러 작전의 일부로 고문을 행하는 권위주의적 정권에서는 현실이 된다. 하지만 우리 문화에는 어렸을 때 위협으로 여겨지는 어른의 처분에 속수무책으로 맡겨졌다고 느꼈음을 보여주는 증거를 제시하는 사람들이 분명 많이 있다. 인간에 비해 엄청나게 강력하면서 유아의 어떤 세계 경험을 반영한다고 볼 수 있을 용, 거인, 그리고 다른 인물의 폭력을 보여주는 사례를 신화와 동화에서 많이 찾아볼 수 있다. 우리는 특정한 다른 인간 집단이 악의적이고 사악하며 대단히 해롭다고 굉장히 쉽게 설득당한다.

대부분의 인간이 피해망상증을 가질 수 있다고 나는 확신한다. 피해망상증은 스트레스 상황에서 쉽게 심해진다. 이것은 개인의 경험 또는 사회 전체의 경험일 수 있다. 한 개인의 사례로, 한 중년 남성을 인용하려 한다. 그는 다양한 공포불안으로 치료를 받았다. 표면적으로 이 증상은 치과 경험에서 유래했다. 그는 치과의사의 긴 의자에 엎드려 누워 있었다. 치료가 진행되던 어느 순간 숨을 쉬기가 다소 어렵다는 사실을 깨달았다. 그래서 일어나 앉으려 했지만 치과의사가 그를 꽉 누르며 말했다. "빌어먹을, 일어나면 안 돼요!" 그는 이전에 그 치과의사가 다소 "최신 유행을 좇고" 전문가답지 못하다고 생각했다. 하지만 이때 치과의사의 얼굴이 달라 보였다. 말하자면 악의를 가진 학대자로 변했고, 이 환자는 실제로 의식을 잃었다. 이 환자는 대단히 용감한 사람으로, 제2차 세계대전 동안 세 차례나 추락해 살아남고도 불안 증상을 보이지 않았다.

사회가 스트레스 시기를 지날 때도 마찬가지로 피해망상적인 생각이 생겨나는 경향이 있다. 유럽의 흑사병에 뒤따라오거나 양차 세계대전 사이 독일의 극심한 인플레이션에 동반된 붕괴는, 그 자신이 병적일뿐더러 전체 공동체에 잠재하는 편집증적 정서를 고조시키는 지도자를 낳았다. 역사가 노먼 콘은 이런 현상에 대해 특별한 연구를 했다. 이 연구의 내용은 『새천년의 추구The Pursuit of the Millennium』 『대량학살의 근거Warrant for Genocide』 『유럽 안의 악마Europe's Inner Demons』라는 세 권의 책에 담겨 있다.[12] 콘은 정상적인 생활 패턴이 파괴될 때 천년왕국 운동이 번성한다는 사실을 분명하게 보여준다. 천년왕국 운동을 이끄는 것은 새로운 예루살렘을 약속할 뿐만 아니라 새천년이 되면 전멸될 것임에 틀림없는 적그리스도 또는 다른 사악한 적을 알아보는 선지자들이다.

반유대주의의 역사는 피해망상증의 한 가지 사례 연구다. 유럽의 기존 질서를 전복하고 세계 지배를 확립하는 데 전념하는 유대인의 세계적 음모라는 신화는 양차 세계대전 사이에도 상당히 진지하게 받아들여졌다. 또한 예를 들어 존 버컨과 새퍼(허먼 시릴 맥닐의 필명)의 추리소설 같은 대중 소설의 밑바탕을 이루는 주제로 나타나기도 한다. 독일에는 제1차 세계대전 이전에도 이른바 신지론자들의 밀교 전통이 존재했는데, 이들은 범게르만 세계제국의 설립을 옹호했다. 이 세계제국은 다른 민족 간 결혼에 따른 오염을 정화하는 아리아인 엘리트가 지배했다. 니컬러스 굿릭클라크가 자신의 책 『나치즘의 밀교 기원The Occult Roots of Nazism』[13]에서 보여준 대로, 1848년에 태어난 기도 리스트(오스트리아의 비술주의자, 기자, 소설가)와 1874년에 태어난 란츠 폰 리벤펠스(오스트리아의 정치 및 인종 이론가) 같은 사람의 글은 이전에 순수 아리아인의 독일 문화가 존재했으나 후에 다른 민족 간의 결혼으로 인해 문화 수준이 저하되었다고 봤다. 리스트는 독일 민족의 무의식을 사로잡고 있는 신성한 힘에 의해 열등한 인종이 제거되고 단일체 국가가 세워질 새천년을 그렸다. 심지어 그 신성한 힘이 독일을 인계받을 해가 1932년이라고 지정해 말했는데, 그것은 히틀러가 정권을 장악하기 전해였다.

노먼 콘은 『대량학살의 근거』에서 1894년과 1899년 사이 어느 때엔가 한 러시아 저자가 프랑스에서 위조한 문서인 「시온 장로의 의정서」의 영향을 검토한다. 이 가짜 문서는 세계 정복을 목표로 하는 유대인의 세계적 음모 계획을 폭로한다고 여겨졌다. 그것은 차츰 전 세계로 퍼져나갔다. 1920년 5월 8일 『타임스』는 이에 대한 기사를 썼다. "더 비밀스럽기에 더 위험한 또 다른 조직을 보려고, 우리가 이 비극적인 시대에 독일 세계 지배의 비밀 조직을 폭파해 제거하고자 투쟁을 벌여왔던 것인가? 우리의 온 국가 조직을 혹사해, 그저 '팍스 유다이카Pax Judaica'(유대인의 지배에 의한 평화)를 시작하려고 '팍스 게르마니카Pax Germanica'(독일의 지배에 의한 평화)를 벗어났던 걸까?"[14] 유대인이 위험하다는 생각을 진지하게 받아들인 국민이 독일인만은 아니었다!

중세에 유대인들은 사탄의 대리인, 악마 숭배자, 사악한 의식의 참가자로 여겨졌다. 이 의식에는 난교와, 특히 그리스도교도 아이들의 의례적 살해에 이어 아이들의 피를 마시고 인육을 먹는 것이 포함되었다. 바로 1913년에 키예프의 유대인 사무원인 멘델 베일리스는 그리스도교도 소년의 의례적 살해를 이유로 재판을 받았다. 마녀에 대해 굉장히 비슷한 믿음이 지속되었다. 마녀는 날수 있어서 음모를 꾸미는 사바트sabbat(안식일을 의미하는 이 말 자체가 유대인 용어)에 참여할 수 있다고 여겨졌다. 여기서 악마를 숭배하고, 사악한 성적 의식에 빠지고, 아이들을 요리해 먹었다. 그들은 또 독으로 동물을 죽이고 작물을 파괴한다고 여겨졌다. 나중에 히틀러는 독 주제를 변형해 선전했다. 히틀러는 유대인과의 성관계가 피를 오염시킨다고 단언했다. 대량 예방접종도 전 인구에게 매독을 주입하려는 유대인의 음모로 의심되었다.

나는 사회가 희생양 역할을 하는 외집단을 만들어낼 때 국외자는 혐오의 대상일 뿐만 아니라 두려움의 대상이 된다는 사실을 사례를 들어가며 보여주었다. 두려움은 폭력과 잔학 행위의 강력한 선동자다. 외집단 일원이 박해자 수중에서 속수무책인데도 고문당하고 몰살된 일을, 이런 두려움이 일부 설명해준다.

어떤 불리한 상황에서, 대부분의 사람에게는 피해망상적인 정서가 생겨날 수 있다. 내가 보기에, 이런 잠재적 피해망상증은 인간이 매우 무기력한 상태로 세상에 태어나 다른 어떤 종보다 전체 수명 가운데 많은 기간 동안 나이가 더 많고 더 크면서 더 강한 사람들의 처분에 맡겨져 의존한다는 사실에서 유래한다. 정신분석가 토머스 새스는 잠언을 담은 그의 책 『두 번째 죄 The Second Sin』를 이런 말로 시작한다. "어린 시절은 21년 징역형이다."15 대부분의 아이가 어린 시절을 이처럼 매우 부정적인 관점에서 보지 않길 바라겠지만, 우리는 모두 다른 사람의 일시적인 기분에 따라 안아들어 올려지거나 울도록 방치되는 일을 경험했다. 그래서 또다시 자신의 욕구와 소망이 무시되는 무기력한 인질 상태가 되는 데 대한 두려움이 쉽게 생겨난다.

이것이 내가 보기에 폭력을 유발하는 여섯 번째이자 마지막 요인으로 이어진다. 비록 정의 가능한 외집단에 속하지는 않을지라도 자신이 살고 있는 사회로부터 무시당한다고 느끼는 인간은 당연히 존중받는다고 느끼는 사람보다 더 분노하고 폭력을 휘두르는 경향이 있다. 불우한 사람, 실업자, 미숙한 사람은 자기 상태를 순순히 받아들이지 않는다. 삼등시민이라는 것은 불쾌하며, 그들은 사회를 비효율적으로 조직한 데 대해 일등시민을 비난하면서 복수하고 싶을 것이다. 게다가 이런 개인들이 살고 있는 사회가 더 클수록 그들은 존중받고 받아들여지고 있다고 느낄 가능성이 더 낮다.

일상의 폭력이 대체로 도시의 문제라는 점은 놀랍지 않다. 주로 대도시에서 개인은 자신이 하나의 톱니, 다시 말해 자신이 없어도 쉽게 작동하는 거대한 기계의 소모품에 지나지 않는다고 느끼기 쉽다. 한 마을에서, 이웃 간의 적대적 긴장은 극단적일 수 있다. 큰 지역사회보다 작은 지역사회에서는 소문, 험담, 악의

가 더 많지는 않더라도 그만큼이나 무성하다. 하지만 작은 지역 사회에서는 개인이 식별된다. 적어도 자신이 존재한다고 느끼고, 비록 자신의 처지가 시골뜨기에 지나지 않으나 그건 적어도 자신이 아무것도 아니라고 느끼는 것보다는 낫다.

지난 50년 동안 영국의 도시 폭력은 의심할 여지 없이 증가하고 있지만, 이런 현상이 새로운 것은 아니다. 런던의 거리는 세기 전환기보다 훨씬 더 안전하다. 18세기에는 모호크원래는 북미 원주민의 한 부족 이름으로 머리 가운데에만 띠 모양으로 머리카락을 남겨두는 것으로 유명하다라는 깡패 범죄조직이 거리를 돌아다녀 서민을 두려움에 떨게 했다. 의회에서 "집에 갈 사람?"이라고 외치는 것은 의원이 혼자 집에 가는 게 안전하지 않았던 시대로부터 유래한다. 하지만 오늘날 도시는 더 커지고 인구가 증가했으며 신이 사회의 질서를 만들었다는 생각은 사라졌다.

개인이 "분수를 알"고 위협과 도의적 권고와 신에의 호소가 결합되어 유지되는 권위주의 사회는, 현재 우리가 그런 것처럼 사회 밑바닥에 있는 사람들이 가진 이런 공공연한 문제를 갖지 않는다. 내가 한때 알고 지냈던 요리사는 히틀러가 부상한 것이 그가 사회규범을 무시한 덕분이라고 봤다. 히틀러가 주택 도장공으로 자신에게 적절한 신분에 머물러 있었다면 그로 인한 저 모든 문제를 우리는 겪지 않았으리라고 그 요리사는 단언했다.

사회 밑바닥에 있는 사람들의 박탈감이 최악일 때, 그리고 개선의 희망이 보이지 않을 때 혁명이 일어나는 게 아니라는 사실은 자주 관찰된다. 폭력이 분출하는 것은 희망이 일었다가 실망하게 되는 때다. 18세기 프랑스의 상황은 사실 개선되고 있었으나 1787년 돌연 중단되었다. 당시 국가 재정 위기, 조세 인상 조짐, 흉작이 동시다발적으로 나타나 많은 사람이 기아로 위협받았다. 폭력을 부추기는 상황은 대체로 "합당한 기대가 불합리한 수단에 의해 좌절"된 것과 관련이 있는 듯하다.[16] 오늘날 비교적 성공한 사람들은 죄책감을 느끼고 권리에 대한 확신을 덜 보이는 반면, 성공하지 못한 사람들은 자기보다 위에 있는 사람들로부터 냉대받는다고 느낀다. 재능과 능력이 부족한 사람들이 어떻게 자신이 필요하거나 소중한 존재라고 느끼게 할 것인가 하는 문제의 해결은 시작도 하지 않은 상황이다. 산업사회의 도시에서는 너무나 많은 사람이 굴욕적이고, 무기력하며, 무능하고, 쓸모없다고 느낀다. 폭력 행위를 저지르는 대다수 사람들이 그러는 건 바로 그들이 처한 지위로 인해서다. 따라서 이런 사람들에게 자신이 소중하고 중요하다는 느낌을 주는 데 더 많은 노력을 기울여야 할 것이다.

열린사회에서 정신의학의 책무

이 장을 위해 '열린사회'라는 말을 너무 면밀히 정의할 필요는 없다. 칼 포퍼가 설명한 대로, 열린사회는 현실이기보다는 인간이 노력해야 할 이상이다.1 불완전하게 실현되기는 했으나, 열린사회는 개인의 자유가 높이 평가되는 사회, 포퍼의 말을 인용하자면, 개인이 "개인적인 결정과 직면하"게 되는 사회다. 여기서 개인의 결정과 집단의 결정은 권위나 전통보다 근거에 기초한다. 이런 사회에서 정신과 의사는 어떤 역할을 해야 할까? 그리고 어떤 특별한 기여를 해야 할까?

100년 전, 사회에서 정신과 의사의 역할은 제한적이고 분명히 규정되어 있었다. 정신과 의사가 할 일은 정신이상자를 돌보는 것이었다. 정신이상자는 대부분 치료되지 않거나 어쨌든 치료할 수 없었기 때문에, 하는 일은 주로 보호하는 것이었다. 영국과 미국의 도시 규모가 커지면서, 이들 도시 인구 가운데 정신질환을 앓는 사람들을 수용하기 위해 큰 보호시설이 만들어져야만 했다. 처음에는 정신병자 수용소라 일컬어졌고, 최근에야 정신병원이라 불리는 이들 시설은 어쨌든 영국에서는 흔히 이런 시설의 도움을 필요로 하는 지역사회로부터 상당히 먼 곳에 위치했다. 정신이상이라는 고약한 현상이 가능한 한 평범한 시민들에게 지장을 주지 않도록 하기 위해서였다. 정신의학은 낙후된 전공 분야였다. 제정신이 아닌 사람들이 가능한 한 감춰지면서 그들을 돌보는 사람들도 비슷한 상황에 놓였다.

따라서 정신과 의사는 뛰어난 전문성이 거의 없는 사람이기 십상이었다. 영국의 윌리엄 튜크(1732~1822)와 존 코널리(1794~1866)나 프랑스의 필리프 피넬(1745~1826, 세 사람 모두 정신질환자의 보호와 보살핌에서 좀더 인도주의적인 접근법이 발전하는 데 중요한 역할을 했다)같이 훌륭한 예외가 있기는 했다. 그들은 정신이상자에 대한 잔학 행위를 개화된 요법으로 대체했다. 하지만 19세기 정신과 의사는 대개 하루에 한 번 책임 맡은 '회진'을 형식적으로 수행하고 나머지 시간은 크리켓을 하면서 보내는 데 만족하는 게으른 실패자였다. 이런 사람들이 환자를 안전하게 가두고 합당한 인간으로 대우받도록 살피는 일 이상의 특별한 역할을 사회에서 했다고는 누구도 생각하지 않을 것이다.

정신과 의사의 보호(관리) 역할은 여전히 중요하다. 1978년 영국 보건사회보장성Department of Health and Social Security은 7만9165명의 환자가 정신병원에 상주하고 있다고 추산했다. 이는 인구 10만 명당 171명에 해당되었다. 전체 병상 수의 26퍼센트를, 정신질환을 가진 환자들이 차지했다.[2] 1975년 미국 주와 카운티의 정신병원 환자 수는 19만3000명이었다. 사설 및 연방 병원에 있는 환자 수가 또한 7만5000명이었다.[3] 일반 대중은 흔히 이런 수치를 잘 알지 못한다. 지난 20년 동안 안정제와 다른 정신병 치료법이 발전하면서 예전에는 입원했어야 할 많은 환자가 정신병원 바깥에서 살 수 있게 되었다. 뉴스 매체가 이를 알리면서 대중에게는 정신병원이 급속히 비어가고 있다는 잘못된 인상을 주었다. 이들 수치는 이런 희망에 찬 생각이 잘못임을 보여준다.

확실히 과거보다 환자들이 빨리 퇴원하지만, 퇴원한 많은 사람은 재입원해서 핵심적인 만성 환자로 남아 있다. 그들은 일상 사회에서 자리를 잡지 못한다. 이런 만성 상태가 어느 정도로 병원생활의 결과인지는 아직 확인되지 않고 있다. 정신병원이 가두는 곳에서 진정한 치료 시설로 바뀌어야 하고, 사회에 통합되어야 하며, 자유를 박탈당한 채 오랜 기간 시설에 갇힌 사람들에게 불가피하게 일어나는 상태 악화를 방지해야 한다는 요구가 대서양 양안에서 여전히 많이 나오고 있다.

영국에서 정신병원에 입원한 사람들 가운데 5분의 4가 '자발적인 환자'인 반면, 미국에서는 입원 환자의 5분의 4가 비자발적이라는 사실은 언급할 만하다. 따라서 공립 정신병원에서 일하는 미국 정신과 의사는 영국 정신과 의사보다 어쩔 수 없이 훨씬 더 큰 정도로 간수라는 고약한 역할을 맡아야 한다.

치료 전문가와 간수라는 역할 사이에 갈등이 존재하기 마련이라는 점은 분명하다. 사회가 정신병 치료의 가능성을 더 잘 인식하게 되면서 결과적으로 개인의 자유가 더 위협받고 있다는 사실은 대개 알지 못한다. 이 주제에 대해서는 나중에 다시 다룬다.

20세기가 시작될 무렵, 정신과 의사에 대한 사회의 태도는 달라지기 시작했다. 주로 정신분석학의 출현 때문이었다. 정신과 의사는 외딴 정신병원에서의 고립에서 벗어나 점점 더 정신이상자가 아닌 신경증 환자라고 불리는 불안정한 사람들의 안내자이자 멘토가 되었다. 정신과 의사의 대중 이미지는 간수에서 괴짜 또는 기인으로 달라졌다. 그 후 줄곧 정신과 의사에게 이런 꼬리표가 붙어 있었던 것은 어느 정도 타당하다. 하지만 다른 사회의 다른 괴짜와 마찬가지로, 정신과 의사는 아마도 평범한 사람은 관심을 갖지 않을 정신의 심연에서 건져올려 얻은, 특별하고 거의 마술적인 힘을 부여받는 경향이 있었다. 심지어 인간 본성에 대한 그들의 새로운 지식이 모든 인간사를 아울러 사회를 변화시키는 데 이용될 수 있을 거라고 여겨졌다. 이 괴짜들은 점차 사회 상류층을 대상으로 상담을 해주기 시작했다. 부분적으로 다른 사람들은 상담료를 낼 형편이 안 되었기 때문이고, 또 부분적으로는 정신분석학과 그 분파들이 교육받지 못한 이들은 부응할 수 없는 지적 호소력을 지니고 있었기 때문이다. 정신병이 불우한 사람들에게 좀더 흔히 발생하고 이런 정신병에 대해 정신분석은 제한적으로만 응용되기에 이런 경향은 한층 더 두드러졌다. 신경증은 계급을 가리지 않으나 교양 있고 복잡한 사람들 사이에서 좀더 흔히 발견된다. 유럽에서, 그리고 나중에는 미국에서 정신분석가는 지식인을 상대로 상담을 해주기 시작했다. 이는 아마도 관심이 거의 기울여진 적 없는 사회 현상이다. 언뜻 보기에는, 자존감이 오늘날보다 훨씬 더 사회적 지위에 의존했던 시대에 고등교육을 받고 사회적으로 안정된 사람들이 품격을 떨어뜨려가며 정신분석의 도움을 구해야 했다니, 놀라운 일이다. 이런 현상이 전통적인 기독교에 대한 믿음의 쇠퇴, 그리고 토지와 가족에 기초한 계급 구조의 붕괴(이는 부의 획득에 기초한 좀더 유연한 계급 체계에 유리하게 작용했다)와 동시에 일어난 것은 우연이 아니라고 본다. 현재 우리는 정치인부터 철학자까지 유명 인사들이 정신분석가의 상담을 받는 것을 당연하다고 생각한다. 하지만 1900년대에 자신이 엘리트이고 인간 본성과 일반적인 인간관계 및 인간사의 처리에 대해 본인보다 더 많이 알 만한 사람은 없다고 생각하도록 교육받은 사람들에게 그것은 이상해 보였을 것임에 틀림없다.

더욱이 빅토리아 여왕 시대 사람들에게는 매우 소중한 진보 개념, 즉 점점 문명화된 결과 전반적으로 사회와 세계가 개선되는 경향을 보인다는 생각이 여전히 작용했다. 서구 문명화에 대한 환멸이 아직 그 주역들을 압도하지는 않았고, 우리보다 이른바 더 '미개인'이 환경에 더 잘 적응할 수 있을지도 모른다는 사실을 인류학이 밝혀내지도 않은 상황이었다. 정신분석학은 점차 인정받으면서 라듐의 발견과 같은 과학적 발견으로 여겨졌다. 신경증을 없애 인간의 운명을 개선하는 방법으로 말이다. 프로이트 자신은 이상적이지 않았다. 정신분석학의 과학적 위상에 대해서는 여전히 확신했지만, 사실 치료 방식으로서의 정신분석에 대해 점점 더 비관적이 되었다. 하지만 초창기와 심지어 오늘날의 많은 추종자는 정신분석이 소수의 신경증 환자를 구하기 위해 만들어진 치료법을 훨씬 넘어서는 것이라고 믿었다. 예를 들어 멜러니 클라인은 자신의 바람을 쓴 한 구절에서 아동 분석이 언젠가 보편화되리라고 쓰고 있다.[4] 클라인은 확실히 이런 희망이 '이상적'이라고 말하지만 심지어 "아동 분석이 현재 학교 교육만큼이나 모든 개인의 양육에서 일부분을 이룰 것"이라고 생각하는데, 이것은 대단한 비약이다.

이런 이상주의 경향은 갈수록 덜해지기는 해도, 정신분석가 사이에서 어느 정도 지속되고 있다. 많은 분석가가 고립되어 전념하는 삶을 살면서 환자와 동료 외의 사람들은 거의 만나지 않고 다른 대부분의 전문가에 비해 사회 문제에 잘 관여하지 않는 까닭에, 이런 경향은 강화된다. 우주가 어떻게 작동하는지는 몰라도 우주에 대한 답을 가지고 있다는 믿음을 지속하기는 어려운 일이 아니다. 정신분석학은 주로 해석을 제공하는 지식 분야다. 이전에 이해되지 않은 것을 이해하는 방법이자 개인이 자신을 좀더 잘 이해하도록 돕는 방법이다. 프로이트는 정신분석의 해석을 어느 정도 사회 현상에 적용했고, 그래서 예를 들어 전쟁 문제에 관해 편지를 주고받았다. 하지만 개인 신경증의 치료 방법이 사회의 모든 문제를 빠르게 해결하게 되리라고 생각할 정도로 비현실적이지는 않았다.

정신분석이 만병통치약이 아닐뿐더러 열렬한 지지자들이 바랐던 성공적인 치료법으로 판명되지도 않았다고 해서, 정신과 의사와 정신분석가가 사회 연구에 아무런 기여를 하지 않았다는 뜻은 아니다. 사회가 개인으로 구성되고 정치제도는 사회 구성원의 행복을 촉진하기 위해 설계된다거나 또는 열린사회에서는 그래야 한다고 하는 것은 자명한 이치다. 하지만 무엇이 개인의 행복을 이루는지, 그리고 이를 위해 무엇이 최선인지는 논쟁의 소지가 있다. 개인에게 최선의 건강과 행복을 가져다주는 것은 물질적 번영, 성적 만족, 믿음 또는 불가지론, 키부츠 또는 소가족 안에서의 양육, 경쟁 또는 경쟁의 단념 등일 수 있다. 그게 무엇이든, 정신과 의사는 개인의 정서 문제에 대해 정통한 지식을 가지고 있기 때문에, 이런 많은 비슷한 주제를 합당하게 다룰 수 있고, 그런 주제에 대해 특별히 발언할 기회를 가질 자격이 있다. 그렇다고 해서 정신과 의사가 교육, 범죄의 통제, 인종 편견의 해결이나 전쟁 폐지 관련 전문가로 여겨져야 한다고 말할 수는 없다. 정신과 의사가 이런 모든 주제와 관련해서 기여하는 바가 있긴 하지만, 그것은 비교적 소수 개인에 대한 경험에서 유래하는 한정된 기여다.

신경증의 분석 치료는 아주 긴 시간이 걸린다. 정신분석이 지금까지 별 기대 없이 부유한 특권층에게만 이용되었던 이유 중 하나다. 이런 상황은 이상적이기는 하지만 시간, 돈, 훈련된 인력이라는 더 많은 자원이 제공되기만 한다면 사회의 많은 부적응자가 더 잘 적응해 자리잡을 수 있으리라는 희망을 낳는다. 게다가 이런 희망은 이야기되지 않은 추측을 담고 있다. 정신분석이나 다른 어떤 정신치료법이 신경증 환자만큼이나 사회 일탈자에게 효과적인 치료법이 될 수 있고, 모든 범죄자, 다시 말해 마약중독자, 성도착자 등이 범죄자보다는 환자로서 치료받기만 한다면 그들의 문제와 그들이 만들어내는 문제가 해결될 것이라는 추측 말이다. 그 때문에, 정신의학 치료가 해낼 수 있는 것을 과장하고 실제보다 더 많은 치료 기능이 있다고 생각하는 경향이 강하다. 포퍼의 『열린사회와 그 적들』의 독자들은 이상주의가 불가피하게 독재로 이어진다는 그의 논지를 익히 알 것이다. 부적응자의 치료라는 접근법을 이상화하려는 사회의 현재 경향이 좋은 예다. 더 많은 자원을 이용할 수 있더라도, 정신질환자들에게 할 수 있는 일이 더 이상 없을 거라는 말이 아니다. 할 수 있고 해야 할 일이 아주 많다. 하지만 자원은 없고, 정신과 의사는 그가 해낼 수 있는 것 이상을 떠맡아 자발적으로 도움을 구하는 신경증 환자보다는 그의 노력에 반응을 보일 가능성이 낮은 의뢰인에게 치료 노력을 기울이도록 요구받고 있는 것이 현실이다. 이는 많은 남용으로 이어진다. 그 가운데 가장 분명한 것은 불필요한 자유의 박탈이다. 우리는 사악하거나 무책임하다고 여겨지는 사람들, 특히 기성 세대의 눈에 그렇게 비치는 사람들을 마땅히 치료받아야 하는 사람으로 보는 접근법이 결과적으로 자유의 박탈을 낳고 있다는 역설과 마주하고 있다. 그건 사실이다. 이어지는 내용과 관련해서, 나는 니컬러스 키트리가 쓴 『다를 권리The Right to Be Different』에 힘입은 바가 크다.5 형사법 교수가 이른바 '치료 상태'에 대해 그토록 강력한 고발장을 써야 했다는 사실은 의미심장하다.

키트리 교수는 자신의 책에서 부적절한 치료 열정이 많은 사람을 무기한 가두는 것으로 이어졌음을 풍부한 예로써 입증한다. 그러면서도 범죄자가 이용할 수 있고 효과적으로 가동되는, 부당한 감금을 방지하는 안전장치는 거의 없다. 그래서 미국의 33개 주가 마약중독자를 치료 시설에 무기한 가두는 것을 허용하는 법을 보유하고 있다. 마약중독자는 '치료를 받아야'만 치료 시설로부터 풀려날 수 있다.6 최고의 치료 프로그램에 광범위하게 노출되고도, 중독자의 약 3퍼센트만이 풀려난 후 계속해서 자제하기 때문에, 많은 사람이 잘못된 전제에 따라 무기한 갇혀 있다는 점은 분명하다.

마약 중독 현상의 기저를 이룬다고 대체로 합의된 효과적인 인격장애 치료법은 아직 없다고 지적하는 것이 분명 정신과 의사가 사회에 대해 갖는 의무다. 그리고 효과적인 치료법에 이를 수 있는 연구가 계속되는 동안, 자신이 아직 도울 수 없는 사람들의 간수 역할을 거부하는 것도 정신과 의사의 의무다. 최근 마약 복용에 대한 불안이 격화되면서, 범죄와 중독이 불가피하게 연관된다는 추정과 마찬가지로 마약에 대한 법적 규제가 아주 최근에 생긴 것이라는 점을 흔히 잊어버린다고 그는 덧붙일지 모른다. 1914년 이전에는 미국에 마약 거래를 규제하는 법이 없었다. 게다가 미국에서 마약 중독과 범죄의 연관성이 처벌법의 결과라는 사실에는 거의 의심의 여지가 없다.

19세기 초 영국 시인 조지 크래브는 40년 동안 아편을 복용했다. 하지만 그로 인해 작품 산출량은 방해받지 않았고, 그는 일흔여덟 살에 사망했다. 윌리엄 윌키 콜린스는 1862년부터 1889년 예순다섯 살의 나이로 사망하기까지 점점 더 많은 양의 아편제(아편팅크)를 복용했다. 소설의 질은 저하되었을지 모르지만, 그는 창작을 멈추지 않았다. 심지어 헤로인과 모르핀 중독은 알코올 중독만큼 신체 손상을 일으키지 않는다. 그래서 영국 법이 허용하고 있는 것처럼, 중독자가 강제로 마약을 끊도록 해서 실패하기보다는 처방에 따라 정기 복용량을 얻을 수 있도록 허용하는 편이 대개는 더 낫다.

비슷하게, 정신과 의사가 상당수 알코올 중독자를 그의 의지에 반해 치료할 수 있다는 잘못된 믿음에서, 미국의 26개 주는 치료를 조건으로 풀려날 수 있는 시설에 알코올 중독자를 가두는 일을 허용하고 있다.7 이용 가능한 치료 기능이 요구에 훨씬 못 미치기 때문에, 진보적인 치료 장치로 계획된 이런 강요의 효과는 사실상 상태의 개선 없이 알코올 중독 범죄자가 갇혀 있는 기간을 늘릴 뿐이다. 물론 이 말은 알코올 중독자가 치료될 수 없다고 주장하는 게 아니다. 어떤 알코올 중독자는 치료될 수 있고 정신의학 치료의 도움을 받아 완전히 자제해 그 상태를 지속한다. 하지만 나의 한정된 경험으로 보건대, 이것은 전적으로 알코올 중독자의 자발적인 협조에 달려 있다.

더욱 미심쩍은 것은 법이 이른바 '반사회성 인격장애자'의 감금을 결정한다는 점이다. 정신이상의 한 범주인 이것은 규정하기가 매우 까다로워서 "1950년 뉴저지에서 나온 한 보도는 29명의 의학 권위자가 내놓은 이 질환에 대한 29가지의 서로 다른 정의를 인용했다." 적어도 20개 주는 반사회성 인격장애자에 관한 법령을 이용하고 있다. 그 결과 정신병원은 아무런 효과적인 치료를 받지 못하는 사람들로 넘쳐나고 있다. 키트리는 사소한 범죄(예를 들어 성기 노출죄)를 저지르고 무기한 보호시설에 수감된 범죄자의 예를 제시한다. 나는 여기에 영국의 사례 하나를 덧붙이려 한다. 1959년의 정신건강법은 유감스럽게도 반사회성 인격장애자의 강제 구금 조항을 포함했다. 이 법은 반사회성 장애를 (지능 저하를 포함하건 하지 않건) "지속적인 정신이상 또는 정신장애의 결과 해당 환자가 병적으로 공격적이거나 심히 무책임한 행동을 하게 되는 것"이라고 규정한다.

1968년 스물한 살의 에릭 에드워드 윌스는 절도와 돈을 사취한 죄로 기소되었다. 그는 보고서 작성을 위해 정신병원으로 보내졌다. 거기서 반사회성 인격장애라는 진단을 받았다. 치안판사에게 제출된 의학 보고서는 그가 상습 도박꾼이므로 전전두엽 절제술을 시행하도록 권고했다. 치안판사는 즉각 절제술을 시행하도록 명령했다. 다행히 언론이 이 사건에 대해 알게 되었고, 절제술이 초래할 수 있는 결과가 알려져, 그 결정은 철회되었다.

정신이상을 근거로 자유를 박탈하는 것도 그것이 강제 치료의 의도를 수반하든 하지 않든 간에 남용의 여지가 있다. 소비에트 연방에서는 '환자'가 "대중에 위험한 인물"로 여겨지면 정신병원에 가둘 수 있었다. 특히 소비에트의 법은 만약 개인이 "건강염려 망상증"에 시달리며 다른 개인, 조직, 또는 기관에 비정상적이고 공격적인 태도를 보인다면 강제수용하도록 허용했다. 훨씬 더 불길하게 소비에트 법은 "겉으로 적절해 보이는 행동과 위장"이 그 개인의 진짜 의도를 감출 수 있다고 인정했다.

소비에트 연방에서 그 체제에 적대적이라고 여겨지는 사람들을 가두기 위해 정신병원이 이용되었고 정신과 의사들이 자신의 의학 기능이 이렇게 남용되는 데 협조해왔다는 점은 잘 알려져 있으며, 기록도 상세히 남아 있다. 어쩌면 일부 정신과 의사는 헌신적인 공산주의자여서 실제로 그들의 신념을 공유하지 않는 사람은 누구라도 정신이상임에 틀림없다고 믿었는지 모른다. 또 어떤 정신과 의사는 만약 정부가 사회에서 제거하고 싶은 사람들을 환자로 보는 데 동의하지 않으면 해고되어 생계수단을 잃게 되리라는 위협을 틀림없이 받았을 것이다. 조레스 메드베데프(러시아의 생물학자)와 로이 메드베데프(러시아의 역사학자로 조레스 메드베데프와 쌍둥이 형제)의 『광기의 문제A Question of Madness』를 읽은 독자는 알다시피, 이유야 어쨌든 소비에트 정부가 협조할 정신과 의사를 찾는 일은 결코 어렵지 않았다.[8]

키트리가 인용한 루이지애나 주지사 얼 켐프 롱과 특히 메이 킴브로 존스의 사례는 확실히 의혹을 불러일으키기는 하지만,

서구에서 개인이 순전히 정치적인 이유로 부당하게 정신병원에 갇힐 가능성은 낮다. 그러나 개인이 미심쩍은 기준에 따라 정신 이상으로 판단되어 아무런 치료도 받지 않은 채 정신병원에 무기한 갇혀 어쩌면 평생 동안 자유를 박탈당하는 일이 실로 아주 쉽게 일어날 수 있다. 그들이 자신이나 다른 누구에게든 해를 끼치지 않을 텐데도 말이다.

미국의 정신분석가 토머스 새스는 정신병원 입원 환자가 중세의 마녀와 마찬가지로 사회의 희생양 기능을 한다는 이론을 제시했다. 그는 이른바 정신질환자에게 사용된 어떤 형태의 강제도 부당하며, 정신과 의사의 기능은 자발적으로 그의 도움을 구하는 사람들의 '삶의 문제'를 해명하는 데 한정되어야 한다고 믿는다.9 내 생각에, 이것은 문제를 지나치게 단순화하고 있다. 어느 사회든 정신질환자로 여겨지고 또 여겨져야 하는 사람과, 유감스럽게도 그들의 의지에 반해 적어도 일시적으로는 가두는 것이 필요한 사람이 많이 있다. 존 스튜어트 밀은 자유에 관한 글에서 이렇게 썼다. "권력이 문명화된 사회의 일원에 대해서 그의 의지에 반해 정당하게 행사될 수 있는 유일한 목적은 다른 사람들에게 해를 끼치는 일을 방지하는 것이다. 그 자신의 신체상 또는 도덕상 건강은 충분한 이유가 아니다."10 밀은 청소년의 경우에는 이 원칙이 일부 수정되어야 할 필요가 있다고 인정하지만, 정신질환자의 경우는 사실상 고려하지 않는다. 이후에 나오는 한 구절에 대한 각 주에서 배심원들이 흔히 인정하는 정신이상

증거의 부적절성에 대해 날카롭게 관찰하고 있기는 하지만 말이다. 밀에 따르면, 피해망상적 조현병에 시달려 그가 상상하는 가해자를 살해할 위험이 있는 개인을 정신질환자로 증명해 가두는 일은 분명 타당할 것이다. (이와 관련해서, 개인이 광포해져 실제로 다른 사람을 죽이는 극히 피해망상적인 상태가 모든 문화에 공통되는 몇 안 되는 정신질환 형태 가운데 하나이고, 그 환자를 강제로 가두는 것이 필요하다고 널리 인정되고 있다는 점에 주목해보면 흥미롭다.)

하지만 자살 의사를 알리는 우울증 환자는 어떨까? 자살이 대개 자살자에게 가장 가까이 있는 사람들에게 해를 끼치는 것은 사실이지만, 밀이 이런 종류의 해가 그가 정의한 범주에 들기에 충분하다고 생각했을지는 의문스럽다. 자살은 주로 자신을 해치는 개인의 문제이고, 밀은 그가 자유로이 그러도록 맡겨두어야 한다고 생각한다. 하지만 모든 정신과 의사의 많은 환자가 적극적으로 자살을 생각하고 한 번 이상 자살 시도를 했을 수 있지만 병이 회복되면 자살하지 않도록 가둬진 것을 매우 기뻐하며 자신을 회복시켜준 치료에 대해 고마워한다. 더욱이 조증이나 경조증 상태에 있는 환자들이 있다. 그들은 돈과 관련된 일 등 온갖 무분별한 일을 저질러 그 결과 자신에게 해를 끼칠 수 있고, 병이 회복되면 가둬진 데 대해 고마워한다. 이런 종류의 정신장애에 시달리는 사람들에 대한 치료를 거부해야 할까? 그들이 그렇게 할 개인의 자유를 부당하게 침해한다는 이유로?

영국에서는 명백히 다른 사람들에게 해를 끼칠 가능성이 있는 사람들만이 아니라, 자살하거나 아니면 우리가 경조증이라고 이름 붙인 심한 흥분과 과신 상태에 있는 동안 도가 지나쳐서 자신에게 해를 끼칠 가능성이 있는 사람들도 그들의 의지에 반해 정신질환자임을 증명해 가두는 것이 관행이다. 나는 그렇게 하는 게 타당하다고 생각하며, 정신과 의사가 양심상 일시적인 간수 역할을 하고 어떤 환자들에 대해서는 강제력을 행사하는 것을 완전히 피할 수는 없다고 본다. 비록 이것이 정신과 의사가 치유자로서 갖는 기능과 충돌할지 모르지만 말이다.

하지만 나는 또 정신과 의사가 열린사회에서 이 강제력이 최소로 유지되도록 살피는 특별한 의무를 갖는다고 생각한다. 내가 아는 한, 이것은 두 가지 원칙을 포함한다. 첫째, 정신과 의사는 치료에 대한 자신의 열의나 다른 사람의 선의의 희망에 현혹되어 실행할 수 없는 사회 일탈자의 치료를 약속해서는 안 된다. 그래서 정신과 의사는 범죄자나 알코올 중독자나 반사회성 인격장애자나 정신질환자가 일주일에 닷새 동안 50분씩 완전하고 철저한 분석으로 도움을 받을 거라 믿고서, 운이 좋으면 일주일에 한 번 10분간 면담을 하게 될 정신병원에 그를 가두는 데 동의해서는 안 된다. 이런 범주에 속하는 일부 환자가 분석 또는 극단성이 덜한 정신치료로 도움을 받을 수 있다는 점은 논쟁의 여지가 없다. 하지만 이런 치료가 가장 유익한 환자는 대개 사회 일탈자가 되고 싶어하는 사람들보다는 사회 일탈자가 되기를 꺼리는 사람들이라는 점은 인정해야 한다. 그렇지만 그들에게 제공할 치료법이 없다면 자유를 박탈하는 것은 아무런 소용이 없다. 시카고 대학의 노벌 모리스는 이렇게 썼다. "이상적인 갱생은 속박되지 않을 결정권을 주는 것인 듯싶다. 치료자는 자신의 치료 방식이 가진 선의를 확신하는 것 같지만, 치료를 받는 사람은 다른 견해를 가지며, 관찰자인 우리는 그들의 의심을 공유한다. 박사학위를 갖고 흰옷을 입어도 간수는 여전히 간수다. 동료 간수들보다 더 큰 권력을 갖기는 하지만 말이다."[11] 이는 실로 사실이어서, 모리스 교수는 범죄자가 정신이상을 근거로 무죄를 주장해서는 안 된다고 충고한다.

둘째, 정신과 의사는 관련자가 다른 사람들이나 자신에게 위험하다는 확신이 들지 않는 한, 강제로 가두는 데 협조해서는 안 된다. 이 글에서 말하는 범위를 벗어나는 문제를 일으키는 정신적 결함이 있는 사람, 알코올이나 마약에 취한 사람, 몸이 아픈 사람, 노망한 사람을 제외하면, 여기에 실제로 포함되는 이들은 살인을 저지를 것 같은 사람, 자살 충동을 느끼는 사람, 또는 명백한 조증 환자일 것이다. 소수 피해망상적인 개인은 평생 동안 계속해서 사람을 죽이려 들지 모른다. 하지만 그런 이들은 아주 드물다. 조증이거나 우울증인 조울병 환자는 거의 언제나 병의 발작에서 회복된다. 따라서 단연코 강제로 수용되는 대다수의 사람은 짧은 기간에만 그렇게 해야 할 것이다.

21년 전의 풋내기 정신과 의사였다면, 나는 훨씬 더 폭넓은 강제성을 지지했을 것이다. 예를 들어 망상과 환각과 다른 명백한 정신병 징후를 가진 조현병 환자들이 정신병원에 있어야 한다는 점은 분명해 보였다. 거기서는 치료되지 못하더라도, 적어도 관용과 이해를 받을 수 있을 터였다. 만약 그가 이를 알 만한 분별력이 없다면, 억지로 정신이상 판정을 받아야 한다. 하지만 이제 나는 우리의 정신병 기준이 유감스럽게도 부적절하다는 사실을 안다. 많은 무해한 사람이 '망상 체계'를 갖고 있고 그에 의거해 살아간다. 그리고 '미친' 듯 보일지 모르지만 다른 사람이나 그 자신에게 위험하지 않은 한, 어느 누구든 그에게서 자유를 박탈하는 데 나는 반대한다.

열린사회에서, 정신과 의사는 마찬가지로 중요한 두 번째 의무를 갖는다. 즉 정신과 의사는 정신의학 연구와 치료 기법이 정부 또는 경찰이나 군대 같은 다른 정부 기관에 의해 다른 목적에 남용되지 않도록 최선을 다해야 한다. 나는 이미 사회나 정부가 불편하게 여기는 사람들을 수용하는 곳으로서 정신병원을 남용하는 데 주목해왔다. 남용될 소지는 많다. 전전두엽 절제술이 명백한 사례다. 기분을 바꾸거나 억제력을 해제해서 정보를 얻을 수 있게 하는 약물의 남용이 또 다른 예다. '행동치료'에 이용되는 조절 기법은 개인의 복지를 촉진하기보다 사회 편익을 위해 쉽사리 이용될 수 있다. 전극을 뇌 물질에 주입해 뇌 기능을 변경하는 새로운 전기요법이 그럴 수 있다. 책과 언론의 관심이 쏟아진 덕분에, 이런 위험은 널리 인식되기 시작했다. 하지만 여전히 경계가 절실히 필요하다. 나는 정부가 정신의학 연구를 남용한 사례(나 자신이 이에 대한 항의에 참여했다)를 제시하면서 이 장을 끝마치려 한다.

역사는 오래전으로 거슬러 올라간다. 1960년 당시 에딘버러 대학 정신의학과의 고故 케네디 교수는 자신이 지난 전쟁 동안 카이로에 있는 심문소에 고용되어 어떤 방식의 정신 압박이 포로에게 영향을 미쳐 정보를 빼낼 수 있을지 자문을 제공했다고 경솔하게 밝혔다. 이 폭로는 일정한 우려를 낳았다. 내 생각에는, 의료업에 있는 사람들보다 일반 대중 사이에서 더 그랬다. 이 상황에서 의사는 뭘 하고 있었냐고 그들은 물었다. 분명 의사가 할 일은 포로를 굴복시켜 정부에 정보를 내주게 하는 방법을 가르치는 게 아니라 아픈 사람을 치료하는 것이었다. 나 자신은 이런 견해를 가졌지만 정신의학 동료들이 이런 생각을 모두 공유하지는 않았다. 당시 러시아와 중국에서 시행되는 '세뇌' 기술에 대해 상당한 관심이 있었다. 포로가 된 미국인 가운데 거의 3분의 1이 '협력하'도록 설득당한 방법을 폭로한 한국전쟁이 여전히 사람들의 마음속에 생생했다. 물론 영국군이 항상 포로에게 성자같이 관대하게 행동할 거라고 기대하는 사람은 아무도 없었지만, 영국군은 그런 짓을 하지 않는다는 생각은 여전했다. 당시 내가 할 수 있는 최선은 글을 쓰는 것이었다. 그 글은 『뉴스테이츠먼New Statesman』에 '폭력 없는 고통'이라는 제목으로 발표되었다. 나는 그 글에서 케네디 교수가 말한 식으로 정부가 세뇌 기술을 이용하는 데 의사들이 가담해야 하는 사실에 개탄하고, 이런 행위가 실로 히포크라테스의 선서에 반한다고 말했다. 케네디 교수는 건강이 좋지 않았던 듯 그 기사에 대응하지 않았다. 실제로 그 글이 발표되고 몇 개월 지나지 않아 그는 사망했다.

그 글에 대해 다양한 반향이 있었다. 사이프러스(오늘날 키프로스 공화국, 한때 영국의 식민지였다가 지금은 독립국이 되었다)의 한 변호사는 자신이 영국의 심문 방식을 알고 있으며 여기에는 이른바 '약물성 최면'이 포함된다고 편지를 써 보내왔다. 서식스의 메어즈필드에 심문자를 위한 특별한 훈련센터가 있었고 이곳이 여전히 존재한다는 사실이 알려졌다. 하지만 결국 거기서 무슨 일이 있었는지 밝혀내기는 어려웠다. 마침내 우리는 프랜시스 노엘 베이커(영국 노동당 소속 정치인)가 하원에서 당시 수상이던 해럴드 맥밀런에게 질문하도록 설득하기까지 했다. 수상은 이를 쟁점화하는 것을 피하면서, 영국의 심문자들에게 어떤 방식의 심문을 가르쳤는지 밝히는 것은 그런 정보가 잠재적인 적에게 유용할 수 있으므로 공익에 부합하지 않는다고 말했다. 하지만 그는 이렇게 썼다. "분명히 장담할 수 있다. 영국 심문자들의 훈련에서 '세뇌' 약물이나 신체 폭력의 이용은 명백히 그리고 단호히 금지되어 있다."

나는 이 시점에서 조사를 포기했다. 수상을 넘어 문제를 끌고 가기는 어려운 듯 보였다. 영국군의 잔혹한 행동에 대한 다양하고 다소 충격적인 주장이 이따금 사이프러스, 아덴, 그리고 다른 분쟁지역에서 나왔다. 그러다가 북아일랜드에 대한 폭로가 터져

나왔다. 사람들을 굶기고, 잠을 자지 못하게 하고, 한 번에 여러 시간 동안 벽에 기대 팔다리를 벌리고 선 불편한 자세를 취하게 한다는 사실이, 더욱 사악하게도, 얼굴을 가린 채 지속적인 소음에 노출시키고 있다는 사실이 알려졌다. 이런 폭로는 대다수의 사람에게 충격을 주었고, 결국 전임 행정관찰관인 에드먼드 콤프턴 경이 의장직을 수행하는 가운데 조사가 시작되었다. 이 조사 결과 보고서[12]가 나왔다. 이 보고서는 '잔학 행위'의 이용을 개탄하지만 북아일랜드에서 활용된 심문 방식이 실은 잔인하지 않았다고 주장했다. 얼굴 가리기, 벽에 기댄 자세, 지속적인 소음은 주로 억류자들이 의사소통하는 것을 막기 위한 것이었다고 콤프턴 보고서는 주장했다. 보고서는 계속해서, 그 두 번째 효과는 억류자들이 심문에 대해 좀더 민감하게 생각하도록 하는 것이리라고 했다. "또 일부 억류자의 경우에는, 그게 고립감을 높여서 심문자에게 도움이 될 수 있다."

잘 모르고 콤프턴 보고서를 읽는 사람은 억류자에게 행해진 것이 유쾌하지는 않지만 심각한 신체 압박이 가해진 증거는 거의 없다고 결론지으리라고 나는 생각한다. 어떤 사람들은 학대받는 데 대해, 또는 익숙하지 않은 신체운동을 강제로 하게 되는 데 대해, 또는 피로로 쓰러지면 다시 강제로 벽에 기대 서 있어야 하는 데 대해, 그리고 약 6시간마다 빵 한 조각과 물 약간밖에 먹지 못할 때 나타나는 결과에 대해 항의했다. 하지만 보고서의 취지는, 심문자를 좀더 감독하는 것이 바람직하지만(그리고 영국군 인력이 아니라 북아일랜드 경찰이 주로 심문했다는 점을 기억해야 한다), 심문 행위가 그리 해롭지 않았고, 만약 IRA가 테러 방침을 거둬들인다면 아마도 일부 불쾌한 방법은 일시적으로 필요할 뿐이라는 것이었다.

나는 전문 정신의학 지식이 유의미해지는 것은 이 시점이라고 생각한다. 감각 박탈과 그 효과에 관한 문헌을 읽은 사람은 변형된 감각 박탈이 억류자를 굴복시키는 방법으로 이용되었다고 결론 내릴 것임에 틀림없다. 얼굴 가리기와 지속적인 소음은 콤프턴 보고서가 주장한 것처럼 사람들을 서로 고립시키기 위해서가 아니라 의도적으로 정신착란과 방향 감각 상실을 일으키는 방법으로 고안되었다. 나는 감각 박탈 분야 전문가는 아니지만 그 효과가 매우 충격적인 것을 알았다. 심지어 돈을 받고 실험 대상이 된 건강한 실험 참가자 가운데서도 높은 비율이 실험 시간에 이르기 훨씬 전에 '비상 단추'를 눌렀다. 남성 참가자는 가벼운 감각 박탈 상태에서 평균 29시간밖에 견디지 못했고, 좀 더 철저한 상태에서는 10명 가운데 1명만이 10시간 이상을 견뎠다. 시간제한 없이 실험 종료까지로 설정된다면 정신이상과 혼란에 대한 두려움이 최소 2시간 안에 찾아올 것이다. 많은 사람이 시간 감각을 완전히 잃었고, 다른 많은 사람은 환각에 빠졌으며, 적어도 일부 사람에게는 그 실험이 LSD 복용 결과 나타나는 악몽 같은 '환각 체험'과 비교될 수 있을 것이었다. 더욱이 프린스턴 대학의 실험 결과 흥미로운 사실이 드러났다.[13] 프린스턴 대학 학생들을 실험 참가자로 이용한 실험에서는 일부 학생들이 피해망상적이 되어 실험자들이 자신을 버려두고 갔다는 등의 생각을 했다. 하지만 학생들이 부족해 멀리서 실험 참가자를 구해야 했을 때, 그 비율은 훨씬 더 높았다. 본인이 다니는 곳이 아닌 대학의 교수들에게 자신을 맡길 때 느끼는 아주 가벼운 불신이 감각 박탈 하에서 그렇게 빨리 커졌다면, 자신이 실제 적의 손아귀에 있음을 아는 사람들에게 가해지는 감각 박탈의 효과는 어떻겠는가?

콤프턴 보고서가 발표되었을 때, 나는 그 정신의학 측면에 관해 글을 쓰겠냐는 요청을 받아 이튿날 『선데이타임스』에 기고했다. 문제가 되는 것은 신체에 대한 잔학 행위만이 아니고, 감각 박탈 기법이 일시적인 정신이상에 맞먹는 것을 불러일으키는 데 이용될 수 있으며, 그런 방법이 사용된 사람들에게 장기적으로 어떤 후유증이 있을지는 아마 아무도 알 수 없을 것이고, 내무장관이 경솔하게 하원에서 그런 것처럼 이런 방법이 심각한 후유증을 일으키지 않는다고 말할 권리는 없음을, 그 글에서 분명히 하려 했다. 나는 이렇게 하는 게 중요하다고 생각했다. 실제의 신체 고통이 없는 정신 압박 방식이 심각한 영향을 미칠 수 있다는 사실을 일반 대중은 모를 것이라 추측했기 때문이다. 다른 정신과 의사들과의 교류에만 대부분의 시간을 들이는 정신과 의사들은 많은 것을 당연하다고 생각하는데, 정신과 의사가 아닌 사람들이 그 당연한 것을 알고 있다고 생각하는 것은 실로 성급하다.

　하원과 다른 곳, 즉 세 명의 추밀고문관으로부터 한층 더 다양한 항의가 있은 후, 파커 경, 가드너 경, 보이드카펜터 씨가 심문에 관한 모든 의문을 조사하도록 임명되었다. 그래서 나는 그들 앞에서 증언하게 되었다. 감각 박탈에 관한 문헌을 검토해서 보강해, 『선데이타임스』에 기고한 글에서 내가 말한 바를 이 유명 인사들에게 거듭 말했다. 감각 박탈에 관한 일부 문헌은 '기밀' 정보에 포함되었기 때문에 이용할 수 없었다. 정부 부처들은 심리학과 생리학의 어떤 기술이 전쟁 중에 유용할지 알아차리는 데 재빠른 것 같다. 물론 이런 많은 연구는 고립, 무중력 상태 따위가 미래의 우주비행사에게 미치는 영향에 관심을 둔 정부의 요구로 이뤄졌다. 파커 위원회가 주로 관심을 둔 것은 북아일랜드에서 사용한 감각 박탈 기법을 심각한 후유증을 남기는 위험 없이, 말하자면 적당히 이용할 수 있는가 하는 문제였다. 이런 방법을 이용해 억류자들로부터 유용한 정보를 많이 얻었다는 점은 의심할 여지가 없는 사실이고, 그 결과 많은 목숨을 구할 수 있었다는 점도 분명하다고 그들은 내게 말했다. 물론 나는 적에게 심문법으로 이용하는 감각 박탈이 대단히 심각한 영향을 미치는지 어떤지 말해줄 만한 문헌을 이용할 수 없었기 때문에 이 문제에 대해 대답하기 힘들었는데, 어떤 정신과 의사는 심각한 영향을 미칠 가능성이 크다고 생각할 것임에 틀림없다. 내가 말할 수 있는 것은 심각성이 덜한 정신적 외상이 원인이 되어 이른바 '외상성' 신경증이 생겨난다고 알려져 있고, 예를 들어 LSD를 사용하는 것과 같은 다른 방법으로 '정상인'에게 정신병 증상을 일으키는 것은 위험이 따르며, 실제로 어떤 영향이 있을지는 그 사람을 장기간 관찰한 후에나 말할 수 있다는 점이다. 마침내 파커 위원회는 보고서를 내놓았다. 그에 따르면, 파커 경과 보이드카펜터 씨는 북아일랜드 경찰이 사용한 방식은 더 엄정한 안전장치를 조건으로 한다면 계속해서 사용할 수 있다고 생각했다. 반면 가드너 경은 반대 의견을 내놓으며, 이런 방식이 전적으로 가증스럽고 그 결과는 예측 불가능할 뿐 아니라 영국의 전통적인 포로 처우 방식에 적합하지 않다고 말했다. 이 보고서가 발표된 후, 수상은 의회에서 이런 방식이 이후로 금지될 것이라고 말했다.

이 이야기가 주는 교훈은 정신과 의사가 이따금 항의운동에 효과적으로 참여할 수 있다는 게 아니다. 이것이 중요하기는 하지만 말이다. 교훈은, 원래 정신장애를 가진 개인에게 도움을 주기 위한 정신의학 기법과 연구가 많은 경우에 치료 환경에서 벗어나 정확히 반대되는 목적에 이용될 수 있다는 사실을 분명히 보여준다는 점이다. 열린사회에서 이런 가능성을 의식하고, 할 수 있을 때 이를 막는 것이 정신과 의사의 의무다. 내 생각에, 전문가로서 이런 남용에 자문을 하거나 어떤 식으로든 참여하는 일을 삼가는 것도 정신과 의사의 의무다. "신은 영원한 경계를 조건부로 인간에게 자유를 주었다. 만약 인간이 그 조건을 깬다

면, 그가 저지른 죄악의 결과이자 죄에 대한 처벌은 즉각적인 노
예 상태다."14

| 1. 처칠의 검은 개 |

1. C. P. Snow, *Variety of Men*(London: Macmillan, 1967), p. 120.

2. A. L. Rowse, The Early Churchills(London: Macmillan, 1956), pp. 227-228.

3. 앞의 책, pp. 251-252.

4. 앞의 책, pp. 241, 252.

5. 앞의 책, p. 252.

6. A. L. Rowse, *The Later Churchills*(London: Macmillan, 1958), pp. 287-288.

7. Rowse, *The Early Churchills*, p. 29.

8. Lord Moran, *Churchill: The Struggle for Survival 1940-1965* (London: Constable, 1966), p. 745에서 인용했다.

9. 앞의 책, p. 621.

10. Randolph S. Churchill, *Winston S. Churchill*, vol.1(London:

Heinemann, 1966), p. 212에서 인용했다.

11. 앞의 책, 2:69에서 인용했다.

12. W. H. Sheldon, *The Varieties of Human Physique*(New York: Harper, 1940); *The Varieties of Temperament*(New York, Harper, 1942).

13. Moran, *Churchill*, p. 621에서 인용했다.

14. C. G. Jung, *Psychological Types*, vol. 6 of Collected Works, 20 vols., trans. R. F. C. Hull(London: Routledge and Kegan Paul, 1953–79), vol. 6, para. 613.

15. 앞의 책, paras. 613, 614.

16. Snow, *Variety of Men*, p. 125.

17. Arthur Bryant, *The Turn of the Tide*(London: Collins, 1957), p. 25.

18. 앞의 책, p. 707에서 인용했다.

19. Jung, *Psychological Types*, para.613.

20. Moran, *Churchill*, p. 167.

21. 앞의 책, p. 745.

22. Sarah Churchill, *A Thread in the Tapestry*(London: Deutsch, 1967), p. 17.

23. Winston S. Churchill, *Savrola*(Bath: Cedric Chivers, 1973), pp. 39–40.

24. 앞의 책, pp. 253-54.

25. 앞의 책, p. 259.

26. 앞의 책, pp. 42-43.

27. 앞의 책, p. 41.

28. R. Churchill, *Winston S. Churchill*, 1:45.

29. 앞의 책, p. 441에서 인용했다.

30. 앞의 책, p. 53에서 인용했다.

31. Lord Reith, BBC 텔레비전 인터뷰.

32. Violet Bonham Carter, *Winston Churchill As I Knew Him*(London: Pan, 1967), p. 16.

33. Moran, *Churchill*, p. 776에서 인용했다.

34. 앞의 책, p. 778.

35. 앞의 책, p. 433에서 인용했다.

36. 앞의 책, p. 247에서 인용했다.

37. Winston S. Churchill, *My Early Life*(London: Collins, 1959), p. 13.

38. Carter, *Churchill As I Knew Him*, p. 152.

39. Moran, *Churchill*, p. 203에서 인용했다.

40. Carter, *Churchill As I Knew Him*, p. 28.

41. R. Churchill, *Winston S. Churchill*, 1:50-52.

42. Moran, *Churchill*, pp. 744-45.

43. W. Churchill, *My Early Life*, p. 234.

44. 앞의 책.

45. 앞의 책, p. 265.

46. Carter, *Churchill As I Knew Him*, p. 23,

47. R. Churchill, *Winston S. Churchill*, 1:260에서 인용했다.

48. Moran, *Churchill*, p. 167에서 인용했다.

49. 앞의 책, p. 122에서 인용했다.

50. Jean-Paul Sartre, *Words*, trans. Irene Clephane(London: Hamish Hamilton, 1964), p. 37.

51. Moran, *Churchill*, p. 428에서 인용했다.

52. Georges Simenon, In Writers at Work, Paris Review Interviews, vol. 1(London: Secker and Warburg, 1958), p. 132.

53. Carter, *Churchill As I Knew Him*, p. 427.

54. Winston S. Churchill, *Painting as a Pastime*(Harmondsworth: Penguin, 1964), p. 20.

55. 앞의 책, p. 21.

56. 앞의 책, p. 29.

57. Moran, *Churchill*, p. 746에서 인용했다.

| 2. 카프카의 정체성 |

참고문헌은 달리 언급하지 않는 한 카프카의 작품에 대한 것들이다.

1. Charles Rycroft, *A Critical Dictionary of Psychoanalysis*(London: Nelson, 1968), p. 68.

2. Erik Erikson, *Identity*(London: Faber and Faber, 1958), p. 19.

3. C.G. Jung, "The Development of Personality," in *Collected Works*, 20vols., trans. R. F. C. Hull(London: Routledge and Kegan Paul, 1953-79), vol. 17, para. 289.

4. "Two Dialogues"(나중에 파기된 「어느 투쟁의 기록」에 나온다), trans. Willa and Edwin Muir, in *Wedding Preparations in the Country and Other Stories*(Harmondsworth: Penguin, 1978), pp. 80-81.

5. 앞의 책, p. 80.

6. "Description of a Struggle," trans. Tania and James Stern, in *The Penguin Complete Short Stories of Franz Kafka*, ed. Nathan N. Glazer(London: Allen Lane, 1983), p. 33.

7. Ronald Hayman, *K: A Biography of Kafka*(London: Weidenfeld and Nicolson, 1981), p. 47.

8. *Letters to Felice*, trans. James Stern and Elizabeth Duckworth, ed. Erich Heller and Jürgen Born(London: Secker and Warburg, 1974), p. 271.

9. *The Letters of John Keats*, ed. M. B. Forman(Oxford: Oxford University Press, 1935), p. 228.

10. R. D. Laing, *The Divided Self*(London: Tavistock, 1960), p. 45.

11. *The Standard Edition of the Complete Psychological Works of Sigmund Freud*, 24 vols., ed. and trans. James Strachey(London: Hogarth Press, 1953-64), 19:26.

12. "Letter to His Father," trans. Ernst Kaiser and Eithne Wilkins, in *Wedding Preparations*, p. 32.

13. *The Diaries of Franz Kafka*, ed. Max Brod, vol. I, 1910-1913, trans. Joseph Kresh(Harmondsworth: Penguin, 1972), p. 50.

14. 앞의 책, p. 124.

15. "Wedding Preparations in the Country," trasn. Ernst Kaiser and Eithne Wilkins, in *Wedding Preparations*, p. 10.

16. *Letters to Friends, Family and Editors*, trans. Richard and Clara Winston(London: Calder, 1978), p. 15.

17. *Diaries*, pp. 87-88.

18. *Jonathan Swift, Gulliver's Travels and Selected Writings in Prose and Verse*, ed. John Hayward(London: Nonesuch Press, 1968), p. 115.

19. "Letter to His Father," p. 34.

20. 앞의 책.

21. George Painter, *Marcel Proust*, 2 vols.(London: Chatto and Windus, 1959), 1:9.

22. *The Trial*, trans. Willa and Edwin Muir(Harmondsworth: Penguin, 1953), p. 145.

23. "Letter to His Father," p. 35.

24. 앞의 책, p. 38.

25. 앞의 책, p. 55.

26. "Before the Law," trans. Willa and Edwin Muir, in *Penguin Complete Short Stories*, p. 4.

27. "The Problem of Our Laws," trans. Willa and Edwin Muir, 앞의 책, p. 437.

28. 앞의 책, p. 438.

29. *The Trial*, p. 12.

30. 앞의 책, p. 165.

31. 앞의 책, pp. 142-43.

32. 앞의 책, p. 175.

33. *Letters to Milena*, ed. Willi Haas, trans. Tania and James Stern (London: Secker and Warburg, 1953), p. 164.

34. Max Brod, *Franz Kafka*(New York: Schocken Books, 1963), p. 116.

35. Allan Blunden, "A Chronology of Kafka's Life," in *The World of Franz Kafka*, ed. J. P. Stern(London: Weidenfeld and Nicolson, 1980), p. 28에서 인용했다.

36. Marthe Robert, *Franz Kafka's Loneliness*, trans. Ralph Manheim(London: Faber and Faber, 1982).

37. *Letters to Felice*, p. 23.

38. 앞의 책, pp. 155–56.

39. Brod, *Franz Kafka*, pp. 73–74.

40. 앞의 책, p. 74에서 인용했다.

41. *Letters to Felice*, p. 545.

42. *Letters to Friends*, p. 95.

43. *Diaries*, p. 333.

44. "In the Penal Settlement," trans. Willa and Edwin Muir, in *Penguin Complete Short Stories*, p. 150.

45. William Wordsworth, *The Poems*, vol.1, ed. John O. Hayden (Harmondsworth: Penguin, 1977), p. 525.

46. *Letters to Felice*, p. 174.

47. Jung, "The Relations Between the Ego and the Unconscious," in *Collected Works*, vol. r, para. 228.

48. "Description of a Struggle," in *Penguin Complete Short Stories*, p. 22.

49. *Letters to Friends*, p. 174.

50. Erich Heller, *Franz Kafka*(New York: Viking, 1975), p. 15.

51. Anthony Thorlby, *Kafka: A Study*(London: Heinemann, 1972).

52. "The Burrow," trans. Willa and Edwin Muir, in *Penguin Complete Short Stories*, p. 327.

3. 뉴턴의 자존감

1. In Hans A. Krebs and Julian H. Shelley, eds., *The Creative Process in Science and Medicine*(Amsterdam: Excerpta Medica, 1975), p. 115.

2. David Hume, *A Treatise of Human Nature*, 2d ed., ed. L. A. Shlby-Bigge(Oxford: Oxford University Press, 1978), p. 415.

3. William Stukeley, *Memoirs of Sir Isaac Newton's Life*, ed. A. Hastings White(London: Taylor and Francis, 1936), pp. 45-46.

4. 앞의 책, pp. 46-47.

5. 앞의 책, p. 51.

6. Humphrey Newton이 Conduitt에게 보낸 편지. Frank Manuel, *A Portrait of Isaac Newton*(Cambridge: Harvard University Press, 1968), p. 105에서 인용했다.

7. 앞의 책.

8. Manuel, *Portrait of Newton*, pp. 62-63에서 인용했다.

9. Richard S. Westfall, *Never at Rest: A Biography of Isaac Newton* (Cambridge: Cambridge University Press, 1980), p. 53에서 인용했다.

10. Manuel, *Portrait of Newton*, p. 59.

11. William Whiston, Authentick Records, 2:107. Westfall, *Never at Rest*, p. 650에서 인용했다.

12. S. Brodetsky, *Sir Isaac Newton*(London: Methuen, 1972), pp. 69, 89.

13. William Whiston, *Historical Memoirs of the Life of Dr. Samuel Clarke*(London: F. Gyles, 1730), p. 132.

14. Peter King, *The Life of John Locke*, 2vols., 2d ed.(London: H. Colburn and R. Bentley, 1830), 2:38에서 인용했다.

15. Manuel, *Portrait of Newton*, p. 75에서 인용했다.

16. Ernest Jones, "The Nature of Genius," in Ernest Jones, *Sigmund Freud: Four Centenary Addresses*(New York: Basic Books, 1956), p. 22.

17. Sherwood Taylor, *The Alchemists*(London: Heinemann, 1951), p. 235.

18. John Maynard Keynes, "Newton the Man," in *Essays in Biography*, ed. Geoffrey Keynes(London: Hart=Davis, 1951), p. 313.

19. 앞의 책, pp. 310-11.

20. J. W. N. Sullivan, *Isaac Newton: 1642-1727*(London: Macmillan, 1938), p. 275.

21. Manuel, *Protrait of Newton*, p. 214.

22. 앞의 책, p. 215에서 인용했다.

23. 앞의 책에서 인용했다.

24. 앞의 책, p. 216과 Maurice Cranston, *John Locke*(Oxford: Oxford University Press, 1985), p. 372에서 인용했다.

25. Manuel, *Portrait of Newton*, p. 197.

26. Sullivan, *Isaac Newton*, p. 13에서 인용했다.

27. 앞의 책, pp. 169-70에서 인용했다.

28. Jeremy Bernstein, *Einstein*(New York: Viking, 1973), p. 40.

29. Manuel, *Portrait of Newton*, p. 380.

30. Keynes, "Newton the Man," p. 312.

31. E. F. King, *A Biographical Sketch of Isaac Newton*, 2d ed.(Grantham: S. Ridge, 1858), p. 66에서 인용했다.

5. 오셀로와 성적 질투심의 심리학

1. Ambrose Bierce, *The Enlarged Devil's Dictionary*, ed. E. J. Hopkins(Harmondsworth: Penguin, 1971), p. 195.

2. *The Standard Edition of the Complete Psychological Works of Sigmund Freud*, 24 vols., ed. and trans, James Strachey(London: Hogarth Press, 1953-64), 13:89.

3. Freud, *Standard Edition*, 23:223.

4. 앞의 책.

5. 앞의 책, 23:224.

6. 앞의 책.

7. James Pope Hennessy, *Anthony Trollope*(London:Cape, 1971), p. 292.

8. Anthony Trollope, *He Knew He Was Right*(Oxford: Oxford University Press, 1948), pp. 257-58.

9. Freud, *Standard Edition*, 23:225.

10. David Enoch and William H. Trethowan, "The Othello Syndrome," in *Uncommon Psychiatric Syndromes*(Bristol: Bristol Classical Press, 1979).

11. Seymour Fisher and Roger P. Greenberg, *The Scientific Credibility of Freud's Theories and Therapy*(New York: Basic Books, 1977), p. 268.

12. Norwood East, *Society and the Criminal*(London: His Majesty's Stationery Office, 1949).

13. D. Abrahamsen, *Crime and the Human Mind*(Montclair, N.J.: Patterson Smith, 1944), pp. 161-63.

14. Ronald R. Mowat, *Morbid Jealousy and Murder: A Psychiatric Study of Morbidly Jealous Murderers at Broadmoor*(London: Tavistock, 1966).

15. Norval Morris and Gordon Hawkins, *The Honest Politicion's Guide to Crime Control*(Chicago: University of Chicago Press, 1970), p. 57.

16. Jonathon Green, ed., *The Cynic's Lexicon*(London: Routledge and Kegan Paul, 1984), p. 36에서 인용했다.

17. Herbert Weinstock, *Rossini*(Oxford: Oxford University Press, 1968), p. 66에서 인용했다.

18. 앞의 책, p. 67에서 인용했다.

19. Ernest Jones, *Hamlet and Oedipus*(London: Gollancz, 1949), pp.

116-17.

20. 1막 2장 62-71행.

21. 1막 3장 292-93행.

22. 3막 3장 210행.

23. 앞의 책, 205-8행.

24. James Morris, *Venice*(London: Faber and Faber, 1964), p. 69.

25. 앞의 책, p. 70.

26. 3막 3장 233-37행.

27. Anthony Burgess, *Shakespeare*(New York: Knopf, 1970), p. 146.

28. 1막 1장 126행.

29. 2막 1장 224-34행.

30. A. C. Bradley, *Shakespearean Tragedy*(London: Macmillan, 1924), p. 214.

31. 4막 1장 100행.

32. John Bowlby, *Loss, Sadness and Depression*, vol. 3 Attachment and Loss(London: Hogarth Press/Institute of Psycho-Analysis, 1980), p. 442.

33. Peter Marris, "Attachment and Society," in *The Place of Attachment in Human Behavior*, ed. C. Murray Parkes and J. Stevenson-Hinde(London: Tavistock, 1982), p. 185.

34. 앞의 책, p. 195.

35. 3막 3장, 360, 363행.

| 6. 성인 발달의 양상: 융의 중년 |

1. *The Standard Edition of the Complete Psychological Works of Sigmund Freud*, 24 vols., ed. and trans. James Strachey(London: Hogarth Press, 1953-64), 7:264.

2. G. H. Hardy, *A Mathematician's Apology*(Cambridge: Cambridge

University Press, 1940), p. 10.

3. 앞의 책, pp. 11, 12.

4. C. P. Snow, *The Physicists*(London: Macmillan, 1981), pp. 132-33.

5. Erik Erikson, *Childhood and Society*(Harmondsworth: Penguin, 1965).

6. John H. Crook, *The Evolution of Human Consciousness*(Oxford: Oxford University Press, 1980), p. 83.

7. Erikson, *Childhood and Society*, p. 259.

8. Daniel J. Levinson, with Charlotte N. Darrow, *The Seasons of a Man's Life*(New York: Knopf, 1978).

9. George E. Vaillant, *Adaptation to Life*(Boston: Little, Brown, 1977).

10. L. M. Terman and Melita H. Oden, *The Gifted Child Grows Up*(New York: Oxford University Press, 1947).

11. C. G. Jung, "The Aims of Psychotherapy," in *Collected Works*, 20 vols., trans. R. F. C. Hull(London: Routledge and Kegan Paul, 1953-79), vol. 16, para. 83.

12. William McGuire, *Bollingen*(Princeton: Princeton University Press, 1982), p. 20에서 인용했다.

13. Jung, "The Stages of Life," in *Collected Works*, vol. 8, 772번째 단락.

14. 앞의 책, 775번째 단락.

15. Elliott Jaques, "Death and the Mid-Life Crisis," *International Journal of Psycho-Analysis* 46, 4부(1965). 이 글은 *Work, Creativity and Social Justice*(London: Heinemann, 1970), pp. 38-63에 재수록되었다.

16. Dante Alighieri, *The Divine Comedy*, trans. *Lawrence Grant White*(New York: Pantheon, 1948), p. 1.

17. Anthony Storr, *Solitude: A Return to the Self*(New York: Free Press, 1988).

18. Michael Ayrton, *The Sonnets of Michelangelo*, trans. Elizabeth Jennings(London: Folio Society, 1961), pp. 14-15의 서문.

| 7. 정신분석과 창의성: 프로이트 |

1. *The Standard Edition of the Complete Psychological Works of Sigmund Freud*, 24 vols., ed. and trans. James Strachey(London: Hogarth Press, 1953-64), 21:213-14.

2. Sigmund Freud, "Some Early Unpublished Letters," *International Journal of Psycho-Analysis* 50(1969): 425.

3. Harry Freud, "My Uncle Sigmund," in *Freud As We Knew Him*, ed. Hendrik M. Ruitenbeek(Detroit: Wayne State University Press, 1973), p. 313.

4. Freud, *Standard Edition*, 13:211-12.

5. Edmund Engelman, *Bergasse 19: Sigmund Freud's Home and Offices, Vienna 1938*(New York: Basic Books, 1976).

6. Freud, *Standard Edition*, 20:65.

7. 앞의 책, 21:177.

8. 앞의 책, 11:59-137.

9. Anna Freud, *The Ego and the Mechanisms of Defence*(London: Hogarth Press, 1968), p. 44.

10. Freud, *Standard Edition*, 16:376.

11. 앞의 책, 9:145.

12. 앞의 책, 9:144.

13. 앞의 책, 9:146.

14. 앞의 책, 12:218.

15. 앞의 책, 12:219.

16. 앞의 책.

17. 앞의 책, 12:224.

18. 앞의 책, 9:8.

19. 앞의 책, 12:223-4.

20. 앞의 책, 12:221.

21. 앞의 책, 21:212.

22. David Stenhouse, *The Evolution of Intelligence: A General Theory and Some of Its Implications*(London: Allen and Unwin, 1974), p. 31.

23. 앞의 책, p. 67.

24. Paul Arthur Schilpp, ed., *Albert Einstein: Philosopher-Scientist* (Evanston, III.: Library of Living Philosophers, 1949), pp. 7-8에서 인용했다.

25. Antonina Vallentin, *Einstein: A Biography*(London: Weidenfeld and Nicolson, 1954), p. 9에서 인용했다.

26. Freud, *Standard Edition*, 12:221.

27. 앞의 책, 12:222.

28. 앞의 책, 7:156.

29. Albert Einstein, *Out of My Later Years*(London: Greenwood Press, 1956), pp. 60-61.

30. Freud, *Standard Edition*, 4:xxxii.

31. Ernest Jones, *The Young Freud 1856-1900*, vol. 1 of *Life and Work of Sigmund Freud*(London: Hogarth Press, 1953), p. 388.

32. Charles Rycroft, *The Innocence of Dreams*(London: Hogarth Press, 1979), p. 124.

33. Stanley Palombo, *Dreaming and Memory: A New Information-Processing Model*(New York: Basic Books, 1978).

34. Johan Huizinga, *Homo Ludens: A Study of the Play Element in Culture*(London: Maurice Temple Smith, 1970), p. 182.

35. Anton Ehrenzweig, *The Hidden Order of Art: A Study in the Psychology of Artistic Imagination*(London: Weidenfeld and Nicolson, 1967).

36. Ernst Gombrich, *The Sense of Order: A Study in the Psychology of Decorative Art*(Oxford: Phaidon, 1979).

37. Leonard Meyer, "Concerning the Sciences, the Arts-AND the Humanities," *Critical Inquiry 1*(September 1974):163-217.

38. Anthony Storr, "Individuation and the Creative Process," *Journal*

of *Analytical Psychology* 28(1983):329-43.

39. Martin Cooper, *Beethoven: The Last Decade*(Oxford: Oxford University Press, 1970), pp. 388-89.

40. Robert Browning, *Andrea del Sarto*, 97-98행.

| 8. 골딩의 신비 |

참고문헌은 달리 표시하지 않는 한, 윌리엄 골딩의 작품에 대한 것이다.

1. *A Moving Target*(London: Faber and Faber, 1982), p. 198.

2. Bertrand Russell, *Portraits from Memory and Other Essays* (London: Allen and Unwin, 1956), p. 82.

3. *Lord of the Flies*(London: Faber and Faber, 1954), p. 86.

4. *A Moving Target*, pp. 186-87.

5. *The Inheritors*(London: Faber and Faber, 1955), p. 175.

6. *The Standard Edition of the Complete Psychological Works of Sigmund Freud*, 24 vols., ed. and trans. James Strachey(London: Hogarth Press, 1953-64), 7:196.

7. *The Pyramid*(London: Faber and Faber, 1967), p. 79.

8. *Pincher Martin*(London: Faber and Faber, 1956), p. 149.

9. *Free Fall*(London: Faber and Faber, 1959), pp. 122-23.

10. *The Paper Men*(London: Faber and Faber, 1984), p. 123.

11. *Pincher Martin*, p. 186.

12. *The Inheritors*, p. 130.

13. 앞의 책, pp. 190, 191.

14. *Pincher Martin*, p. 16.

15. 앞의 책, p. 24.

16. 앞의 책, p. 132.

17. *Free Fall*, pp. 103-4.

18. 앞의 책, p. 144.

19. *The Letters of John Keats*, ed. M. B. Forman(Oxford: Oxford University Press, 1935), p. 228.

20. *Free Fall*, pp. 5, 6.

21. *Darkness Visible*(London: Faber and Faber, 1979), p. 16.

22. *A Moving Target*, p. 193.

23. *Darkness Visible*, p. 167.

| **9. 융의 인격 개념** |

달리 언급이 없는 한, 참고문헌들은 융의 저작에 대한 것이다.

1. "Mental Disease and the Psyche," in *Collected Works*, 20 vols., trans. R. F. C. Hull(London: Routledge and Kegan Paul, 1953-79), vol. 3, para. 498(이후로 CW 옆에 권 번호와 단락 번호를 붙여 표시한다).

2. "The Tavistock Lectures"(Lecture 2), *CW* 18:105.

3. "A Review of the Complex Theory," *CW* 8:201.

4. 앞의 책, 202번째 단락.

5. "On the Nature fo the Psyche," *CW* 8:435.

6. "The Structure of the Psyche," *CW* 8:317-18.

7. "Psychoanalysis and Neurosis," *CW* 4:317-18, 570.

8. William McGuire, ed., *The Freud/Jung Letters*, trans. Ralph Manheim and R. F. C. Hull(London: Hogarth Press/Routledge and Kegan Paul, 1974).

9. *Memories, Dreams, Reflections*(London: Routledge and Kegan Paul, 1963), p. 170.

10. 앞의 책, p. 191.

11. "The Psychology of the Unconscious," *CW* 7:57.

12. "The Practical Use fo Dream-Analysis," *CW* 16:297-300.

13. 앞의 책, 330번째 단락.

14. "The Relations Between the Ego and the Unconscious," *CW* 7:236.

15. "The Development of Personality," *CW* 17:289.

16. 앞의 책.

17. "Commentary on 'The Secret of the Golden Flower,'" *CW* 13:68.

18. "Psychology and Religion," *CW* 11:138.

19. "Commentary on 'The Secret of the Golden Flower,'" *CW* 13:67.

20. "The Undiscovered Self," *CW* 10:588.

21. McGuire, Freud/Jung Letters, Letter 178J, p. 294.

22. Anthony Storr, "Individuation and the Creative Process," *Journal of Analytical Psychology* 28(1983):329–43.

23. "The Transcendent Function," *CW* 8:143.

24. Arthur Koestler, The Act of Creation(London: Hutchinson, 1964).

25. *Memories, Dreams, Reflections*, p. 76.

26. 앞의 책, p. 17.

27. "On the Nature of the Psyche," *CW* 8:437.

28. Wolfgang Pauli, "The Influence of Archetypal Ideas on the Scientific Theories of Kepler," in *The Interpretation of Nature and the Psyche, C. G. Jung and Wolfgang Pauli*(London: Routledge and Kegan Paul, 1955), p. 152.

29. "Mysterium Coniunctionis," *CW* 14:768.

| 10. 왜 정신분석은 과학이 아닌가: 스키너의 실험심리학 |

1. Frank J. Sullowary, *Freud, Biologist of the Mind: Beyond the Psychoanalytic Legend*(New York: Basic Books, 1979), p. 14에서 인용했다.

2. *The Standard Edition of the Complete Psychological Works of Sigmund Freud*, 24 vols., ed. and trans. James Strachey(London:

Hogarth Press, 1953-64), 2:6.

3. Freud, *Standard Edition*, 3:77.

4. 앞의 책, 3:199.

5. 앞의 책, 3:203.

6. Roger Brown and Richard J. Herrnstein, *Psychology*(Boston: Little, Brown, 1975), p. 583.

7. Thomas S. Szasz, *The Ethics of Psychoanalysis*(New York: Basic Books, 1965), p. 71.

8. Freud, *Standard Edition*, 11:51.

9. Ernest Jones, *The Years of Maturity, 1901-19*, vol. 2 of *Life and Work of Sigmund Freud*(London: Hogarth Press, 1955), p. 497.

10. John Macmurray, *Persons in Relation*, vol. 2 of *The Form of the Personal*(London: Faber and Faber, 1961), p. 24.

11. John Bowlby, *Attachment and Loss*, 3 vols.(London: Hogarth Press/Institute of Psycho-Analysis, 1969, 1973, 1980).

12. B. F. Skinner, *Beyond Freedom and Dignity*(New York: Knopf, 1971), pp. 200, 205, 177, 164, 160.

13. P. F. Strawson, *Freedom and Resentment and Other Essays* (London: Methuen, 1974), pp. 19-20.

14. Charles Rycroft, ed., *Psychoanalysis Observed*(New York: Coward-McCann, 1967), p. 11.

15. Isaiah Berlin, *Vico and Herder: Two Studies in the History of Ideas*(London: Hogarth Press, 1976), pp. 28, 23.

16. D. C. Dennett, "Mechanism and Responsibility," in *Essays on Freedom of Action*, ed. Ted Honderich(London: Routledge and Kegan Paul, 1973), p. 161.

17. Anatol Rapoport, *Fights, Games and Debates*(Ann Arbor: University of Michigan Press, 1960), pp. 306ff.

11. 상징의 심리학

1. Herodotus, *Histories*, I.32.

2. Robert Browning, *Andrea del Sarto*, 97-98.

3. D. W. Winnicott, "Transitional Objects and Transitional Phenomena" (1951), in *Through Paediatrics to Psycho-Analysis*(London: Hogarth Press, 1975), pp. 229-42.

4. C. G. Jung, "Symbols of Transformation," in *Collected Works*, 20 vols., trans. R. F. C. Hull(London: Routledge and Kegan Paul, 1953-79), vol. 5, para. 214, n. 22.

5. *The Standard Edition of the Complete Psychological Works of Sigmund Freud*, 24 vols., ed. and trans. James Strachey(London: Hogarth Press, 1953-64), 11:188-89.

6. Plato, *Symposium*, trans. William Hamilton(Harmondsworth: Penguin, 1951), p. 65.

7. Jung, "Mandalas," in *Collected Works*, vol. 9, part 1, para. 713.

8. Harrison Gough, "Identifying the Creative Man," *Journal of Value Engineering* 2, no. 4(August 1964):5-12.

9. Rhoda Kellogg, *Analyzing Children's Art*(Palo Alto, Calif.: National Press Books, 1969).

10. Howard Gardner, *Artful Scribbles*(New York:Basic Books, 1980), pp. 41-43.

11. Alexander Findlay, *A Hundred Years of Chemistry*, 2d ed.(London: Duckworth, 1948), pp. 36-38에서 인용했다.

12. Water Pater, "The School of Giorgione," in *The Renaissance* (Oxford: Oxford University Press, 1986), p. 86.

13. Igor Stravinsky and Robert Craft, *Expositions and Developments* (London: Faber and Faber, 1962), pp. 101-2.

14. G. H. Hardy, *A Mathematician's Apology*(Cambridge: Cambridge University Press, 1940), p. 26.

15. Paul Hindemith, *A Compose's World*(Garden City, N.Y.: Doubleday, 1961), p. 45.'

16. 앞의 책, p. 42.

17. 앞의 책, p. 51.

18. 앞의 책, p. 48.

19. Jerrold Northrop Moore, *Edward Elgar*(Oxford: Oxford University Press, 1984), p. vii.

20. Aaron Copland, *Music and Imagination, Charles Eliot Norton Lectures, 1951-52*(Cambridge: Harvard University Press, 1952), pp. 40-41.

21. Susanne K. Langer, *Feeling and Form*(London: Routledge and Kegan Paul, 1953), p. 118.

22. Leonard B. Meyer, *Emotion and Meaning in Music*(Chicago: University of Chicago Press, 1956), p. 23.

23. 앞의 책, p. 155.

24. Hans Keller, "Towards a Theory of Music," *The Listener*, June 11, 1970, p. 796.

25. Yehudi Menuhin, *Theme and Variations*(New York: Stein and Day, 1972), p. 9.

26. Arthur Schopenhauer, *The World as Will and Representation*, vol. 1, trans. E. F. J. Payne(New York: Dover, 1969), pp. 260-61.

27. Susanne K. Langer, *Philosophy in a New Key*(Cambridge: Harvard University Press, 1960), p. 216.

28. Edward Bullough, "'Psychical Distance' as a Factor in Art and as an Aesthetic Principle," *British Journal of Psychology* 5, part 2(1912):87-118.

29. Langer, *Philosophy in a New Key*, p. 243에서 인용했다.

30. Terence Mclaughlin, *Music and Communication*(London: Faber and Faber, 1970), pp. 101-2에서 인용했다.

31. Victor Zuckerkandl, *Man the Musician*, vol. 2 of *Sound and*

Symbol, trans. Norbert Guterman, Bollingen Series 44(Princeton: Princeton University Press, 1973), p. 75.

32. 앞의 책, p. 350.

| 12. 진정한 천재는 광기에 사로잡히지 않는다 |

1. Charles Lamb, *Essays of Elia and Last Essays of Elia*(London: Everyman's Library, 1977), p. 219.

2. Jonathan Richardson, *An Essay on the Theory of Painting*(London: W. Bowyer for J. Churchill, 1715), pp. 34, 199, 201.

3. Giorgio Vasari, *Le vite de' piu eccelenti pittori scultori ed architetti*, 9 vols., ed. Gaetano Milanesi(Florence: G.C. Sansoni, 1878-85), 4:315-16.

4. Thomas Carlyle, *Frederick the Great*, bk. 4, ch. 3.

5. Francis Galton, *Hereditary Genius*, 2d ed.(London: Macmillan, 1892), p. ix.

6. 앞의 책.

7. Havelock Ellis, *A Study of British Genius*(London: Hurst and Blackett, 1904), p. 191.

8. J. H. Plokker, *Artistic Self-Expression in Mental Disease*, trans. Ian Finlay(London and The Hague: Mouton, 1964), p. 70.

9. Eliot Slater and Alfred Meyer, "Contributions to a Pathography of the Musicians: Robert Schumann," *Confinia Psychiatrica* 2(1959):65-94.

10. Richard Osborne, *Rossini*(London: Dent, 1986).

11. Seneca, "De tranquillitate animi," in *Moral Essays*, ed. and trans. John W. Basore(London: Heinemann, 1932), 17.10-12.

12. John Dryden, *Absalom and Achitophel*, 1부, 150행.

13. Franz G. Alexander and Sheldon T. Selesnick, *The History of Psychiatry*(London: Allen and Unwin, 1967), p. 140.

14. 앞의 책, p. 174.

15. Wilhelm Lange-Eichbaum, *Genie, Irrsinn und Ruhm*(Munich and Basel, 1956).

16. *The Maxims of Marcel Proust*, ed. Justin O'Brien(New York: Columbia University Press, 1948).

17. Kay R. Jamison, "Mood Disorders and Seasonal Patterns in Top British Writers and Artists," 미발표 자료.

18. N. J. C. Andreasen and A. Canter, "The Creative Writter," *Comprehensive Psychiatry 15*(1974):123-31.

19. James Boswell, *The Life of Samuel Johnson*, LL. D., 3d ed., vol. 1, ed. G. Birkbeck Hill(Oxford: Oxford University Press, 1887), pp. 63-64.

20. R. B. Onians, *The Origins of European Thought*(Cambridge: Cambridge University Press, 1954), pp. 161-62.

21. Iris Murdoch, *The Fire and the Sun: Why Plato Banished the Artists*(Oxford: Oxford University Press, 1977), p. 2.

22. J. W. Cross, ed., *George Eliot's Life as Related in Her Letters and Journals*, vol. 3(Edinburgh and London: W. Blackwood and Sons, 1885), pp. 421-25.

23. W. Jerrold, ed., *Roundabout Papers: The Works of William Makepeace Thackeray with Biographical Introductions by His Daughter, Anne Ritchie*, vol. 12(London: Smith, Elder, 1903), pp. 374-75.

24. H. Treffry Dunn, *Recollections of Dante Gabriel Rossetti and His Circle*(London: E. Mathews, 1904), p. 64.

25. Modeste Tchaikovsky, *The Life and Letters of Peter Ilich Tchaikovsky*, trans. Rosa Newmarch(London: J. Lane, 1906), pp. 274-75에서 인용했다.

26. Frank Manuel, *A Portrait of Isaac Newton*(Cambridge: Harvard University Press, 1968), p. 86에서 인용했다.

27. Jacques Hadamard, *The Psychology of Invention in the Mathematical Field*(Princeton: Princeton University Press, 1945), p. 15에서 인용했다.

28. Jeremy Bernstein, *Einstein*(New York: Viking, 1973), p. 172.

29. Graham Wallas, *The Art of Thought*(London: Cape, 1926).

30. J. A. Fuller-Maitland, *Brahms*(London: Methuen, 1911), pp. 69-70에서 인용했다.

31. Henri Poincaré, "Mathematical Creation," in *The Foundations of Science*, trans. G. Bruce Halsted(New York: Science Press, 1913), pp. 383-94.

32. Irvin Ehrenpreis, *New York Review of Books*, 1984.

| 13. 왜 인간은 폭력적이 되는가 |

1. S.L. Washburn, "Conflict in Primate Society," in *Conflict in Society*, ed. Anthony de Reuck(London: Churchill, 1966), p. 11.

2. Edward O. Wilson, *Sociobiology*(Cambridge: Harvard University Press, 1975), p. 120.

3. Lloyd DeMause, ed., *The History of Childhood: Evolution of Parent-Child Relationships as a Factor in History*(London: Souvenir, 1976), p. 1.

4. Muriel Gardiner, *The Deadly Innocents: Portraits of Children Who Kill*(London: Hogarth Press, 1977), pp. 95-128.

5. Norval Morris and Gordon Hawkins, *The Honest Politician's Guide to Crime Control*(Chicago: University of Chicago Press, 1970), p. 57.

6. Claire Russell and W. M. S. Russell, *Violence, Monkeys and Man*(London: Macmillan, 1968).

7. A.H. Maslow, H. Rand, and S. Newman, "Some Parallels Between Sexual and Dominance Behaviour of Infra-human Primates and the Fantasies of Patients in Psychotherapy," *Journal of Nervous and*

Mental Disease 131(1960):202-12.

8. Stanley Milgram, *Obedience to Authority: An Experimental View*(New York: Harper and Row, 1974).

9. Konrad Lorenz, *On Aggression*(London: Methuen, 1966), p. 207.

10. Erik H. Erikson, *Identity*(London: Faber and Faber, 1968), p. 41.

11. Gitta Sereny, *Into That Darkness: From Mercy Killing to Mass Murder*(New York: McGraw-Hill, 1974), p. 101에서 인용했다.

12. Norman Cohn, *The Pursuit of the Millennium*(London: Secker and Warburg, 1957); *Warrant for Genocide: The Myth of the Jewish World-Conspiracy and the Protocols of the Elders of Zion*(London: Eyre and Spottiswoode, 1967); and *Europe's Inner Demons: An Enquiry Inspired by the Great Witch-Hunt*(New York: Basic Books, 1975).

13. N. Goodrick-Clarke, *The Occult Roots of Nazism*(Wellingborough: Aquarian Press, 1985).

14. Cohn, *Warrant for Genocide*, p. 153에서 인용했다.

15. Thomas Szasz, *The Second Sin*(London: Routledge and Kegan Paul, 1974), p. 1.

16. Roger Brown and Richard J. Herrnstein, *Psychology*(London: Methuen, 1975), p. 274.

| 14. 열린사회에서 정신의학의 책무 |

1. Karl Popper, *The Open Society and Its Enemies*, 2 vols.(London: Routledge and Kegan Paul, 1945).

2. Jennifer Newton, *Preventing Mental Illness*(London: Routledge and Kegan Paul, 1988), p. 15.

3. Jonas Robitscher, *The Powers of Psychiatry*(Boston: Houghton Mifflin, 1980), p. 131.

4. Melanie Klein, *Contributions to Psycho-Analysis*(London: Hogarth Press/Institute of Psycho-Analysis, 1950), pp. 276-77.

5. Nicholas N. Kittrie, *The Right to Be Different*(Baltimore: Johns Hopkins Press, 1971).

6. 앞의 책, p. 236.

7. 앞의 책, p. 276.

8. Zhores A. Medvedev and Roy A. Medvedev, *A Question of Madness*(London: Macmillan, 1971)

9. Thomas Szasz, *The Myth of Mental Illness*(New York: Harper and Row, 1961).

10. John Stuart Mill, *On Liberty*(Harmondsworth: Penguin, 1974).

11. Norval Morris, "Impediments to Penal Reform," *University of Chicago Law Review* 33(1966): 627-37.

12. Report of the Enquiry into Allegations Against the Security Forces of Physical Brutality in Northern Ireland Arising Out of Events on the 9th August, 1971, Sir Edmund Compton, G. C. B., K. B. E., chairman(London: Her Majesty's Stationery Office, November 1971).

13. Jack Vernon, *Inside the Black Room*(London: Souvenir Press, 1963).

14. John Philpot Curran, "Speech on the Right of Election of Lord Mayor of Dublin," July 10, 1790.

감사의 말

그로브출판사의 편집자인 프레드 조던에게 유익한 제안을 많이 해준 데 대해, 조이 조해너슨에게 예리한 눈과 노련한 편집에 대해 특히 감사하고 싶다. 조해너슨의 교정과 제안 덕분에 본문과 많은 참조문이 나아졌다. 오류와 누락은 오로지 내 책임이다.

"Churchill: The Man," from *Churchill* Revised, edited by A. J. P. Taylor, Robert Rhodes James, J. H. Plumb, Basil Liddel Hart, and Anthony Storr(New York: Dial Press, 1969). ⓒ 1969 by Doubleday, a division of Bantam, Doubleday, Dell Publishing Group, In. 출판사의 허락을 받아 다시 실음.

"Kafka's Sense of Identity," *Paths and Labyrinths*, edited by J. P. Stern and J. J. Whyte(London: Institute of Germanic Studies, University of London, 1985)에 실린 글을 다시 실음.

"Isaac Newton," *British Medical Journal* 291(December 21-28, 1985): 1779-84에 실린 글을 British Medical Journal의 허락을 받아 다시 실음.

"Psychoanalysis and Creativity," *Psychoanalysis and the Humanities*, edited by Peregrine Horden(London: Duckworth, 1985)에 실린 글을 다시 실음.

"Intimations fo Mystery," *William Golding: The Man and His books*, edited by John Carey(London: Faber and Faber, 1986)에 실린 글을 다시 실음.

"Jung's Conception of Personality," *Persons and Personality*, edited by Arthur Peacocke and Grant Gillett(Oxford: Basil Blackwell, 1987)에 실린 글을 다시 실음.

"Why Psychoanalysis Is Not a Science," *Mind-waves*, edited by Colin Blakemore(Oxford: Basil Blackwell, 1987)에 실린 글을 출판사의 허락을 받아 다시 실음.

"The Psychology of Symbols," *Symbols in Life and Art*, edited by James Leith(Montreal: McGill-Queen's University Press, 1987)에 실린 글을 출판사의 허락을 받아 다시 실음.

"The Sanity of True Genius," *The Virginia Quarterly Review* 61, no. 1(Winter 1985)에 실린 글을 The Virginia Quarterly Review의 허락을 받아 다시 실음.

"Psychiatric Responsibility in the Open Society," *The Open Society in Theory and Practice*, edited by Dante Germino and Klaus von Beyme(The Hague: Martinus Nijhoff, 1974), pp. 276-90. ⓒ 1974 by

Martinus Nijhoff Publishers, Dordrecht, Holland에 실린 글을 출판사의
허락을 받아 다시 실음.

이 책에 실린 다른 글은 이전에 발표하지 않은 것이다. "인간은 어떻게 폭력
적이 되는가"의 초기본들은 다양한 곳에 실리기는 했지만 말이다. 이 글들
가운데 몇몇은 대폭 수정해 이 책에 실었다. 내가 저작권을 갖고 있지 않은
글을 다시 실을 수 있도록 허락해준 편집자와 출판사에 감사한다.

옮긴이 김영선

중앙대 문예창작학과를 졸업하고 홍익대학교 대학원 미학과를 수료했다. 출판편집자, 양육자를 거쳐 현재는 전문 번역가로 일하고 있다. 옮긴 책으로 「자동화된 불평등」「국경 없는 자본」「투 더 레터」「망각의 기술」「왜 하이데거를 범죄화해서는 안 되는가」「지능의 사생활」「어느 책중독자의 고백」「괴짜사회학」「왼쪽-오른쪽의 서양미술사」「러브, 섹스 그리고 비극」「세상의 모든 영화」 등이 있다.

처칠의 검은 개 카프카의 쥐

1판 1쇄	2018년 12월 24일
1판 3쇄	2020년 12월 3일

지은이	앤서니 스토
옮긴이	김영선
펴낸이	강성민
편집장	이은혜
마케팅	정민호 김도윤
홍보	김희숙 김상만 지문희 김현지 이소정 이미희
독자모니터링	황치영

펴낸곳	(주)글항아리	출판등록 2009년 1월 19일 제406-2009-000002호

주소	10881 경기도 파주시 회동길 210
전자우편	bookpot@hanmail.net
전화번호	031-955-1936(편집부) 031-955-2696(마케팅)
팩스	031-955-2557

ISBN	978-89-6735-566-1 03180

글항아리는 (주)문학동네의 계열사입니다.

이 도서의 국립중앙도서관 출판예정도서목록(CIP)은 서지정보유통지원시스템 홈페이지(http://seoji.nl.go.kr)와 국가자료종합목록 구축시스템(http://kolis-net.nl.go.kr)에서 이용하실 수 있습니다. (CIP제어번호 : CIP2018035845)

잘못된 책은 구입하신 서점에서 교환해드립니다.
기타 교환 문의 031-955-2661, 3580

geulhangari.com